Annika Becker/Fabian Köster/Daniel Schmidt/Christiane Wanken (Hg.)

Kunst in der Kommune

Über die Gleichzeitigkeit von Innovation und Kontinuität deutscher Kunstpolitik nach 1945

KLARTEXT

Schriftenreihe des Instituts für Stadtgeschichte, Beiträge
Band 23

Annika Becker/Fabian Köster/
Daniel Schmidt/Christiane Wanken (Hg.)

Kunst in der Kommune

Über die Gleichzeitigkeit von Innovation und Kontinuität deutscher Kunstpolitik nach 1945

Titelabbildung:
Die Plastik „Olympia" von Fritz Klimsch
vor dem Rathaus in Gelsenkirchen-Buer, 1960
(Fotograf: Ernst Knorr, StadtA Ge, FS V 20343)

Gedruckt mit freundlicher Unterstützung der
Fritz Thyssen Stiftung für Wissenschaftsförderung

Fritz Thyssen Stiftung
für Wissenschaftsförderung

1. Auflage April 2024

Satz und Gestaltung:
Medienwerkstatt Kai Münschke (www.satz.nrw)

Umschlaggestaltung:
Volker Pecher, Essen

Druck und Bindung:
MultiPrint Ltd., 10A Slavyanska str., 2230 Kostinbrod, Bulgaria

ISBN 978-3-8375-2650-9

KLARTEXT

Jakob Funke Medien Beteiligungs GmbH & Co. KG
Jakob-Funke-Platz 1, 45127 Essen
info.klartext@funkemedien.de
www.klartext-verlag.de

Inhalt

Annika Becker, Fabian Köster und Christiane Wanken

Die Gleichzeitigkeit von Innovation und Kontinuität kommunaler Kunstpolitik nach 1945

Einleitung

Im Nachkriegsdeutschland stellte sich kommunale Kulturpolitik als eines der wenigen kaum reglementierten oder vorstrukturierten Politikfelder dar, kulturelle Förderung mutete hierbei nach wie vor als weitestgehend freiwillig an.[1] Anders als beispielsweise Denkmalschutz und -pflege funktionierte dieser Politikbereich als relativ freier lokaler Gestaltungsraum, der sowohl repräsentativ als auch selbstreflexiv ausgefüllt wurde, zugleich der Kunstförderung und der ‚Volkserziehung' diente. Nicht zufällig schien das Begriffspaar Kunst und Politik fast unzertrennlich mit Demokratisierung und Re-Education einerseits sowie Sozialismus und antifaschistischer Erziehung andererseits verbunden zu sein.[2] Die entstandenen kulturellen Leerstellen nach 1945 wurden zugleich schnell gefüllt – über eine „machtvolle Rückbesinnung auf den kulturellen und geistigen Horizont der 20er Jahre":[3] Wirkmächtige Elemente dieses Horizontes waren Expressionismus, Klassische Moderne und der bürgerliche Bildungskanon. Auch wenn die Negierung und Annullierung der NS-Kultur offiziell kompromisslos betrieben wurden, waren es paradoxerweise in zahlreichen deutschen Städten nicht selten Akteurinnen und Akteure mit fortgesetzten Karrieren, die sich an einem kulturpolitischen Neuanfang versuchten oder ebenjenen prägten. Während die viel zitierte „Vergangenheitspolitik" des Historikers Norbert Frei die Verfolgungsdiskrepanz zwischen NS-Mitläuferinnen und Mitläufern sowie Haupttäterinnen und -tätern

1 Vgl. Thorben Winter: Kommunale Kulturpolitik in Nordrhein-Westfalen: Genese, Veränderung und modernes Selbstverständnis eines verfassungsrechtlichen und gesellschaftspolitischen Auftrages, Münster 2003.

2 Siehe dazu Simone Barck/Axel Schildt: Kultur im Wiederaufbau, in: Informationen zur politischen Bildung 256 (2012), S. 45–55.

3 Hier und nachfolgend Anselm Doering-Manteuffel: Die Kultur der 50er Jahre im Spannungsfeld von „Wiederaufbau" und „Modernisierung", in: Axel Schildt/Arnold Sywottek (Hg.): Modernisierung im Wiederaufbau. Die westdeutsche Gesellschaft der 50er Jahre, Bonn 1998, S. 533–540, hier S. 533.

in den Vordergrund rückt,[4] stellt sich ebenso die Frage nach Kontinuitäten und Brüchen der Eliten,[5] gleichermaßen für den Bereich der Kunst(politik). In diesem Kontext fragte unter anderem der Kunsthistoriker Christian Fuhrmeister nach einer möglichen selbstreinigenden Funktion der Moderne und Avantgarde und stellte die These einer „Moderne als Versteck" zur Diskussion.[6]

Dass Innovationen wiederum zur Kunst gehören, steht außer Frage, doch ob sie auch Teil der Kunstpolitik sein können, ein möglicherweise symbiotisches Verhältnis eingehen oder ob Neugestaltungen doch verhindert werden, diese Frage bleibt bisher unbeantwortet. Die Entwicklungen, welche die Kunst vor 1933 wieder in den Fokus rückten, betrafen insbesondere den Aufbau oder die Neuorientierung öffentlicher Kunstsammlungen. Hans-Jürgen Lechtreck befasst sich in seinem Beitrag für diesen Tagungsband mit dem Wiederaufbau der Sammlung des *Folkwang Museums* in Essen, die durch die Aktion „Entartete Kunst" deutlich dezimiert war. Ziel der Sammlungspolitik war es, Lücken zu schließen und zeitgenössische Kunst zu etablieren. Lechtreck zeigt dabei auf, wie Akteurinnen und Akteure aus Politik, Bürger- und Unternehmertum sich zur Förderung des Museums zusammenschließen und jeweils aufeinander wirken. Sonja Pizonka wirft in ihrem Artikel wiederum den Blick auf die Sammlungspolitik im gesamten Ruhrgebiet und stellt dabei dar, wie diese von einzelnen Persönlichkeiten in der Leitung des Museums geprägt wurden und wie dies mit kommunalen Entscheidungen zu den musealen korrelierte.

Im Nachkriegsdeutschland entstand ein Kanon, mit dem man sich auf die während der NS-Zeit als ‚entartet' geltenden Künstlerinnen und Künstler fokussierte. So inszenierte man einen vermeintlichen Neuanfang und wollte gleichzeitig der deutschen Kunst wieder zu internationalem Ansehen verhelfen.[7] Christiane Wanken beleuchtet in ihrem Beitrag die Dispositive, die den Diskurs um diesen Kanon der westdeutschen Sammlungen nach 1947 informierte. Die Orientierung an diesem Kanon lässt sich in vielen Sammlungen anhand der Ankäufe in den 1950er Jahren nachzeichnen, so auch im Kunstmuseum Gelsenkirchen.[8] Annika Becker widmet sich in ihrem Beitrag dem Aufbau der Gelsenkirchener

4 Norbert Frei: Vergangenheitspolitik. Die Anfänge der Bundesrepublik und die NS-Vergangenheit, München 1999 [1996].

5 Christoph Kleßmann: 1945 – welthistorische Zäsur und „Stunde Null", in: Docupedia-Zeitgeschichte vom 15. Oktober 2010, http://docupedia.de/zg/1945 [5.10.2023].

6 Siehe Christian Fuhrmeister: „Statt eines Nachworts: Zwei Thesen zu deutschen Museen nach 1945", in: Julia Friedrich/Andreas Prinzing (Hg.): „So fing man einfach an, ohne große Worte". Ausstellungswesen und Sammlungspolitik in den ersten Jahren nach dem Zweiten Weltkrieg, Berlin/Boston 2013, S. 234–239, hier S. 237 f.

7 Vgl. Christoph Zuschlag: Die theoretischen Diskurse über moderne Kunst in der Nachkriegszeit, in: Friedrich/Prinzig, Ausstellungswesen, S. 18–25, hier S. 25.

8 Ausführlich dokumentiert hier Wolfgang Rinke: Städtische Kunstsammlung Gelsenkirchen 1950–1966. Dokumentation, Gelsenkirchen 1985 (StadtA Ge, HB 4519).

Kunstsammlung im Kontext des kulturellen Auf- und Umschwungs der Stadt und zeichnet pointiert die große Bedeutung des städtischen Südens in den 1960er Jahren für die zeitgenössische künstlerische Avantgarde nach. Die Ambivalenzen der Gelsenkirchener Kunstpolitik arbeitet Fabian Köster im Vergleich zur kommunalen Kunstpolitik in Wolfsburg heraus: Während sich beide Städte Ende der 1950er Jahre fast zeitgleich der abstrakten Moderne öffneten, bevor diese zum bundesdeutschen Trend wurde, wirkten ebenso konservative Beharrungskräfte in den Industriemetropolen.

Das Narrativ der abstrakten Kunst entwickelte sich als Ausdruck der Freiheit, die in der Lage sei, Ideologien zu überwinden und in den Gegensatz zum Realismus von DDR-Funktionären erwünschter Kunst gesetzt wurde und damit einen westlich hegemonialen Anspruch ausdrückte.[9] Dorothea Schöne zeigt in ihrem Beitrag die Position der westlichen Alliierten für die Kunstpolitik der BRD auf. Sie erläutert, wie Kunstexperten der USA Einfluss nahmen und zum Beispiel der Standort Kassel für die „documenta" relevant wurde. Josephin Heller erweitert die Auseinandersetzung um eine Perspektive auf die kulturpolitischen Geschehnisse in der sowjetischen Besatzungszone. Sie untersucht die museale Praxis am Museum für bildende Künste in Leipzig, zeigt die damaligen Akteurinnen und Akteure und ihre Netzwerke auf sowie die Einflussnahme der Besatzungsmacht. Abgerundet wird dies mit der Besprechung der ersten Kunstausstellung des MdbK.

Die Kommune kann – noch vor den Einflüssen der Institutionskritik – als der wesentliche Bereich verstanden werden, in dem die Kunst den Menschen unmittelbar gegenübertritt. Die Kunst wurde dementsprechend im Westen Deutschlands zu einem vermeintlichen Demokratisierungsparameter und die Kommune zum Ermöglichungsraum für unterschiedliche Kunstimpulse und -erzählungen. Allerdings war ihre Rolle ambivalent, da Räume für Kunst geschaffen und gleichzeitig verhindert wurden. So analysiert Klara von Lindern in ihrem Beitrag Werner Hofmanns didaktische Ausstellungskonzepte der Hamburger Kunsthalle in den 1970er Jahren. Dabei diskutiert sie die These einer möglichen „Revision des Museums", betrachtet das zeitgenössische kritische Durchleuchten musealer Formen, Inhalte und Funktionsweisen und überprüft Reformbestrebungen als eine Kombination aus Konvention und Progression. Neben den städtischen Museen finden sich mit Kunstvereinen auch weitere lokale Ermöglichungsräume, die häufig eine gleichzeitige Abhängigkeit und Konkurrenz zur Kommune kennzeichnen. In ebenjenen entdecken Alexander Kraus und Christoph Lorke in ihrem Text „Dolmetschinstitute" zeitgenössischer Kunst, sie betrachten die Neugründungen zahlreicher Vereine im nordwestdeutschen Raum. Über Akteurskonstellationen und deren Netzwerke zeigen die beiden Historiker die Vielschichtigkeit des Forschungsfeldes auf: Kunstvereine dienten im Nachkriegsdeutschland der

9 Zum Beispiel im Kontext der ersten „documenta" (1955), bei der Harald Kimpel die drei Funktionen „Vergangenheitsbewältigung", „Wiedergutmachung" und „Standortbestimmung" erkennt, Harald Kimpel: documenta. Die Überschau, Köln 2002, S. 22.

Orientierung, Sinnstiftung und Identifizierung, entwickelten sich aber ebenso zu unübersehbaren Faktoren kommunaler Kulturentwicklung. Die Tiefenanalyse eines Kunstvereins liefert unterdessen Felix Steffan mit seinem Beitrag zu den Brüchen und Kontinuitäten des Rosenheimer Vereins zwischen den 1930er und 1950er Jahren. Dort erscheinen lokale Konstellationen und singuläre Entscheidungen Einzelner als Handlungsdominante, während kunst- und kulturpolitische Linien eine untergeordnete Rolle spielen. Steffan unterstreicht die deutliche Abhängigkeit des Vereinswesens von lokalen Vorbedingungen. Auf einer anderen Basis fußte wiederum die West-Berliner *Deutsche Gesellschaft für bildende Kunst*, deren Wirken in den späten 1960er Jahren Theresa Angenlahr beleuchtet. Insbesondere die Konfrontation mit gesellschaftspolitischen und künstlerischen Umbrüchen eröffnete Konfliktpotential. In diesem Spannungsfeld versuchte sich der hierarchisch und bisweilen konservativ strukturierte Verein zu positionieren.

Kunstpolitisches Agieren findet sich letztlich sowohl auf der Ebene von Akteurinnen und Akteuren als auch im stadtpolitischen Handeln wieder. Dies wird am Beispiel der Stadt Gelsenkirchen von Stefan Goch und Alexandra Apfelbaum konkretisiert. Ersterer liefert hierbei einen pointierten Überblick zur Kulturgeschichte der Stadt Gelsenkirchen von Beginn des 20. Jahrhunderts bis in die 1980er Jahre. Stefan Goch beschreibt die vielfältigen, aber nicht stringent verlaufenden Entwicklungen und zeigt den Wandel der einstigen „Stadt der tausend Feuer" auf. Alexandra Apfelbaums Beitrag hingegen stellt den Architekten und Kommunalpolitiker Ernst Otto Glasmeier in den Fokus und beschreibt seine Bedeutung und sein Engagement innerhalb der Gelsenkirchener Kulturszene besonders in den 1960er und 1970er Jahren.

Ausgangspunkt der vorliegenden wissenschaftlichen Auseinandersetzung mit der Kunstpolitik auf kommunaler Ebene stellen zwei konträre Entscheidungen der Stadt Gelsenkirchen dar. Diese zeigen beispielhaft das Spannungsfeld, welches die Kommune besonders in der Nachkriegszeit für unterschiedliche Kunstimpulse darstellen konnte.

Einerseits beriet im Oktober 1957 eine Jury über die künstlerischen Arbeiten, welche im und am Bau des neuen Theaters in Gelsenkirchen integriert werden sollten, der in der Rückschau als bedeutendster Theaterbau der bundesrepublikanischen Nachkriegszeit eingeordnet wurde.[10] Die „Kunst am Bau" wurde hierbei namhaft beauftragt und vielgestaltig umgesetzt – über ein Betonrelief des Bildhauers Robert Adams, großformatige blaue Schwamm- und Farbreliefs Yves Kleins, eine Stahlrohrplastik Norbert Krickes, einer Wandgestaltung von Paul Dierkes oder die kinetischen Arbeiten von Jean Tinguely im Innern des Gebäudes.[11] Andererseits erwarb die Stadt im selben Jahr die „Olympia" des

10 Vgl. Annette Liermann: Die blauen Reliefs von Yves Klein im Musiktheater im Revier, in Alexander Kraus/Daniel Schmidt (Hg.): Eine Geschichte des modernen Gelsenkirchen in 25 Objekten, Essen 2016, S. 136–145, hier S. 144.

11 Vgl. Stadt Gelsenkirchen (Hg.): Hütten und Paläste. Baukultur in Gelsenkirchen, Stuttgart 2016, S. 198–205.

Künstlers Fritz Klimsch und ließ die Skulptur nahe des Rathauses in Gelsenkirchen-Buer aufstellen.[12] Die Skulptur des von den Nationalsozialisten als ‚gottbegnadet' protegierten Künstlers erstellte dieser im Auftrag der nationalsozialistischen Heeresführung und fand Aufstellung in der *Neuen Reichskanzlei.* Auf der von Hitler und Goebbels erstellten „Gottbegnadetenliste" gehörte der Künstler zu den sogenannten Unersetzlichen – ihr Schaffen war für das NS-Regime von besonderer Bedeutung, einerseits propagandistisch, andererseits im Kontext eines ‚völkischen' Kunst- und Kulturselbstverständnis.[13] Verantwortlich für Ankäufe zeichnete der Gelsenkirchener Kunstwart Bernd Lasch, der ab 1950 auch die Kunstsammlung der Ruhrgebietsstadt aufbaute. Dabei arbeitete er vor allem an der Etablierung eines zeitgenössisch klassischen Kanons, orientierte sich an der Sammlungstradition der umliegenden Städte – und bewusst nicht an „moderne[n] avantgardistische[n] Erscheinungen".[14] Dieses Beispiel verdeutlicht das Spannungsfeld der Kunstpolitik nach 1945 nachhaltig und deutet in Richtung von Fuhrmeisters „Moderneversteck". Zum einen wird deutlich, dass eine Kommune als Ermöglichungsraum für zeitgenössische Kunst verstanden wird, zum anderen halten sich weiterhin Strukturen, die auch den Rückgriff auf Kunst der NS-Zeit unterstützen.

Vor diesen Hintergründen stellte die, diesem Band vorangegangene, Tagung des *Kunstmuseums Gelsenkirchen* und des *Instituts für Stadtgeschichte Gelsenkirchen* im Juni 2022 die Frage nach der Gleichzeitigkeit von Innovation und Kontinuität in der kommunalen Kunstpolitik in der langen westdeutschen Nachkriegszeit. Denn retrospektiv wurde die kulturelle Entwicklung dieser Jahre sowohl als „bleierne Zeit" als auch als „radikaler Neubeginn" eingeordnet und bewertet.[15] Dagegen steht die Annahme einer ambivalenten Phase, der „Gleichzeitig des Ungleichzeitigen" und dem „Nebeneinander von Traditionalität und Modernisierung". Geleitet von den Untersuchungsebenen der Akteurinnen und Akteuren, von Instrumenten und Strukturen sowie Motiven wurden aktuelle Forschungstendenzen ebenso wie nationale und internationale Kontroversen zur Kunst der Nachkriegszeit berührt. So stieß jüngst der italienische Historiker Carlo Gentile eine Neubewertung des prägenden

12 Kunst verschönt das Stadtbild. „Olympia" erhielt Platz in Buer, in: Gelsenkirchener Anzeiger vom 6. September 1958.

13 Zum Themenkomplex „Gottbegnadetenliste" siehe zuletzt Wolfgang Brauneis/Raphael Gross: Die Liste der „Gottbegnadeten". Künstler des Nationalsozialismus in der Bundesrepublik, München/London/New York 2021.

14 Bernd Lasch: Kunstbetrachtungen: Werke aus dem Städtischen Museum Gelsenkirchen. Veröffentlicht in der „Westdeutschen Allgemeinen Zeitung" Gelsenkirchen 1960–1968, herausgegeben von Wolfgang Rinke, Recklinghausen 1985, S. XI.

15 Hier und nachfolgend Edgar Wolfrum: Die geglückte Demokratie. Geschichte der Bundesrepublik Deutschland von ihren Anfängen bis zur Gegenwart, Bonn 2007, S. 154.

Kunsthistorikers – und NSDAP-Mitglieds – Werner Haftmann an.[16] Des Weiteren rückte die Kontroverse um Emil Noldes Rolle während der NS-Zeit, unter anderem aufgearbeitet in der Ausstellung „Emil Nolde. Eine deutsche Legende. Der Künstler im Nationalsozialismus" im *Hamburger Bahnhof* 2019, die Debatte um fortgeführte Karrieren und Verschleierung der eigenen Biografie erneut in den Fokus von Forschung und Öffentlichkeit.[17] Das *Deutsche Historische Museum* veranstaltete darüber hinaus nicht nur die Ausstellung und das Symposium „documenta. Geschichte/Kunst/Politik", sondern zeigte 2021 ebenso die viel beachtete Ausstellung „Die Liste der ‚Gottbegnadeten'. Künstler des Nationalsozialismus in der Bundesrepublik", die beide die Frage nach den Kontinuitäten im Nachkriegsdeutschland stellen.[18] Jene neuen Perspektiven auf die Kunst in der frühen Bundesrepublik wurden durch die Tagung und den vorliegenden Band aufgegriffen und weitergedacht.

Dabei soll „Kunst in der Kommune: Über die Gleichzeitigkeit von Innovation und Kontinuität der Kunstpolitik nach 1945" einerseits auf die vom Symposium des *Museums Ludwig* in Köln angestoßene Neubewertung des deutschen Ausstellungs- und Sammlungswesens der Nachkriegszeit rekurrieren.[19] Andererseits knüpfen die Tagung und der Sammelband an eine lokale Forschungstradition an: Im November 2012 fand auf Initiative des *Gelsenkirchener Instituts für Stadtgeschichte* im *Wissenschaftspark* Gelsenkirchen ein Symposium zum Thema „Künstler und Kunst im Nationalsozialismus" statt. Daran schloss sich eine kritische Diskussion zur Rolle der Künstlersiedlung *Halfmannshof* in der NS-Zeit an.[20] Die vorliegenden Beiträge eröffnen schließlich vielfältige Zugänge zur Kunstpolitik der langen deutschen Nachkriegszeit und erweitern dabei nicht nur die lokale, sondern auch die überregionale Perspektive.

Die Herausgeberinnen und Herausgeber danken allen Autorinnen und Autoren für ihre Beiträge und die gute Zusammenarbeit, Sabine Kittel für das Lektorat, Kai Münschke für Satz und Layout des Bandes, dem *Klartext Verlag* für die produktive Kooperation, der *Fritz Thyssen Stiftung* für die finanzielle Unterstützung des Sammelbands sowie der vorausgegangenen Tagung. Zuletzt bedanken wir uns bei Daniel Schmidt für sein Engagement und seine Expertise.

16 Siehe dazu Carlo Gentile: Der Krieg des Dr. Haftmann, in: Süddeutsche Zeitung 127 vom 7. Juni 2021, S. 9.

17 Vgl. Karolin Korthase: Kunst im Nationalsozialismus. Emil Nolde im Hamburger Bahnhof: „Deutsch, stark, herb und innig", in: Museum 2 (2019), S. 6–9.

18 Siehe Raphael Gross (Hg.): documenta. Politik und Kunst, München/London/New York 2021 und Gross/Brauneins, Liste der „Gottbegnadeten".

19 Friedrich/Prinzig, Ausstellungswesen.

20 Siehe Holger Germann/Stefan Goch (Hg.): Künstler und Kunst im Nationalsozialismus. Eine Diskussion um die Gelsenkirchener Künstlersiedlung Halfmannshof, Essen 2013 und Holger Germann: Geht Kunst nach Brot? Die Gelsenkirchener Künstlersiedlung Halfmannshof und deren Wirken in der Zeit des Nationalsozialismus, Essen 2011.

Christiane Wanken

Zwischen „documenta" und Provinz

Kanonbildung in westdeutschen Museen in den Nachkriegsjahren

Nach dem zweiten Weltkrieg standen nahezu alle musealen Sammlungen in Deutschland vor einem Neuaufbau, hatten doch Krieg und die Kulturpolitik der Nationalsozialisten zu erheblichen Schäden und Lücken in den Sammlungen geführt. Zudem entstanden im westdeutschen Raum, im Zuge des raschen Aufschwungs durch den *Marshall Plan* und den damit einhergehenden finanziell erstarkten Kommunen, zahlreiche Neugründungen und Ausbauten kommunaler Sammlungen. Die Ankäufe in kleinen und mittleren städtischen Museen wurden im Spannungsfeld kommunaler Verwaltung, dem Narrativ der ‚Stunde Null' und überregional relevant Entwicklungen wie der „documenta" getätigt. Die Direktor:innen der Häuser waren dabei abhängig von den Entscheidungen der kommunalen Ausschüsse, mussten – und müssen zum Teil noch heute – die Ankäufe hier legitimiert werden. Um dieses Spannungsfeld, innerhalb dessen Kaufentscheidungen für städtische Museen getätigt wurden, etwas zu verdeutlichen, befasst sich dieser Artikel mit den Dispositiven, die die westdeutsche Museumslandschaft informierten und die so zu einer Kanonbildung innerhalb der hiesigen Sammlungen beitrugen. Zentral soll dabei der Blick auf die Ausstellungstätigkeit unmittelbar nach dem Zweiten Weltkrieg bis zum Ende der 1950er Jahre geworfen werden. Welche Kunst konnten die Entscheidungsträger:innen in Museen in den Kommunen nach den Schrecken des Krieges und der eng geführten Kulturpolitik der Nationalsozialisten sehen? Welche Kunst galt unmittelbar nach dem Krieg als ausstellbar und mithin als ankaufbar und was versprach für den kommunalen Haushalt eine solide Wertanlage?

Kunst im „Bannfluch des Diktators"[1]

Für Westdeutschland ist sicherlich die Sammlung Haubrich, ihre Schenkung an die Stadt Köln im Jahr 1946, und die 1947 folgenden Ausstellungen in der Universität zu Köln, im Württembergischen Kunstverein, Stuttgart und im Februar 1948 im Landesmuseum Wiesbaden als relevante Ausstellung für die Kanonbildung zu nennen. Bis 1957 das Wall-

1 Ludwig Grote (Hg.): Deutsche Kunst: Meisterwerke des 20. Jahrhunderts, München 1953, S. 13.

raf-Richartz-Museum, in der die Sammlung untergebracht werden sollte, eingeweiht werden konnte, war sie an insgesamt 30 Orten im In- und europäischen Ausland zu sehen.[2] Der Jurist Josef Haubrich hatte seine Sammlung seit 1916 aufgebaut und sich bei seinen Ankäufen vor allem auf expressionistische Kunst und Neue Sachlichkeit spezialisiert. Glanzstücke, wie das Porträt des Doktor Hans Koch von Otto Dix, aus dem Jahr 1921 oder der Halbakt mit Hut von Ernst Ludwig Kirchner von 1911 finden sich ebenso in der Sammlung des Kölner Rechtsanwalts wie Werke von Max Beckmann, Marc Chagall, Erich Heckel, Karl Schmidt-Rottluff, Wilhelm Lehmbruck oder Paula Modersohn-Becker. Alle Werke sind dabei zwar sehr modern und zeitgenössisch, bleiben aber im Spektrum des Figürlichen.[3] Auch während des Zweiten Weltkriegs hatte Haubrich aktiv weiter gesammelt, so kam zum Beispiel das Gemälde von Karl Hofer, *Maskerade*, 1922, das bis 1937 in der städtischen Kunstsammlung Düsseldorf war, vermittelt durch Hildebrand Gurlitt, 1942 in seine Sammlung.[4] Zwischen 1937 und 1946 wuchs seine Sammlung um 45 Gemälde, deren gemeinsames Merkmal es war, dass sie von den Nationalsozialisten als „entartet" eingestuft wurden. Bis zum Ende des Krieges hatte Haubrich schließlich eine umfangreiche Sammlung hervorgebracht, über die Zeitgenoss:innen sagten: „Man kann wohl sagen, dass hier nicht etwa nur der Grundstock eines Museums gepflegt, sondern geradezu ein Museum moderner Kunst geschaffen worden ist."[5] Die Kölner Ausstellung der Sammlung Haubrich sah beispielsweise auch der sehr junge Peter Ludwig, für den dies den Impuls zum eigenen Sammeln gab und der seine Sammlung von 350 Werken zeitgenössischer Kunst 1976 ebenfalls an die Stadt Köln schenkte.[6] Es ist hier sicherlich hervorzuheben, dass die deutsche Bevölkerung in den Präsentationen der Sammlung Haubrich Kunst sah, die sie über viele Jahre nicht sehen konnte, da diese unter den Nationalsozialisten als „entartet" und damit nicht ausstellbar galt. Die Möglichkeit zum Zugang zur modernen Vorkriegskunst wurde

2 Dorothee Grafarend-Gohmert: Die Sammlung Haubrich und der Wiederaufbau des Wallraf-Richartz-Museums ab 1945, in: Julia Friedrich/Andreas Prinzing (Hg.): „So fing man einfach an, ohne viele Worte". Ausstellungswesen und Sammlungspolitik in den ersten Jahren nach dem zweiten Weltkrieg, Köln 2013, S. 92.

3 Julia Friedrich (Hg.): Meisterwerke der Moderne: die Sammlung Haubrich im Museum Ludwig, Köln 2012.

4 Kulturelles Erbe Köln: Hofer, Karl (1878), Maskerade / Masken / Drei Masken und Karneval / Karneval / Drei Masken, https://www.kulturelles-erbe-koeln.de/ [21.8.2023]. Das *Museum Ludwig* hat die Provenienzen aller Werke der Sammlung aufarbeiten lassen. Diese sind in der oben genannten Datenbank einsehbar.

5 Thomas Nipperdey anlässlich der Schenkung der Sammlung an die Stadt Köln, zitiert nach: Anke von Heyl: Josef Haubrich – ein Leben mit der Kunst, https://www.kulturtussi.de/josef-haubrich-ein-leben-mit-der-kunst/ [12.6.2023].

6 https://www.museum-ludwig.de/fr/museum/das-museum/geschichte.html [12.6.2023].

schließlich auch positiv wahrgenommen: In die Kölner Ausstellung der Sammlung Haubrich kamen in den ersten Monaten 8.500 Besucher:innen.[7]

Die ersten Ausstellungen in der frühen Bundesrepublik sehen ihren Auftrag genau in der Aufarbeitung der zeitlichen Lücke von 1933 bis 1945. Allen Ortes werden jene Künstler:innen ausgestellt, die während der NS-Zeit institutionell nicht sichtbar waren. August Macke beispielsweise, der 1947 60 Jahre alte geworden wäre, bekommt in mehreren Städten eine Gedenkausstellung.[8] Im württembergischen Kunstverein wird Ludwig Kirchner gezeigt[9], in der Kestner Gesellschaft in Hannover präsentiert man Emil Nolde[10], im Haus der Kunst in München wird der Blaue Reiter ausgestellt.[11] Bemerkenswert ist, dass auch in der sehr jungen Bundesrepublik schon früh die ganz aktuellen Tendenzen der zeitgenössischen Kunst gezeigt werden. Bereits 1948 präsentiert sich die Künstlergruppe *junger westen* um die Maler Gustav Deppe, Thomas Grochowiak und Emil Schumacher, Heinrich Siepmann, Hans Werdehausen und den Bildhauer Ernst Hermanns erstmalig in der Kunsthalle Recklinghausen. Ihr erklärtes Ziel ist es, eine abstrakte Bildsprache zu finden, um dem Lebensgefühl der Industrieregion an Rhein und Ruhr einen zeitgemäßen Ausdruck zu geben und den Anschluss an die ‚Moderne‘ nach der Kulturpolitik der Nationalsozialisten wiederherzustellen. Hier nimmt auch die Stadt eine bewusste kulturpolitische Setzung vor: Sie stiftet einen Förderpreis, um diese neuen Tendenzen zu unterstützen und voranzutreiben.[12] Und auch in anderen Städten wird ‚das Moderne‘ oder eben Zeitgenössische, das Anschluss an die europäischen Nachbarn sucht, gezeigt. Karl Ruhrberg, der Gründungsdirektor der Kunsthalle Düsseldorf, der frühe Ausstellungen zu Joseph Beuys, Edward Kienholz und Mark Rothko in Deutschland veranstaltet und später der Direktor des Museum Ludwig wird, beschreibt die Tendenzen zur modernen Kunst unmittelbar nach dem Krieg als „abs-

7 Grafarend-Gohmert, Sammlung Haubrich, S. 92.

8 Beispielsweise: Werkschule Trier: August Macke – Gedenkausstellung, Trier 1947. Macke war auch der erste Ankauf für das neue *Wallraf-Richartz-Museum*: Grafarenth-Gomert, Sammlung Haubrich; siehe ebd. den Wiederaufbau des Museums ab 1945.

9 Württembergischer Kunstverein: E. L. Kirchner, Aquarelle, Zeichnungen, Druckgraphik: 29. Mai–4. Juli 1948, Stuttgart 1948.

10 Kestner-Gesellschaft: Emil Nolde: Oktober – November 1948, Hannover 1948. Nolde wurde von den Nazis als „entartet“ betrachtet und konnte nicht in offiziellen Institutionen ausstellen. Gleichzeitig war er jedoch mit den Ideen des Nationalsozialismus eng verbunden. Dazu: Bernhard Fulda/Christian Ring/Aya Soika (Hg.): Emil Nolde – eine deutsche Legende: der Künstler im Nationalsozialismus, München 2019.

11 Stefan P. Munsing: Der Blaue Reiter, Ausstellung im Haus der Kunst, September–Oktober 1949, München 1949.

12 Vgl. zur Geschichte der Künstlergruppe und des Kunstpreises: Ferdinand Ullrich/Hans-Jürgen Schwalm (Hg.): Junger Westen: auf dem Weg zur Avantgarde, Dortmund 2017.

traktes Blinkzeichen der Freiheit nach der Unterdrückung".[13] Weiter meint Ruhrberg, die Künstler:innen hätten in der abstrakten Kunst eine Hoffnung auf ein „künstlerisches Esperanto" gesehen.[14] Im Ruhrgebiet arbeiten der *junge westen*, in Düsseldorf und Gelsenkirchen ab 1958 *ZERO* – die dem Abstrakten zusätzlich die Perspektive des Optimismus[15] hinzufügen – und die Künstler:innen des Informel, beispielsweise die *Gruppe 53* in Düsseldorf oder *ZEN 49* in München. Ruhrberg definiert diese Wege der Abstraktion als eine künstlerische Form des Ideologieverzichts, als Reaktion auf die Erfahrungen des Krieges und der ausufernden Ideologie der Nationalsozialisten.

In der „documenta I+II" kumulierten diese Ausstellungsstrategien der frühen Jahre nach dem Krieg. Das politische Umfeld hatte sich bis hierher stabilisiert, die Entnazifizierung war offiziell abgeschlossen. 1955, das Jahr der ersten „documenta", ist auch das Jahr der Gründung der Bundeswehr, des NATO-Beitritts der Bundesrepublik und eines enormen Wirtschaftswachstums.[16] Auf der ersten „documenta", die den Titel „Kunst des XX. Jahrhunderts"[17] trug, wurde Kunst gezeigt, die unter den Nationalsozialisten als „entartet" galt. Julia Friedrich hat sich jüngst kritisch mit dem Gründungsmythos der Kunstschau, die entscheidend zum „kulturpolitischen *Nation Building*" der Bundesrepublik beigetragen hat, auseinandergesetzt.[18] Sie legt dar, dass die Ausstellung, in deren Ausschuss drei von fünf Männern mit nationalsozialistischer Vergangenheit saßen, sehr selektiv ausstellte. So wurden Künstler:innen wie Emil Nolde, Ernst Barlach, Christian Rohlfs und Paula Modersohn-Becker 1955 in Kassel ausgestellt. Diese hatte Werner Haftmann, einer der einflussreichsten Kunsthistoriker seiner Zeit, bereits der NS-Führung als „Vertreter einer deutschen Sendung" vorgeschlagen. Künstler:innen wie Käthe Kollwitz, Otto Freundlich oder Rudolph Levi fanden in Kassel jedoch nicht statt – sie waren bereits 20 Jahre zuvor als zu antibürgerlich eingeordnet worden.[19]

Mit der „documenta" wird die Geschichte des Expressionismus' als „Anti-Nazi-Kunst" manifestiert. Der Expressionismus und die abstrakten Tendenzen des frühen 20. Jahrhunderts werden von jedem politischen Kontext losgelöst und so zum Symbol eines kultu-

13 Karl Ruhrberg: Utopie und Wirklichkeit – Kunstlandschaft NRW von 1945 bis heute, in: Carl Andreas Abel u. a. (Hg.): Zeitzeichen: Stationen bildender Kunst in Nordrhein-Westfalen, Köln 1989, S. 17.

14 Ebd., S. 16.

15 Ebd., S. 20.

16 Dorothee Wierling: Die documenta in ihrer Zeit – Eine Chronologie, in: Raphael Gross u. a. (Hg.): documenta – Politik und Kunst, München u. a. 2021, S. 21–31, hier S. 21.

17 Ausstellungskatalog, documenta, kunst des XX. jahrhunderts, München 1955, auch als Nachdruck bei Prestel, München 1995.

18 Julia Friedrich: Kunst als Kitt – Spuren des Nationalsozialismus in der ersten documenta, in: Gross, documenta, S. 61–76.

19 Ebd., S. 61.

Wilhelm Lehmbruck, „Kniende", 1911 (posthumer Guss 1947), Gipsguss (Fotograf: Jürgen Diemer, Lehmbruck Museum Duisburg)

rellen „Persilscheins". Die Inszenierung von Wilhelm Lehmbrucks Skulptur „Die Kniende" aus dem Jahr 1911, die ikonisch für die „entartete Kunst" war, wurde in Kassel im Zentrum des Treppenhauses des ehemaligen Museums platziert und so zum Symbol eines Gesinnungswandels einer ganzen Nation.[20]

Meike Hoffmann sieht folglich die erste große ‚Brücke'-Retrospektive, die 1958 im *Folkwang Museum* Essen präsentiert wurde, in diesem Kontext. Das Museum führte erstmals nach dem Krieg 164 Werke der einst verfemten Künstler[21] zusammen. Damit ist das Museum zum einen darum bemüht Sammlungslücken, die 1937 gerissen wurden, zu schließen und zum anderen, daran an die neue Ausstellungspolitik anzuknüpfen, die das Haus unmittelbar nach dem Krieg verfolgte. Diese umfasste, einst verfemte Künstler:innen

20 Harald Kimpel: Standortbestimmung und Vergangenheitsbewältigung. Die documenta 1955 als „Staatsaufgabe", in: Friedrich/Prinzing, Ausstellungswesen, S. 26–35.

21 Hier wird bewusst auf die weibliche Form verzichtet, da ausschließlich Kunst von Männern gezeigt wurde.

zu zeigen und sich damit auf das, bei der „documenta" zur Staatsaufgabe erklärte, Ziel zu beziehen, eben jene Künstler:innen in Zeiten des Kalten Krieges zu rehabilitieren.[22] Haftmann erzählte in diesen frühen Jahren der „documenta" das Narrativ der Abgrenzung zwischen moderner Kunst und totalitärem System.[23] In Kassel wurde gezeigt, was ein freiheitlich demokratischer Staat als Kunstproduktion entwickelte – im Gegensatz zum Sozialistischen Realismus, der von der DDR-Diktatur gewollt war. Das explizit demokratische an den gezeigten Kunstrichtungen, vor allem dem Expressionismus, war der Individualismus, die subjektive Freiheit und eine Deutungsfreiheit.[24] So legte Haftmann im Ausstellungskatalog zur „documenta" auch dar, dass diese bewusst auf die „deutsche Lage" hin konzipiert worden sei und die „frei Welt" repräsentiere.[25]

Neben den Ausstellungen im Inland wurden bereits ab 1953 gezielt Ausstellungen deutscher Kunst im Ausland gefördert. Das Auswärtige Amt hatte dazu eine Kommission gebildet, die solche Vorhaben bewertete und förderte und auch an als geeignet erscheinende Institutionen im Ausland herantrat.[26] Hier soll exemplarisch ein Blick auf eine der frühesten Ausstellungen geworfen werden, die 1953 in Luzern präsentiert wurde. Der Katalog zur Ausstellung „Deutsche Kunst – Meisterwerke des 20. Jahrhunderts", die vom 4. Juli bis 2. Oktober 1953 im Kunstmuseum Luzern gezeigt wurde, gibt einen profunden Einblick in die bundesdeutschen kulturpolitischen Ziele. Der sehr kunstaffine Bundespräsident Theodor Heuss schrieb im Vorwort zur Schau: „Sie [die Ausstellung] hilft, das erhoffen wir wenigstens von dem Eindruck der Schau, der deutschen Kunst dieser töricht geschähten Zeit in ihren bleibenden Werten die Achtung zu sichern."[27] Der Kurator Ludwig Grote, er war ebenfalls Mitglied in der Kommission des Auswärtigen Amtes für Auslandsausstellungen, schrieb in seinem Beitrag zum Katalog, dass alle gezeigten Künstler:innen trotz Malverbots weitergearbeitet hätten, somit gäbe die Ausstellung „eine Vorstellung

22 Meike Hoffmann: Kunst im Dienst einer neuen Vergangenheitsbewältigung. Die „Brücke"-Retrospektive von 1958, in: Folkwang Museumsverein (Hg.): Museum Folkwang. Hundert Jahre Gegenwart, S. 107–113, hier S. 106.
Zu den Ausstellungen des *Folkwang Museums* ab 1948: Hans-Jürgen Lechtreck: „Ein stetiges, der Stadt Essen würdiges Ausstellungsleben". Das Museum Folkwang 1945–1955, in: Friedrich/Prinzing, Ausstellungswesen, S. 63–71.

23 Gregor Langfeld: „Der Blick von außen" – Konstruktionen der „deutschen" Moderne nach 1945, in: Meike Hoffmann/Dieter Scholz (Hg.): Unbewältigt? Ästhetische Moderne und Nationalsozialismus: Kunst, Kunsthandel, Ausstellungspraxis, Berlin 2020, S. 242–255, hier S. 250.

24 Walter Grasskamp: Die unbewältigte Moderne. Kunst und Öffentlichkeit, München 1994, S. 135.

25 Kimpel, Standortbestimmung, S. 35.

26 Dorothea Schöne hat die Geschichte und die politischen Ziele dieser Ausstellungen dezidiert untersucht: Dorothea Schöne: Konstruierte (Kunst-)geschichte, Anspruch und Realität in Westdeutschen Auslandsausstellungen, in: Hoffmann/Scholz, Unbewältigt?, S. 268–281.

27 Theodor Heuss: Vorwort, in: Grote, Deutsche Kunst, S 10–11.

Rudolf Levy, „Selbstbildnis IV", 1943, Öl auf Pappe, 41 x 33,5 cm (Museum Pfalzgalerie Kaiserslautern, INV.-NR. PFG 54/4)

von der Stärke des Widerstandes".[28] Einige der gezeigten Künstler:innen waren jedoch bereits verstorben, anderen hatten Nazideutschland verlassen, und die in Luzern gezeigten Ernst Barlach, Erich Heckel und Emil Nolde hatten am 19. August 1934 den „Aufruf der Kulturschaffenden" unterzeichnet, mit dem sie öffentlich die Volksabstimmung zur Vereinigung der Ämter des Reichskanzlers und des Reichspräsidenten in der Person Hitlers unterstützten. Wieder andere Künstler:innen der Schau galten zwar als „entartet", konnten aber in kleinerem Rahmen nach wie vor ausstellen. Die Ausstellung in Luzern und viele weitere Auslandsausstellungen nach 1945 prägten den Mythos der unpolitischen und/oder widerständigen expressionistischen deutschen Künstler:innen, welcher sich in der Realität jedoch kaum einlösen ließ. Die Nationalsozialisten hatten die Kunst politisch vereinnahmt. Indem man nun die Kunst zeigte, die von ihnen diffamiert wurde und die Erzählung der

28 Grote, Deutsche Kunst, S. 13.

widerständigen Künstler:innen schuf, konnte man einer neuen Erzählung der deutschen Kultur, wie es Heuss in seinem Vorwort von 1953 ausdrückt, „die Achtung (...) sichern".[29]

Alte Sehgewohnheiten

Keinesfalls sollte man davon ausgehen, dass die Ausstellungsgeschichte der frühen Bundesrepublik stromlinienförmig auf die Erzählung der Abstraktion und künstlerischer Loslösung von ideologischen Tendenzen zu lesen ist. Gleichzeitig zu den Ausstellungen der Kunst des frühen 20. Jahrhunderts und der gegenstandslosen Kunst in den westdeutschen Städten wurden in diesen Jahren, kurz nach dem Krieg und der Kulturpolitik der Nationalsozialisten auch viele Ausstellung gezeigt, die den Sehgewohnheiten der Besucher:innen entsprachen. Exemplarisch sei hier die Ausstellung „Deutsche Malerei des neunzehnten Jahrhunderts" im Landesmuseum in Wiesbaden genannt, die durch Arbeiten aus dem *Central Collecting Point*[30] zusammengestellt wurde, oder die Ausstellung „Meisterwerke altdeutscher Meister" in der städtischen Kunsthalle Mannheim und in der staatlichen Kunsthalle Karlsruhe, in denen im gleichen Jahr auch die Sammlung Haubrich gezeigt wurde. In der Kestnergesellschaft, bis zu ihrer Schließung 1936 durch die Nationalsozialisten bekannt für ihre zeitgenössischen Ausstellungen war, wurde 1950 neben Kirchner und Nay auch Mittelalterliche Kunst in Niedersachsen gezeigt.[31]

Georg Meistermann, einer der wichtigsten künstlerischen Stimmen der Nachkriegsmoderne,[32] legte in seinen Erinnerungen diesen Zwiespalt dar. 1989 beschrieb er den Aufbruchswillen der Kulturschaffenden und die Gleichzeitigkeit der Kunst, die Hitlers Definition entsprach und nach 1947 weiterhin populär blieb. Sie sei als eine Art „saubere Kunst" verstanden worden, schließlich seien in den Funktionsstellen „alte Nazis" tätig

29 Heuss, Vorwort, S. 11.

30 Der „Central Collecting Point" der Alliierten war ein zentraler Sammelpunkt für Kunstwerke, Archivalien und Kulturgüter, die während und nach dem Zweiten Weltkrieg von den Alliierten beschlagnahmt wurden. Diese Sammelstellen dienten dazu, durch die NSDAP gestohlene, beschlagnahmte oder enteignete Kunstwerke und kulturelle Artefakte sicher aufzubewahren, zu katalogisieren und später an ihre rechtmäßigen Besitzer zurückzugeben. Die Alliierten erkannten die Bedeutung der Rückgabe von geraubtem Kulturgut und versuchten, die während des Krieges verlorenen Kunstschätze zu retten. Einer der bekanntesten Central Collecting Points befand sich in München, Deutschland, im sogenannten Führerbau. Die gesammelten Artefakte wurden später restituiert oder an verschiedene Museen und Institutionen innerhalb Deutschlands verteilt. Zur Geschichte der Central Collecting Points: Iris Lauterbach: Der Central Collecting Point in München: Kunstschutz, Restitution, Neubeginn, Veröffentlichungen des Zentralinstituts für Kunstgeschichte in München, Berlin 2015, S. 34.

31 Kestner Gesellschaft: Mittelalterliche Kunst in Niedersachsen, Hannover 1950.

32 Justinus Maria Calleen/Rolf Jessewitsch (Hg.): Das Leben des Menschen ist eingehüllt in Farbe: Georg Meistermann zum hundertsten Geburtstag, Berlin 2011.

gewesen und an einer Vergangenheitsbewältigung sei man nicht interessiert gewesen.[33] Er führt im Weiteren konkrete Beispiele von Akteur:innen der Verwaltung auf, die in Folge ihrer nationalsozialistischen Vergangenheit dann wieder in Entscheider:innenpositionen der jungen Bundesrepublik kamen. Das für das Ausstellen moderne Kunst gegründete *Museum Morsbroich* in Leverkusen konnte, so der Bericht Meistermanns, erst dann gebaut werden, als ein neuer Oberbürgermeister gewählt war, der keine nationalsozialistische Vergangenheit mehr hatte.[34]

Auch Künstler:innen, die von der Kulturpolitik der Nationalsozialisten gefördert worden waren, ausgestellt wurden und Staatsaufträge erhielten, konnten zum Teil ohne Einschränkungen unmittelbar nach dem Krieg weiterarbeiten. Wolfgang Brauneis hat dazu 2021 eine umfassende Ausstellung für das Deutsche Historische Museum kuratiert. Arno Breker, einer der einflussreichsten Künstler im NS-Staat, der zahlreiche Staatsaufträge erhielt und mit Hitler persönlich in Kontakt stand oder Willy Meller, der zahlreiche ideologische Bauplastiken für die NSDAP entwarf, hatten schon sehr bald nach dem Krieg öffentliche Aufträge erhalten.[35]

In diesem Informationsgeflecht aus der Gleichzeitigkeit von Ausstellungen des Abstrakten (Expressionismus und zeitgenössischen Tendenzen) und des Gegenständlichen, Kunst als Form der Demokratisierung und politischem Willen zwischen Neuaufbau und Regression, bauten die Direktor:innen der westdeutschen Museen ihre Sammlungen (neu) auf. Die Nationalsozialisten hatten die Kunst politisch instrumentalisiert – das Ziel der Nachkriegsära war es nun, das Politische und Soziale auszublenden. Man bezog sich auf jene Künstler:innen, die von den Nationalsozialisten als „entartet" angesehen worden waren und distanzierte sich somit kulturpolitisch sichtbar von der eigenen Vergangenheit. Ab Mitte der 1950er Jahre kamen abstrakte, informelle Kunstwerke in die Museen – auch diese Ankäufe sind im Kontext der Abgrenzung gegen die rigorose Kulturpolitik der Nationalsozialisten zu verstehen. Moderne Kunst war dabei politisch gewollt, weil sie in der frühen Bundesrepublik die Abkehr von der Diktatur und den Willen zur Demokratie repräsentierte.

Sowohl der Expressionismus als auch der abstrakte Expressionismus und das Informel sind kunsthistorisch gelesen Stilrichtungen, die sich auf die Suche nach dem individuellen künstlerischen Ausdruck begeben haben. Sie stehen jenseits politischen Wollens und haben sich durch ihren vermeintlich individuellen Ausdruck in das Narrativ der „Stunde Null"[36]

33 Georg Meistermann: Die Stunde Null, in: Abel, Zeitzeichen, S. 95.

34 Ebd., S. 96.

35 Wolfgang Brauneis/Raphael Gross (Hg.): Die Liste der „Gottbegnadeten". Künstler des Nationalsozialismus in der Bundesrepublik, München u. a. 2021.

36 Zum Mythos der „Stunde Null": Martin Sabrow: Die „Stunde Null" als Zeiterfahrung, in: APuZ online, https://www.bpb.de/shop/zeitschriften/apuz/303645/die-stunde-null-als-zeiterfahrung/ [20.6.2023].

gefügt. Weder die produzierenden Künstler:innen, noch die Ausstellungsmacher:innen und Kulturpolitiker:innen gingen völlig unbelastet in die Nachkriegsjahre.[37] Das Ergänzen und der Neuaufbau der kommunalen Sammlungen erfolgte im Geflecht der unterschiedlichen Narrative und ihrer Darstellungsformen in Ausstellungen, einem hier nicht untersuchten Kunstmarkt sowie den kommunalen und überregionalen kulturpolitischen Entscheidungen. Expressionismus und abstrakte Kunst waren Ausdruck des Wunsches von der nationalsozialistischen Vergangenheit Abstand zu nehmen und sich kulturpolitisch gegen totalitäre Ideen abzugrenzen, somit nahmen diese Ankäufe für die westdeutschen Museen einen enorm wichtigen Stellenwert ein.

37 Beispielhaft sei hier Emil Nolde genannt, dessen Werke zu Beginn der 1950er Jahre von der Bundesregierung erworben wurden und immer wieder die Dienstzimmer der Kanzler:innen schmückten. Er galt als expressionistischer Künstler, dem Wiedergutmachung gelte. 2019 setze sich eine Ausstellung in der *Nationalgalerie Berlin (Hamburger Bahnhof)* kritisch mit seiner Zustimmung zum Nationalsozialismus auseinander. Fulda u. a., Emil Nolde; oder aber Werner Haftmann, der seine Mitgliedschaft (ab 1937) in der NSDAP und seine militärische Funktion nach dem Krieg verschwieg. Vgl. dazu: Werner Haftmann, in: Gross, documenta, S. 77.

Dorothea Schöne

Ent-marginalisierte Orte

oder wie Kassel die „documenta" bekam

1953 begann der Kurator Arnold Bode mit den Planungen zur Kasseler „documenta"-Ausstellung.[1] Seine Idee war es, eine Kunstausstellung als Teil der *Deutschen Bundesgartenschau* in Kassel zu präsentieren. Deren Planungsleiter war Hermann Mattern, Professor für Gartenarchitektur an der staatlichen Werkakademie für Gestaltung Hessen in Kassel, an der auch Bode einen Lehrstuhl für Malerei innehatte. Für eine solche Kunstschau hatte Bode an das immer noch teilzerstörte *Fridericianum* als Ausstellungsraum gedacht. Im sogenannten Bode-Plan, einer der frühesten erhaltenen Planungsunterlagen, beschrieb der Kurator das Ausstellungsvorhaben unter dem Titel „Europäische Kunst des 20. Jahrhunderts".[2] Daraus wurde, nachdem Bode nicht wenige Hürden überwunden und Bedenken und Einwände zu entkräften vermocht hatte, jene Erfolgsgeschichte, die bis heute fortgeschrieben wird.

Warum nun aber Kassel? War es wirklich allein das Wirken eines einzelnen Mannes – also Bode – das in der hessischen Stadt eine derart bedeutsame Ausstellung hatte entstehen lassen oder mag es weitere Wegbereiter gegeben haben? Letzteres ist die These des hier vorliegenden Textes. Denn schon vier Jahre bevor Bode mit seinen Planungen begann, im Frühjahr 1949, war der Kurator des Bostoner *Museum of Fine Arts*, William G. Constable, als externer Berater in der US-Zone nach Deutschland gekommen, um sich vor Ort einen Eindruck über die Kulturprogramme der Militärverwaltung zu machen und in einem Abschlussbericht entsprechend ausgearbeitete Empfehlungen abzugeben.[3]

1 Für eine umfassendere Kontextualisierung dieses Themas siehe: Dorothea Schöne: Freie Künstler in einer freien Stadt. Die amerikanische Förderung der Berliner Nachkriegsmoderne, Hamburg 2016 und Ulrike Wollenhaupt-Schmidt: documenta 1955. Eine Ausstellung im Spannungsfeld der Auseinandersetzungen um die Kunst der Avantgarde 1945–1960, Frankfurt am Main u.a. 1994, S. 33; Dina Sonntag: Zugriff auf die Moderne. Fallstudien zu Kunstwissenschaft und Kunstausstellungen um 1950, Stuttgart 1997, S. 89 ff.

2 Ausstellungsplan zitiert nach: Sonntag, Moderne, S. 93 und Anm. 175.

3 Bericht von William G. Constable (1. Fassung), Juni 1949, NARA, Records of the Fine Arts and Monuments Advisor Ardelia Hall, 1945–1961, Mf 1941, Rolle 11, Z 165.

William G. Constable bei dem Besuch des Wiesbadener Museums im Mai 1949 (v. l. n. r.: David Röell, Direktor des *Stedelijk Museum*, Robert Giraud, Direktor der *Königlichen Museen der Schönen Künste*, William G. Constable, Ernst Günter Troche, Direktor des *Germanischen Nationalmuseums* in Nürnberg und Theodore Heinrich, Leiter des Wiesbadener Collecting Points) (OMGUS Information Bulletin, 12. Juli 1949, S. 16)

Im Spätsommer 1948 hatte der Joint Chief of Staff der U. S. Army etwa einhundert Expert:innen aus unterschiedlichen Fachgebieten kontaktiert, um sie als externe Ratgeber:innen bei der Untersuchung der Strukturen und Arbeitsfelder der amerikanischen Militärverwaltung im besetzten Deutschland zu gewinnen.[4] Für den Bereich Museen und Kunstgeschichte an den Hochschulen wurde Constable ausgewählt. Seine Aufgabe war es, alle die Kunstszene betreffenden Verwaltungsbereiche und Programme zu evaluieren, deutsche Künstler:innen, Museen und kunsthistorische Seminare der Universitäten zu besuchen und sich über Bedürfnisse und Meinungen zur amerikanischen Kulturpolitik zu informie-

4 Vgl. Brief von G. H. Garde an die Civil Affairs Division der U. S. Army [1948], AAA, William G. Constable Papers 1905–1983, Konvolut 1920–1967, Mf 3078. Von den einhundert Expert:innen waren allein 33 der E&CR-Division zugeteilt worden. Constable war dabei keineswegs die erste Wahl, sondern Gisela Richter, Kuratorin für griechische und römische Antike im New Yorker *Metropolitan Museum of Art*.

ren. Constable trat seine für diese Zwecke geplante Reise nach Deutschland im Februar 1949 mit wenig Begeisterung an.[5] An seinen Freund T. W. Bacon schrieb er:

> „Die US Armee schickt mich für vier Monate nach Deutschland. Ich bin mir überhaupt nicht sicher, was ich dort tun soll – aber ich vermute, dass es ein Teil meiner Aufgabe ist, dem akademischen Deutschland wieder auf die Beine zu helfen, da auch aus anderen Fachbereichen Leute ab und an hinreisen. Die Grundidee ist gut, da Menschen, die isoliert und entmutigt sind, anfällig sind für den Faschismus und Kommunismus. Aber ich freue mich überhaupt nicht auf diese Reise – ein in Trümmern gelegtes Land mit einer unzufriedenen und depressiven Bevölkerung wird sicherlich deprimierend und ermüdend sein."[6]

Seine Unlust scheint der Bostoner Kurator im Laufe seiner Reise überwunden zu haben. Recht sachlich schrieb er am Ende seines Besuches:

> „Meine Arbeit in Deutschland konzentrierte sich auf die gegenwärtige Rolle und Position der bildenden Kunst, sowohl in historischer wie auch kreativer Hinsicht, um dann die Militärregierung entsprechend zu beraten. Meine Untersuchungen hatten insbesondere das Ziel, ein Programm für die neu eingerichtete Dienststelle Museum and Fine Arts, eine Unterabteilung der Education and Cultural Relation Division, auszuarbeiten und dann Vorschläge zu unterbreiten, wie ein solches Programm umgesetzt werden könnte."[7]

5 Constable reiste vom 15. Februar bis zum 11. Juni 1949 durch die drei Länder der amerikanisch besetzten Zone Deutschlands. Vgl. Sigrid Ruby: „Have We an American Art?" Präsentation und Rezeption amerikanischer Malerei in Westdeutschland und Westeuropa der Nachkriegszeit, Weimar 1999, S. 55.

6 Brief von William G. Constable an T. W. Bacon, 23. Januar 1949, AAA, William G. Constable Papers 1905–1983, Konvolut 1920–1967, Mf 3062. Englisches Original: „The U. S. Army is sending me to Germany for about four months. I'm not at all sure what I shall have to do there – but I gather it is part of the job of getting academic Germany on its legs again, since people in other fields go from time to time. The general idea is good, since people who are isolated and discouraged, are good food for Fascism and Communism. But I am not looking forward to the visit – a country in pieces, with a disgruntled and depressed population are likely to be disheartening and very tiring." (Übersetzt, wie auch alle folgenden englischen Original-Zitate, von der Autorin).

7 Original-Zitat: „My work in Germany has been directed towards investigating the present position of the visual arts there, both in their historical and creative aspects, with the purpose of advising Military Government on action concerning them. Especially, my inquiries have aimed at helping to draw up a program for the newly constituted Museum and Fine Arts sections of the Education and Cultural [Relations] Division of Military Government, and to suggest means to put such a program into effect.", William G. Constable: „Art and Reorientation. Status and Future of Museums and the Teaching of Art in Western Germany. Final Report", September 1949, S. 1, ebd., Mf 3078.

Der politischen Zielsetzung solcher Initiativen der *Museum and Fine Arts Section* war sich Constable durchaus bewusst:

> „Mein Job war es, für die Militärregierung ein Programm auszuarbeiten für alles, was mit bildender Kunst zu tun hatte. Das Hauptinteresse war dabei, eine eher liberale Gesinnung in der deutschen Bevölkerung durch die bildende Kunst zu verankern, sowie ein gestärktes Bewusstsein für internationale Solidarität und internationale Verpflichtungen."[8]

Diesem Interesse lag eine Haltung zugrunde, die der Militärgouverneur der amerikanischen Besatzungszone, General Lucius D. Clay, dem Bostoner Kurator kurz nach seiner Ankunft im Februar 1949 unmissverständlich deutlich gemacht hatte: „Die Zeit einfach nur Befehle zu geben und darauf zu warten, dass sie erfüllt oder umgesetzt werden, ist vorbei. Und überhaupt tut das nicht gut. Was wir tun müssen, ist das Bewusstsein der Deutschen zu attackieren."[9]

Bei seinen Recherchen hatte sich Constable vor allem auf Befragungen von zahlreichen Künstler:innen, Kunst- und Museumsexpert:innen gestützt. Einige Namen hatte ihm die amerikanische Militär-Verwaltung zu diesem Zweck aufgelistet, andere hatten ihm aber auch amerikanische oder in die USA emigrierte deutsche Museumsexpert:innen und Kunsthistoriker:innen genannt.[10] So vermittelte ihm Hanns Swarzenski, Sohn des emigrierten

8 Original-Zitat: „It was my job to draw up a programme for Military Government for everything that concerned the visual arts. (...) The main intention was through the arts to try to induce a more liberal temper in the German mind, and a greater sense of international solidarity and of international obligation.", William G. Constable: „German Problem" (handschriftliches Manuskript für einen Vortrag vor dem Club in Cambridge), 1950, ebd., Mf 3073.

9 Original-Zitat: „The time for giving orders and seeing they are obeyed is over; and anyhow, it doesn't do much good. What we have to do is to attack the German mind.", William G. Constable: „German Problem" (handschriftliches Manuskript für einen Vortrag vor dem Club in Cambridge), 1950, ebd., Mf 3073. Der genaue Zeitpunkt dieses ersten Zusammentreffens von Constable und Clay kann aus den bekannten Akten nicht rekonstruiert werden. Es darf aber als wahrscheinlich gelten, dass dieses Treffen im Februar oder März 1949 stattfand und Constables Evaluierung maßgeblich beeinflusste. Denn, so notierte der Kurator in seinem Vortragsmanuskript: „It was not until I reached Berlin, and saw General Clay, that the reason for my being asked for by Military Government emerged."

10 Dem Kurator dürften einige Künstler:innen und Kunsthistoriker:innen in Deutschland bereits bekannt gewesen sein. Immerhin war er in seiner Zeit als Direktor des *Courtauld Institute of Art* in London ein wichtiger Förderer der deutschen Moderne gewesen – 1934 war er in die Organisation der Ausstellung von Werken Max Liebermanns eingebunden gewesen, und auch 1938 findet sich sein Name unter den Organisatoren und Förderern der Schau „Twentieth Century German Art" in den Burlington Galleries. Vgl. Susan King: The Reception of German Modern Art and Theory in England from 1908 to 1938, Masterarbeit University of California, Riverside 2006, S. 160; dies.:

Frankfurter *Städel*-Direktors Georg Swarzenski und zum damaligen Zeitpunkt Research Fellow am *Museum of Fine Arts* in Boston, Kontakte zu den einflussreichen Museumsleitern Leopold Reidemeister, dem Neffen Wilhelm von Bodes, zu Carl Georg Heise, Ludwig Justi und Ernst Holzinger. Stewart Leonard, seit 1949 Assistant Director des *Art Museums* in Saint Louis, nannte darüber hinaus die Berliner Museumsexpert:innen Irene Kühnel-Kunze, Paul Ortwin Rave und Otto Kümmel als wertvolle Kontaktpersonen in der deutschen Hauptstadt.[11] Trotz des Krieges und der Isolation während der NS-Diktatur hatten internationale Kontakte zwischen Museen offenkundig weiter Bestand gehabt – zumindest in wesentlichen Teilen.

Anhand der Befragungen und Besuche zahlreicher Ausstellungshäuser und Kunstakademien erschlossen sich Constable wichtige Aspekte wie institutionenspezifische Strukturen, nationale und internationale Vernetzung, personelle Ausstattung und Programmgestaltung von deutschen Museen, Kunsthochschulen und Universitäten.

Im Ergebnis stellte der Bostoner Kurator dann aber eklatante Defizite fest: Der Personalbestand der Institutionen war seiner Meinung nach viel zu gering. Darüber hinaus waren die Angestellten zumeist sehr alt und arbeiteten in ihrer Methodik nicht mehr nach neuesten wissenschaftlichen und pädagogischen Standards. Namhafte Kunsthistoriker:innen und Museumsexpert:innen hätten den Zweiten Weltkrieg nicht überlebt oder seien ins Ausland emigriert. Die Kunstmuseen seien darüber hinaus international unzulänglich vernetzt und in ihrer Ausrichtung ausgesprochen elitär.[12]

„Deutschland muss viel von den Vereinigten Staaten lernen. (…) Das ganze Konzept der Museen muss demokratisiert und liberalisiert werden, indem es der einfachen Bevölkerung zugänglicher gemacht wird und diese Bevölkerungsgruppen wiederum dazu ermuntert werden, daran teilzuhaben, dass Kunst zum Wohlbefinden und zur Zufriedenheit einen maßgeblichen Beitrag leistet“,[13] mahnte Constable.

Paintings and Drawings by Max Liebermann. A British Intervention against European Fascism, in: Marion Deshmukh/Françoise Forster-Hahn/Barbara Gaehtgens (Hg.): Max Liebermann and International Modernism. An Artist's Career from Empire to Third Reich, Washington D.C. 2011, S. 203–215, hier S. 204.

11 Briefe von Hans Swarzenski, undatiert, und von Stewart Leonard, 10. Februar 1949, an William G. Constable, AAA, William G. Constable Papers 1905–1983, Konvolut 1920–1967, Mf 3078.

12 Vgl. William G. Constable: Visual Arts – in German Schools, Museums, Universities, in: OMGUS Information Bulletin, 12. Juli 1949, S. 15–16.

13 Original-Zitat: „Germany has much to learn from the United States. (…) Democratizing and liberalizing the whole conception of a museum, by making it of service and interest to ordinary men and women, and by encouraging them to share in the contribution the arts can make towards well-being and happiness“, William G. Constable, Notes on a Program for Museums in Germany, AAA, William G. Constable Papers 1905–1983, Konvolut 1920–1967, Mf 3078.

Seine Empfehlungen erscheinen angesichts der Bestrebungen der letzten Jahre, Vermittlung und Outreach in den Museen zu stärken, erstaunlich progressiv. Ebenso bemerkenswert ist aber auch die Tatsache, dass sich der Bostoner Kurator dezidiert nicht nur den großen Städten und Häusern widmete, sondern explizit auch auf regionale und kommunale Strukturen Bezug nahm. In seinen Empfehlungen stach nach Abschluss seiner Deutschlandreise dann ganz besonders die Stadt Kassel hervor – keine andere Stadt beschrieb er so explizit und ausführlich. Sechs Jahre bevor dort die erste „documenta" stattfand, empfahl der Bostoner Kurator, der Stadt dringend vermehrt Aufmerksamkeit zu schenken:

> „Es empfiehlt sich, die kulturelle Situation in Kassel besonders zu betrachten. Die Stadt ist schwer zerstört, hat aber eine nennenswerte kulturelle Tradition, und gegenwärtig sind die Museen in guten Händen. Das ehemalige Landesmuseum beherbergt heute die berühmte Gemäldesammlung, eine kleine Sammlung klassizistischer Arbeiten, die Grafik-Sammlung und ist für die Öffentlichkeit zugänglich. Der Direktor, [Dr. Hans Vogel] ist voller Energie. Mir ist erzählt worden, dass die Kunstakademie den Betrieb ebenfalls wieder aufgenommen hat, sich aber Herausforderungen ausgesetzt sieht, was vor allem den städtischen Behörden geschuldet ist [anscheinend eine alte Rivalität zwischen Stadt und Land]. Mir ist auch erzählt worden, dass es eine deutlich anti-amerikanische Stimmung in der Stadt gibt. Ich denke, dass man durch die Kontaktaufnahme mit den Deutschen gute Resultate erzielen könnte."[14]

Wie stellte sich Constable nun diese ‚Kontaktaufnahme', wie er sie wenig verfänglich zu formulieren wusste, konkret vor? Offenkundig nicht durch die Förderung kommunaler Räume, erwähnte er doch mit keinem Wort beispielsweise die *Hessische Sezession*, den Kasseler Kunstverein und andere Kulturträger, die das Ausstellungsgeschehen der Stadt seit 1945

14 Original-Zitat: „It might be worth looking into the cultural situation in Kassel. The city is badly damaged; but is has a considerable cultural tradition, and today, the museum situation is well in hand. The former Landes museum [sic] now houses the famous picture collection, and is open to the public. (…) I am told also that there is a considerable anti-American feeling in the city. (…) I think, contact with Germans concerned might have good results.", Brief von William G. Constable an Ralph E. Burns, E&CR, 2. April 1949, ebd., Mf 3078. Constable bezog sich in seinen Empfehlungen weder auf die geografische Lage der Stadt in unmittelbarer Nähe zur sowjetischen Besatzungszone, noch auf ein mögliches Fortleben nationalsozialistischen Gedankenguts, das die genannte anti-amerikanische Haltung hätte bedingen können. Insofern ist die Betonung gerade dieser im Vergleich zu den großen Kunstzentren Köln, München und Berlin kleinen hessischen Stadt aus heutiger Sicht nur schwer zu erklären. Unmittelbare Maßnahmen seitens der amerikanischen Militäradministration lassen sich auch nicht belegen. Denkbar ist, dass Constables Empfehlungen einen Einfluss auf die Arbeit Arnold Bodes gehabt haben, in Kassel die erste „documenta" zu organisieren. In deren Auswahlausschuss sollten auch amerikanische Kunstexperten berufen werden.

Sechs deutsche Museumsdirektoren und Kuratoren in den USA 1952 (v. l. n. r.: Perry Rathbone, Direktor des *St. Louis Museum*, Bernard Richard von Tieschowitz, Rolf Fritz, Leopold Reidemeister, Ludwig Grote, Theodor Müller und O. Bock von Wülfingen) (St. Louis Globe- Democrat, 3. Dezember 1952)

wiederzubeleben versuchten.[15] Vielmehr lässt sich ersehen, dass Constables Idee recht elitär war: Durch die Förderung von als besonders einflussreich geltenden Museumsfachleuten sollte neben der Etablierung liberaler Ausstellungsprogramme innerhalb Deutschlands auch eine internationale Vernetzung vorangetrieben werden.

Eine große Rolle sollte dabei eine Erweiterung des im Oktober 1946 eingeführten *Cultural Exchange Program* spielen, in dessen Rahmen eine Reihe von deutschen Expert:innen unterschiedlicher Fachbereiche zum Austausch und zur Besichtigung für sie relevanter Einrichtungen in die USA reisten. Nach den Vorstellungen des Bostoner Kurators sollten nun vermehrt auch Kurator:innen, Kunstkritiker:innen und Künstler:innen in die Vereinigten Staaten reisen, um die dortigen kulturellen Einrichtungen kennenzulernen. Des Weiteren empfahl Constable, deutschen Kunst- und Museumsexpert:innen schnellstmöglich Zugang zu internationalen Komitees und Verbänden zu gewähren.[16]

Ein besonders wichtiger Aspekt seiner Empfehlungen war schließlich die Anregung zum Austausch und die Entsendung von Ausstellungen. Schon im April 1949 unterbreitete er diesbezüglich erste Vorschläge und verwies dabei auch auf die Vorreiterrolle, welche die französische Besatzungsmacht hinsichtlich des Kunst- und Kulturaustauschs inzwischen eingenommen hatte:

15 Vgl. dazu Wollenhaupt-Schmidt, documenta 1955, S. 66–69.

16 Vgl. William G. Constable, Exchange and sending abroad of Experts, 15. März 1949; ders., Bericht an E&CR, 1. April 1949; ders., Art and Reorientation. Status and Future of Museums and the Teaching of Art in Western Germany. Final Report, September 1949, alle AAA, William G. Constable Papers 1905 1983, Konvolut 1920 1967, Mf 3078.

„Ich schlage vor, dass wir möglichst bald ein Kunst-Ausstellungsprogramm etablieren. Die amerikanische Militärregierung hat einen extrem guten Ruf erworben hinsichtlich des Umgangs mit Restitutionsfragen. Aber bislang nimmt man uns eher wahr als Eigentumsverwalter und -ermittler und weniger interessiert an der Kunst selber. Währenddessen haben die Franzosen, die auch in der amerikanischen Zone tätig sind, den Ruf erlangt, sich um das geistige Wohl der Bevölkerung zu kümmern. Ein Ausstellungsprogramm würde den Blick der Deutschen erweitern und dabei helfen, nationale Alleingänge zu vermeiden, ganz abgesehen davon, dass es die deutsche Moral stärken würde."[17]

Angedacht hatte Constable, dass die Militärverwaltung Ausstellungen amerikanischer und deutscher Kunst fördern könne, die jeweils im anderen Land präsentiert würden. Die Ausstellungen deutscher Kunst sollten aus Kostengründen dabei eher kleineren Ausmaßes sein: „Ausstellungen deutscher Kunst in den USA sollten klein, im Format passend für eine mittelgroße Galerie und von hoher Qualität sein."[18] Idealerweise würden diese Kunstschauen in einer Reihe kleinerer Museen im ganzen Lande gezeigt werden und sich insbesondere mit der zeitgenössischen Kunst befassen, da der Transport und die Versicherung jüngerer Kunst weitaus günstiger sei als die Verschiffung älterer Werke. Auch war seiner Einschätzung nach auf amerikanischer Seite kaum Interesse an älterer deutscher Kunst vorhanden.[19] Jede Ausstellung solle sich ferner mit einem bestimmten Thema befassen oder lokal begrenzt sein und sowohl bildende Kunst als auch Kunsthandwerk beinhalten. Generell sprach sich der Bostoner Kurator für eine Ausweitung der kulturpolitischen Aktivitäten der Militärregierung als Teil des Reorientierungsprogrammes aus, um auf diese Weise liberale und progressive Kräfte in der deutschen Gesellschaft zu fördern.[20] Wichtig war ihm

17 Original-Zitat: „I suggest that an early putting into operation of an art exhibition programme is very desirable. U.S. Military Government has won a deservedly high reputation for its handling of the restitution of works of art. But it has come to be regarded in Germany as an honest broker interested in property, rather than interested in the arts themselves. Meanwhile, the French, operating in the American Zone through the Museum at Karlsruhe, have suggested the idea that they are the people who minister to spiritual welfare. A programme of exhibitions would be of great value in widening the outlook of the Germans, and helping to correct nationalist bias, apart from helping to restore German morals.", William C. Constable, Notes on a Programme of Art Exhibitions für Alonzo Grace, 1. April 1949, NARA, RG 260, Mf 1921, Rolle 3.

18 Original-Zitat: „German Exhibitions in the USA should be small, suitable for one fair-sized gallery and of high quality.", William C. Constable, Preliminary Notes on Exchange Exhibitions of Works of Art, 14. März 1949, AAA, William G. Constable Papers 1905–1983, Konvolut 1920–1967, Mf. 3078.

19 Ebd.

20 Vgl. Pressemitteilung des Public Information Office, 10. Juni 1949, ebd.

dabei, dass man von einer allzu offensichtlichen propagandistischen und ideologischen Ausrichtung der Ausstellungen Abstand nähme.[21]

Als mögliche Kooperationspartner für die Präsentation deutscher Kunst in den Vereinigten Staaten nannte er das New Yorker *Museum of Modern Art*, das *Institute of Contemporary Art* in Boston, vor allem aber die *American Federation of Arts* mit Sitz in Washington/D.C. Des Weiteren sei eine Konsultation mit Charles L. Kuhn, dem Direktor des *Germanic Museum* in Cambridge/Mass., zu empfehlen. Idealerweise sollten 20 bis 40 Ausstellungen pro Jahr organisiert und in den USA auf Rundreise geschickt werden. Die von Constable genannte Anzahl möglicher Ausstellungen klingt zunächst ambitioniert, war allerdings keinesfalls Ausdruck von Wertschätzung für die zeitgenössische Kunst in Deutschland: „Ich bin überzeugt, dass die Zeit noch nicht reif ist für eine große Ausstellung deutscher Kunst in den USA. Es gibt weder Interesse daran, noch ist die Qualität der vorhandenen Werke ausreichend, um die Kosten und den Aufwand zu rechtfertigen."[22]

Der Grund für solche Ausstellungen war also weniger, dem amerikanischen Publikum für bedeutend erachtete Beispiele junger deutscher Kunst zugänglich zu machen, als vielmehr ein dezidiert politisches Interesse: Zum einen würde durch solche Ausstellungen in den Vereinigten Staaten die internationale Anbindung der deutschen Künstler:innen und Kurator:innen befördert werden, zum anderen würde die Werbung für diese Kunstschauen unter Nennung der Förderung durch amerikanische Institutionen ein positiveres Bild Amerikas in Westdeutschland erzeugen. Außerdem könnte man das amerikanische Publikum durch die Präsentation jüngerer Werke vom Demokratisierungsprozess und -potenzial in der Besatzungszone überzeugen und damit indirekt Verständnis für die nicht unerheblichen Kosten der Besatzung erwecken.[23]

Bis zu Constables Eintreffen in Deutschland war die offizielle Förderung von Kunstausstellungen in der amerikanischen Besatzungszone zumeist durch die *Amerikahäuser* vonstattengegangen, die unter der Aufsicht der Information Control Division der Militärverwaltung standen. Der Bostoner Kurator war jedoch mit den Ergebnissen und Programminhalten dieser Einrichtungen hinsichtlich der Einbeziehung von bildender Kunst wenig

21 „Overt propaganda is to be avoided", berichten Heinrich und Breitenbach im Sommer 1949 an den Direktor des E&CR, Ralph E. Burns. Vgl. Brief von Theodore A. Heinrich und Edgar Breitenbach an Ralph E. Burns, 3. Juni 1949, NARA, RG 260, Box 211, Ordner: Monuments and Fine Arts.

22 Original-Zitat: „I am inclined to think that the time is not ripe for a large scale exhibition in the U.S.A. of modern German art. Neither interest in the U.S.A., nor the quality of the work seem to justify the labour and expense.", William G. Constable, Second Memorandum on Exhibitions, 22. März 1949, AAA,William G. Constable Papers 1905–1983, Konvolut 1920–1967, Mf 3078. In diesem Schreiben revidiert Constable zugleich auch seine Annahme, dass ‚Alte Meister' aus Deutschland in den USA kein Interesse fänden. Allerdings seien solche Ausstellungen nicht zu bezahlen.

23 Vgl. William G. Constable: Preliminary Notes on Exchange Exhibitions of Works of Art, 14. März 1949, ebd.

zufrieden. Unnachsichtig stellte er fest: „Die bewundernswerte Arbeit der *Amerikahäuser* in vielerlei Hinsicht sollte nicht darüber hinwegtäuschen, dass die allermeisten Ausstellungen von beklagenswert schlechter Qualität sind.“[24] Um amerikanische Programme zu optimieren, schlug er daher nicht nur eine verbesserte Ausstellungspolitik der *Amerikahäuser* vor, sondern auch die Wiederaufnahme von trizonalen Gesprächen mit den britischen und französischen Kunst- und Kulturbeauftragten.[25]

Im Sommer 1949 fasste Constable seine Rechercheergebnisse in einem Bericht zusammen und zog dabei wenig schmeichelhafte Schlussfolgerungen – sowohl für die deutsche Bevölkerung und die deutsche Kunstszene als auch für die amerikanischen Initiativen im Land. Deutlich verwies er auf den großen Einfluss, den die Nationalsozialisten auf die Kunst ausgeübt hatten. Einen vertraulichen Bericht vom 21. Juli 1949 an die *American Academy of Arts and Sciences* leitete er mit den Worten ein:

> „Deutschland ist heute weitestgehend ein Land der Alten und Inkompetenten, der Jungen und Ignoranten. (…) Die alten Männer leben zumeist noch in einer Ideenwelt aus der Zeit vor dem Ersten Weltkrieg. Die meisten von ihnen scheinen zu glauben, dass Hitlers einziger Fehler war, den Krieg nicht gewonnen zu haben.“[26]

Konkrete Auswirkungen hatte Constables offizieller Abschlussbericht zunächst nicht. Zwar ging dieser im September 1949 in Druck, wurde allerdings in der Folge nicht veröffentlicht oder innerhalb der Militärverwaltung verteilt. Im Oktober merkte man dort an: „Ich retourniere das Dokument von William G. Constable mit dem Vorschlag, es nur zu kopieren. Ich bezweifle, dass eine Veröffentlichung im Moment besonders weise wäre.“[27] Offenkundig

24 Original-Zitat: „The admirable work done by the Amerika Haeuser in many directions, should not be allowed to obscure the fact that art exhibitions at most of them are lamentable.“ Handschriftliche Notizen von William G. Constable, undatiert, ebd. Constable räumt einige wenige positive Ausnahmefälle ein, z. B. in Frankfurt am Main.

25 Brief von William G. Constable an Alonzo Grace, Direktor des E&CR, 22. März 1949, ebd. Offensichtlich waren bis 1947/48 regelmäßig Besprechungen und Konsultationen zwischen den Kulturbeauftragten der drei westlichen alliierten Mächte üblich gewesen.

26 Original-Zitat: „Germany today is largely a country of the old and incompetent, and of the young and ignorant. (…) The older men still live in a world of ideas and methods that belong largely to before the first World War. Most of them (…) seem to feel that Hitler's only mistake was not to win the war.“, William G. Constable, Confidential Report an die American Academy of Arts and Sciences, 21. Juli 1949, ebd.

27 Original-Zitat: „I am returning this document on Art and Reorientation by William G. Constable with the suggestion that it at least be mimeographed. I doubt the wisdom of publication at this time.“, Mitteilung von Alonzo Grace an die Education Division, 25. Oktober 1949, NARA, RG 260, Box 207, Ordner 5.333.3.2.

waren Constables markige Worte der Militärverwaltung doch ein wenig zu ehrlich. Auch wenn man zugleich der Dringlichkeit von Kunstförderung keine Abrede tat:

> „Es muss bei der Erstellung jedweden Umerziehungsprogramms für Deutschland festgehalten werden, dass die bildende Kunst – in der Praxis, im Erziehungssystem und im Museum – einen Stand in der deutschen Gesellschaft innehat, die ihresgleichen in Europa oder Amerika sucht. Auf keinem anderen Gebiet haben die Nationalsozialisten größeren geistigen Schaden verursacht. Jedes Programm, das sich der Umkehr dieser Verheerungen verschreibt und eine gesunde Umorientierung der deutschen Bevölkerung zum Ziel hat, gleichzeitig aber die bildende Kunst ignoriert, wird Schwächen aufweisen, die nicht mehr aufzuholen sind."[28]

Constables Bericht wurde also nicht öffentlich bekannt gemacht. Umso erstaunlicher ist es, dass er auf eigene Initiative eine Reihe von Museumsdirektor:innen und Kurator:innen kontaktierte, um eine Übernahme von deutschen Ausstellungen in Häuser in den USA in die Wege zu leiten. Bereits im Juli 1949 traf er sich mit Lloyd Goodrich, dem stellvertretenden Direktor des *Whitney Museum of American Art* in New York, und Alfred H. Barr Jr. vom *Museum of Modern Art.*[29] Gleichzeitig zeichnete er in Vorträgen und Veröffentlichungen ein Bild von der gegenwärtigen Lage der deutschen Kunst- und Kulturlandschaft, das ein Engagement amerikanischer Institutionen unverzichtbar erscheinen ließ.[30]

Angesichts von Constables Ausführungen und Bemühungen auch nach seiner Rückkehr erscheint die Zusammenstellung der Leihgaben in der ersten „documenta" dann gar nicht mehr nur als ein Kasseler Unterfangen mit einem ehrenvoller Beirat verdienter Museumsleiter:innen, sondern vielmehr als eine konkrete Umsetzung der Ideen der amerikanischen Militärverwaltung. Wie sehr die Organisator:innen in Kassel auf Amerika schauten, belegt schließlich auch die Namensgebung der Trägergesellschaft der „documenta". Hatte man 1953 noch eine Schau einer „gemeinsamen europäischen Kunst" erwogen, so wechselte man schon im Folgejahr zu einer Präsentation der „abendländischen Kunst". Dies geschah auf

28 Original-Zitat: „It must be recognized in considering any general reorientation program for Germany that the fine arts – in practice, in education and in the museum – occupy a status and enjoy a prestige without parallel in Europe or America. In no field did the Nazi government produce greater spiritual harm. Any program which pretends to heal that damage and to produce a healthy reorientation of German society but which ignores this field will have weakened its chances of success beyond repair.", Brief von Theodore A. Heinrich und Edgar Breitenbach an Ralph E. Burns, 3. Juni 1949, NARA, RG 260, Box 211, Ordner: Monuments and Fine Arts.

29 Vgl. Brief von William G. Constable an Theodore A. Heinrich und Edgar Breitenbach, 1. Juli 1949, ebd.

30 Vgl. William C. Constable: „Present Position of German Museums" (Vortrag), 1950, ebd., Mf 3076,

Anraten von Herwin Schäfer, Exhibits Officer in der Kulturabteilung der Amerikanischen Botschaft in Bad Godesberg. In eine *Gesellschaft Abendländischer Kunst des XX. Jahrhunderts* konnten nun auch amerikanische Künstler:innen und Institutionen einbezogen werden.

„Gestern Abend haben wir bei Prof. Bode die endgültige Form der Satzung gefunden und das Gründungsprotokoll unterzeichnet. (...) Der Name der Gesellschaft ist in ‚Abendländische Kunst des 20. Jahrhunderts' geändert worden, weil unter dieser Firma die Amerikaner leichter bereit sind, Bilder zur Verfügung zu stellen von Deutschen, die Amerikaner geworden sind und nun nicht mehr europäische, sondern amerikanische Kunst repräsentieren. Zum Abendland hingegen lassen sich auch die Amerikaner gerne zählen. Dieses Argument eines Briefes von Herwin Schäfer an Mattern leuchtete uns ein",[31] berichteten Organisator:innen der „documenta" einander.

Eng stimmte man sich mit einflussreichen Museumsleiter:innen und Kurator:innen in Amerika in der Folge ab – insbesondere mit dem Gründungsdirektor des *Museum of Modern Art*, Alfred Barr Jr., dessen Institution auch wichtigster nicht-deutscher Leihgeber war. Am Ende stand in Kassel dies: Dem deutschen Publikum konnte erstmals in großem Umfang die von den Nationalsozialisten diffamierte Moderne wieder vermittelt werden. Diese Wiederbegegnung mit der Avantgarde wurde auch deswegen zum initialen Moment, weil Arnold Bode auf wichtige Leihgaben aus dem New Yorker *Museum of Modern Art* zurückgreifen konnte: Kandinsky, Klee, Matisse und Beckmann. Er inszenierte mit Unterstützung und wohl auch Vorarbeit von amerikanischer Seite.

31 Brief von Herbert von Buttlar an Ludwig Preller, 7. April 1954, Kassel, documenta Archiv für die Kunst des 20. und 21. Jahrhunderts, Kassel, Akten documenta (1955), Mappe 8.

Sonja Pizonka

Kunstzentrum Ruhrgebiet

Kontinuität und Neubeginn in den Kunstmuseen an Rhein und Ruhr

„Neben die traditionellen, ehrenwerten und sich regenden Kunststädte Berlin und München ist das Kunstzentrum ‚Ruhrgebiet' getreten, jung, vital und auf ‚morgen' eingerichtet", schrieb Thomas Grochowiak 1963 in seinem Vorwort zum Ausstellungskatalog „Gesammelt im Ruhrgebiet".[1] Grochowiak leitete seit 1954 die Städtischen Museen Recklinghausen und anlässlich der 17. Ruhrfestspiele hatte er gemeinsam mit den Mitarbeiter:innen verschiedener Museen an Rhein und Ruhr eine Überblicksausstellung mit Werken aus 23 öffentlichen und 34 privaten Sammlungen zwischen Hamm und Düsseldorf sowie Wuppertal und Marl eingerichtet. Da die Grenzen des Ruhrgebietes weit gefasst wurden, gehörten auch ausgewählte Museen und Sammlungen aus Düsseldorf, Krefeld, Solingen und Wuppertal zu den Leihgebenden. Der Schwerpunkt der Ausstellung in Recklinghausen lag auf der Präsentation europäischer Gemälde und Skulpturen aus dem 19. und 20. Jahrhundert, doch auch Gefäße der griechischen Antike, Christusdarstellungen des 12. Jahrhunderts, sowie Stoffe aus Peru und chinesische Figurinen wurden gezeigt. Während in den Ausstellungsräumen zwei Monate lang ein „imaginäres Museum Ruhrgebiet" inszeniert wurde, bestand mit dem begleitenden Katalog die Möglichkeit, mehr über die beteiligten Museen, ihre Sammlungen und ihre Bauten zu erfahren. Die Museumsdirektor:innen erläuterten Geschichte und Sammlungsschwerpunkte ihrer Häuser und gaben, wenn möglich, einen Ausblick auf künftige Planungen.

Die verschiedenen Berichte des Ausstellungskataloges ergeben im Zusammenhang eine Momentaufnahme des Museumswesens im Ruhrgebiet, und zwar zum historisch interessanten Zeitpunkt, als die Wiederaufbauarbeiten nach den Zerstörungen des Zweiten Weltkriegs weitgehend abgeschlossen und wesentliche Museums-Neugründungen bereits erfolgt sind. 18 Jahre nach Ende des Zweiten Weltkriegs ergibt sich so ein Bild, bei dem

1 Städtische Kunsthalle Recklinghausen (Hg.): Kunstwerke aus drei Jahrtausenden. Gesammelt im Ruhrgebiet, 16. Mai–16. Juli 1963, Ausst. Kat. Ruhrfestspiele Recklinghausen, Recklinghausen 1963, unpaginiert. Wenn nicht anders benannt, stammen die Zitate der Autor:innen in diesem Beitrag aus dem unpaginierten Katalog.

in nahezu jeder Stadt der Industrieregion mindestens ein neues oder bereits etabliertes Museumsgebäude zur Präsentation bildender Kunst vorhanden ist. Insgesamt beteiligten sich 13 kunst- und kulturhistorische Sammlungen des Ruhrgebiets[2], wenn man die heutigen Grenzen des Verwaltungsgebiets des Regionalverbands Ruhr zugrunde legt. Die Beiträge bieten einen Einblick in das Selbstverständnis sowie die Programmatik dieser Institutionen. Häufig dienen die Texte dazu, die Museumsgeschichte seit der Gründung zu erläutern. Teilweise wird auch mitgeteilt, in welchen Gebäuden und Stadtgebieten die Häuser situiert sind und ob diese Situation als förderlich oder hinderlich für die Museumsarbeit empfunden wird. Ebenso beschreiben manche Direktor:innen, welche Aufgabe sie ihrem Museum in der Stadt und Region zuschreiben und welche Entwicklungsmöglichkeiten sie noch für die Häuser sehen. Langwierige historische Entwicklungen werden deshalb von den Autor:innen zumeist kurz gefasst oder nicht näher erläutert, ebenso werden Widersprüchlichkeiten und fehlgeschlagene Experimente in Sammlungskonzeption und Ausstellungsgestaltung nicht thematisiert. Es ist aber gerade in diesem Kontext von Interesse, wenn auf Brüche in der Entwicklung sowie auf Fehlstellen und Verluste eingegangen wird. Jene Entscheidungen und Ereignisse, die im Rahmen eines solch kurzen Überblicks weder beschönigt noch verschwiegen werden, sind es, die ein besseres Verständnis der Museumsarbeit im Jahr 1963 ermöglichen.

Die Texte im Katalog sind alphabetisch nach Städtenamen geordnet. Für die folgende Untersuchung erfolgt jedoch eine Umgruppierung, um anhand diverser Fragestellungen, die sich aus den jeweiligen Texten ableiten, Vergleiche herzustellen.

Zunächst soll eine Gegenüberstellung der beiden Dortmunder Museen, dem *Museum für Kunst und Kulturgeschichte* und dem *Museum am Ostwall*, verdeutlichen, welchen Einfluss eine lange Institutionsgeschichte sowie eine über mehrere Jahrzehnte gewachsene, umfassende Sammlung auf die Definition der musealen Aufgaben haben und wie im Kontrast dazu die Abwesenheit einer eigenen Sammlung und der langwierige Aufbau eines Museumsgebäudes mit nur geringen Mitteln die Gestaltung der Kulturarbeit bestimmen.

Das *Museum für Kunst und Kulturgeschichte* in Dortmund ist in der genannten Zusammenstellung die älteste Institution, und Rolf Fritz (1904–1992), seit 1936 Leiter des Museums, der zu diesem Zeitpunkt dienstälteste Direktor unter den Beitragenden. Rolf Fritz beschreibt die Museumsgeschichte in Form eines detaillierten Rückblicks, bei dem er nicht nur die exakten Jahreszahlen erwähnt, sondern ebenso die zahlreichen Akteure (ausschließlich Männer) namentlich nennt, dazu zählen Oberlehrer Dr. Röse, der ab 1878 für die Sammlung verantwortlich war, sie katalogisierte und entscheidend erweiterte und ebenso Dr. Schöne, der den Umzug von zwei Räumen in einer höheren Mädchenschule in

2 Auch das Bergbau-Museum in Bochum ist an der Ausstellung beteiligt und wird im Katalog vorgestellt. Als ein Museum mit Schwerpunkten der Industrie-, Kultur- und Sozialgeschichte wird es in diesem Vergleich jedoch nicht berücksichtigt.

ein eigenes Museum in der Potgasse 1891 organisierte. Insbesondere die Leistungen seines Vorgängers, Albert Baum, würdigt Rolf Fritz. Denn Baum, ab 1892 Leiter des Museums, war es, der den Umzug in das „nach durchgreifendem Umbau" neu gestaltete ehemalige Oberbergamt am Ostwall verantwortet hatte. Dieses neue Haus mit seinen etwa 70 Ausstellungsräumen sollte bis 1940 als Museumsgebäude dienen. Sammlung und Unterbringung waren also gemeinsam gewachsen, von zwei Räumen in der Mädchenschule hin zu einem eigenen, für die museale Nutzung hergerichteten Gebäude. Dabei lässt Fritz jedoch unerwähnt, dass sich dieses Gebäude zentral und gut erreichbar in der Dortmunder Innenstadt befunden hatte.

Wie auch in den übrigen Texten werden die Verluste im Rahmen der nationalsozialistischen Aktion „Entartete Kunst" im Jahr 1937 benannt. Weitere Angaben über den Betrieb des Museums während des Nationalsozialismus macht Fritz nicht. Er betont allerdings die Kontinuität des Sammlungskonzepts, das auf Erwerbungen seit 1934 basiert.[3] Im Fokus steht dabei das Schicksal der Sammlung, die durch umsichtige Vorbereitung in wesentlichen Teilen auch in Kriegszeiten bewahrt werden konnte. So wurden die Objekte ab 1940 „in vorbereitete Notunterkünfte gebracht, in denen sie unversehrt den Krieg überdauerten, während das Museumsgebäude zerstört wurde". Verluste traten erst nach Mai 1945 bei Plünderungen ein, dementsprechend wurde die Zusammenführung und sichere Unterbringung der Werke im Schloss Cappenberg bei Lünen, rund 20 Kilometer vom alten Standort in der Dortmunder Innenstadt entfernt, zum entscheidenden Wendepunkt in dieser Museumsgeschichte. In den dort eingerichteten Restaurierungswerkstätten war es möglich, „die beschädigten Kunstwerke zu heilen und zu pflegen", wie Fritz es formuliert. „Die Cappenberger Ausstellungen", so schließt der Bericht des Museumsdirektors, „die in dem vom Kriege zerstörten Lande über ein gepflegtes Haus in schöner Umgebung verfügten, haben den Namen des Dortmunder Museums weithin bekannt gemacht." Hier zeigt sich das Bewusstsein, dass es sich beim *Museum für Kunst und Kulturgeschichte* weiterhin um eine Institution der Stadt Dortmund handelt, die auch am neuen Standort außerhalb der Stadtgrenzen ihre Arbeit weiterverfolgt und ausbaut. Wenn man bedenkt, dass die Unterbringung im Schloss zunächst nur provisorisch angedacht war[4] – aber schließlich bis 1983 andauern sollte –, dann zeigt sich in Fritz' Auflistung der Leistungen in Lünen auch das Bemühen, nicht nur die Relevanz des Museums hinsichtlich Ausstellungen und

3 Vgl. Brigitte Buberl: Das Museum während des Dritten Reiches oder Lieber Fritz, es ist soweit..., in: Heimat Dortmund, Stadtgeschichte in Bildern und Berichten, Themenheft Verlust der Moderne. Kunst und Propaganda in Dortmund 1933/45, Nr. 2, 2008, S. 50–55.

4 Siehe Wingolf Lehnemann: Sommer auf Cappenberg. Das Museum für Kunst und Kulturgeschichte der Stadt Dortmund in Schloss Cappenberg, in: Heimat Dortmund, Stadtgeschichte in Bildern und Berichten, Themenheft 125 Jahre Museum für Kunst und Kulturgeschichte, Nr. 3, 2008, S. 30–34, hier S. 32.

wissenschaftlicher Forschung per se zu bewahren, sondern auch zu verdeutlichen, dass das „Dortmunder Museum" auch auf dem Außenposten weiterexistiert und für die Kulturarbeit in Dortmund nicht verloren ist.

Insgesamt zeugt der Text vom Bewusstsein für die Herkunft und Entwicklung des Hauses und seiner Sammlung, die über Jahrzehnte wachsen und auch über die Kriegszeiten hinaus gerettet werden konnte. Rolf Fritz behandelt diese verschiedenen Phasen der Museumsgeschichte weitgehend losgelöst von politischen Entwicklungen und ohne Erwähnung eigener Verantwortlichkeiten. Auch auf eine Beschreibung der Beziehung zwischen Museum und Publikum beziehungsweise zwischen Museum und Stadt verzichtet er. Im Fokus stehen stattdessen die Sammlung, der Aufbau und das Wachstum der Bestände, das „Heilen und Pflegen" der Werke, die sichere Unterbringung und die wissenschaftliche Arbeit mit den Beständen. Diese Argumentation findet sich auch in Rolf Fritz' ersten Berichten in den Wallraf-Richartz-Jahrbüchern ab 1953.[5] Sie erfährt im Laufe der Jahre keine gravierende Veränderung. Vielmehr führt er sie vertiefend auch in seiner Schrift zum Museum von 1964 noch einmal aus.[6]

So finden die ehemaligen Museumsgebäude zwar fast alle mit Adresse eine eigene Erwähnung, werden aber lediglich als Stationen innerhalb einer von ihnen unabhängigen Entwicklung charakterisiert. Sie sind in Fritz' Schilderung Häuser, die die Sammlung temporär beheimaten und nicht Orte, die gemeinsam mit den Werken eine eigene Qualität und Identität erworben haben. Doch gilt es zu bedenken, dass mit der Betonung der langen, erfolgreichen Sammlungsgeschichte und der Hervorhebung der produktiven Arbeit im Schloss Cappenberg auch verdeutlicht wird, dass die Institution des *Museums für Kunst und Kulturgeschichte* in einem neuen Gebäude, diesmal innerhalb der Dortmunder Stadtgrenzen, ebenso gut funktionieren kann – sie ist nicht an ein konkretes Haus gebunden. Diese Fokussierung auf die Bedeutung der Sammlung ist im Vergleich mit den anderen Texten nicht außergewöhnlich. Die meisten Autor:innen widmen den Werken und Ankaufsstrategien in ihren Beschreibungen viel Raum und erwähnen die Unterbringung nur mit wenigen Worten.

Auffallend anders berichtet dagegen Leonie Reygers (1905–1985) über die ersten Jahre nach 1945 und die Entwicklung des *Museums am Ostwall* in Dortmund. Reygers, die zunächst als Museumsassistentin die Unterbringung der Sammlung des *Museums für Kunst und Kulturgeschichte* in Depots ab 1940 verantwortet hatte und nach Kriegsende die Wiederinstandsetzung des im Krieg schwer beschädigten Museumsgebäudes am Ostwall

5 Zum Beispiel Rolf Fritz: Berichte aus den Rheinischen Museen. Museum für Kunst und Kulturgeschichte, Dortmund, in: Wallraf-Richartz-Jahrbuch 1953, S. 237–238, hier S. 237f.

6 Vgl. Rolf Fritz: Museum für Kunst und Kulturgeschichte der Stadt Dortmund, Hamburg 1964.

Ausstellung „Französische Plastik des 20. Jahrhunderts" im Lichthof des *Museums am Ostwall*, Dortmund, 1959 (Fotograf: Roman Urhausen, Bestand Hans Koellmann, Baukunstarchiv NRW, Dortmund)

betreute und später dessen erste Direktorin war,[7] beschreibt die Situation folgendermaßen: „In den Jahren 1947/49 – aus den materiellen und geistigen Trümmern der Nachkriegszeit – entstand in Dortmund in einer ausgebrannten Ruine am Ostwall ein Museum für moderne Kunst, das die Stadt bis dahin nicht besessen hatte."

Dass es sich bei dieser ausgebrannten Ruine um das ehemalige *Museum für Kunst und Kulturgeschichte* handelt, wird im Text mit keinem Wort erwähnt. Sowohl Rolf Fritz als auch Leonie Reygers, deren Zusammenarbeit schon 1937 begann, ziehen es vor, beide Institutionen losgelöst voneinander vorzustellen und die Zusammenhänge beider Häuser nicht zu thematisieren. Damit formuliert Leonie Reygers das Narrativ, dass ein Museum „aus dem Nichts" entstehen könne. Rolf Fritz dagegen vermittelt mit seinem Text, dass mit der Unterbringung im Schloss Cappenberg alle wie auch immer gearteten Beziehungen zum alten Gebäude aufgegeben worden sind.

7 Siehe dazu Gisela Framke: Kunst als Leben. Leonie Reygers und das Museum am Ostwall, in: dies. (Hg.): Das neue Dortmund. Planen, bauen und wohnen in den fünfziger Jahren, Dortmund 2002, S. 144–166.

Reygers wandelt die Überreste des Gebäudes Stück für Stück zunächst in einen Ausstellungsbau und schließlich, nach Aufbau der eigenen Sammlung endgültig in ein Museum um. In ihrem Text beschwört sie keine vermeintliche Hoffnungslosigkeit in der Zeit nach 1945, sondern betont stattdessen den Gestaltungswillen selbst unter erschwerten Bedingungen. Sie schreibt von einem „Abenteuer" und engagierten Personen „in einer fast ganz zerstörten Stadt". Ermöglicht werde der Wiederaufbau durch „das brennende Interesse und die tatkräftige Mithilfe vieler Menschen". Durch Stiftungen und persönliche Opfer sei es gelungen „das kostbare, fast unerreichbare Material (Eisenträger, Holz, Steine, Beton und Glas)" zu beschaffen. Dabei steht Reygers' Text über die Erschaffung dieses Museums aus eigener Kraft in starkem Kontrast zur Erzählung von Rolf Fritz, der Schloss Cappenberg als eine Art glücklich vorgefundenes Refugium für Kunstwerke und Museumspersonal schildert. Fünf Ausstellungskabinette entstehen bis zum Jahr 1949. „Es ist ein einfaches Haus geworden", erklärt Reygers, „ohne Aufwand, aber den Künstlern lieb, weil das Kunstwerk in einer organisch gewachsenen Umwelt sein Eigenleben voll entfalten kann". Unter den Texten im Katalog ragt Reygers' Beitrag aufgrund der umfassenden Beschreibung des Museums, seiner Räumlichkeiten und seiner Programmatik heraus. Niemand sonst nutzt in diesem Ausstellungskatalog den Beitrag in einem ähnlichen Maße, um die Beziehung zwischen Museumsarchitektur, Ausstellungsgestaltung und Vermittlungsprogramm darzustellen. Reygers' Text, der in ähnlicher Fassung bereits 1962 erschienen ist,[8] zeugt von ihrer im Laufe der Jahre verfeinerten theoretischen und praktischen Auseinandersetzung mit den Aufgaben des *Museums am Ostwall* sowie von der Erfahrung bei der Vermittlung dieser Inhalte. Dabei erläutert sie genau, wie die Räumlichkeiten die Wirkung der Ausstellungen prägen. Der „schwingende Rhythmus der Räume in lebendigem Wechsel von Groß und Klein bestimmt die Aufnahmefreudigkeit des Betrachters", heißt es und über die Farbgebung, „die Kunstwerke sind damit organisch aufgenommen, statt auf neutralem Grunde isoliert". Auch erwähnt Reygers eigens die Leseräume, das Kabinett für Klein-Ausstellungen und der sich auf die Terrasse öffnende Gartensaal für Diskussionen, Filmvorführungen und festliche Anlässe. Verhältnismäßig kurz fällt demgegenüber die Charakterisierung der Sammlung aus, die nach vielen Jahren als Ausstellungshaus mit nur wenigen Ankäufen ab 1957 durch den Erwerb der Sammlung Gröppel ein eigenes Profil mit einem Schwerpunkt auf dem deutschen Expressionismus entwickeln konnte. Wesentlich mehr Raum nehmen Pläne zur Umgestaltung der Rasenfläche des Museums in einen Skulpturen-Garten und der abschließende Exkurs zur Rolle der Kunstmuseen im Ruhrgebiet ein. Diese haben, so Reygers, „weit mehr als nur ästhetische Bedeutung. Sie sind ein Ort der geistigen Freiheit gegenüber der drohenden Vermassung, die Technik und Wirtschaft bedingen". Zusammen-

8 Leonie Reygers: The Museum am Ostwall, Dortmund, Le Musée de l'Ostwall, Dortmund, in: Unesco (Hg.): Museum. A quarterly review, Bd. 15, Nr. 3, 1962, S. 152–157.

fassend lässt sich sagen, dass Reygers weniger die Sammlung als vielmehr die Institution und ihre Funktionsweise in den Vordergrund rückt, eine Institution, bei der die Inszenierung der Werke, die Möglichkeiten zur Rezeption in eigens gestalteten Sälen und Kabinetten, die Begegnung der Besucher:innen untereinander sowie die Weiterbildung, zum Beispiel durch angebotene Lektüre im Leseraum von den Museumsmitarbeiter:innen, aktiv unterstützt wird.

Das Bewusstsein für die Aufgaben eines Gebäudes in Bezug auf die Kulturarbeit mag daher rühren, dass Leonie Reygers tatsächlich den Aufbau des Hauses Schritt für Schritt begleitet und vorangetrieben hat.[9] Denn Reygers hat nicht nur eine neue Institution, ein Dortmunder Museum für moderne Kunst, begründet, sondern auch den dazugehörigen Ort geschaffen.

Wie wichtig ein eigenes Gebäude für die Museumsarbeit ist, lässt sich an Christel Deneckes Text zum *Städtischen Museum in Mülheim an der Ruhr* erkennen. Denecke (1922–2014) war seit 1962 Direktorin des Museums. Zwar reichert auch sie wie Rolf Fritz ihren Überblick zur Museumshistorie mit exakten Daten an, bietet jedoch keine Erfolgsgeschichte, bei der jede Phase als Grundlage für die darauf folgende zu werten ist, sondern eine Geschichte mit Brüchen, Verlusten und Rückschlägen. In Mülheim hat die museale Sammlung ihren Ursprung in der Privatsammlung von Robert Rheinen, der ab 1909 die nun neu eingerichteten „Städtischen Sammlungen" im Haus Schollenstraße leitet. Es folgt 1911 eine verbesserte Unterbringung in der Voster'schen Villa in Broich, mit einer Schifferstube im Untergeschoss, der Präsentation von Modellen öffentlicher Bauten und einer Mineralien- und Naturaliensammlung sowie einer Gemäldegalerie im Obergeschoss. Nach dem Verkauf des Gebäudes 1920 erfolgt zunächst die Einlagerung der Sammlung im Rathaus, bis schließlich Dr. Werner Kruse 1922 den Umzug in ein neues Gebäude in der Teinerstraße betreut. „Der Kreis der Museumsbesucher war nicht groß", notiert Christel Denecke, „doch bildete das Museum für alle künstlerisch interessierten Menschen den Sammelpunkt und einen Schwerpunkt im kulturellen Leben der Stadt". Nach der Beschlagnahmung wertvoller Stücke des 20. Jahrhunderts im Rahmen der Aktion „Entartete Kunst" im Jahr 1937, kommt es bei einem Luftangriff 1943 zu weiteren gravierenden Verlusten. 80 Prozent der Sammlung sind ebenso wie das Museumsgebäude zerstört. Schon vor Kriegsbeginn waren ausgewählte Werke als Teil eines Kunstkabinetts in der Stadtbücherei präsentiert worden. Dieser Zustand wird nun verstetigt und institutionell verfestigt. Dr. Kruse, zuvor verantwortlich für das Museum, leitet auch die Stadtbücherei. Die Sammlung bleibt ohne eigenes Haus. Auch 1952 ändert sich daran nichts, als Dr. Werner Möhring die Leitung von Museum und Bibliothek übernimmt. „Anregende Ausstellungen im Kabinett und, nach

9 Sonja Hnilica bezeichnet das Gebäude dementsprechend auch als „Bauherrenarchitektur", siehe Sonja Hnilica: Das alte Museum als Ostwall. Das Haus und seine Geschichte, Essen 2014, S. 92.

1956, gelegentlich im Festsaal der Stadthalle und wenige aber qualitätvolle Erwerbungen hielten den Museumsgedanken lebendig", erklärt dazu Denecke. Erst 1960 werden die Leitungspositionen für Bücherei und Museum wieder getrennt, zwei Jahre später übernimmt Christel Denecke den Posten der Direktorin. Die Sammlung wird im Jahr 1963 im Schloss Styrum, das auch als Altentagesstätte genutzt wird, in fünf Räumen gezeigt. Denecke ist überzeugt, dass es in den nächsten Jahren gelingen wird, die verschiedenen Sammlungsbereiche – Vor- und Frühgeschichte, Heimatmuseum und Kunstsammlung – zu erweitern. „Notwendige Voraussetzung, das Städtische Museum zu einem echten Zentrum künstlerischen Lebens in der Stadt werden zu lassen, ist allerdings die baldige Bereitstellung eines eigenen Museumsgebäudes." Konnte Rolf Fritz also, wie auch seine Vorgänger, darauf vertrauen, dass die stetig wachsenden Sammlungen angemessen untergebracht werden, so schildert Denecke bei ihrem Rückblick die Bauten als unzuverlässigen Faktor in der Mülheimer Museumsgeschichte. Nach einem ersten Umzug in größere Räumlichkeiten, der eine „Erfolgsgeschichte" für die wachsende Sammlung ähnlich wie in Dortmund anzukündigen schien, sind es Verkauf, Kriegszerstörung, Reduktion auf ein „Kunstkabinett" und schließlich Unterbringung in einem umgenutzten Schloss, das auch als Altentagesstätte dient, die dem *Städtischen Museum Mülheim an der Ruhr* eine wechselvolle Museumshistorie bescherten, die 1963 immer noch, so Denecke, keinen befriedigenden Abschluss gefunden hatte. Dabei fungiert Deneckes Text in der Ausführlichkeit der historischen Darstellung auch als eine Art Mahnung, einstige Fehlentwicklungen nicht zu wiederholen beziehungsweise fortzuführen.

Wie sehr eine Privatsammlung über den Tod des Sammlers und sogar über den Verkauf der Sammlung in eine andere Stadt die lokale Kulturarbeit prägt, zeigt das Beispiel der Stadt Hagen. Dort hatte Karl Ernst Osthaus seine Sammlung aufgebaut. „Um den Niedergang des kulturellen Lebens, der in diametralem Gegensatz zu dem beispiellosen industriellen Aufstieg der Gründerjahre stand, mit den ihm persönlich möglichen Mitteln zu steuern, entschied sich Karl Ernst Osthaus, ein Museum zu bauen", erklärt Herta Hesse[10] (1910–1988), seit 1945 Direktorin des *Karl-Ernst-Osthaus-Museums,* im Recklinghäuser Ausstellungskatalog. Osthaus habe die Gründung des Museums mit konkreten Bildungsabsichten vorangetrieben. Die Förderung der Mitbürger:innen, so Hesse, zum Erfassen des Schönen in der Natur und in der Kunst sollte so ermöglicht werden. Als einzige Autorin im Katalog nennt Hesse den Architekten des Museumsneubaus, Henry van de Velde, wenn sie auch darauf verzichtet, die komplizierte Geschichte der Entstehung des Baus zu erwähnen, bei dem der Außenbau auf Plänen des ursprünglich engagierten Architekten, Carl Gérard, basiert und van de Velde schließlich den Innenausbau verantwortete.

10 Nach ihrer Eheschließung Herta Hesse-Frielinghaus.

Diese ursprünglich private Sammlungs- und Museumsgeschichte, die ihr Ende in Hagen mit dem Tod des Sammlers 1921 und dem Verkauf der Sammlung nach Essen 1922 findet, entwickelt weiterhin kulturelle Schubkraft für die Stadt Hagen. Der von Osthaus gewählte Name, „Museum Folkwang", kann zwar keine Verwendung mehr finden – denn er ist mit der Sammlung nach Essen gegangen. Es ist nun aber die Person Osthaus selbst, die zum Markenbegriff der kulturellen Arbeit in Hagen wird. Das zeigt sich nicht nur im Namen *Karl-Ernst-Osthaus-Museum*, sondern schlägt sich auch in Hesses Text nieder, in dem sie die Person Osthaus in den Fokus rückt und den Begriff „Folkwang" nicht einmal erwähnt. Nur wenige Jahre nach dem Verkauf der Sammlung war der *Karl-Ernst-Osthaus-Bund* gegründet[11] und ein städtisches Kunstmuseum eröffnet worden. Ein umgenutztes Privathaus an der Wehringhauser Straße dient viele Jahre als Domizil der Hagener Kunstsammlung. Das ursprüngliche Museumsgebäude des *Museum Folkwang* steht dagegen für diese Zwecke nicht mehr zur Verfügung und wird stattdessen als Bürogebäude umgenutzt. Zahlreiche Werke des ebenfalls im *Städtischen Museum* untergebrachten und eigens für diesen Sammlungsschwerpunkt gegegründeten und nur wenige Jahre bestehenden *Christian-Rohlfs-Museums* werden in Rahmen der Aktion „Entartete Kunst" 1937 beschlagnahmt. 1941 erfolgt schließlich die Neubenennung des Hauses in *Karl-Ernst-Osthaus-Museum*.[12] Den Krieg selbst übersteht das Museumsgebäude unbeschadet, deshalb, so heißt es in Hesses Text, wird das Haus an der Wehringhauser Straße schon bald „ein Lichtpunkt für die deutschen Künstler".

Für die museale Arbeit ist schließlich der Erwerb des ursprünglichen Museumsgebäudes im Jahr 1955 entscheidend. Die kunsthistorische Arbeit mit biografischen Schwerpunkten bekommt in diesem Haus den passenden Rahmen. So werden nun dauerhaft neu erworbene Werke von Christian Rohlfs gezeigt, eine eigene Abteilung ist Henry van de Velde gewidmet. Der Text schließt mit der Schilderung eines Bildungsprogramms wie es ähnlich im historischen Rückblick zu Anfang formuliert wurde: „Das Museum bemüht sich (…), den Gedanken Karl Ernst Osthaus' entsprechend, den schwer arbeitenden Menschen des Industriegebietes durch Sammlungen und Ausstellungen Erquickung und Belehrung zuteil werden zu lassen." Ein auf Kunstwerke deutscher Künstler:innen fokussiertes Sammlungskonzept mit jeweiliger Ergänzung ausgewählter Werke von Künstler:innen aus anderen Ländern soll dies ermöglichen. Dabei hat Hesse über die Stadt hinaus auch die Region im

11 Herta Hesse dazu: „Wenige Jahre nach dem Tode Osthaus' gründete man in Hagen den Karl-Ernst-Osthaus-Bund mit dem Ziel, das Werk Osthaus' weiterzuführen und seine Gedanken am Leben zu erhalten." Der Karl-Ernst-Osthaus-Bund gründete sich 1947 neu, nachdem er in den 1930er Jahren von den Nationalsozialisten verboten worden war, vgl. http://keob.de/frames/infos_german/archives_g/archives_g.htm [3.2.2023].

12 http://www.osthausmuseum.de/web/de/common/presse/pressemitteilung_belgin_folkwang_impuls.html [3.2.2023].

Blick, weniger das westliche Ruhrgebiet, als vielmehr die „weiten bäuerlichen Gebiete des Sauerlandes“, die es mit „der modernen Kunst zu befreunden“ gelte. So dokumentiert Hesses Text, wie die Identität einer Institution durch biografische geprägte historische Arbeit gefestigt werden kann. Sie zeigt aber auch anhand der fast deckungsgleichen Schilderung der Ideen für das Hagener *Museum Folkwang* im Jahr 1902 als auch für das *Karl-Ernst-Osthaus-Museum* im Jahr 1963, wie sehr eine historische (Selbst-)Verpflichtung die Artikulation neuer Konzepte zu dominieren vermag.

In Essen bezieht sich Paul Vogt (1926–2017), seit Anfang 1963 Direktor des *Museum Folkwang*, aber bereits seit 1954 am Haus tätig, ebenfalls auf Karl Ernst Osthaus. Dessen Kunstsammlung hatte die Stadt Essen 1922 nach Osthaus' Tod erworben und in zwei umgenutzten Gründerzeit-Villen sowie ab 1929 in einem Erweiterungsbau untergebracht. „Schon der Name ‚Folkwang‘ ist ein Programm“, erklärt Vogt. „Mit ‚Volksgefilde‘ übersetzt, dürfte sein Sinn die Absichten von Osthaus am ehesten treffen, ‚einen Stützpunkt künstlerischen Lebens im westlichen Industriebezirk‘ zu schaffen.“ Ausschließlich bei den Texten zu Hagen und Essen wird derart intensiv mit den Ursprungsgedanken des Museumsgründers argumentiert und die eigene Arbeit begründet. Dabei bemüht sich Vogt in seinem Text darum, die verschiedenen Entwicklungslinien der Essener Sammlung zu unterscheiden. Er betont die verschiedenen Sammlungsschwerpunkte der ursprünglichen Essener Sammlung mit ihrer Ausrichtung auf damals zeitgenössische deutsche Kunst und die der Osthaus-Sammlung mit der Bevorzugung französischer Werke. Ebenso verdeutlicht er den Umfang der Sammeltätigkeit unter Direktor Ernst Gosebruch in den 1920er und frühen 1930er Jahren, die zu einem starken Zuwachs der Bestände geführt hatte. Diese genaue Beschreibung von Entstehung und Entwicklung der Sammlung dient auch dazu, hervorzuheben, in welch umfassenden Maße das *Museum Folkwang* 1937 von den über 1.400 Beschlagnahmungen im Rahmen der „Entartete Kunst“-Aktion getroffen wurde. Die Radikalität dieses Ereignisses verdeutlicht Vogt mit seiner im Vergleich zu den anderen Texten geradezu apokalyptisch anmutenden Wortwahl. So heißt es: „Der Kunstpolitik des Dritten Reiches blieb es vorbehalten, die über Jahrzehnte herangewachsene Sammlung des Museums zu vernichten (…). Der Verlust schien tödlich. (…) 1945 schien das Museum Folkwang endgültig am Ende.“[13] Umso stärker wirken nach dieser Schilderung die Aufbauleistungen, die Vogt im Folgenden schildert. Verluste, so schreibt er, sollen durch „Werke gleichen, wenn nicht sogar höheren Ranges“ ersetzt werden, schon in der alten Sammlung bestehende Lücken gelte es nun zu schließen, dazu seien „hervorragende Beispiele der Kunst nach 1933“ zu sammeln, um mit ihnen den Anschluss an die Gegenwart zu gewinnen – so lautet das ambitionierte Programm, das angesichts der zuvor geschilderten „Vernichtung“

13 In ähnlicher Wortwahl findet sich diese Zusammenfassung auch im Museumsführer von 1964, vgl. Paul Vogt: Geschichte des Museum Folkwang, in: Museum Folkwang (Hg.): Führer durch das Museum Folkwang, Recklinghausen 1964, unpaginiert.

Museum Folkwang, Essen, Neubau, Blick auf den Besuchereingang, ca. 1965 (Fotograf: László von Endrefy, Archiv Museum Folkwang, Essen)

der ursprünglichen Sammlung nach unerreichbar anmutenden Höhen zu streben scheint. Doch die Logik des Textes wirkt bestechend – das von Vogt geschilderte ideelle Erbe der Vergangenheit mutet in diesem Zusammenhang wie ein ausreichend tragfähiges Fundament an, bei dem nicht der Verlust und die Zerstörung die Rahmenbedingungen definieren, sondern sich Möglichkeiten aus der bestehenden Sammlungslogik ableiten. Wie schon Leonie Reygers' Text ist auch Vogts Beitrag vom Gedanken geprägt, Neues entstehen zu lassen. Vogt nennt es „das dritte Museum Folkwang". Deshalb verwundert, dass nur ein Satz dem Neubau des Museums gewidmet wird, stellt doch eine in den 1950ern geplante neue Museumsarchitektur im Ruhrgebiet, aber auch im Nachkriegsdeutschland eine Besonderheit dar.[14]

14 Vgl. Ute Fendel: Wiederaufbau nach dem 2. Weltkrieg in Deutschland Ost und West. Ein Vergleich anhand kommunaler Repräsentativbauten, Bonn 1996.

„[E]inen würdigen Rahmen für die neue Folkwang-Sammlung“ bilde der Bau und der Begriff „würdig“ bezieht sich insbesondere auf die nach dem Krieg neu konzipierte Sammlung. Und während Herta Hesse noch ganz im Sinne des alten Osthaus-Gedankens, Kultur ins Industriegebiet zu bringen, argumentiert, schließt Vogt seinen Text mit der Aufgabe des Museums eine „interessierte Bevölkerung“ zu erreichen, die sich in Essen über die „Kunst der Gegenwart und der Vergangenheit durch Vorträge, Kurse, Filme und Führungen“ informieren könne. So richtet sich der Museumsdirektor an das allgemeine Publikum, losgelöst von jeglicher Verortung im Ruhrgebiet. Ähnlich wie Leonie Reygers’ Text zeigt auch dieser Beitrag, welch verstärkende Wirkung die Betonung eines absoluten Verlustes im Zusammenspiel mit der danach erfolgten Aufbauleistung für die Schilderung des Museumskonzeptes besitzt.

Während der Neubau des *Museum Folkwang* erst mit dem dritten Bauabschnitt im Jahr 1960 völlig abgeschlossen war, konnten Häuser wie das bereits genannte *Karl-Ernst-Osthaus-Museum* in Hagen sowie das *Gustav-Lübcke-Museum* in Hamm und das *Märkische Museum* in Witten bereits kurz nach Kriegsende ihre Ausstellungstätigkeit wieder aufnehmen. Dabei zeigen die Beispiele in Hamm und besonders in Witten, wie sehr diese frühe Möglichkeit, in einem eigenen Haus Kunst zu zeigen, von den Institutionen als ein wesentlicher Antrieb für die Museumsarbeit adressiert wird. In Hamm ist Herbert Zink (1909–1982) seit 1946 Direktor des *Gustav-Lübcke-Museums*. Er schildert zunächst die Museumsgeschichte von der Privatsammlung Gustav Lübckes bis zur Unterbringung im Stadthaus ab 1927 – mit dreißig Museumsräumen – als eine kontinuierliche Entwicklung. Dabei widmet er Lübckes umfassender Sammlung „von der Frühzeit menschlicher Kulturen bis in das 19. Jahrhundert“ sowie den diversen anderen Abteilungen des Museums, die unter anderem Töpferei, Möbel, Plastik, Gemälde und Grafik umfassen, je eine detaillierte Beschreibung. Die schnelle Wiederaufnahme des Museumsbetriebes und der rasche Wiederaufbau des 1944 größtenteils zerstörten Stadthauses stehen für Kontinuität. Das Museum konnte schon 1949 teilweise wieder eröffnet werden, 1953 folgten zwei Oberlichtsäle, „nach neuzeitlichen musealen Gesichtspunkten gestaltet“. So kann Zink auf 95 Ausstellungen seit den ersten Präsentationen in provisorischer Unterbringung im Jahr 1946 verweisen. Die Vielzahl der Themen (darunter Mittelalterliche Kunst, Maler der „Brücke“, Porzellan und Dekor sowie Moderne Textilien aus Holland) verdeutlicht die Potenziale von Sammlung und Ausstellungsräumen.

Dieses Ausstellungsprogramm eines kunst- und kulturhistorischen Museums verfolgt Wilhelm Nettmann (1914–1984), Direktor des *Märkischen Museums* in Witten, nicht. Obwohl die Wittener Sammlung, wie er ausdrücklich erwähnt, nach Dortmund die zweitälteste ist und 1886 durch den *Verein für Orts- und Heimatkunde* gegründet wurde, streift er die historische Entwicklung nur kursorisch: Sie ist auch nicht das Leitmotiv des aktuellen Museumskonzepts. Vielmehr ist es die Ausrichtung auf die „Sammlungs- und Ausstellungstätigkeit zur Pflege zeitgenössischer Kunst“. Damit ordnet sich Nettmann jener Gruppe von Museumsdirektor:innen zu, die die Aufgabe ihrer Institution insbesondere in der Vermittlung aktueller Kunst sehen, so wie Peter Leo in Bochum und Thomas Grochowiak in Recklinghausen. Dabei kann Nettmann nicht nur auf eine bis ins späte 19. Jahrhundert zurückreichende Museumsgeschichte zurückblicken, sondern auch in einem Haus agieren, das bereits 1911 eigens für museale Zwecke errichtet worden war. Nettmann hebt in diesem Zusammenhang die Arbeit seines Vorgängers Peter Emil Noelle (1885–1953) hervor, der in seiner ersten Amtszeit von 1930 bis 1938 das Museum „als Pflegestätte der Moderne" begriffen hatte, bevor seine Erwerbungen für die Sammlung als „entartete Kunst" klassifiziert und entfernt worden waren und er selbst aus politischen Gründen seinen Posten räumen musste. Es war dann auch Noelle, der 1945 wieder sein altes Amt als Museumsleiter übernahm und das im Krieg beschädigte Museum schnellstmöglich in Betrieb nahm. „Witten errang als einer der ersten Plätze, an denen überhaupt wieder Kunstausstellungen veranstaltet wurden, zeitweilig einen fast legendären Ruf", fasst Wilhelm Nettmann diesen Zeitraum zusammen. Dabei ist Nettmann durchaus bewusst, dass im Jahr 1963 andere Häuser in den Nachbarstädten hinsichtlich der Qualität von Sammlung und Ausstellungsprogramm eine starke Konkurrenz bildeten. Den „legendären Ruf", so formuliert es Nettmann, müsse das Wittener Museum „heute in Hinsicht der technischen Perfektion und der materiellen Möglichkeiten mit anderen Stellen teilen". So hinterlässt dieser eher kurze Text den Eindruck eines signifikanten Selbstbewusstseins und großen Elans, das Begonnene fortzusetzen. Dabei betont Nettmann die Besonderheit dieses Museums mit einer Sammlung von über tausend Werken aus den Bereichen Gemälde und Grafik, die einen Querschnitt durch die Kunstgeschichte des 20. Jahrhunderts bietet, „wie ihn schwerlich noch eine andere Stadt von der Größe und allgemeinen Bedeutung Wittens aufzuzeigen in der Lage ist".

Die bisher genannten Direktor:innen setzen, mit Ausnahme von Leonie Reygers, ihre Tätigkeit immer in Bezug zu einer Museumsgeschichte, die zumeist im 19. Jahrhundert ihren Anfang nahm. Die Museumsleiter in Gelsenkirchen und Bochum, Bernd Lasch und Peter Leo, lehnen ein Anknüpfen an die zuvor erfolgten städtischen Sammeltätigkeiten ab. Sie nutzen ihre Texte, um die jeweilige Neugründung der Institution zu erläutern. Bernd Lasch (1901–1979), Direktor der *Städtischen Kunstsammlung* in Gelsenkirchen etwa erwähnt die städtischen Sammlungsbemühungen in den 1920er Jahren, sieht darin aber keine Grundlage, auf der er mit seinen Neuerwerbungen für die Sammlung systematisch aufbauen kann. Vielmehr diagnostiziert er für die Stadt Gelsenkirchen, dass ihr „eine museale Tradition" fehle, der nun die 1950 neu begonnene Sammlung entgegengesetzt werden solle. Lasch setzt sich für Erwerbungen der gegenständlichen Kunst ein, insbesondere für Werke des Impressionismus, um das städtische Publikum auf dieser Grundlage zu modernen abstrakten Kunstwerken hinzuführen.[15] Zum Haus notiert er lediglich, dass die Sammlung

15 Siehe Wolfgang Rinke: Städtische Kunstsammlung 1950–1966. Die Ära des Gründers und ersten Museumsdirektors Dr. Bernd Lasch, in: Verein für Orts- und Heimatkunde Gelsenkirchen-Buer (Hg.): Beiträge zur Stadtgeschichte XII, Gelsenkirchen 1985, S. 259–356, hier S. 264.

seit der Eröffnung 1957 „in einem dafür hergerichteten Hause“ gezeigt werden konnte und verzichtet folglich darauf, die räumliche Situation in der umgenutzten *Villa Pöppinghaus* sowie deren Standort im acht Kilometer vom Gelsenkirchener Zentrum gelegenen Stadtteil Buer zu erläutern. Ebenso wenig erwähnt er, dass Gelsenkirchen spätestens seit der international rezipierten Eröffnung des Gebäudes der Städtischen Bühnen, später umbenannt in *Musiktheater im Revier*, als Stadt im Aufbruch gilt und bei diesem Neubau abstrakte Kunstwerke von Yves Klein, Jean Tinguely, Norbert Kricke, Paul Dierkes und Robert Adams zur Gebäudeausstattung gehören.[16]

Mit dem Wunsch, ein Museum ‚neu‘ zu gründen und den Fokus auf die Nachkriegszeit zu legen, ist Bernd Lasch nicht allein. Auch Peter Leo (1915–1972), Direktor der 1960 eröffneten *Städtischen Kunstgalerie* in Bochum, entscheidet sich dafür, die Sammeltätigkeit der Vorkriegszeit nicht als Grundlage für die aktuelle Ausrichtung des Hauses zu betrachten. Direkt am Anfang seines Beitrags grenzt sich Peter Leo von der Bochumer Sammeltätigkeit unter Richart Reiche ab, die nach dem Ersten Weltkrieg begonnen hatte. Diese Sammlung ließe, so Leo, keinerlei System erkennen und sei mit den jeweils temporären Unterbringungen in verschiedenen Häusern ein „Stiefkind der städtischen Kulturpflege“ gewesen.[17] Erst mit der Doppelvilla *Rosenstein-Marckhoff*, „günstig am Stadtpark“ gelegen und „mit sehr großem Geschick umgebaut“, sei nun die Gelegenheit gegeben, ein neues Sammlungs- und Ausstellungskonzept zu entwickeln. Dieses neue Haus ermögliche erst eine neue Identität als Bochumer Kunstgalerie, in der fortan mit einem Schwerpunkt auf die Kunst nach 1945 gesammelt werden solle. Dabei ist Leo durchaus bewusst, dass zu diesem Zeitpunkt noch keine „nennenswerte Sammlung“ für die großzügigen Räumlichkeiten vorhanden ist. Vielmehr versteht er das Haus als „moderne Kunststätte“ einer jungen, traditionsarmen Industriestadt. Ziel sei es zudem, die Doppelvilla zu einer „Stätte der Meinungsbildung“ werden zu lassen, deren Ausstellungsprogramm den Besucher:innen die Auseinandersetzung mit insbesondere jüngerer Kunst ermöglichen soll. Die wiederholte Verwendung des Wortes ‚Stätte‘ deutet bereits darauf hin, wie bedeutend die Verortung der Institution in einem eigenen Haus für den Direktor ist. Erst durch das ‚Angekommensein‘

16 Zum künstlerischen Konzept des Musiktheaters siehe Anna Kloke: Von der Gleichzeitigkeit der Spielräume. Das Musiktheater im Revier, in: Hans-Jürgen Lechtreck/Wolfgang Sonne/Barbara Welzel (Hg.): „Und so etwas steht in Gelsenkirchen …“ Kultur@Stadt_Bauten_Ruhr, Dortmund 2020, S. 28–41. Über die internationale Rezeption siehe: Christos Stremmenos: Im Revier der Transparenzen: Architekturdiskurse für eine Nachkriegsgesellschaft, in: ebd., S. 308–327, hier S. 325 f.

17 Clemens Kreuzer weist darauf hin, dass die Geschichte der Bochumer Kunstsammlung im Jahr 1921 beginnt, dass aber diese Vorgeschichte des Bochumer Kunstmuseums inzwischen fast in Vergessenheit geraten sei, siehe Clemens Kreuzer: Zu Unrecht vergessen. Die Städtische Gemäldegalerie, in: Bochumer Zeitpunkte. Beiträge zur Stadtgeschichte, Heimatkunde und Denkmalpflege, Nr. 8, 2000, S. 3–18.

besteht für ihn die Möglichkeit, seine Idee eines Überblicks über die Kunst zu realisieren. Ist es für Bernd Lasch also wichtig, eine sorgfältig zusammengestellte Sammlung zur Grundlage des Museums zu machen, agiert Peter Leo ähnlich wie Leonie Reygers in den Anfangsjahren in Dortmund – aus der aktiven Nutzung des Gebäudes soll sich die Sammlung entwickeln.

Diese Motivation, im Ruhrgebiet (auch zeitgenössische) Kunst zu vermitteln, kennzeichnet auch den Beitrag von Thomas Grochowiak (1914–2012). Gleich drei Museen kann er für die Stadt Recklinghausen vorstellen und betont bereits zu Anfang, wie ungewöhnlich diese Anzahl sei. „Recklinghausen, eine der steuerärmsten Gemeinden im Ruhrgebiet und erst nach dem Kriege Großstadt geworden, hat in den letzten zwölf Jahren zwei neue Museen gegründet." Dabei handelt es um die 1950 eröffnete *Städtische Kunsthalle* und das 1956 gegründete *Ikonenmuseum*, die ihre Entstehung den Ruhrfestspielen und der damit verbundenen Förderung der Künste in der Stadt verdanken. Sie ergänzen das bereits bestehende *Vestische Museum*, dessen Anfänge auf das Jahr 1890 zu datieren sind. Allen drei Museen widmet sich Grochowiak mit der gleichen Ausführlichkeit, der Tenor ist aber für die Institutionen jeweils sehr unterschiedlich. Während die Schilderung zum *Ikonenmuseum* mit seinem klar umrissenen Sammlungsprofil orthodoxer Ikonenmalerei die Entstehung sowie Aufbau der Präsentation und Vermittlung durch Schriftwerke umfasst, gestaltet sich die Beschreibung des *Vestischen Museums* komplexer. Wie die Häuser in Dortmund, Hamm, Witten und Mülheim an der Ruhr wurzelt es in der Sammeltätigkeit zur Lokal- und Regionalgeschichte im ausgehenden 19. Jahrhundert. Ebenso wie diese Häuser entwickelte sich ein umfassendes Sammlungsprofil, das geologische Funde, historische Möbel, ein Münzkabinett, Skulpturen vom Mittelalter bis zum Barock sowie moderne Kunstwerke westfälischer Künstler:innen umfasste, die teils im Jahr 1937 als „entartete Kunst" entfernt wurden, teils im Zweiten Weltkrieg bei einem Bombenangriff mit dem Museumsgebäude vernichtet wurden. Anders als in Dortmund, Hamm und Witten gab es für das *Vestische Museum* kein dezidiertes Momentum, bei dem ausreichend Energie entwickelt wurde, die Sammlungen wieder zu rekonstruieren und für gezielte Weiterentwicklung aufzubereiten. Zwar wurde 1954 ein neuer Sammlungsbereich eingerichtet, der Laienkunst aus dem Ruhrgebiet umfasste, Ergänzungsankäufe erfolgten allerdings nur mit geringen Mitteln. Hoffnungsvoll stimmt Grochowiak die für 1965 geplante Wiedereröffnung des Museums.[18]

Ganz anders klingt dagegen sein Text zur *Städtischen Kunsthalle*. Zwar erwähnt er kurz die Unterbringung im „Hochbunker am Bahnhofvorplatz", geht jedoch nicht näher auf die Umnutzung und die räumliche Situation ein. Wesentlich ausführlicher wird er erst in Bezug auf die große Anzahl von 97 Ausstellungen seit 1950. Dabei sei die *Kunsthalle* als Ort der „öffentlichen Diskussionen und Ausstellungen Brennpunkt künstlerischer Aus-

18 Die Unterbringung der Sammlung fand 1988 in einem ehemaligen Verwaltungsgebäude an der Hohenzollernstraße statt. Das Vestische Museum wurde 2010 geschlossen.

einandersetzungen, Anziehungspunkt für junge Künstler und Ort der Begegnung von Kunstfreunden und Kunstschaffenden". Die *Kunsthalle*, das wird im Text deutlich, ist für Grochowiak nicht als Gebäude mit einer konkreten Form und Umnutzungsgeschichte relevant, sondern als Möglichkeit der Zusammenkunft von Kunst und Publikum. Über die temporären Ausstellungen hinaus wurde über die Jahre nach und nach auch eine hauseigene Sammlung zusammengetragen, die sowohl Werke der Mitglieder der Künstlergruppe „junger westen" umfasst als auch zeitgenössische Gemälde, Grafik, Plastik und Werke, die Franz Große Perdekamp einst für des *Vestische Museum* unter dem Begriff „Westfälische Künstler seit 1900" gesammelt hatte. Zur Schärfung des eigenen Sammlungsprofils tragen zudem Objekte der industriellen Formgebung, Gebrauchsgrafik und Kinderzeichnungen bei.

Diese hohe Motivation, Publikum und Werk zusammenzubringen, kennzeichnet die Tätigkeit in Bochum und Recklinghausen, sie ist jedoch nicht kennzeichnend für alle Neugründungen. Denn obwohl die *Städtische Galerie Schloss Oberhausen* wie auch die *Kunsthalle in Recklinghausen* Neugründungen der Nachkriegszeit sind, fehlt dem Text von Direktor Herbert Griebitzsch der deutlich formulierte Aufbruchswille und Wunsch zur aktiven Kunstvermittlung, der für Grochowiaks Beitrag so charakteristisch ist. Wesentlich zurückhaltender referiert er über die bereits 1947 gegründete Institution und formuliert geradezu lakonisch: „Ein altes Schloß von 1810, damals ohne rechte Bestimmung, gab den äußeren Anstoß." Da das Schloss, finanziell unterstützt durch die Oberhausener Industrie, erst noch rundum instandgesetzt werden musste, erfolgte die maßgebliche Eröffnung im Jahr 1960. Wie in allen eher kurz gehaltenen Beiträgen wird weder das Gebäude, noch die Lage oder die Bedeutung der Institution für die Stadt näher beschrieben. Dabei wäre es durchaus von Interesse gewesen zu erfahren, dass das alte, inzwischen ruinöse Schloss für die neue Nutzung abgerissen und unter Rekonstruktion der äußeren Form bei neuer Innengestaltung wiederaufgebaut worden war; ebenso, dass Griebitzsch die Lage am Kaisergarten als außergewöhnlich erachtet, mit einer Atmosphäre, wie sie in einer Industriestadt nicht zu erwarten sei. Beides erläutert er in seiner Einleitung zum eigenen Sammlungskatalog von 1963.[19] Im Recklinghäuser Katalog erwähnt er allerdings die Abteilung „Internationales Glas des 20. Jahrhunderts" des Oberhausener Hauses sowie den dort verwahrten Nachlass des Münchener Bildhauers Friedrich Wrampe und die Sammlung zur deutschen und französischen Grafik.

Auch einem bedeutenden Neubau – dem *Wilhelm-Lehmbruck-Museum* im Immanuel-Kant-Park in Duisburg – werden in diesem Katalog nur wenige Zeilen gewidmet. Zwar ist das Gebäude 1963 noch nicht vollendet, es wird jedoch im Folgejahr eröffnet. Auffallend kurz weist Direktor Gerhard Händler (1906–1982) auf das künftige Gebäude hin, dessen Planungen in das Jahr 1956 zurückreichen. Der Architekt Manfred Lehmbruck, Sohn des

19 Städtische Galerie Oberhausen (Hg.): Katalog der Gemälde, Oberhausen 1963, unpaginiert.

Städtische Galerie Schloss Oberhausen, ca. 1960 (Fotograf: Rudolf Holtappel, Fotoarchiv Ruhr Museum)

Bildhauers Wilhelm Lehmbruck, findet keine Erwähnung, ebenso wenig, dass die Idee, dem in Meiderich geborenen Wilhelm Lehmbruck ein eigenes Museum zu widmen, schon in den 1920er Jahren formuliert worden war. Erst in der Publikation zum Neubau 1964 weist Händler eigens darauf hin.[20] Stattdessen notiert er ein wenig umständlich, dass erst „nach dem Zweiten Weltkriege (…) das geistige und politische Klima jenen Grad freiheitlicher Gesinnung" erreichte, um Pläne für einen Museumsneubau in Angriff zu nehmen.

20 Hier und nachfolgend Gerhard Händler: Sinn und Struktur der Sammlungen, in: Wilhelm-Lehmbruck-Museum (Hg.). Wilhelm-Lehmbruck-Museum Duisburg, Duisburg 1964, S. 27–30, hier S. 27.

So erläutert der Direktor zwar das Sammlungskonzept mit dem Schwerpunkt auf die Plastik des 20. Jahrhunderts, ergänzt um Gemälde und Grafik, bleibt aber bedauerlich vage, wenn es um die aktuelle Museumssituation und die künftigen Pläne geht. Eine über den inhaltlichen Bezug zum Bildhauer Wilhelm Lehmbruck – „auch als Maler und Graphiker tätig" – hinausgehende Beschreibung des Museumsprofils ergibt sich in dieser Schilderung leider nicht.

Mit welchem Aufbruchswillen man über eine Stadt schreiben kann, die über einen Kunstbesitz, nicht jedoch über ein eigenes Museum verfügt, zeigt Franz Hahn. Sein Beitrag über die Kunst in der Stadt Marl vermittelt den Eindruck eines Ortes mit kunstsinnigen und engagierten Bürger:innen und Lokalpolitiker:innen. Dabei handelt sich bei Marl um eine junge Stadt, erst 1936 gegründet. Die Geschichte dieser Kunstsammlung, so Hahn, reiche ins Jahr 1946 zurück, als der Kulturring gegründet wurde, der neben Theater- und Konzertbesuchen sowie Ausstellungen in den Wandelgängen des Theaters, auch Fahrten zu bedeutenden Ausstellungen in Deutschland und Europa, den Erwerb ausgewählter Kunstwerke zu Vorzugspreisen und Vorlesungen zu Bildern und Plastiken anbiete. Über dieses Engagement kunstinteressierter Bürger:innen hinaus war jedoch für die Entwicklung des Kunstbesitzes die auf Grundlage des „Kunst am Bau"-Gesetzes entwickelte Staffelung des Finanzierungsanteils für die „künstlerische Gestaltung des Baus", die sich in Marl ab 1954 mit zu einem wesentlichen Motor zur Vermehrung der Kunstwerke im öffentlichen Raum entwickelte, bedeutend. Allein 150.000 DM, so Franz Hahn, wurden für die künstlerische Ausstattung der 1955 fertiggestellten *Paracelsus-Klinik* ausgegeben.[21] Etwa 500 Werke, allgemein als „Plastiken und Bilder" beschrieben, habe die Stadt im Laufe der Jahre erworben. Dabei hängen das Wachstum der Kunstsammlung und das Wachstum der Stadt eng zusammen.[22] Deshalb formuliert Franz Hahn für eine noch nicht gebaute Zukunft: „Wer mit einiger Phantasie in die Stadtplanung Marls eindringt, sich Zeichnung und Modell im Endausbau lebendig vorstellen kann, wird sich die Industriestadt Marl als Stadtparklandschaft vorstellen können. Mit Ruhepunkten aus Bronze und Stein, als Haltepunkte auf der Wanderung durch die Stadt und als Höhepunkte städtischen Lebens." Dabei vergisst er nicht, darauf hinzuweisen, dass die Patina in der Luft des Industriegebietes schwarz werde, die Werke selbst würden aber immerhin vom Mut zur Kunst in der Stadt Marl zeugen. Nach Fertigstellung des geplanten Rathauses, so hofft er, könne dann das Kunstmuseum gebaut werden, um dort dann die bisher verstreut in Büros hängenden Bilder und diversen Plas-

21 Franz Hahn betreute auch die Festschrift zur Eröffnung des Krankenhauses. Presseamt der Amts- und Stadtverwaltung Marl (Hg.), Franz Hahn (verantw.): Zur Eröffnung des Krankenhauses der Stadt Marl. Paracelsus-Klinik, Marl 1955.

22 Eine kritische Beurteilung und Einordnung der Stadtbaumaßnahmen in Marl in den 1960er Jahren ist unter folgendem Titel erschienen: Theo Deutinger/Philipp Oswalt/Timo Panzer (Hg.): Ruhrmoderne 1967/2017. Ein kurzer Sommer der Utopie, Kassel 2017.

tiken unterzubringen. Ein eigenes Haus für die städtische Kunstsammlung wird zwar erst 1982 mit dem *Skulpturenmuseum Glaskasten* eröffnet, die Bemühungen, Stadt und Kunst miteinander zu verbinden, werden jedoch auch in den Jahren danach weiterverfolgt.[23] Positiv äußert sich bei einer Besprechung der Ausstellung „Gesammelt im Ruhrgebiet" Jorg Lampe. Er notiert: „Die Stadt Marl macht sich (…) selber zum Museum".[24]

Im Jahr 1963 zeigen sich die Museen des Ruhrgebiets zwar „jung, vital und auf ‚morgen' eingerichtet", wie es Grochowiak in seiner Einleitung formuliert. Die Direktor:innen stellen sich aber ebenso die Frage, wie die Geschichte der Institutionen die zukünftige Arbeit prägen wird. Die Strategien, das zeigt der Vergleich, fallen individuell verschieden aus, wie auch überhaupt die Schilderung der programmatischen Arbeit meist auf das Haus selbst beschränkt bleibt und wenig über die Rolle innerhalb der Region reflektiert wird. Mit der Ausstellung „Gesammelt im Ruhrgebiet" wird in Recklinghausen jedoch für wenige Wochen ein Blick auf die Museumslandschaft an Rhein und Ruhr zusammengestellt, der über diese isolierte Betrachtungsweise der einzelnen Häuser hinausgreift und das Angebot des „Kunstzentrums Ruhrgebiet" an einem Ort verdichtet erlebbar macht. Ähnliche Ansätze werden später die veröffentlichten Kulturführer des Siedlungsverbands Ruhrkohlenbezirk (bzw. Kommunalverband Ruhrgebiet)[25] sowie die Online-Plattform der *RuhrKunstMuseen* (ab 2010) verfolgen – auch sie fassen in ihrem jeweiligen Medium die Sammlungen und Angebote zur Kunst zentral zusammen und zeichnen diese als Merkmale einer Region aus. In den Museen selbst werden dagegen erste Ansätze für mehr Bildung und Vermittlung, mehr Teilhabe des Publikums und mehr Interaktion hervorgehoben, eine Entwicklung, die die Museumsarbeit der kommenden Jahre maßgeblich prägen und schließlich – häufig nach jahrelangen Planungsphasen – zu den Museumserweiterungen der 1980er Jahre führen wird.[26] In den Texten von 1963 spielen die Raumkapazitäten noch kaum eine Rolle, doch schon bald werden die räumlichen Verhältnisse für die wachsenden Sammlungen und zunehmenden Bildungsangebote zu klein sein.

23 Vgl. Karl-Heinz Brosthaus: Stadt und Skulptur 1970 und 1972. Zwei Ausstellungen in einer Stadt ohne Museum, in: Burkhard Leismann/Uwe Rüth (Hg.): Industrial Land Art im Ruhrland, Essen 2009, S. 118–121.

24 Jorg Lampe: Kunstmuseen im Ruhrgebiet, in: Das Werk, Nr. 10, 1963, S. 232–233.

25 Vgl. Siedlungsverband Ruhrkohlenbezirk, Presse- und Informationsamt (Hg.): Kunst und Bildung im Ruhrgebiet. Kulturführer Ruhrgebiet. Informationen über Theater, Museen, Orchester, Volkshochschulen und andere wichtige Einrichtungen, Duisburg 1968; Kommunalverband Ruhrgebiet, Abteilung Öffentlichkeitsarbeit (Hg.): Kulturlandschaft Ruhrgebiet. Museen, Ausstellungsstätten, Theater, Orchester, Hochschulen, Bochum 1985.

26 Vgl. Hannelore Schubert: Moderner Museumsbau. Deutschland, Österreich, Schweiz, Stuttgart 1986; Sonja Pizonka: Aktionszentrum, Spielwiese, Experimentierfeld. Ideen für das Museumszentrum Essen, in: Lechtreck/Sonne/Welzel (Hg.), Bildung@Stadt_Bauten_Ruhr, Dortmund 2022, S. 372–391.

Annika Becker

Gelsenkirchen und die städtische Kunstsammlung von den 1950er bis zu den 1970er Jahren

– ein avantgardistischer Aufbruch?

Die Stadt Gelsenkirchen blickt auf eine vergleichsweise junge Geschichte zurück: 1928 wurden die Stadt Buer, die Gemeinde Horst-Emscher und die Stadt Gelsenkirchen zur neuen Großstadt Gelsenkirchen-Buer zusammengelegt und 1930 abschließend in Gelsenkirchen umbenannt. Dieser Vereinigung liegt es zugrunde, dass Gelsenkirchen bis heute eine Mehrkernstadt ist; mit zwei Hauptzentren in Alt-Gelsenkirchen und Buer und einer ebenfalls bis heute anhaltenden Konkurrenz zwischen dem nördlich liegenden Buer und dem südlichen Gelsenkirchen. Während die Gemeinde Horst-Emscher die Zusammenlegung begrüßte, stieß diese in Buer vornehmlich auf Widerstand, obwohl der territoriale und finanzielle Ausgleich besonders den beiden nördlich und südlich gelegenen Partnern zu Gute kam. Gelsenkirchen, durch die Industrie finanziell gefestigt, litt aufgrund der hohen Bevölkerungsdichte unter extremen Platzmangel. Buer hingegen hatte die nötigen Freiflächen, allerdings ebenso finanzielle Sorgen, da man einseitig nur auf den Bergbau ausgerichtet war.[1] Erst 1957 – knapp 30 Jahre nach dem Zusammenschluss – konnten abschließend durch die Landesregierung Nordrhein-Westfalens immer wieder aufkeimende Bestrebungen zur Ausgemeindung Buers beendet werden.[2] Es handelt sich demnach nicht um eine planmäßig gewachsene Stadt. Gelsenkirchen entstand durch die Zusammenlegung zweier Städte und einer Gemeinde, und die Entwicklung ebendieser Gebiete unterlag den Vorgaben der Industrie, welche die ehemals ländlichen Dörfer und Bauernschaften

1 Vgl. Hans-Rudolf Thiel: Vor fünfzig Jahren und danach, in: Verein für Orts- und Heimatkunde Gelsenkirchen-Buer (Hg.): Beiträge zur Stadtgeschichte IX, Recklinghausen 1978, S. 7–23, hier S. 9 f.; sowie Werner Bergermann: Die Vereinigung von Buer und Gelsenkirchen zum 01. April 1928 im Rahmen der kommunalen Neuordnung des Ruhrgebiets, in: ebd., S. 25–48, hier S. 41.

2 Vgl. Minverva Buchhandlung (Hg): Gelsenkirchen. Eine Chronik in Stichworten zusammengestellt von Alfred Kranefuß, o. O. 2002, S. 98.

landschaftlich radikal veränderte und zugleich den wirtschaftlichen Aufschwung mit der Montanindustrie brachte.

Im Kontext einer Betrachtung der kulturellen Entwicklung der Stadt ist es besonders von Bedeutung, dass Gelsenkirchen als junge Industriestadt auf kaum eine gefestigte kulturelle Tradition zurückblickte und auch keinen nennenswerten Besitz an kulturellen Gütern aufweisen konnte.[3] Als frisch ernannte Großstadt, deren Gebiet allerdings bislang durch bäuerliches Leben und der rapiden Umnutzung durch die Industrialisierung geprägt war, fehlte eine gewachsene Stadtgesellschaft und ein Bildungsbürgertum, auch blieb das Gebiet ohne historisch-fürstliche Prägung. Diese Faktoren hätten eine kulturelle Tradition begründen können. Zudem wurde Gelsenkirchen im Zuge der Industrialisierung, ebenso wie andere Städte der Region, durch den Zuzug von Menschen aus anderen Regionen und Ländern geprägt. Es formierte sich eine vielfältige Arbeiter:innengesellschaft, die unterschiedliche kulturelle Traditionen mitbrachte und vereinte.

Das Fehlen einer kulturellen Tradition, die sich auch im Besitz kultur- und kunsthistorischer Güter manifestiert, kann als Mangel begriffen, oder als Chance verstanden werden. Denn ebendiese Lücke zeichnete keine kulturelle Entwicklung vor und lenkte nicht in vorbestimmte Bahnen. Das Jahr 1928 hätte also nicht nur den Zeitpunkt markieren können, an dem sich Gelsenkirchen als industrielle Großstadt gründete, sondern darüber hinaus auch den Moment der kulturellen Schwerpunktsetzung festlegen können. Im Folgenden rückt die Betrachtung des Auf- und Ausbaues eines städtischen Kunstbesitzes als Teil einer kulturellen Identität in den Fokus, damit einhergehend werden künstlerische Initiativen und ihre Förder:innen untersucht.

Im Zuge der Großstadt-Werdung wurde von städtischer Seite entschieden, einzelne künstlerische Arbeiten zu erwerben, um vom wirtschaftlichen Aufschwung getragen, das eigene Geltungsbedürfnis als facettenreiche Großstadt einzulösen. Diese Aufgabe lag hauptsächlich in der Verantwortung von Vertreter:innen des Kulturamtes.[4] Der vergleichsweise kleine Bestand an erworbenen Kunstwerken wurde während des Zweiten Weltkriegs, entweder durch Verlust oder Zerstörung, wieder deutlich geschmälert. Dennoch konnte die Stadt Gelsenkirchen im Mai 1950 den Besitz von 115 Gemälden, 163 Zeichnungen und Aquarellen, 302 Grafiken, sieben Skulpturen, ein 47 Blätter umfassendes Konvolut von asiatischen Zeichnungen und einer Fotografie verzeichnen.[5] Diese Zahlen verdeutlichen

3 Vgl. Gelsenkirchen. Herausgegeben in Zusammenarbeit mit der Stadt Gelsenkirchen, Düsseldorf/Wien 1970, S. 35.

4 Vgl. Anneliese Knorr: Kultur als Über-Lebensmittel, in: Hartmut Hering/Hugo Ernst Käufer/Michael Klaus (Hg.): Für uns begann harte Arbeit. Gelsenkirchener Nachkriegslesebuch, Fulda 1990, S. 179–195, hier S. 193 f.

5 Basierend auf „Inventur Städtischen Kunstbesitzes und der städtischen Kunstsammlung“, Stand Mai 1950, StadtA Ge 4–47.

zum einen, dass man sich in den Anfängen auf die, im Ankauf günstigeren, Gattungen Aquarell und Druckgrafik konzentrierte. Zum anderen zeigt die Inventaraufstellung, dass man mehrheitlich lokale Künstler:innen ankaufte. So war man neben aktuellen Positionen auch im Besitz des Nachlasses des in Gelsenkirchen geborenen Künstlers Rudolf Schulte im Hofe. Darüber hinaus lässt sich kein stringentes System erkennen, nach welchem die Ankäufe erfolgten. So lassen sich Gemälde von Anselm Feuerbach, Georg Schrimpf und Heinrich Nauen finden, aber auch Grafiken von Johann Gottfried Schadow, Giovanni Battista Pranesi und auch Albrecht Dürer. Der Grundstein der städtischen Kunstsammlung folgte demnach keiner Sammlungsidee, viel mehr erscheint es, als wollte man möglichst breitflächig und günstig sammeln und den Schwerpunkt der Förderung heimischer Künstler:innen nicht verlieren. Außerdem verfügte die Stadt über keinen festen Ausstellungsort für die Kunstwerke, so dass die Ankäufe den Bürger:innen nicht präsentiert werden konnten.

Nach dem Zweiten Weltkrieg war es ein städtisches Bestreben, diesen Zweig zu professionalisieren und so fasste die Stadt Gelsenkirchen 1949 den Entschluss, einen Kunstwart für die Verwaltung und den systematischen Ausbau des städtischen Kunstbesitzes einzustellen und planmäßig durch gezielten Ankauf eine Sammlung aufzubauen.[6]

Am 1. Februar 1950 nahm Dr. Bernd Lasch den Dienst auf. Lasch, selbst aus einer Künstlerfamilie stammend, studierte an der Bonner Universität Kunstgeschichte, Archäologie und Literaturwissenschaften und schloss 1924 seine Promotion mit einer Arbeit über den Landschaftsmaler Andreas Achenbach ab. Mit seiner Ausstellungstätigkeit und seinen Veröffentlichungen verortete er sich vor dem zweiten Weltkrieg in Düsseldorf, seiner Heimatstadt, und konzentrierte sich auf die Malerei des 19. Jahrhunderts, verzeichnete aber auch umfassende Kunsthandwerkssammlungen. Interessant ist, dass er in dieser Zeit eine enge Freundschaft zum Düsseldorfer Galeristen Alex Vömel entwickelte, der später als Zeuge in Laschs Entnazifizierungsverfahren fungierte.[7] Diese persönliche Verbindung nutze Lasch auch für den Aufbau der städtischen Kunstsammlung, so lassen sich einige Arbeiten finden, die er bei Vömel erworben hatte. Nach dem Krieg arbeitete Lasch am Kunsthistorischen Institut in Marburg und betreute dort das aktuelle Ausstellungswesen. Laut eines langjährigen Weggefährten Laschs, Wolfgang Rinke, war sein Antrieb, die Stelle in Gelsenkirchen anzunehmen, die Möglichkeit in Eigenverantwortung eine Kunstsammlung aufbauen zu können.[8]

6 Vgl. Niederschrift des Kulturausschusses der Stadt Gelsenkirchen, 28.10.1949, StadtA Ge Pr 1024.

7 Vgl. StadtA Ge 37-PA 689, Laschs Personalakte ist zu entnehmen, dass er den Status IV (Mitläufer) beantragte. Er wurde letztlich als V (entlastet) eingestuft.

8 Vgl. Wolfgang Rinke: Städtische Kunstsammlung 1950–1966. Die Ära des Gründers und ersten Museumsdirektors Dr. Bernd Lasch, in: Verein für Orts- und Heimatkunde Gelsenkirchen-Buer (Hg): Beiträge zur Stadtgeschichte XII, Recklinghausen 1985, S. 259–357, hier S. 265.

Dr. Bernd Lasch mit Blättern von Marc Chagall aus dem Besitz der städtischen Kunstsammlung (Fotograf: Theo Weingandt, StadtA Ge FS I 11028)

Lasch sah sich nicht nur mit der Betreuung und dem Aufbau der städtischen Kunstsammlung betraut, sondern auch mit der Pflege und Erweiterung des Heimatmuseums. Dessen Sammlung entstand durch den Zusammenschluss einer geologischen und mineralogischen Sammlung sowie Altertumssammlungen aus Alt-Gelsenkirchen und einer sich in Buer befindlichen heimatgeschichtlichen Sammlung.[9] Wie sich die Sammlung des Heimatmuseums entwickelte, kann an dieser Stelle nicht weiter vertieft werden. Wichtig in diesem Zusammenhang ist es aber zu erwähnen, dass die städtische Kunstsammlung bis in die 1990er Jahre eng mit dem Heimatmuseum verwoben war und die Betrauten der Kunst-

9 Vgl. Wiltrud Apfeld: Die Anfänge des Gelsenkirchener Ausstellungs- und Museumswesens, in: Museum Intern, o. O. o. J., S. 3.

sammlung sich auch um die Pflege und Präsentation dieses Sammlungszweigs zu sorgen hatten. Darüber hinaus wurde Bernd Lasch 1957 zum Leiter des Stadtarchivs ernannt.[10] Man stellte also einen Fachmann ein, dieser konnte sich aber nicht ausnahmslos seiner Aufgabe als Kunstwart widmen. Ein Fakt, der über die letztliche Bedeutung der städtischen Kunstsammlung und der Wertschätzung dieser seitens der Stadt nachdenken lässt.

Dr. Lasch sah sich zu Beginn seiner Dienstzeit zudem mit dem Umstand konfrontiert, dass die städtische Kunstsammlung bislang keinen festen Ausstellungsort hatte. Der städtische Kunstbesitz war im Tresor des Wahlamts im Gelsenkirchener Süden magaziniert. Vor dem Zweiten Weltkrieg wurde das *Georgshaus*, der St. Georgs-Kirche in Alt-Gelsenkirchen angegliedert, als Ausstellungsraum für wechselnde Ausstellungen genutzt. Dieses wurde während des Krieges zerstört. So nutzte man bis in die 1950er Jahre temporäre Ausstellungsmöglichkeiten sowohl im Gelsenkirchener Süden wie auch in Buer. Räumlichkeiten standen im *Hans-Sachs-Haus*, dem Rathaus im Gelsenkirchener Süden, zur Verfügung sowie im Sitzungssaal im Rathaus in Buer. Der Lesesaal der Stadtbibliothek, die wiederum übergangsweise im Kaufhaus *Weiser* in Buer untergebracht wurde, konnte genutzt werden und zusätzlich die Lesehalle *Die Brücke* direkt am Bahnhof im Gelsenkirchener Süden.[11] All diese verschiedenen Örtlichkeiten eigneten sich für Wechselausstellungen mit kurzer Laufzeit, machten aber eine dauerhafte Präsentation des städtischen Kunstbesitzes unmöglich. Sich den Gegebenheiten anpassend präsentierte Lasch bereits elf Tage nach seinem Dienstbeginn seine erste Ausstellung für die Stadt Gelsenkirchen in den Räumlichkeiten des *Hans-Sachs-Hauses* und zeigte den Gelsenkirchener Künstler Carl Vaillant.[12] Doch das Thema der dauerhaften Unterbringung und vor allem der publikumswirksamen Präsentation des städtischen Kunstbesitzes wurde zur andauernden Auseinandersetzung des Kulturausschusses.

1954 erwarb die Stadt die *Villa Pöppinghaus* an der Horster Straße 7, ohne eine wirkliche Nutzungsmöglichkeit vor Augen. Parallel zu aufkeimenden Überlegungen zur Nutzung dieses Hauses, präsentierte Bernd Lasch erstmalig in einer geschlossenen Schau unter dem Titel „Aus dem Kunstbesitz der Stadt Gelsenkirchen" vom 24. Oktober bis zum 28. November im *Heimatmuseum*, der *Villa Pöppinghaus* unmittelbar benachbart an der Horster Straße 5, einen umfassenden Einblick in den städtischen Kunstbesitz. Neben bekannten Werken zeigte er auch 90 Arbeiten, die er in den vergangenen vier Jahren angekauft hatte. Diese Ausstellung erfuhr auf regionaler wie überregionaler Ebene hohe Aufmerksamkeit. So titelte die *Buersche Zeitung* „Kunstfreunde angenehm überrascht... Über Umfang und Qualität des städtischen Kunstbesitzes"[13]. Das gestiegene Interesse der Öffentlichkeit übte zunehmend

10 Vgl. StadtA Ge 37-PA 689.

11 Vgl. Apfeld, Anfänge, S. 4.

12 Vgl. Rinke, Kunstsammlung, S. 337.

13 Kunstfreunde angenehm überrascht ... Über Umfang und Qualität des städtischen Kunstbesitzes, in: Buersche Zeitung vom 25.10.1954.

Druck auf die städtischen Vertreter:innen aus, eine Lösung für eine Dauerpräsentation dieses doch beachtlichen und bislang kaum bekannten Kunstschatzes zu finden.

So enthält die Sitzung des Kulturausschusses am 2. November 1954 – noch während der Schau im *Heimatmuseum* – den Tagesordnungspunkt „Unterbringung der Städt. Kunstsammlung in der von der Stadt angekauften Besitzung Pöppinghaus Gelsenkirchen-Buer, Horster Str.".[14] Die Nähe zum *Heimatmuseum*, in dem man bereits im oberen Geschoss Wechselausstellungen zeigte, schien überzeugend, besonders da so auf die Einstellung eines weiteren Hausmeisters verzichtet werden konnte. Ebenso sah man die kritische Lage, dass immer mehr der sonst genutzten Räumlichkeiten für eine Ausstellungsnutzung wegfielen, was eine schnelle Entscheidung nötig machte. Schließlich kam man auch mit Hilfe der Einschätzung des Bauamtes zu dem Schluss, dass sich die zehn Räume der *Villa Pöppinghaus* mit geringem finanziellen Aufwand zu einem Kunstmuseum umgestalten ließen.[15]

Bereits in der folgenden Sitzung des Kulturausschusses am 16. November 1954, nach einer Ortsbegehung, wurde die Nutzung der Räumlichkeiten in der *Villa Pöppinghaus* für die dauerhafte Präsentation des städtischen Kunstbesitzes beschlossen. Die obere Etage des *Heimatmuseums* sollte weiterhin die Fläche für Wechselausstellungen bieten. Im Dezember 1954 stimmte der Haupt- und Finanzausschuss der Stadt den Plänen ebenfalls zu.[16] Lasch schien mit seiner terminlich gut platzierten Ausstellung öffentlichkeitswirksam auf die Umnutzung der Villa eingewirkt zu haben – ein kluger Schachzug, wie sich herausstellte. Am 10. Februar 1957, nach erheblichem Zeitverzug, da die „Freiziehung" der noch bewohnten *Villa Pöppinghaus* sich komplexer als zuvor erwartet gestaltete, eröffnet die Städtische Kunstsammlung an der Horster Straße Nummer 7. Mit der Eröffnung des Museums erhielt Dr. Lasch darüber hinaus den Titel des ‚Museumsdirektors'.

1954 erscheint rückblickend als ein prägendes Jahr für die kulturelle Entwicklung Gelsenkirchens: Während im Norden, in Buer, die finale Entscheidung für einen festen Ausstellungsort der städtischen Kunstsammlung fiel, werden die Pläne für einen Theaterneubau im Gelsenkirchener Süden konkreter. Diese Entscheidungen erscheinen weniger zufällig, denn als geplante politische Schachzüge, um das Kräfteverhältnis zwischen Nord- und Südgelsenkirchen aufrecht erhalten zu können.

Auch das Theater hat in Gelsenkirchen eine junge Geschichte: 1935, sieben Jahr nach dem Zusammenschluss gründete sich das erste städtische Theater mit einem festen Spielort in der Stadthalle im Süden. Diese wurde während des Zweiten Weltkriegs zerstört und man nutzte nach 1945 den Festsaal des *Hans-Sachs-Hauses*. Erst 1952 schrieb die Stadt einen Architekturwettbewerb für einen Theaterneubau aus. Teilnehmen konnten Architekt:innen, welche in Gelsenkirchen geboren wurden oder dort tätig waren, außerdem wurden gezielt

14 Vgl. Niederschrift des Kulturausschusses der Stadt Gelsenkirchen, 2.11.1954, StadtA Ge Pr 1025.

15 Vgl. Niederschrift des Kulturausschusses der Stadt Gelsenkirchen, 16.11.1954, StadtA Ge Pr 1025.

16 Vgl. ebd.

Architekturbüros eingeladen. Im September 1954 erteilte die Theaterbau-Kommission den Bauauftrag dem Architekten-Team aus Münster: Harald Deilmann, Max von Hausen, Ortwin Rave und Werner Ruhnau. Letzterer etablierte sich schnell als der federführende Architekt vor Ort. Letztlich wurde ihm, obwohl er die Ausschreibung im Team gewonnen hatte, der Bau zugeschrieben. Bedeutend für den Theaterneubau ist bis heute die umfassende Integration von künstlerischen Arbeiten. Auch für diese Beteiligung wurde ein Wettbewerb ausgelobt. Im Herbst 1957 entschied sich die Wettbewerbskommission für die auch vom Architekten präferierten Künstler Robert Adams, Norbert Kricke, Paul Dierkes und Yves Klein[17]. In besonderer Weise arbeitete man gemeinsam vor Ort am Bau und an den künstlerischen Arbeiten. In der nahegelegenen alten Feuerwache lebten und arbeiteten Architekt und Künstler in einer Art ‚Bauhütte' gemeinsam. Dieses neuartige Bauen, Leben und Arbeiten brachte Gelsenkirchen eine weitreichende (inter-)nationale Aufmerksamkeit. So besuchten neben Pressevertreter:innen auch namhafte Künstler:innen die Baustelle. Im Dezember 1959 eröffnete mit dem *Stadttheater Gelsenkirchen*[18] ein wegweisender Spielort, der wie wenig andere Bauten Architektur mit avantgardistischer Kunst vereint.

Während man im Gelsenkirchener Süden mit der Umsetzung eines gesamtbaulichen Kunstwerks eine neue Ära einberief und die künstlerische Avantgarde greifbar wurde, eröffnete in Buer ein ‚Musentempel'. Keine zehn Kilometer trennt das Kunstmuseum vom Theater, daher ist es umso erstaunlicher, dass Dr. Laschs Ankaufspolitik nicht von den Geschehnissen im Gelsenkirchener Süden beeinflusst wurde. Bis heute fehlen der musealen Sammlung Arbeiten von beispielsweise Klein und Tinguely, aber auch Adams oder Dierkes sind nicht vertreten. Einzig Arbeiten von Kricke sind vorhanden, bei diesen handelt es sich allerdings um Dauerleihgaben des Landes, und sie gelangen erst 2018, deutlich nach Laschs Amtszeit, in die Sammlung. Vielmehr ist Laschs Sammlungstätigkeit während seiner gesamten 16-jährigen Dienstzeit davon geprägt, auf die Vertreter:innen bereits kanonisierter und musealisierter Avantgarden zu setzen und, wie es sich für die 1950er Jahre in Deutschland als typisch erwies, auch die während des Nationalsozialismus als verfemt geltende Künstler:innen in die Sammlung aufzunehmen.

17 Die Arbeit von Jean Tinguely im kleinen Haus war zum Zeitpunkt des Wettbewerbs nicht vorgesehen. Tinguely kommt als Übersetzer für Yves Klein nach Gelsenkirchen. Ruhnau ist sofort von seinen künstlerischen Arbeiten überzeugt und der Unterstützung von Elisabeth Nettebeck, CDU-Abgeordnete der Stadt, Kulturausschussvorsitzende und Mitglied der Theaterbaukommission ist es zu verdanken, dass Tinguelys Arbeit nachträglich finanziert und umgesetzt werden konnte. Die Stadt Gelsenkirchen ist somit im Besitz der ersten Arbeit Tinguelys, die er für einen öffentlichen Auftraggeber umsetzte.

18 Seit 1967 als *Musiktheater im Revier* bekannt, zu diesem Zeitpunkt wurde die Sparte des Schauspiels abgeschafft und der Fokus liegt seitdem auf der Produktion von Opern, Operetten und Sinfoniekonzerten.

Lasch selbst formulierte nie ein Konzept, auf das sich seine Ankäufe hätte stützen können. Vielmehr lassen sich lediglich die Ankäufe selbst bewerten und seine knappen Aussagen kontextualisieren. Von besonderer Bedeutung erscheint folgendes Zitat Laschs, das seinem Vorwort zur Veröffentlichung „Städtische Kunstsammlung Gelsenkirchen 1957“ zu entnehmen ist: „Ein Museum stellt nicht zur Diskussion, sondern ist eine Stätte anerkannter Werte.“[19]

Und eben diese Werte schaffte er für die Stadt Gelsenkirchen an. Während er 1950 mit einem jährlichen Ankaufsetat von 6.000 DM startete, verfügte er schon 1959 über einen Etat von 100.000 DM. Diese Summe blieb weitestgehend stabil bis zu seinem Ruhestand 1966, doch durch Landesmittel kam es zwischenzeitlich sogar zu einer Erhöhung auf 210.000 DM. Lasch war allein verantwortlich für die mehrheitlichen Ankäufe, da die Summe von 25.000 DM als einfaches Geschäft der laufenden Verwaltung galt und lediglich vom Kulturdezernenten gegengezeichnet wurde.[20] Dieses Vorgehen setzte Lasch gegenüber den städtischen Vertreter:innen durch, da er flexibel auf die Bewegungen des Kunstmarkts reagieren wollte. Auch Erwerbungen, die die Summe von 25.000 DM überstiegen, wurden vom Kulturausschuss genehmigt, da man seiner Expertise durchweg vertraute. Darüber hinaus verfügte er über einen gesonderten jährlichen Etat von rund 5.000 DM für die Anschaffung von Arbeiten Gelsenkirchener Künstler:innen.

Lasch konzentrierte sich auf den Ankauf deutscher (Spät-)Impressionist:innen und Expressionist:innen und versuchte diese Positionen mit denen französischer Künstler:innen zu ergänzen. Er betonte allerdings, dass sein Budget es nicht erlaube „erste Garde“ kaufen zu können.[21] Dies bezog sich auf die französischen Positionen, denn mit beispielsweise Ernst Ludwig Kirchner, Max Liebermann und Max Slevogt kaufte er bedeutende Werke für die Sammlung. Erst kurz vor seinem Ruhestand 1965/66 öffnete er sich für zeitgenössische Positionen, mit den Ankäufen von Arbeiten von Victor Vasarely und Gerhard Richter.

Aus Perspektive der städtischen Vertreter:innen handelte es sich durchgehend um planvolle Käufe, da sich für die Neuerwerbungen recht schnell eine Wertsteigerung erkennen ließ und somit der städtische Besitz an Wert gewann. Eine Einschätzung wurde also ausschließlich auf monetärer Ebene getätigt, die kunsthistorische Bedeutung und Einordnung überließ man dem Fachmann, nur so lässt sich auch erklären, dass Lasch ohne jegliches Konzept sammeln konnte. Dass Bernd Lasch die Chance vergab, in einer Stadt, deren neu aufzubauende Kunstsammlung einen kulturellen Neustart hätte bringen können, zeigt ein – seine Ankauftätigkeiten resümierendes – Zitat:

19 Bernd Lasch: Vorwort, in: Städtische Kunstsammlung Gelsenkirchen, o. O. 1957, S. 3–8, hier S. 3.
20 Vgl. Niederschrift des Kulturausschusses der Stadt Gelsenkirchen, 13.3.1963, StadtA Ge Pr 1027.
21 Vgl. Niederschrift des Kulturausschusses der Stadt Gelsenkirchen, 12.7.1960, StadtA Ge Pr 1026.

„In einer Stadt, die keine museale Tradition hatte, in der eigener Kunstbesitz als wachsender kultureller Faktor noch nicht zu einem geläufigen und vertrauten Besitz geworden war, konnte man nur auf dem Terrain herkömmlicher, unbestreitbarer Anschauungen beginnen und nicht gleich schon an moderne avantgardistische Erscheinungen herangehen.“[22]

Dies ist umso erstaunlicher, da eben diese „modernen und avantgardistischen Erscheinungen“ im Gelsenkirchener Süden mit dem Bau des Stadttheaters Einzug hielten. Das extrovertierte Leben der Künstler Adams, Dierkes, Kricke, Klein und später Tinguely in der ‚Bauhütte‘ um Ruhnau und ihr progressives künstlerisches Arbeiten vor Ort, prägte die von Aufschwung und Aufbruch geprägte Atmosphäre der Stadt und rückte Gelsenkirchen in den Fokus der europäischen Avantgarde.

Die Aufbruchsstimmung erreichte die ebenfalls im städtischen Süden liegende Künstler:innensiedlung *Halfmannshof*. So etablierte sich diese zu Beginn der 1960er Jahre zum Aktionsort der zeitgenössischen Kunstszene. Der *Halfmannshof*, ein von der Stadt bereits 1924 angekaufter Bauernkotten und seit 1930 als Wohn- und Atelierplatz für Künstler:innen und Kunsthandwerker:innen genutzt, die sich ab 1933 mehrheitlich den Ideen der NS-Kulturpolitik anschlossen[23], erreichte in wenigen Jahren einen bedeutenden Aufschwung und eine Neubewertung. Ferdinand Spindel zog 1963 in die Künstler:innensiedlung und brachte wichtige Kontakte zur europäischen Avantgarde mit.[24] So eröffnete am 22. November 1963 die Ausstellung „ZERO in Gelsenkirchen“ und der *Halfmannshof* wurde zu dem ersten Ausstellungsort in Deutschland, der diese Künstlerbewegung zeigen konnte. Letztlich wurden die Künstler der *ZERO*-Gruppe durch den Theaterneubau auf Gelsenkirchen aufmerksam, doch Spindel und dem *Halfmannshof* ist es zu verdanken, dass diese Verbindungen bestehen blieben und produktiv genutzt wurden.

Wie eng der Bezug der *ZERO*-Künstler Heinz Mack, Otto Piene und Günther Uecker zur Stadt war, zeigen ihre Bestrebungen, in unmittelbarer Nähe zum städtischen Theater ein *ZERO*-Haus bauen zu wollen.[25] Ein Bestreben, das wiederum den Gelsenkirchener Süden hätte aufwerten können und zugleich seine Bedeutung für die damalige zeitgenössische

22 Bernd Lasch: Kunstbetrachtungen: Werke aus dem Städtischen Museum Gelsenkirchen. Veröffentlicht in der „Westdeutschen Allgemeinen Zeitung“ Gelsenkirchen 1960–1968, herausgegeben von Wolfgang Rinke, Gelsenkirchen 1985, S. XI (StadtA Ge, HB 4518).

23 Umfassend aufgearbeitet in: Holger German: Geht Kunst nach Brot? – Die Gelsenkirchener Künstlersiedlung Halfmannshof und deren Wirken in der Zeit des Nationalsozialismus, Essen 2011 sowie in: Holger Germann/Stefan Goch (Hg.): Künstler und Kunst im Nationalsozialismus: Eine Diskussion um die Gelsenkirchener Künstlersiedlung Halfmannshof, Essen 2013.

24 Spindel wurde erst 1970 Vorsitzender des *Halfmannshofs*.

25 Vgl. Zero-Haus, Yves-Klein.-Preis, in: Buersche Zeitung vom 6.2.1965.

Kunstszene klar herausstellen können. Ab 1965 arbeiteten Mack, Piene und Uecker an diesen Plänen. Das Haus sollte im unteren Bereich mit einem Café für die Bürger:innen geöffnet sein und ebenfalls in einer Dauerpräsentation die Werke der *ZERO*-Bewegung ausstellen und gleichzeitig im Obergeschoss Platz bieten, um direkt vor Ort arbeiten zu können.[26] Die architektonische Gestaltung sah einen mit polierter Kohle beschichteten Kubus auf einem gläsernen Quader ruhend vor, dieser sollte von einem quadratischen Wasserlauf umgeben sein.[27] Besondere Unterstützung fanden diese Pläne bei dem damaligen Oberbürgermeister Hubert Scharley. Dieser galt als großer Kunstfreund und seine Eröffnungsreden jedweder Kunstausstellungen galten als legendär. Scharley verstarb plötzlich und unerwartet 1969 und mit ihm leider auch die Pläne zur Umsetzung des *ZERO*-Hauses in Gelsenkirchen. Dies zeigt, wie sehr die kulturellen Entwicklungen der Stadt Gelsenkirchen an Einzelpersonen geknüpft waren: So zum Beispiel Bernd Lasch, der die Sammlung der städtischen Kunstsammlung quasi in Personalunion aufbaute und ihre Schwerpunkte bestimmte, oder auch die CDU-Abgeordnete und Kulturausschussvorsitzende Elisabeth Nettebeck; ihrem Einsatz war es zu verdanken, dass letztlich auch die Arbeit Tinguelys im Rahmen des Theaterneubaus seine Umsetzung fand. Hubert Scharleys grundlegender Aufgeschlossenheit gegenüber Kunst und Kultur ist es jedenfalls zu verdanken, dass die Stadtspitze in seiner Amtszeit als Oberbürgermeister (1963–1969) die kulturelle Entwicklung förderte.

Neben dem Engagement der städtischen Vertreter:innen beteiligte sich in den 1960er Jahren auch eine Vielzahl von Privatpersonen, so dass das kulturelle Angebot innerhalb der Stadt vielfältig stieg. Im Gelsenkirchener Süden war in den 1960er Jahren eine hohe Dichte an Ausstellungsräumen zu finden, deren Gründung auf private Initiativen von einzelnen Bürger:innen zurück zu führen sind. Viele Einzelhändler:innen öffneten ihre Räumlichkeiten oder Büros für Ausstellungen, an dieser Stelle rücken drei Orte in den Fokus der Auseinandersetzung: das *Pianohaus Kohl*, *Café Funke* und die *Jazz-Galerie*. Zum wohl bekanntesten nicht institutionalisierten Ort für Kunstpräsentationen etablierte sich das *Pianohaus Kohl*: da dort, in der Weberstraße im Gelsenkirchener Süden, am 6. April 1964 die legendäre performative Klavierbenagelung Günther Ueckers stattfand. Hierbei handelte es sich um die erste öffentlich stattfindende Performance Ueckers, gerahmt wurde diese von einer Präsentation weiterer seiner Nagel-Objekte.[28] Das Kunst-Happening war prominent besucht, neben Oberbürgermeister Scharley war auch Werner Ruhnau anwesend, der das Klavier für die Benagelung gekauft hatte, und die *ZERO*-Künstler sowie Ferdinand Spindel und Yayoi Kusama, die zeitgleich am *Halfmannshof* residierte.

26 Vgl. Zero nicht gleich Null, in: Westdeutsche Allgemeine Zeitung vom 9.2.1965.

27 Vgl. Macks Zeichnungen mit beschreibenden Texten zum geplanten ZERO-Haus, Quelle: ZERO foundation Düsseldorf, Invent.-Nr. mkp.ZERO.2008.07.

28 Vgl. Katrin Salwig: Die Aktionen von Günther Uecker, in: Klaus Gereon Beuckers (Hg.): Günther Uecker. Die Aktionen, Petersberg 2004, S. 39–120, hier: S. 42f.

Günther Ueckers Klavierbenagelung im *Pianohaus Kohl* am 06.04.1964 (Fotograf: Kurt Müller, StadtA Ge FS III Nachlass-Müller-014476-05; StadtA Ge FS III Nachlass-Müller-014476-47)

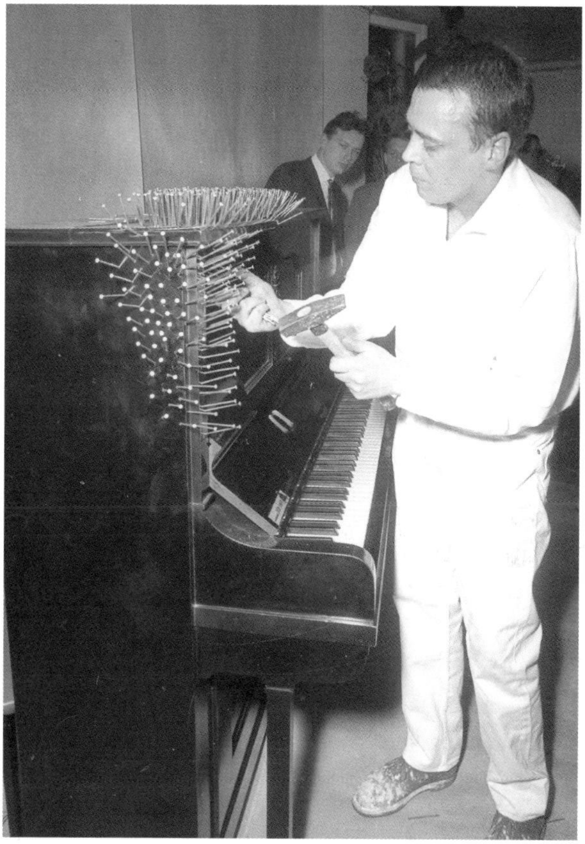

Das *Pianohaus* zeigte bereits seit 1952 in unregelmäßigen Abständen unterschiedliche Kunstausstellungen. Dies ging auf das Engagement der Gelsenkirchener Künstlerin Friedel Rothmann zurück, die sich auch darum bemühte, dass im *Café Funke* an der Bochumer Straße, ebenfalls im Süden Gelsenkirchens gelegen, ein Kunstkabinett entstand. Der Konditor Heinz Funke wollte nach dem Umbau seiner Räumlichkeiten 1955 ursprünglich ‚nur' seine Wände schmücken. Aus dieser Idee ging die Umsetzung von monatlich wechselnden Ausstellungen in seinem Cafébereich hervor. Diese wurden ab der fünften Ausstellung durch einen Diskussionsabend, geleitet von der Studienrätin Hilde Meyer, bereichert.[29] Im November 1965 eröffnete die *Jazz-Galerie* in einem Luftschutzbunker am Bahnhof im Süden Gelsenkirchens. Sechs junge Männer, zwischen 24 und 29 Jahren, mieteten den Bunker, um mit ihrer Band *Dixicats* Jazz spielen zu können und gleichzeitig einen Raum für Kunstausstellungen zu schaffen.[30]

In Sachen Finanzierung lässt sich an diesen Beispielen die regressive Kulturpolitik der Stadt gut nachzeichnen: Während sowohl das *Pianohaus Kohl*, als auch das *Café Funke* finanziell komplett von ihren Eigentümer:innen und Initiator:innen getragen wurden, reichten die Gründer der *Jazz-Galerie* regelmäßig Anträge im Kulturausschuss ein, um finanzielle Mittel zu erhalten. Den Protokollen lässt sich eine ablehnende Haltung gegenüber dieser Initiative entnehmen, und grundsätzlich wird der *Halfmannshof* gegenüber den geringen finanziellen Unterstützungsanfragen der *Jazz-Galerie* bevorzugt. Der *Halfmannshof* erscheint als etablierte Institution, während man die neuen Ideen im Bunker ablehnt.[31]

Auch im städtischen Kunstmuseum in Buer kam es zu drastischen Veränderungen, und auch hier hielten neue Ideen Einzug. Am 1. Dezember 1966 trat Dr. Bernd Lasch in den Ruhestand. Der Neubesetzung seiner Stelle ging im Juli 1966 eine Bewerbungsphase voraus: Insgesamt zwölf Bewerbungen erreichten die Stadt, von denen fünf in die engere Auswahl kamen. Man entschied sich im Verfahren für den bekannten und etablierten Kunsthistoriker Udo Kultermann. Doch letztlich lehnte der favorisierte Kandidat ab.[32] Scheinbar gekränkt von dieser Ablehnung kam es im September 1966 zu folgender Entscheidung: Der Haupt- und Finanzausschuss stimmte einstimmig dafür, dass die Stelle des Museumsdirektors vorerst nicht besetzt würde – vorbehaltlich der Zustimmung durch den Kulturausschuss. Man sei der Meinung, dass die Stelle erst wieder zu besetzen sei, wenn

29 Vgl. Das Kunstkabinett Funke geht mit „Tempo" in die 100. Ausstellung, in: Ruhr Nachrichten vom 2.11.1963.

30 Vgl. Ein Bunker voller Kunst, in: Buersche Zeitung vom 30.11.1965.

31 Vgl. Niederschrift des Kulturausschusses der Stadt Gelsenkirchen, 28.11.1967 und 15.12.1967, StadtA Ge Pr 1030.

32 Vgl. Niederschrift des Kulturausschusses der Stadt Gelsenkirchen, 27.7.1966, StadtA Ge Pr 1029.

ein geeigneter Bewerber gefunden worden sei und generell sollte über die Notwendigkeit dieser Stelle nachgedacht werden:[33]

> „Die Aufgaben des Instituts sollten vorerst geteilt und hinsichtlich der Kunstsammlung und der Kunstausstellungen von Herrn Volkshochschuldirektor Dr. Kabel und hinsichtlich des Heimatmuseums und des Stadtarchivs von Herrn Büchereidirektor Dr. Hotze übernommen werden."[34]

Beide Vertreter stimmten diesem Entschluss zu und so übernahm Dr. Rainer Kabel am 6. Dezember 1966 die Aufgaben des Museumsdirektors, führte diesen Titel jedoch nie.

Kabel war am 1. Juni 1966 als Leiter der Volkshochschule in den Dienst der Stadt getreten. Zum Zeitpunkt seiner Bewerbung war er 29 Jahre alt, hatte – gefördert von der Hochbegabtenförderung der *Friedrich-Ebert Stiftung* – in Kiel, Paris und Zürich Philosophie, Geschichte, Kunstgeschichte, Pädagogik und Literaturwissenschaften studiert. 1965 promovierte er in Kiel in den Fächern Philosophie, Politologie und Literatur. Er arbeitete im Kulturamt seiner Heimatstadt Neumünster und verantwortete den Bereich der Volkshochschule. Ab 1963 arbeitete er beim *Saarländischen Rundfunk* als erster Programmgestalter und Assistent des Programmdirektors.[35] Rainer Kabel, als Vertreter einer jüngeren Generation, erscheint als völliger Gegenentwurf zu Dr. Lasch.

Am 17. Februar 1967 äußerte sich Kabel erstmals im Rahmen einer Kulturausschusssitzung zu den letzten Ankäufen seines Vorgängers und machte seine Position deutlich:

> „Dr. Kabel erläutert, dass Werke im Wert von rund 100.000 DM angekauft wurden. Die Preise seien angemessen, allerdings passen die Werke nicht unbedingt in die Konzeption der Sammlung. Seiner Meinung nach habe die Sammlung nicht die Aufgabe Werte anzusammeln. In Absprache mit Experten stünden viele Werke in Gegensatz zueinander, so dass es einer Neuordnung der Sammlung bedarf, die allerdings keine weiteren Kosten verursachen werde. Die Sammlung pädagogisch zu nutzen, ist sein Hauptanliegen. Dr. Kabel kommt zu dem Schluss, dass man mit 100.000 DM effektvoller hätte ankaufen können. Außerdem ist er der Meinung, dass man weiterhin nicht in der Lage sei, in diesem Umfang Werke ankaufen zu können."[36]

Deutlicher kann man sich nicht vom (Nicht-)Konzept Laschs abgrenzen. Gleichzeitig befürwortete er hinsichtlich der finanziellen Lage der Stadt eine deutliche Herabsetzung

33 Vgl. Niederschrift des Kulturausschusses der Stadt Gelsenkirchen, 29.9.1966, StadtA Ge Pr 1029.

34 Ebd.

35 Vgl. Personalakte Dr. Rainer Kabel, StadtA Ge 37-PA 4147.

36 Niederschrift des Kulturausschusses der Stadt Gelsenkirchen, 17.2.1967, StadtA Ge Pr 1030.

Dr. Rainer Kabel mit Ankäufen aus seiner ersten Ausstellung zur Pop Art (Fotograf: Kurt Müller, StadtA Ge FS III 16888-03)

des Etats für die Kunstsammlung: Ihm standen nun jährlich rund 20.000 DM zur Verfügung. Seine ersten Ankäufe waren signierte Siebdruck, so unter anderen die Kühe von Andy Warhol, die in seiner ersten Ausstellung zur Pop Art im Museum zu sehen waren. Die Äußerungen Kabels blieben auch auf anderer Ebene nicht folgenlos: So stimmte der Kulturausschuss ab, dass ab einer Ankaufssumme von 3.000 DM eine Beratung seitens des Ausschusses erforderlich werde, bei Lasch war dies erst ab einer Ankaufssumme von 25.000 DM nötig gewesen.[37] Es scheint, als zog Kabel ganz bewusst den Kulturausschuss

37 Vgl. ebd.

in die Verantwortung, welche man bislang gerne an die Fachkraft abgegeben hatte, um den planvollen Weiterausbau des städtischen Kunstbesitzes aktiv mitzubestimmen. Gleichzeitig wurden die wohlwollenden Stimmen gegenüber der Ankaufspolitik Laschs leiser und kritische Positionen deutlicher, er habe unstrukturiert gesammelt. Dass dies unter Billigung und sogar Förderung des Ausschusses geschehen war, ließ man allerdings außer Acht.

Im Oktober 1968 kam es zur endgültigen Zäsur in der Sammlungsgeschichte der städtischen Kunstsammlung, Rainer Kabel präsentierte dem Kulturausschuss seine Ideen für künftige Ankäufe und die Neuausrichtung der Sammlung. Da sich der bisherige Sammlungsschwerpunkt, den Kabel im deutschen Expressionismus sah, mit einem Budget von 20.000 DM nicht mehr ausbauen ließ, wollte er, inspiriert von der „documenta 4", die Sammlung mit neuen Tendenzen der Op-, Pop-Art und Kinetik auszubauen. Denn diese Arbeiten seien noch erschwinglich.[38] Der Kulturausschuss unterstützte Kabels Vorstellungen und so kaufte er, unter Beratung des Ausschusses, im Februar 1969 die ersten zwei kinetischen Arbeiten: „Große bewegliche Plastik" von Günter Tollmann und „Schwarzer Rotor" von Heinz Mack. Rainer Kabel ist es folglich zu verdanken, dass der Grundstein zur bis heute größten kinetischen Sammlung in Europa gelegt wurde. Er reagierte auf die prekäre finanzielle Lage der Stadt und schaffte es, zugleich zeitgenössisch zu sammeln. Er ließ sich neben der „documenta" auch von den Kunstschaffenden im Gelsenkirchener Süden inspirieren, denn viele Werke der kinetischen Kunst entstanden auf dem *Halfmannshof* oder wurden dort ausgestellt. Innerhalb von knapp zwei Jahren baute er den Bereich der kinetischen Sammlung deutlich aus, so umfasste die Kunstsammlung im September 1970 – nach dem Weggang von Dr. Kabel – folgende Objekte: 428 Ölgemälde, 1.324 Zeichnungen, Grafiken, Aquarelle, 46 Arbeiten aus dem Bereich ‚Kunst aus China und Japan' und letztlich 140 Plastiken, Kunsthandwerk und kinetische Objekte.[39]

Kabel bat um eine Auflösung seines Vertrags zum 31. August 1970, um eine Tätigkeit als Redakteur beim öffentlich-rechtlichen Rundfunksender *Sender Freies Berlin* anzunehmen. Als Interimsleitung der städtischen Kunstsammlung verabschiedete er sich mit einem besonderen Clou: Seine letzte Schau „Rot wird siegen" geht als „kunstkritisches Experiment" in die Geschichte Gelsenkirchens ein. Gezeigt wurden 22 „Tree-Art-Objekte" des venezolanischen Bildhauers Miguel Remedios. Remedios, der in Persona vor Ort seine Arbeiten den Vertreter:innen der Stadt präsentierte, war ein fiktiver Charakter, gespielt von einem Freund Kabels. Zusammen mit dem Gelsenkirchener Schriftsteller Philipp Wiebe heckte Kabel diesen Plan aus, der erst nach seinem Weggang und der Beendigung der Ausstellung aufgelöst wurde. Die städtischen Vertreter:innen fühlten sich getäuscht und nur wenige konnten dieser Aktion mit Humor begegnen.[40] Doch letztlich brachte diese

38 Vgl. Niederschrift des Kulturausschusses der Stadt Gelsenkirchen, 8.10.1968, StadtA Ge Pr 1031.
39 Vgl. Niederschrift des Kulturausschusses der Stadt Gelsenkirchen, 8.9.1970, StadtA Ge Pr 1033.
40 Vgl. Niederschrift des Kulturausschusses der Stadt Gelsenkirchen, 10.12.1970, StadtA Ge Pr 1033.

Ausstellung zwei Entscheidungen für die Kulturentwicklung der Stadt mit sich. Von offizieller Stelle entschied man sich, wieder einen hauptamtlichen und sachkundigen Leiter für die Kunstsammlung einzustellen, und der Gelsenkirchener Kunstverein griff das Projekt „Tree-Art" mit einer jährlich stattfindenden Aktion weiter auf.

„Eine Großstadt mitten im Ruhrgebiet, in der Kultur fast immer hinter dem wirtschaftlichen Aufschwung zurückstehen musste, entwickelte fast ausschließlich auf privater Ebene eine Vorliebe für neue Tendenzen (...)"[41], so schätze Anneliese Knorr die kulturelle Entwicklung Gelsenkirchens ein. Knorr, Mitarbeiterin des Presse- und Kulturamts, schrieb feuilletonistisch für die städtischen *Gelsenkirchener Blätter,* sie organisierte Ausstellungen, förderte junge Künstler:innen und gehörte so selbst zu den Akteur:innen der Stadt.[42] Private Initiativen waren sicherlich bedeutend, besonders für die Kunstszene im Süden, die sich schnell der zeitgenössischen Kunst öffnete und diese zugleich auch mit Leben füllte. Der Gelsenkirchener Norden, dominiert von dem Geschehen rund um die städtische Kunstsammlung, arbeitete sich viel mehr an der Idee eines ‚Musentempels' ab. Dies wird erst durch die Nicht-Besetzung der Stelle des Museumsdirektors durchbrochen, und kurzzeitig – so kann behauptet werden – entstand eine Verbindung zwischen Nord und Süd auf kultureller Ebene.

Fragt dieser Aufsatz nach einem avantgardistischen Aufschwung, so kann dieser in Bezug zur städtischen Kunstsammlung nur in Teilen eingelöst werden. Vielmehr lässt sich attestieren, dass die Stadt selbst, getragen vom Aufschwung, den der Theaterneubau mit sich brachte, zu einem Spielort der zeitgenössischen künstlerischen Avantgarde in den 1960er Jahren wurde. So markierten die erste *ZERO*-Ausstellung, die Klavierbenagelung Ueckers, aber auch die Pläne eines *ZERO*-Hauses sowohl bedeutenden Momente der Kunstgeschichte als auch der Stadtgeschichte. Diese Momente fanden bedauerlicherweise keinen Eingang in die Kunstsammlung der Stadt – eine Lücke, die sich bis heute nicht schließen ließ. Der Schwerpunkt der Kunstsammlung lag zu Beginn in der Sammlung anerkannter Werte. Die finanzielle Notlage der Stadt, aber auch ein neuer Ansatz im Sammlungsaufbau ließ kurzzeitig auch die Avantgarde in die Kunstsammlung einfließen. Sowohl was die Geschicke der Kunstsammlung als auch der nicht institutionalisierten Kunstpräsentationen anbelangt, ist die Bedeutung einzelner Persönlichkeiten nicht von der Hand zu weisen. Gelsenkirchen blickt also auf eine Zeit zurück, in der die künstlerische Avantgarde spürbar war, leider ließ sich diese aber nicht längerfristig an die Stadt binden.

41 Anneliese Knorr: Ein Jahrzehnt kultureller Ambitionen: Projekt „Kunst der 60er Jahre in Gelsenkirchen", in: Dokumentation. Kunst der 60er Jahre in Gelsenkirchen, o. O. o. J., S. 12 f., hier S. 12.

42 Vgl. Kunstverein Gelsenkirchen e. V. (Hg.): Anneliese Knorr. Wegbegleiter und Künstlerfreunde, Gelsenkirchen 2004.

Hans-Jürgen Lechtreck

Gemeinschaftliches Sammeln für ein „Museum moderner Kunst“

Erwerbungspolitik am *Museum Folkwang*, 1955–1965

Vom 1. bis 4. August 1956 findet in Essen der sechste Deutsche Kunsthistorikertag statt. In seiner Eröffnungsansprache blickt der damalige Vorsitzende des Verbandes Deutscher Kunsthistoriker, der Kölner Universitätsprofessor Hans Kauffmann, auf die seit der Tagung in Hannover 1954 vergangenen Jahre zurück und zieht eine erfolgreiche Bilanz des bisher Erreichten. Die „deutsche Kunstforschung“ würde sich „in wachsendem Maße beleben“ und könne einen „beachtlichen Ertrag“ vorweisen, über den sich die wissenschaftliche Gemeinschaft auf jetzt schon wieder zahlreich stattfindenden Tagungen austausche.[1] Neben der universitären Kunstgeschichte hätten auch das Museumswesen und der Ausstellungsbetrieb kontinuierlich Fortschritte gemacht und verdienten für ihre Arbeit große Anerkennung. Die in den Kriegsjahren ausgelagerte Kunst sei an vielen Orten „wieder an alter Stelle“ zu sehen und von deutschen Museen organisierte Ausstellungen fänden große, auch internationale Beachtung.[2] Nicht nur Kauffmanns Ansprache, auch das Tagungsprogramm, mehrheitlich Vorträge zur mittelalterlichen Kunst und Archäologie und zur Kunst des 16. bis 19. Jahrhunderts, signalisieren einen erfolgreichen Neuanfang. Die Zeit des Nationalsozialismus und die Kriegszerstörungen werden, wenn überhaupt, allenfalls indirekt thematisiert. Sie dürfen Mitte der 1950er Jahre als „vergangenheitspolitisch“ abgeschlossen gelten[3] und bilden nur noch den Hintergrund für die weiter fortschreitende Rückkehr zur Tagesordnung der Zwischenkriegszeit und einen optimistischen Blick in die Zukunft. Das gilt namentlich für drei Vorträge am letzten Tag der Veranstaltung, mit denen sich die in Essen versammelten Kunsthistoriker:innen, wie es in einem Bericht der lokalen

1 Hans Kauffmann: Eröffnungsrede, in: Bericht über den sechsten Deutschen Kunsthistorikertag, Essen, 1.–4. August 1956, in: Kunstchronik 1956 (6. Jg.), H. 10, S. 269–310, S. 269–272, hier S. 270.

2 Ebd. S. 271.

3 Vgl. Norbert Frei: Vergangenheitspolitik. Die Anfänge der Bundesrepublik und die NS-Vergangenheit, München 1996; „In ihren wesentlichen Punkten konnte diese Vergangenheitspolitik Mitte der fünfziger Jahre als abgeschlossen gelten (...).“ ebd., S. 24.

Ruhr-Nachrichten heißt, „den Gegenwartsfragen ihrer Wissenschaft" zuwenden und die „Struktur, Aufgabe und Möglichkeiten des modernen Kunstmuseums" erörtern.[4]

Zunächst berichtet der Kölner Museumsdirektor (seit 1954 auch Generaldirektor) Leopold Reidemeister über den Wiederaufbau der städtischen Museen Kölns und den kurz vor der Fertigstellung stehenden Neubau des *Wallraf-Richartz-Museums* an seinem alten Standort, wobei er ausführlich dessen Raumprogramm und technische Ausstattung erläutert.[5] Daran anschließend stellt der Essener Museumsdirektor Heinz Köhn die im Jahr zuvor verabschiedeten Pläne für den Neubau des *Museum Folkwang* vor, der den kriegszerstörten und ab 1950 nur teilweise und provisorisch wieder in Stand gesetzten Vorgängerbau ersetzen wird.[6] Wie sein Vorredner geht Köhn zunächst auf die Architektur und Technik des zukünftigen Museumsgebäudes ein, kommt danach aber – weil in Essen eine „doppelte Aufgabe" zu bewältigen sei – ausführlicher auf den Wiederaufbau und Ausbau der Sammlung zu sprechen, die durch die Beschlagnahmungsaktion „Entartete Kunst" von 1937 „wesentlichster Teile ihres Bestandes beraubt worden" ist.[7] Die Erwerbungspolitik des *Folkwang* zielt daher, so Köhn, seit Kriegsende vorrangig darauf ab, diese Verluste durch Rückkäufe und „Erwerbung verwandter und entsprechender Stücke" auszugleichen und darüber hinaus die Sammlung um Werke zu erweitern, die „besondere Aspekte der modernen Kunst zum Ausdruck bringen". Als weitere Aufgaben der Essener Sammeltätigkeit, für die er sich wiederholt ausdrücklich auf den Museumsgründer Karl Ernst Osthaus und Ernst Gosebruch, den ersten Essener Direktor des *Museum Folkwang*, beruft, nennt Köhn

4 „hck": „Kunstfachleute rühmten Essen", in: Ruhr-Nachrichten. Essener Tageblatt, 6. August 1956.

5 Leopold Reidemeister: Die Kölner Museen nach dem Kriege und der Wiederaufbau des Wallraf-Richartz-Museums, in: Bericht Kunsthistorikertag Essen 1956, S. 306–307. Zu Franz Reidemeisters Tätigkeit in Köln vgl. Ingrid Leonie Severin: Topographische Spurensuche in Köln entlang der Achse Berlin – Köln. Wiedergutmachung und Wiederaufbau (1945–1957): Leopold Reidemeister als Mittler und Streiter für die Moderne, in: Magdalena M. Moeller (Hg.): Leopold Reidemeister. Ein deutscher Museumsmann, München 2017, S. 114–165.

6 Heinz Köhn: Das Museum Folkwang in Essen. Sein Neubau und innerer Aufbau, in: Bericht Kunsthistorikertag Essen 1956, S. 307–308; vgl. Hans-Jürgen Lechtreck: „Ein stetiges, der Stadt Essen würdiges Ausstellungsleben". Das Museum Folkwang 1945–1955, in: Julia Friedrich/Andreas Prinzing (Hg.): „So fing man einfach an, ohne viele Worte". Ausstellungswesen und Sammlungspolitik in den ersten Jahren nach dem Zweiten Weltkrieg, Berlin 2013, S. 63–71.

7 Heinz Köhn: Museum Folkwang in Essen. Sein Neubau und innerer Aufbau, in: Bericht Kunsthistorikertag Essen 1956, S. 307; die folgenden Zitate ebd., S. 308. Zu Köhns Tätigkeit im Nationalsozialismus siehe Elisabeth Furtwängler: „… ungewöhnlich günstige Möglichkeiten für die Bereicherung der westdeutschen Kunstsammlungen". Kooperation und Netzwerk rheinischer Museen bei ihren Ankäufen auf dem französischen Kunstmarkt während der deutschen Besatzung, in: Julia Drost/Hélène Ivanoff/Denise Vernerey-Laplace (Hg.): Arts et politiques. Le marché de l'art entre France et Allemagne de l'Entre-deux-guerres à la Libération, Heidelberg: arthistoricum.net, 2022, S. 157–178, https://doi.org/10.11588/arthistoricum.878.c13311 [10.12.2022].

außerdem die kunstgewerbliche und archäologische Sammlung des Museums sowie die deutsche Kunst des 19. Jahrhunderts. Letztere steht dabei für Osthaus' Anfänge als Sammler, an die bereits in den Jahren nach 1933 wieder „angeknüpft“ wurde. Mit dieser eigenwilligen Interpretation der Sammlungsgeschichte konstruiert Köhn, seit 1930 am Museum tätig und nach Klaus von Baudissins Weggang 1937 faktisch in leitender Position, rückblickend auch für die von ihm (mit-)verantworteten Erwerbungen während des Nationalsozialismus eine *Folkwang*-Tradition, die aus seiner Sicht ebenfalls weiterzuführen ist.

Nachdem der Museumsmann Köhn sich auf diese Weise ungeachtet seiner NS-Vergangenheit als Fürsprecher moderner Kunst positioniert hat, begründet der Kunstkritiker Franz Roh aus fachwissenschaftlicher Perspektive, warum „öffentliche Museen zeitgenössische Kunst sammeln und Universitäten entsprechende Dissertationen zulassen“ sollen.[8] Roh, der nach seiner Rückkehr aus dem Exil seit 1946 wieder als Hochschullehrer tätig ist, argumentiert mit der erfolgreichen Sammeltätigkeit einzelner Reformmuseen seit der Jahrhundertwende, deren „schnelles Zugreifen“ sich bewährt hat. Im Übrigen zeigt er sich überzeugt, dass „Unsicherheitsfaktoren (…) auch beim Sammeln alter Kunst“ auftreten, weshalb es immer auf das „Einfühlungsvermögen“ und „sichere Qualitätsgefühl“ der handelnden Personen ankommt. Den zweiten Teil der rhetorischen Frage, die den Titel seines Vortrags bildet, bejaht Roh erwartungsgemäß ebenfalls; auf seine diesbezüglichen Gründe braucht hier nicht näher eingegangen werden.

Dass zwei Kunsthistoriker mit so unterschiedlichen Biographien und beruflichen Perspektiven wie Heinz Köhn und Franz Roh, und mit ihnen die große Mehrheit der an der Tagung teilnehmenden Kunsthistoriker:innen, darin einig sind, die Präsentation und der Erwerb moderner Kunst sollten selbstverständlich Bestandteil der „allgemeinen Museumspraxis“ sein, resultiert keineswegs nur und in erster Linie aus gemeinsamen fachwissenschaftlichen Überzeugungen. Vielmehr handelt es sich dabei um ein (kultur-)politisches Ziel, das seit Beginn der 1950er Jahren vehement angestrebt wird und gegen Ende des Jahrzehnts gesellschaftlich durchgesetzt ist. Das Adjektiv „modern“ steht dabei synonym für die sich „dem Anschein nach besonders rasch verändernde Gegenwartsgesellschaft“ der jungen Bundesrepublik und eine „anbrechende neue Epoche“, die sich von ihrer nationalsozialistischen Vergangenheit distanziert hat.[9] Sein Gebrauch erfolgt häufig inflationär und unspezifisch, gerade auf dem Gebiet der bildenden Kunst, wo nach dem Ende der zentralen

8 Franz Roh: Sollen öffentliche Museen zeitgenössische Kunst sammeln und Universitäten entsprechende Dissertationen zulassen? In: Bericht Kunsthistorikertag Essen 1956, S. 308–309; die folgenden Zitate ebd. Zu Franz Rohs Biographie im Nationalsozialismus vgl. Ulrike Wendland: Biographisches Handbuch deutschsprachiger Kunsthistoriker im Exil. Leben und Werk der unter dem Nationalsozialismus verfolgten und vertriebenen Wissenschaftler. Teil 2: L–Z, München 1999, S. 557–563.

9 Axel Schildt: Moderne Zeiten. Freizeit, Massenmedien und „Zeitgeist“ in der Bundesrepublik der 50er Jahre, Hamburg 1995, S. 429.

Auseinandersetzung über Figuration und Abstraktion allenfalls nur noch darüber diskutiert wird, wie sich die verschiedenen Kontinuitätslinien der Moderne seit Beginn des 20. Jahrhunderts in dessen zweiter Hälfte am besten fortführen lassen.[10]

In der damaligen musealen Praxis des Ausstellens und Sammelns ist diese Beruhigung der Debatten konkret greifbar, selbst wenn weiterhin unterschiedliche Argumente für und wider einer Ausstellungsidee oder eines Ankaufsvorschlags ausgetauscht werden. Die Erwerbungspolitik des *Museum Folkwang* von Mitte der 1950er bis Mitte der 1960er Jahre, um die es im Folgenden geht, zeigt das auf eindrückliche Weise. Über die damit befassten Institutionen sind nicht nur verschiedene Entscheidungsträger:innen aus der Verwaltung und Politik der Stadt Essen sowie den hier und im Ruhrgebiet ansässigen Unternehmen eingebunden, sondern immer wieder auch Akteur:innen der nordrhein-westfälischen und bundesrepublikanischen Wirtschaft und Politik. Der betreffende Zeitraum ist dabei von besonderem Interesse, weil nach der Entscheidung für einen Neubau des *Museum Folkwang* (Ratsbeschluss im April 1955)[11] die Anstrengungen, die Sammlung wiederherzustellen und zu erweitern, beträchtlich verstärkt werden. Die erfolgreich verhandelte Finanzierung der Baukosten, die eine jahrelange Phase der Planungsunsicherheit beendet, rechtfertigt und gebietet es geradezu, einen großen Teil des dem Museum jährlich zur Verfügung stehenden Budgets künftig für Ankäufe zu verwenden und alle Möglichkeiten auszuschöpfen, hierfür zusätzliche finanzielle Mittel einzuwerben. In der Ansprache potentieller Geldgeber:innen und für die Motivation von Stifter:innen, das *Folkwang* zu unterstützen, spielt das neue Museumsgebäude schon während seiner Bauzeit, erst recht aber nach seiner festlichen Eröffnung 1960 eine wichtige Rolle. Mit zwei Publikationen über die Sammlung und die Museumsarchitektur wird Mitte der 1960er Jahre das bis dahin Erreichte bilanziert und öffentlichkeitswirksam ins Bild gesetzt.[12]

Seit der Neugründung des *Museum Folkwang* 1922 in Essen, ermöglicht durch den privatwirtschaftlich finanzierten Kauf der Kunstsammlung des 1921 verstorbenen Karl Ernst Osthaus, wird seine Sammeltätigkeit nicht mehr – wie in den zwei Jahrzehnten zuvor – von einem Einzelnen und ihm nahe stehenden Berater:innen bestimmt, sondern von einem

10 Vgl. Christoph Zuschlag: Die theoretischen Diskurse über moderne Kunst in der Nachkriegszeit, in: Friedrich/Prinzing (Hg.), Ausstellungswesen und Sammlungspolitik, S. 18–25; einen guten Überblick über die Debattenbeiträge gibt Falko Herlemann: Zwischen unbedingter Tradition und bedingungslosem Fortschritt. Zur Auseinandersetzung um die moderne Kunst in der Bundesrepublik Deutschland der 50er Jahre, Frankfurt a. M. 1989.

11 Vgl. Paul Vogt: Die Situation um 1954, in: Folkwang-Museumsverein/Museum Folkwang (Hg.): Hundert Jahre Gegenwart. Ausstellungen durch die Zeit. 1922–2022, Göttingen 2022, S. 87–98, hier S. 94 f.

12 Führer durch das Museum Folkwang Essen, Recklinghausen 1964; Museum Folkwang, Essen (Hg.): Das Museumsgebäude, Essen 1966.

institutionalisierten Entscheidungsgremium, dem Vertreter:innen der Stadt Essen, des *Folkwang*-Museumsvereins (als Rechtsnachfolger der Käufergemeinschaft) und der Familie Osthaus beziehungsweise ihrer Erben angehören. Die umfassende Zuständigkeit dieses Gremiums ist in einem bis heute gültigen Vertrag festgeschrieben, mit dem Stadt und Museumsverein die Ausübung ihrer Rechte einem „Kuratorium“ übertragen. Bezogen auf die „Maßnahmen und Weiterentwicklung“ des Museums heißt es dort, dass das Kuratorium auch über „Anschaffung, Veräusserung und Austausch von Bestandteilen des Museums im Rahmen der zur Verfügung gestellten Mittel beschließt“.[13]

Das Budget, über das in unterschiedlicher Höhe für Neuerwerbungen verfügt werden kann, ergibt sich aus dem regulären (Ankaufs-)Etat des Museums, der Bestandteil des jährlichen städtischen Haushalts ist, von der Stadt Essen auf Antrag bewilligten zusätzlichen Mitteln, den Erträgen museumsnaher Stiftungen und den Mitteln, die dem Museumsverein aus den Beiträgen und Spenden seiner Mitglieder zufließen. Die anfangs noch wenigen Vereinsmitglieder – die Zahl steigt im Verlauf der 1950er Jahre von 26 (1952) auf 78 (1960) – unterhalten überdies sehr gute Kontakte in die regionale, nordrhein-westfälische und bundesrepublikanische Wirtschaft und können dank dieser Netzwerke zusätzliche Spenden und Stiftungen einwerben und weitere Mitglieder gewinnen. An erster Stelle sind hier Adalbert Colsman und Ernst Henke zu nennen, die als Vorstandvorsitzende (bis 1959 bzw. bis 1969) großen Einfluss auf den Verein und das Museum ausüben, außerdem Theo Goldschmidt und Berthold von Bohlen und Halbach – alle vier Unternehmer und Manager, die beruflich und privat eng mit dem Museum, der Stadt und dem Ruhrgebiet verbunden sind und ein starkes persönliches Interesse an Kunst und der Förderung von Kultur haben. Seit Beginn der 1960er Jahre beteiligt sich wiederholt auch die Landesregierung an der Finanzierung von Ankäufen für das *Folkwang* (und für Museen andernorts in Nordrhein-Westfalen), um die politische Akzeptanz für die neu gegründete, noch im Aufbau befindliche eigene Kunstsammlung zu erhöhen.[14]

Die ursprüngliche Stimmenverteilung im Kuratorium, die dem Museumsverein eine Mehrheit sicherte, wird 1933 dahingehend geändert, dass die Stadt zukünftig nicht mehr überstimmt werden kann. Als sich das Kuratorium nach dem Zweiten Weltkrieg neu konstituiert, behalten die Verantwortlichen diese Regelung trotz der politischen Umstände ihrer Durchsetzung bei, nicht zuletzt auch deshalb, weil auf allen Seiten die Bereitschaft besteht,

13 Vertrag zwischen der Stadt Essen und der Käufergemeinschaft über die Gründung des Folkwang-Museumsvereins und die Verwaltung, den Unterhalt und den Ausbau des Museums und seiner Sammlung (Abschrift), Archiv Museum Folkwang: MF 00617. Zur Geschichte des *Folkwang*-Museumsvereins siehe Ulrike Laufer: Sammlerfleiß und Stiftungswille. 90 Jahre Folkwang-Museumsverein, in: Folkwang-Museumsverein e. V. (Hg.): 90 Jahre Museum Folkwang, Göttingen 2012.

14 Vgl. Martje Esser: Werner Schmalenbach und die Stiftung Kunstsammlung Nordrhein-Westfalen. Eine Staatsgalerie im Aufbau, Berlin 2021, S. 48–51 et passim.

Entscheidungen einvernehmlich zu treffen und gemeinsam in der Öffentlichkeit zu vertreten. In den seit Ende der 1940er Jahre wieder regelmäßig stattfindenden Kuratoriumssitzungen verfügen daher der Museumsverein, der bis zu fünf Mitglieder – vorrangig (ehemalige) Unternehmensvorstände, Manager:innen, Selbständige in freien Berufen – in das Gremium entsenden kann, ebenso wie der Vertreter beziehungsweise die Vertreterin der Familie Osthaus jeweils über fünf Stimmen, die Stadt hingegen, die von bis zu zehn Vertreter:innen aus Politik und Verwaltung – (Ober-)Bürgermeister:in, Stadtdirektor:in, Mitglieder der Ratsfraktionen und des Kulturausschusses – repräsentiert werden kann, über zehn. Der Vorsitz wechselt jährlich zwischen Stadt und Verein; der nicht stimmberechtigte Museumsdirektor nimmt in berichtender und beratender Funktion an den Sitzungen teil und fungiert als Schriftführer. Die Protokolle der Sitzungen, zu denen das Kuratorium zweimal jährlich zusammenkommt, sowie der ihrer Vorbereitung dienende Schriftverkehr zwischen einzelnen seiner Mitglieder dokumentieren die aufgrund dieser Stimmenverteilung notwendigen und von den Beteiligten gewollten Aushandlungsprozesse. Damit bilden sie eine wichtige Quelle für die damalige Erwerbungspolitik und die ihr zugrundeliegenden Perspektiven auf das *Museum Folkwang* und seine Sammlungsentwicklung.

Im Kuratorium besteht Ende der 1950er Jahre prinzipiell Einigkeit darüber, an Osthaus und Gosebruch anzuknüpfen und das *Museum Folkwang* als ein „Museum moderner Kunst" wiedererstehen zu lassen.[15] Alle auftretenden Meinungsverschiedenheiten fußen auf diesem Grundkonsens, weshalb es in den Sitzungen der Nachkriegszeit vor allem darum geht, wie die Sammeltätigkeit der Jahrzehnte vor 1933 in der Gegenwart zu interpretieren ist und ihre verschiedenen Bestandteile gewichtet werden sollen. Nur sehr selten kommt es darüber zu größeren Auseinandersetzungen; die Protokolle dokumentieren beinahe durchgängig Kompromissbereitschaft und -fähigkeit.[16] Drei Handlungsfelder, auf denen die Aushandlungsprozesse wiederkehrend entlang zweier Fragestellungen stattfinden, werden als vordringlich angesehen. Die größte und wichtigste Aufgabe der Essener Erwerbungspolitik ist die Rückgewinnung und Erneuerung der historischen *Folkwang*-Sammlung, die durch die Beschlagnahmungen der Aktion „Entartete Kunst" schwere Verluste erlitten hat. Auf diesen sozusagen wiederherzustellenden Sammlungsbestand soll mit Neuerwerbungen von zusätzlichen Werken der modernen Kunst aufgebaut werden, um die von Osthaus in Hagen und Gosebruch in Essen begonnene Sammelstätigkeit in der Gegenwart weiterzuführen. Zwischen den Begriffen „zeitgenössisch" und „modern" wird dabei nicht immer genau unterschieden, weshalb damit – in der heutigen Diktion – gleichermaßen Werke

15 Protokoll der Kuratoriumssitzung vom 17.12.1959 (Vorsitzender Ernst Henke, Vertreter des Folkwang-Museumsvereins), MF 00690.

16 Aus persönlicher Enttäuschung begibt sich Adalbert Colsman Ende der 1950er Jahre vorübergehend in die Position eines grundsätzlichen Kritikers der Erwerbungspolitik, zieht sich aber kurz darauf aus dem Museumsverein und dem Kuratorium zurück.

der Klassischen Moderne und der Nachkriegszeit gemeint sein können. Drittens gilt es, im Sinne des sich formierenden (westlichen) kunsthistorischen Kanons, eine inhaltliche Erweiterung der Sammlung um Künstler:innen und Stile beziehungsweise Schulen vorzunehmen, die Osthaus und Gosebruch in ihrer Sammeltätigkeit übergegangen haben oder aufgrund der Zeitumstände nicht berücksichtigen konnten.[17] Die Aussprachen über geplante und einzelne bereits vollzogene Erwerbungen kreisen dabei gleichbleibend um zwei Fragestellungen oder Grundgedanken, die zwangsläufig immer wieder zueinander in Beziehung gesetzt werden und dadurch vorhersehbar zu Diskussionen führen: die Qualität der zum Erwerb vorgeschlagenen Werke und geeignete Kriterien für ihre Beurteilung sowie die Verhältnismäßigkeit der von Händler:innen und Verkäufer:innen aufgerufenen Preise und deren Finanzierbarkeit.

In enger Abstimmung mit dem Kuratorium beginnt Köhn sofort nach Kriegsende damit, die Verluste durch die Aktion „Entartete Kunst“ womöglich rückgängig zu machen und zu ersetzen.[18] Über Jahrzehnte hinweg bleibt die Sammlungspolitik des Museums darauf festgelegt, Werke aus seinem ehemaligen Besitz und damit stilistisch und qualitativ vergleichbare Werke derjenigen Künstler:innen zu erwerben, die vor 1937 in der *Folkwang*-Sammlung vertreten waren. Bis Anfang der 1960er Jahre liegt dabei der Schwerpunkt mehr oder weniger vorbehaltlos auf dem „Wiederaufbau der (…) zerstörten Abteilung der deutschen Expressionisten“[19], deren Rehabilitierung und stetig zunehmende Publizität in der jungen Bundesrepublik auf einen kulturellen Nachholbedarf reagiert und den (kultur-)politischen Abstand der staatlichen Neugründung zu ihrer nationalsozialistischen Vergangenheit herausstellen soll. So können unter anderem August Mackes „Modes: Frau mit Sonnenschirm vor Hutladen“ (datiert 1914; erworben 1953), Paula Modersohn-Beckers „Selbstbildnis mit Kamelienzweig“ (1906/07; 1957), Otto Müllers „Badende“ (1915; 1952), Emil Noldes „Heilige Maria von Ägypten“ (1912; 1950) sowie mehrere Gemälde von Christian Rohlfs zurückerworben werden, außerdem als „Erwerbung verwandter und entsprechender Stücke“[20] Erich Heckels „Spaziergänger am Grunewaldsee“ (1911; 1956) und

17 Als neuer Direktor fasst Paul Vogt die Ziele der Essener Erwerbungspolitik 1963 noch einmal prägnant zusammen; siehe Paul Vogt: Museum Folkwang, Essen, in: (Ruhrfestspiele Recklinghausen), Gesammelt im Ruhrgebiet. Kunstwerke aus drei Jahrtausenden, Ausst.-Kat., Recklinghausen 1963, unpag.

18 Neben Werken der Malerei werden auch zahlreiche grafische Arbeiten sowie Plastiken beziehungsweise Skulpturen erworben, um die Sammlung des *Museum Folkwang* wiederaufzubauen und zu erweitern. Aus Platzgründen liegt der Fokus in diesem Text vorrangig auf den Gemälden.

19 Köhn, Chronik 1948, MF 00867.

20 Köhn: Museum Folkwang, S. 308. Vgl. ders.: Die Stiftung für das Museum Folkwang, in: Kulturkreis im Bundesverband der Deutschen Industrie e. V., Dokumentation über die zehnjährige Tätigkeit, Köln 1961, S. 48–50, hier S. 49: „[D]er Charakter der Sammlung, das ‚Gesetz, nach dem sie angetreten‘, und ihre innere Kontinuität verlangten, mit dem Wiederaufbau nochmals an dem Punkt zu beginnen, wo vor vierzig Jahren K. E. Osthaus in Hagen und E. Gosebruch in Essen begonnen hatten.“

„Landschaft auf Alsen“ (1913; 1953), Karl Hofers „Zirkusleute“ (1921; 1954), Ernst Ludwig Kirchners „Der rote Turm in Halle“ (1915; 1953) und „Kaffeetisch“ (1923/24; 1949), Oskar Kokoschkas „Dresden, Augustusbrücke mit Rückenfigur“ (1923; 1950), Franz Marcs „Pferd in Landschaft“ (1910; 1953), Emil Noldes „Im Café“ (1911; 1957) und Karl Schmidt-Rottluffs „Fischerkähne auf dem Haff“ (1913; 1962).[21]

Auf anderen historischen Sammelgebieten gelingen ebenfalls bedeutende Rückkäufe und Erwerbungen, die Verluste ersetzen sollen. Als wichtigster Rückkauf auf dem Gebiet der französischen Kunst gilt bis heute Paul Cézannes „La carrière de Bibémus“ (um 1895; 1964). Max Beckmann (1949), Marc Chagall (1962), Lovis Corinth (1954), Wassily Kandinsky (1962), Piet Mondrian (1956) und Edvard Munch (1954) hingegen kehren mit für ihren Personalstil repräsentativen Gemälden in die Sammlung zurück, um nach 1933 entstandene Lücken zu schließen. Nur sehr vereinzelt ergibt sich daran anschließend noch die Gelegenheit, zusätzlich auch eines der 1937 in Essen beschlagnahmten Werke dieser Künstler:innen zurückzukaufen.

Als Köhn 1956 davon spricht, die Sammlung des Museums um Werke erweitern zu wollen, die „besondere Aspekte der modernen Kunst zum Ausdruck bringen“, denkt er ausweislich der bis zu diesem Zeitpunkt getätigten Erwerbungen primär an solche, die seit Kriegsende entstanden sind.[22] Nach dem damaligen Verständnis handelt es sich bei den betreffenden deutschen und internationalen Künstler:innen um Vertreter:innen einer stilistischen Entwicklung, die im 19. Jahrhundert einsetzt und bis in die Gegenwart der 1950er und frühen 1960er Jahre andauert. In Deutschland hat der Nationalsozialismus diese Entwicklung zwar vorübergehend unterbunden, nicht jedoch umgelenkt oder gar beendet. Deshalb kommt es jetzt, da es hier wieder möglich ist, diese Kunst zu sammeln, darauf an, ihre demgemäß ungebrochene Kontinuität in der Sammlung sichtbar zu machen. Köhn sieht im Erwerb von Kunst der Nachkriegszeit eine Fortführung der Sammeltätigkeit von Osthaus und Gosebruch, durch die das *Museum Folkwang* beispielhaft für die sogenannten Reformmuseen des späten 19. und frühen 20. Jahrhunderts geworden ist.[23] Valentin Scherers Definition der „Doppelaufgabe“ dieses Museumstyps auf dem Gebiet des Sammelns

21 Vgl. Lechtreck: Museum Folkwang 1945–1955, S. 70. Zu den Erwerbungen expressionistischer Kunst nach 1945 siehe zuletzt Mathilde Heitmann-Taillefer: Zurück auf Anfang. Rückkäufe in die Sammlung des Museum Folkwang 1949–2011, in: Museum Folkwang (Hg.): Expressionisten am Folkwang. Entdeckt, verfemt, gefeiert, Ausst.-Kat. Essen, Göttingen 2022, S. 305–313.

22 Ebd.

23 Vgl. Uwe Schneede: Das Museum der Moderne. Seine Ausbildung in den Jahren 1919 bis 1932, in: Museum Folkwang (Hg.): ‚Das schönste Museum der Welt‘. Essays zur Geschichte des Museum Folkwang, Göttingen 2010, S. 89–106 und allgemein zum Reformmuseum Alexis Joachimides: Die Museumsreformbewegung in Deutschland und die Entstehung des modernen Museums 1880–1940, Dresden 2001. Zu den Bestrebungen in Westdeutschland, an die Idee des Reformmuseums anzuknüpfen, s. Lucius Grisebach: Museum der Gegenwart – Fortsetzung nach 1945? In: Martin Schieder

charakterisiert sehr gut auch die Essener Erwerbungspolitik nach 1945: „Denn vieles von dem einst Gesammelten und in seiner Zeit der unmittelbaren Gegenwart Angehörenden ist inzwischen historisch geworden und an seine Stelle wieder das Neuere und das Neueste getreten."[24] Franz Roh, der seinen Vortrag mit der Aussage eröffnet, „unter zeitgenössischer Kunst sei die der letzten 50 Jahre verstanden"[25], nimmt im weiteren Verlauf seiner Ausführungen eine vergleichbare Differenzierung vor, wenn er ausweislich eines Zeitungsberichts unter Hinweis auf die jüngsten Neuerwerbungen des *Museum Folkwang* feststellt, die „zeitgenössische Kunst sei schon nicht mehr identisch mit ‚moderner' Kunst" und „die ‚moderne' Kunst bis zum Expressionismus sei inzwischen historisch geworden".[26]

Umschlagvorderseite, Titelbild: Karl Schmidt-Rottluff, „Spiegelnde See", 1936 (Museum Folkwang, Neuere Meister der letzten fünfzig Jahre, Köln 1958)

Um die Sammlung zeitgenössisch weiterzuentwickeln, wird in Essen vornehmlich das erworben, was nach Beendigung der Auseinandersetzungen über gegenständliche und ungegenständliche Kunst in der Bundesrepublik mehr oder weniger unwidersprochen als „das Neuere und das Neueste" gilt: Werke von Künstler:innen der

und Isabelle Ewig (Hg.): In die Freiheit geworfen. Positionen zur deutsch-französischen Kunstgeschichte nach 1946, Berlin 2006, S. 107–127.

24 Valentin Scherer: Deutsche Museen. Entstehung und kulturgeschichtliche Bedeutung unserer öffentlichen Kunstsammlungen, Jena 1913, S. 218 f.

25 Roh: Kunst sammeln und Dissertationen zulassen?, S. 308 f. Vgl. Museum Folkwang: Neuere Meister der letzten fünfzig Jahre, Köln 1958. In annähernd chronologischer Ordnung versammelt die Publikation zwölf Farbtafeln nach Gemälden des *Museum Folkwang*, von Edvard Munch („Wintermondnacht", 1901) bis Alfred Manessier („Per amica silentia lunae", 1954).

26 „hck": Kunstfachleute rühmten Essen. Zu Franz Rohs Position siehe ders.: Der Streit um die moderne Kunst. Auseinandersetzung mit Gegnern der modernen Malerei, München 1962. Vgl. Martin Damus: Moderne Kunst in Westdeutschland 1945–1959. Versuche, Vergangenheit und Gegenwart rückwärtsgewandt zu bewältigen und die Moderne in Harmonie zu vollenden, in: Gerda Breuer (Hg.): Die Zähmung der Avantgarde. Zur Rezeption der Moderne in den 50er Jahren, Basel und Frankfurt a. M. 1997, S. 25–41, bes. S. 25 f.

Zwischenkriegszeit, deren Stil und Formensprache sich seitdem vom Gegenständlichen zum Ungegenständlichen entwickelt haben, und von abstrakt arbeitenden Künstler:innen einer jüngeren Generation, deren Kunst nach 1945 zahlreich ausgestellt und gesammelt wird. Auf beinahe programmatische Weise zeigt sich diese Zielsetzung in der Auswahl der Werke Willi Baumeisters und Ernst Wilhelm Nays, die ab 1950 neu in die Sammlung kommen. Baumeister, in der jungen Bundesrepublik einer der Wortführer der abstrakten Malerei, ist in den 1920er Jahren mit einem seiner figurativen sogenannten Sportbilder („Handstand", 1925) und einigen zugehörigen graphischen Blättern in der Sammlung vertreten gewesen; diese Werke waren 1937 beschlagnahmt worden. Jetzt werden drei Gemälde erworben, an denen sich Baumeisters Entwicklung einer zunehmend abstrakteren Formensprache ablesen lässt: „Tennisspieler" (1934; 1961), „Metamorphose" (1939/40; 1956) und „Weißer Figurenfries" (1944; 1957). Die Zusammenstellung dieser drei in der Zeit des Nationalsozialismus entstandenen Bilder veranschaulicht, was Werner Haftmann in seiner einflussreichen „Entwicklungsgeschichte" der Malerei im 20. Jahrhundert von 1954 über den Maler schreibt und ähnlich auch für zahlreiche weitere deutsche Künstler:innen dieser Jahre formuliert: „In der Zurückgezogenheit seines Ateliers, in die ihn der Kunstterror des deutschen Totalitarismus drängt, geht Baumeister diesen Weg unbeirrt weiter."[27] (Die ersten drei „documenta"-Ausstellungen, deren Konzeption Haftmann maßgeblich bestimmt, verschaffen seiner „Entwicklungsgeschichte" schnell eine große Öffentlichkeit und Akzeptanz.[28]) Mit Ernst Wilhelm Nay gelangt ein Künstler neu in die Sammlung, dessen künstlerische Anfänge vor 1945 liegen und der in der Nachkriegszeit zu einem der wichtigsten deutschen Repräsentanten moderner Kunst wird; Haftmann nennt ihn „eine der bedeutendsten Farbbegabungen, die der heutigen Malerei zur Verfügung steht".[29] In rascher Folge und parallel zu Nays Entwicklung in den 1950er Jahren erwirbt das Museum insgesamt fünf Gemälde, von denen das früheste, „Lofotenlandschaft" (1937; 1954), noch seine Auseinandersetzung mit

27 Werner Haftmann: Malerei im 20. Jahrhundert. Eine Entwicklungsgeschichte, Textband, München 1954 (4.1965), S. 306; siehe ebd.: Eine Bild-Enzyklopädie, München 1965, S. 316, Abb. 796 f. Vgl. Peter Chametzky: Willi Baumeister. 1885–1955, in: Ilka Voermann (Hg.): Kunst für Keinen. 1933–1945, Ausst.-Kat. Frankfurt a. M., München 2022, S. 60–65.

28 Zu Werner Haftmanns Arbeit im Arbeitsausschuss der „documenta" siehe Harald Kimpel: Documenta. Mythos und Wirklichkeit, Köln 1997, S. 162–180, und zuletzt Raphael Gross et. al. (Hg.), Documenta. Politik und Kunst, Ausst.-Kat. Berlin, München 2021, S. 77 et passim. Über die Zusammenarbeit zwischen dem „Documenta"-Gründer Arnold Bode und Haftmann schreibt Kimpel: „Der anerkannte Wissenschaftler steckt den historischen Rahmen ab, innerhalb dessen der Aktivist seine Planungsutopien entfalten kann – und umgekehrt: Bodes Energieschübe planieren die Fläche, auf der Haftmann das Filigran seiner Ideologie der Nachkriegskunstentwicklung ausbreiten kann (…)." Kimpel: Documenta, S. 164.

29 Werner Haftmann: Malerei im 20. Jahrhundert, S. 503. Vgl. Marie Oucherif: Ernst Wilhelm Nay. 1902–1968, in: Voermann (Hg.): Kunst für Keinen, S. 224–227.

dem Expressionismus dokumentiert.[30] Zu den weiteren Erwerbungen aktueller Kunst aus Deutschland gehören außerdem Werke von unter anderen Georg Meistermann, Fritz Winter, Rupprecht Geiger, Karl Otto Götz und Karl Hartung.[31]

Einen zweiten Schwerpunkt bildet die *Nouvelle* École *de Paris*, die seit der „Großen Ausstellung französischer abstrakter Malerei“ von 1948/49 (eine Wanderausstellung mit sieben deutschen Stationen) in der kurz darauf gegründeten Bundesrepublik präsent ist und deren Vertreter:innen hier in den folgenden zwei Jahrzehnten regelmäßig in umfangreichen Gruppen- und Einzelausstellungen gezeigt werden.[32] Wie zur Jahrhundertwende, als Osthaus mit dem Sammeln moderner Kunst beginnt, gilt Paris weiterhin als das Zentrum moderner Kunst; erst im Verlauf der 1960er Jahre wird es diese Geltung an New York verlieren. Die zahlreichen Erwerbungen aktueller Kunst aus Frankreich werden daher als Fortsetzung der Sammeltätigkeit des Museumsgründers und seines Nachfolgers Gosebruch angesehen. Ein zentrales Argument ist dabei wiederholt, dass schon Osthaus Werke junger oder noch nicht etablierter Künstler:innen angekauft hat, weshalb jetzt erneut „eine wesentliche Aufgabe des Museums darin bestehe, auch Experimente zu wagen“.[33] Abgesichert werden diese angeblich „experimentellen“ Entscheidungen für bestimmte Künstler:innen mit der Kenntnis ihrer aktuellen Präsenz im Ausstellungsbetrieb; häufig wird ausdrücklich darauf hingewiesen, wo das betreffende Werke zuletzt öffentlich ausgestellt gewesen ist. Wenig überraschend fungiert hier die „documenta“ in Kassel (1955, 1959 und 1964) als die wichtigste Referenz. Das gilt im Übrigen auch in Bezug auf die oben genannten deutschen Künstler:innen der Nachkriegszeit, die ihrerseits früh den Kontakt zur französischen Kunstszene suchen und viel zu deren Wahrnehmung in Deutschland beitragen.[34] Von Alfred Manessier und Pierre Soulages, die beide an der „documenta“ 1, 2 und 3 teilnehmen, werden „Per amica silentia

30 Die anderen vier Gemälde sind „Dämmerung“ (datiert 1950; erworben 1951), „Eines Garten“ (1952; 1952), „Rhythmen in Grau und Weiß“ (1957; 1957) und „Gelbe Chromatik“ (1960; 1961).

31 Vgl. Anm. 18.

32 Martin Schieder: Expansion/Integration. Die Kunstausstellungen der französischen Besatzung im Nachkriegsdeutschland, Berlin 2004; Marie-Amélie zu Salm-Salm. Soulages und Deutschland. Ein Update, in: Alfred Pacquement/Udo Kittelmann (Hg.): Soulages. Malerei 1946–2019, Ausst.-Kat. Baden-Baden und Chemnitz, Berlin 2020, S. 30–45, hier S. 31f. zur „Großen Ausstellung“ von 1948/49 und S. 37f. zu den nachfolgenden Ausstellungen französischer Kunst in Deutschland.

33 Protokoll der Kuratoriumssitzung vom 29.3.1962 (Vorsitzender Werner Lipa, Bürgermeister der Stadt Essen), MF 00690. Vgl. Schieder: Expansion, S. 88: „Die Inszenierung der klassischen École de Paris als Verkörperung französischer Tradition und Zivilisation nämlich deckte sich in vielen Punkten mit dem kunsttheoretischen Ansatz deutscher Kunsthistoriker und Museumsleute, die (...) als ‚entartet‘ diffamierte Kunst zu rehabilitieren und auch in Deutschland die Geschichte einer ungebrochenen Moderne festzuschreiben.“

34 Willi Baumeister, Ernst Wilhelm Nay, Fritz Winter (1955, 1959, 1964), Georg Meistermann (1955, 1959), Rupprecht Geiger (1959, 1964), Karl Otto Götz (1959).

lunae“ (1954; 1956) und „Couronne d'épines“ (1951; 1957) beziehungsweise „Peinture, 22 Novembre 1952“ und „Peinture, 14 Mars 1955“ (1960 und 1962) angekauft. Soulages ist 1950 in zwei Gruppenausstellungen in Recklinghausen zu sehen gewesen und gastiert 1960 mit einer von der *Kestner-Gesellschaft* in Hannover organisierten Einzelausstellung in Essen; das Gemälde von 1955 wird im Zusammenhang mit dieser Ausstellung angekauft. Von Serge Poliakoff, Teilnehmer der „documenta“ 2 und 3, gelangt die „Composition orange au cercle bleu“ (1954; 1958) in die Sammlung. Weitere Erwerbungen aus dem Kreis der École de Paris sind Jean Bazaines „Le buisson“ (1958; 1960), Hans Hartungs „T 55–18“ (1955; 1956), Gustave Singiers „Matin-marée, haute“ (1956; 1957) und Maria Helena Vieira da Silvas „Ville grise“ (1956; 1958). Alle vier Maler:innen nehmen ebenfalls wiederholt an der „documenta“ teil.[35]

Auch die Erwerbungen von Werken anderer Schulen und/oder Stilrichtungen, etwa Alexander Calders Mobile „L‘ Apostrophe“ (1958; 1959), Corneilles „Peinture: Le grand soleil grave“ (1963; 1964), Alberto Magnellis „Face au large“ (1955; 1958), Henry Moores „Glenkiln Cross“ (1956; 1960) und Emilio Vedovas „Tensione“ (1958; 1959) stehen in einem engen zeitlichen Verhältnis zu den „documenta“-Teilnahmen dieser Künstler.[36] Der Ankauf von Moores großformatiger Bronzeplastik, im Jahr zuvor Bestandteil seiner Präsentation auf der „documenta 2“, fällt dabei mit einer vom British Council organisierten Einzelausstellung des Künstlers zusammen, die von Juni bis August 1960 im neu eröffneten *Museum Folkwang* Station macht.[37] Ebenfalls 1960 erwirbt das *Folkwang* die 1953 entstandene Bronzeplastik „Ptolémée I“ des mehrfachen „documenta“-Teilnehmers Hans Arp; das Werk ist von November 1959 bis Januar 1960 in einer kleinen Retrospektive

35 Vgl. Schieder: Expansion, S. 81: „Vor der ersten documenta in Kassel erstand kaum ein deutsches Haus ein zeitgenössisches französisches Gemälde. Die Berliner Nationalgalerie etwa kaufte erst 1952 (…) ein Spätwerk von Léger und vier Jahre später eines von Braque, bevor 1957/58 mit Manessier, Hartung und Soulages endlich Arbeiten dreier jüngerer Vertreter der École de Paris folgen sollten.“ Zu den Erwerbungen von Werken der École *de Paris* durch das *Museum Folkwang* und weitere Museen in Westdeutschland s. a. Grisebach: Museum der Gegenwart, S. 115–118 und S. 120–124 (Tabelle 1–5).

36 Alexander Calder, Henry Moore, Emilio Vedova und Maria Helena Vieira da Silva können ihre Werke 1955, 1959 und 1964 auf der „documenta“ präsentieren, Alberto Magnelli 1955 und 1959.

37 Die anderen Stationen sind Hamburg und München. Mit Unterstützung des British Council finden seit Beginn der 1950er Jahre in Deutschland zahlreiche Einzelausstellungen Moores statt (u. a. 1950 in Hamburg und Düsseldorf, 1951 in Berlin, 1953 u. a. in Hannover, München, Frankfurt a. M., Stuttgart, Mannheim und Bremen), die ihn hier zu einem der bekanntesten Bildhauer der Moderne machen. Vgl. Tanja Pirsig-Marshall: „Hier moort die ganze Innung“, in: Hermann Arnhold/LWL-Museum für Kunst und Kultur (Hg.), Henry Moore. Impuls für Europa, Ausst.-Kat. Münster, München 2017, S. 67–79, bes. S. 71 ff.: „Die Rolle des British Council und die Moore-Rezeption“.

seiner Werke zu sehen gewesen, die in den Hofumgängen des zu diesem Zeitpunkt bereits fertiggestellten neuen Ausstellungsgebäudes des Neubaus stattgefunden hat.

Im Kontext der Kanonisierung der sodann „klassischen“ Moderne und unter dem Eindruck der von Haftmann konzipierten, im deutschen Kunstbetrieb sofort wirkungsmächtigen „Entwicklungsgeschichte“ der modernen Kunst erweist sich die Sammeltätigkeit von Osthaus und Gosebruch jedoch auch als inhaltlich ergänzungsbedürftig. Neben den durch die Aktion „Entartete Kunst“ entstandenen Verlusten werden in den Kuratoriumssitzungen der 1950er und 1960er Jahre vermehrt kunsthistorische Lücken und/oder eine, gemessen an der ihnen inzwischen zukommenden Bedeutung, unzureichende Präsenz einzelner Künstler:innen thematisiert. In einer von Heinz Köhn und Paul Vogt, seinem Mitarbeiter und späteren Nachfolger, verfassten Sammlungskonzeption ist sogar, rhetorisch zugespitzt, von „Strukturmängeln“ und „Konstruktionsfehlern“ die Rede, die behoben werden müssen, wenn die Sammlung „an Festigkeit ihres geistig-historischen Aufbaus“ gewinnen soll.[38]

So kehrt etwa Max Beckmann, der vor 1937 mit dem „Bildnis Minna Beckmann-Tube“ von 1924 in der Sammlung vertreten gewesen ist, in der Nachkriegszeit innerhalb weniger Jahre mit je einem Porträt, einer Landschaftsdarstellung und einem Triptychon nach Essen zurück, da sein künstlerischer Rang jetzt als unstrittig angesehen wird. Ernst Henke, auf dessen Initiative hin die *Rheinisch-Westfälische Elektrizitätswerk AG* (RWE) 1956 das großformatige „Perseus“-Triptychon für das Museum erwirbt, erinnert in seiner Rede anlässlich der feierlichen Übergabe daran, wie Ernst Gosebruch ihm anlässlich eines gemeinsamen Besuchs der Münchener Beckmann-Ausstellung von 1951 erklärt: „(I)ch glaube, Herr Henke, wir haben den Beckmann doch verkannt(,) er war doch viel größer, als wir dachten.“[39] Ähnliche Überlegungen führen dazu, dass Ferdinand Hodlers Figurenbild „Der

38 Sammlungskonzeption, undat. (ca. 1962), Anlage zum Protokoll der Mitgliederversammlung des Folkwang-Museumsvereins vom 23.1.1962 (Jahreshauptversammlung), MF 00607. Zu Osthaus und seiner Sammlung französischer Kunst siehe Uwe Fleckner: Karl Ernst Osthaus und die französische Moderne. Über das widersprüchliche Selbstverständnis eines Sammlers, in: Museum Folkwang (Hg.): Das schönste Museum der Welt, S. 47–69, und zuletzt Nadine Engel: Französische Malerei am Museum Folkwang und ihre Gegenüberstellung mit der Sammlung Matsukata. Ein Kaleidoskop, in: Museum Folkwang (Hg.): Bilder einer fließenden Welt. D*ie Sammlungen von* Kōjirō Matsukata und Karl Ernst Osthaus, Ausst.-Kat. Essen, Berlin 2022, S. 23–53.

39 Ernst Henke, Redemanuskript, Februar 1957, MF 00606. Bei den drei für das *Museum Folkwang* erworbenen Gemälden handelt es sich um „Quappi mit Inder“ (1941; 1949), das „Perseus“-Triptychon (1941; 1956) und „Promenade des Anglais in Nizza“ (1947; 1957). Die Ausstellung „Max Beckmann zum Gedächtnis. 1884–1950“ fand von Juni bis August 1951 im *Haus der Kunst* München statt. Dort und in der kurz zuvor zu Ende gegangenen Beckmann-Ausstellung des *Museum Folkwang* (April bis Mai 1951) sind „Quappi und Inder“ und „Perseus“ ausgestellt gewesen; 1955 wurde „Perseus“ auch auf der „Documenta 1“ gezeigt.

„documenta 2", Kassel 1959, Ansicht des Außengeländes vor der Ruine der *Orangerie*; im Vordergrund: Henry Moore, „Glenkiln Cross", 1956 (Fotograf: Günther Becker, documenta archiv)

Frühling" (1901; 1905 für das *Kunstmuseum Essen*) um das späte Landschaftsbild „Weisshorn, von Montana aus gesehen" (1915; 1960) und André Derains „Vue de Cagnes" (1910; 1915 für das *Kunstmuseum Essen*) – das einzige von ursprünglich vier Gemälden des Künstlers aus den 1910er Jahren, das nach 1937 in der Sammlung verblieben ist – um die frühe, noch fauvistische Landschaft „Vue de Collioure" (1905; 1960) ergänzt werden.

Als besonders schwerwiegend wird jedoch die „völlige Abwesenheit" einzelner Stilrichtungen und künstlerischer Positionen angesehen, die jetzt, Ende der 1950er, Anfang der 1960er Jahre, längst als kanonisch oder „klassisch" angesehen werden.[40] Mutmaßlich

40 Protokoll der Kuratoriumssitzung vom 29.3.1962, MF 00690: In der Aussprache über den Ankauf eines Gemäldes von George Braque weisen Berthold von Bohlen und Halbach (Vertreter des *Folkwang*-Museumsvereins) darauf hin, dass „der analytische Kubismus längst als eine sozusagen klassische Richtung anerkannt sei".

Museum Folkwang, Außenansicht von der Bismarckstraße; im Vordergrund: Henry Moore, „Glenkiln Cross“, 1956 (Museum Folkwang, Essen (Hrsg.) Das Museumsgebäude, Essen 1966, Abb. 18)

haben die Zeitumstände, das heißt die Wirtschaftskrise der späten 1920er Jahre und „nationalistische Ressentiments“ innerhalb der damaligen Stadtgesellschaft, sowie „möglicherweise eine gewisse Überschätzung des deutschen Expressionismus“ (!), Gosebruch davon abgehalten, die von Osthaus begonnene Sammlung französischer Kunst dort, wo diese Lücken aufweist, zu ergänzen und mit Werken aktueller Künstler:innen weiterzuführen.[41] Ein eindrückliches Dokument der fortdauernden Bereitschaft, dieses Ziel in absehbarer Zeit erreichen zu wollen, ist ein annotiertes Exemplar des Katalogs der Ausstellung „Dem wiedereröffneten Museum Folkwang zum Gruß“, die von Mai bis Juli 1960 anlässlich der Eröffnung des kurz zuvor vollendeten Neubaus gezeigt wird. Zweck dieser Ausstellung ist es, die Stadtgesellschaft, insbesondere jedoch die Vertreter:innen der Politik und Wirtschaft in der Region und Nordrhein-Westfalen, darin zu bestärken, das Museum weiterhin tat-

41 Sammlungskonzeption, undat. (ca. 1962), Anlage zum Protokoll der Mitgliederversammlung des *Folkwang*-Museumsvereins vom 23.1.1962 (Jahreshauptversammlung), MF 00607; das folgende Zitat ebd. Zu Osthaus und seiner Sammlung französischer Kunst siehe Uwe Fleckner: Karl Ernst Osthaus und die französische Moderne. Über das widersprüchliche Selbstverständnis eines Sammlers, in: Museum Folkwang (Hg.): Das schönste Museum der Welt, S. 47–69, bes. 66f.

kräftig in seiner Sammeltätigkeit zu unterstützen. Neben den gedruckten Katalogeinträgen der Leihgaben, mehrheitlich im Besitz von Kunsthändler:innen und Privatsammlungen aus dem deutschsprachigen Raum und zeitlich eine Auswahl von Paul Cézanne und Claude Monet bis Pablo Picasso und Nicolas de Staël, sind handschriftlich die jeweiligen Versicherungswerte oder Preise notiert sowie in einigen Fällen zusätzlich der Hinweis „bleibt in Essen", wodurch der durchaus passende Eindruck entsteht, es habe sich dabei um eine Verkaufsausstellung gehandelt.[42]

Zu dem vorhandenen Bestand der sogenannten Post-Impressionisten (unter anderem Vincent van Gogh, Paul Gauguin, Paul Cézanne) kommen kurz nacheinander drei Gemälde von Claude Monet, Camille Pissarro und Alfred Sisley hinzu, die den „klassischen Impressionismus" repräsentieren, und mit Werken von Georges Braque, Juan Gris, Fernand Léger und Pablo Picasso hält schließlich auch der Kubismus Einzug in die Essener Gemäldesammlung, nachdem bis dahin nur grafische Blätter unter anderem von Braque und Picasso erworben worden sind.[43] (Zwei fauvistische Gemälde Braques waren 1937 beschlagnahmt worden.) Andere wichtige Neuerwerbungen dieser Jahre (zum Beispiel von Robert Delaunay, James Ensor, Max Ernst oder Paul Klee) schließen weitere als schmerzhaft empfundene kunsthistorische Lücken und sollen sicherstellen, dass sich die Sammlung moderner Kunst nunmehr kontinuierlich weiterentwickelt.[44] Dabei sind sich die Vertreter:innen der Stadt und des Museumsvereins ungeachtet gelegentlicher Meinungsverschiedenheiten über die Dringlichkeit einer bestimmten Erwerbung beziehungsweise den Rang einzelner Künstler:innen und/oder Werke grundsätzlich darüber einig, dass die „Bereicherung des Museums" mit diesen Neuerwerbungen „ein Gewinn für die gesamte Öffentlichkeit sei, sowohl hinsichtlich der allgemeinen kunsthistorischen Information als auch der Erziehung

42 Dem wiedereröffneten Museum Folkwang zum Gruß, Ausst.-Kat. Essen 1960, annotiertes Exemplar, außen bez. „Arbeitskatalog", MF 00093. Zu den aus dieser Ausstellung heraus erworbenen Gemälden gehören u.a. Juan Gris' „Le compotoir" von 1918 und Jean Bazaines „Le buisson" von 1958.

43 Claude Monet, „Le bassin aux nymphéas", (um 1916; 1965), Camille Pissarro, „Louveciennes, Chemin de Creux, neige" (1872; 1966), Alfred Sisley, „Le pont de Moret et les moulins, effet de neige" (1890; 1964); George Braque, „ Bouteille et journal (Le Guéridon)" (1911/12; 1962), Juan Gris, „ Le compotier" (1918; 1960), Fernand Léger, „Les maisons sous les arbres" (1913; 1959) und „Composition ‚nature morte au bras'" (1925/27; 1958), Pablo Picasso, „Femme au corsage bleu" (1942; 1957) und „Bouteille, guitare et pipe" (1912/13; 1964). Zu den Essener Erwerbungen von Picasso-Grafiken siehe Manuela Husemann/Barbara Nierhoff-Wielk (Hg.): Die Picasso Connection. Der Künstler und sein Bremer Galerist, Ausst.-Kat. Bremen, Berlin 2020, S. 72f.

44 Robert Delaunay, „La Tour Eiffel" (1910/1 1964) und „Les fenêtres sur la ville" (1912; 1966), Max Ernst „Paysage" (1957; 1958) und „Les dieux obscurs" (1957; 1960), Paul Klee, „Feuer bei Vollmond" (1933; 1958); Klee ist vor 1937 lediglich mit einer Gruppe von Zeichnungen in der Sammlung vertreten gewesen.

des Nachwuchses“ (womit schlussendlich auch dieser Teil der Sammeltätigkeit auf Osthaus und einen Grundgedanken seiner Museumsgründung zurückbezogen wird).[45]

Eine wichtige Rolle in den Aussprachen der Kuratoriumsmitglieder in Bezug auf die Erwerbungspolitik spielt zudem die aus ihren Beobachtungen der damaligen Museumslandschaft und des Kunstmarkts abgeleitete Überzeugung, das *Museum Folkwang* stehe in einem direkten, sich verstärkenden Konkurrenzverhältnis zu anderen Häusern, etwa in Dortmund, Düsseldorf (seit der Gründung der *Kunstsammlung Nordrhein-Westfalen* 1961), Köln (das neu gebaute *Wallraf-Richartz-Museums* eröffnet 1957), München oder Stuttgart. Das betrifft nicht nur das Ausstellungsprogramm, sondern auch und in erster Linie die Qualität und „Vollständigkeit“ der Sammlung, deren historisch begründeter nationaler und internationaler Rang sich in der Gegenwart nur behauptet lässt, wenn weiterhin die erlittenen Verluste wettgemacht und genügend neue „Bilder ersten Ranges“ erworben werden können.[46] Trotzdem die allgemeinen Bemühungen, die seit 1936/37 vorhandenen Lücken zu schließen und die im Nationalsozialismus verfemten Künstler:innen zu rehabilitieren, zu immer größeren Preissteigerungen führen, während der Kunstmarkt gleichzeitig durch seine weiter fortschreitende Internationalisierung zusätzlich befeuert wird, halten Stadt und Museumsverein daran fest, diesen „Kampf gegen die Zeit“ führen zu wollen, da sich „eines nicht allzu fernen Tages sämtliche Bilder von erster Qualität“ in öffentlichen Museen befinden werden und damit dauerhaft dem Markt entzogen sind.[47]

In der Zusammenschau der Beratungen und Entscheidungen über Neuerwerbungen mit den dafür verabredeten Finanzierungsarten wird deutlich, wie sich das *Museum Folkwang* in diesen Jahren als Handlungsort einer Gemeinschaft von Sammler:innen neu konstituiert. Da für die städtischen Vertreter:innen im Kuratorium bislang Hinweise auf privaten Kunstbesitz oder diesbezügliche Absichten fehlen, können sie nur in einem übertragenen Sinn als Sammler:innen bezeichnet werden. Ihre Stellungnahmen zur Erwerbungspolitik allgemein sowie zu einzelnen Neuerwerbungen lassen jedoch einen gleichermaßen politischen wie persönlichen Anspruch erkennen, inhaltlich mitbestimmen zu wollen. So wird

45 Protokoll der Kuratoriumssitzung vom 29.3.1962 (Ewald Schlierkamp, Vertreter der Stadt Essen), MF 00690. Aus dem gleichen Grund werden die archäologische Sammlung und die Sammlung sogenannter Weltkunst nach 1945 weitergeführt. So schreibt Ernst Henke, Vorsitzender des *Folkwang*-Museumsvereins, in einem auf den 11.7.1960 datierten Brief an Carl Hundhausen, einen Manager der *Friedrich Krupp AG*, dass Neuerwerbungen auf diesen Gebieten notwendig sind, „um im Folkwang-Museum wesentliche Kunstwerke alter Kulturen darstellen zu können“; MF 00554.

46 Sammlungskonzeption, undat. (ca. 1962), Anlage zum Protokoll der Mitgliederversammlung des Folkwang-Museumsvereins vom 23.1.1962 (Jahreshauptversammlung), MF 00607.

47 Protokoll der Verwaltungsratssitzung des Folkwang-Museumsvereins vom 22.1.1964 (Direktor Paul Vogt), MF 00607; vgl., Protokoll der Kuratoriumssitzung vom 22.6.1960: „[M]an müsse unter den heutigen Umständen bereit sein, für gute Werke auch hohe Preise zu zahlen.“ (Paula Pütt, Vertreterin der Stadt), MF 00690.

die von Adalbert Colsman Ende der 1950er Jahre vehement geforderte Einsetzung eines mit externen Kunstsachverständigen besetzten „Arbeitsausschusses“ mit der Begründung abgelehnt, sie wollten „selbst mit entscheiden“ und ihre Verantwortung nicht an ein solches Gremium abgeben.[48] Zwar ist nicht auszuschließen, dass sich die städtischen Vertreter:innen dafür in der Hauptsache auf die Informationen und Meinungsäußerungen des Museumsdirektors und der Vertreter:innen des Museumsvereins stützen, gleichwohl treten einzelne von ihnen, etwa Bürgermeister Werner Lipa und Oberstadtdirektor Friedrich Wolff, wiederholt mit Nachdruck als persönlich engagierte Befürworter:innen moderner und aktueller Kunst in Erscheinung. Vielleicht am offensichtlichsten zeigt sich dieses Engagement in der programmatischen Entscheidung der Stadt, dem Museum einen „Sonderetat“ für „Ankäufe von Werken jüngerer Künstler“ bereitzustellen, um „den Ankaufsetat für die Erwerbung bedeutender Kunstwerke [der Klassischen Moderne] freizuhalten“.[49] Zu den frühesten Ankäufen, die auf diese Weise finanziert werden, gehören Karel Appels „Kijkende Gezichten“ (1961; 1963) und ein Gemälde von Zao Wou-Ki (1963; 1964).

Von den Vertreter:innen des Museumsvereins sind insbesondere Adalbert Colsman und Ernst Henke selbst als Kunstsammler aktiv. Über seine Schwester Gertrud, Osthaus' Ehefrau, hat Colsman die Sammeltätigkeit seines Schwagers aus nächster Nähe beobachten können, findet darüber Kontakt zu Künstler:innen wie Emil Nolde und Christian Rohlfs und beginnt seinerseits Kunst zu sammeln. Henke, seit den 1920er Jahren im Museumsverein und im Kuratorium aktiv, lernt Nolde ebenfalls über das *Museum Folkwang* kennen und gehört zu den frühesten privaten Sammlern dieses Künstlers. Neben Werken der Romantik (Caspar David Friedrich) und des Expressionismus umfasst Henkes Kunstsammlung darüber hinaus archäologische Objekte und nicht-europäische Kunst. Auch Theo Goldschmidt und Berthold von Bohlen und Halbach kaufen privat Kunst, von Bohlen und Halbach unter anderem von Emil Nolde, Ernst Barlach, Ernst Wilhelm Nay und Horst Antes, und korrespondieren mit Köhn (und später Vogt) über ihre Neuerwerbungen und ihnen vorliegende Kaufangebote.[50]

48 Protokoll der Kuratoriumssitzung vom 14.12.1961 (G. Streich, Vertreter der Stadt), MF 00690; vgl. Protokoll der Kuratoriumssitzung vom 17.12.1959 (Vorsitzender Ernst Henke, Vertreter des Museumsvereins), MF 00690.

49 Protokoll der Kuratoriumssitzung vom 29.3.1962 (Vorsitzender Werner Lipa, Vertreter der Stadt), MF 00690. Vgl. ebd. die oben zitierte Aussage von Werner Lipa, „eine wesentliche Aufgabe des Museums (bestehe) darin, auch Experimente zu wagen“.

50 Vgl. Villa Grisebach, 20 Werke aus der Sammlung Adalbert und Thilda Colsman, Auktionskatalog (Auktionen Nr. 258 u. Nr. 259, 2.–3.6.2016), Berlin 2016; für Ernst Henke siehe MF 00637 (Verzeichnisse der im Krieg ausgelagerten Werke) und MF 00554 et passim (Korrespondenz von Ernst Henke mit Heinz Köhn über Leihanfragen für Werke aus seiner Sammlung); für Theo Goldschmidt und Berthold von Bohlen und Halbach siehe MF 00533 (Korrespondenz mit Heinz Köhn über von ihnen geplante Kunstkäufe).

Dass ihre Tätigkeit im Kuratorium und ihr Engagement für das *Museum Folkwang* insgesamt wesentlich von ihrem Selbstverständnis als Sammler motiviert und mitbestimmt wird, zeigen beispielhaft verschiedene Briefe von Henke und von Bohlen und Halbach an Köhn und andere Kuratoriumsmitglieder, in denen sie Hinweise geben auf Ausstellungen und Kunstbücher, Künstler:innen und Werke, die Entwicklung des internationalen Kunstmarkts, aktuelle Auktionsergebnisse und Erwerbungen anderer Museen – es handelt sich dabei aus ihrer Sicht um Nachrichten und Informationen, die unbedingt in die Beratungen und Entscheidungen des Kuratoriums über Neuerwerbungen einfließen sollten. Als Colsman 1959 für die Sammeltätigkeit eine stärkere Berücksichtigung dreidimensionaler Werke anmahnt, greift Henke diese Kritik gerne auf und weist auf eine aktuelle Ausstellung französischer Plastik im benachbarten Dortmund hin: „Ich möchte Sie bitten, (...) mir zu sagen, ob Sie es nicht auch für richtig halten, daß wir nach dieser Richtung hin etwas tun müssen?“[51] Und auf den kurz zuvor erfolgten Ankauf einer Plastik von Henry Moore durch die Stadt Wuppertal anspielend fährt er fort: „Auch so etwas gehört in den Rahmen der oben erwähnten Plastik.“ Tatsächlich gelingt es wenige Monate später, ein Werk von Moore für das Museum zu erwerben: Anfang 1960 wendet sich von Bohlen und Halbach schriftlich an Köhn und sichert ihm zu, den kurzfristig beabsichtigten Ankauf der Bronzeplastik „Glenkiln Cross“ – „ein Kunstwerk, (...) von dessen künstlerischem Wert (...) wir innerlich überzeugt sind“ – anteilig zu finanzieren und die Zwischenfinanzierung des Restbetrags mit einem zinslosen Darlehn abzusichern.[52]

Eine vergleichbare Entschlossenheit zeigt Henke, als er Mitte 1959 einen „grossen Vedova“ erwirbt und Paul Vogt bittet, das Werk für ihn in Essen entgegenzunehmen: „Er wird an Ihr Folkwang gesandt. Sind Sie so freundlich und nehmen ihn in Empfang? (...) Herzlichen Dank im voraus!!“ – „Das Bild hole ich nach Rückkehr ab!“[53] Ob Henke daran festgehalten hat, darf bezweifelt werden: Zwar wird der Bildtitel nicht genannt, der zeitliche Zusammenhang spricht jedoch stark dafür, dass es sich dabei um Vedovas Gemälde „Tensione“ (1958) handelt, das er dem *Museum Folkwang* noch im gleichen Jahr zum Geschenk macht. Entscheidungsfreudig und meinungsstark zeigen sich vor allem Colsman, Henke und von Bohlen und Halbach auch in ihren gelegentlichen schriftlichen Stellungnahmen

51 Ernst Henke an Adalbert Colsman, Brief, 8.5.1959, MF 00554; das folgende Zitat ebd. Die Dortmunder Ausstellung „Französische Plastik des 20. Jahrhundert“ (*Museum am Ostwall*, Mai bis Juni 1959) umfasst moderne und zeitgenössische Plastik u. a. von Constantin *Brâncuşi,* Charles Despiau, Julio Gonzales, Henri Laurens, Jacques Lipchitz, Aristide Maillol und Auguste Rodin.

52 Berthold von Bohlen und Halbach an Heinz Köhn, Brief, 10.2.1960, MF 00533.

53 Ernst Henke an Paul Vogt, Brief, 3.8.1959, MF 00554.

und Nachfragen zu Ankaufsvorschlägen, über die das Kuratorium noch nicht entschieden hat.[54]

Große Bedeutung kommt dem Engagement der Kunst sammelnden Mitgliedern des Museumsvereins darüber hinaus aufgrund ihrer engen Verbindung zum *Kulturkreis* der deutschen Wirtschaft im *Bundesverband der Deutschen Industrie* (BDI) zu, dessen Gründung 1951 unter anderem Colsman und Goldschmidt initiiert haben. Mit Stiftungen, Preisvergaben, Veranstaltungen und Publikationen entfaltet diese privatwirtschaftliche Institution zur Kulturförderung nicht nur auf dem Gebiet der bildenden Kunst von Beginn große Wirkung. Für Walter Grasskamp gehört der Kulturkreis „zu jenen wenigen Institutionen, die (…) den künstlerischen Kanon der jungen Bundesrepublik mitbestimmten".[55] Als industrielles Zentrum und Standort großer Unternehmen spielen die Stadt Essen und das Ruhrgebiet in den Aktivitäten des BDI und des Kulturkreises schnell eine wichtige Rolle; gleichzeitig übernehmen in Essen und im Ruhrgebiet tätige Unternehmer:innen beziehungsweise Manager:innen in beiden Institutionen wichtige Ämter und Funktionen. Colsman erreicht bereits 1952, dass der Kulturkreis das Museum mit einer sogenannten Grundsatzstiftung in Höhe von 80.000 DM unterstützt. Das zunächst für die Finanzierung des Neubaus vorgesehene Geld wird schließlich für Neuerwerbungen eingesetzt, deren Auswahl dem Museum „selbst überlassen" bleibt.[56] Es wird jedoch angehalten, „die Mittel nicht nur für den Ankauf von ‚Expressionisten' zu verwenden, sondern (…) auch Werke jüngerer Künstler einzubeziehen", ein Wunsch, der die Ziele der Essener Erwerbungspolitik bestätigt und mit Werken von unter anderem Kirchner, Heckel und Barlach sowie Meistermann, Winter und Karl Hartung eingelöst wird.[57] In der Folge beteiligen sich der Kulturkreis und einzelne der darin vertretenen Unternehmen noch häufiger an der Finanzierung von Neuerwerbungen für das *Museum Folkwang*. Zwei Jahre später (1954) findet in der *Villa Hügel* die Jahrestagung des BDI statt, und der Kulturkreis organisiert dort aus diesem Anlass eine Designausstellung; ab 1955 zeigt dann der *Arbeitskreis für industrielle Formgebung* im BDI an gleicher Stelle seine „Ständige Schau formschöner Industrieerzeugnisse".[58] Von Bohlen und Halbach, der sich stark für eine kulturelle Nutzung des ehemaligen Wohnhauses seiner Familie einsetzt, ist am Zustandekommen dieser Ausstellungen maßgeblich beteiligt.

54 Bspw. Berthold von Bohlen und Halbach an Heinz Köhn, Brief, 18.7.1957, MF 00533, und Ernst Henke an Heinz Köhn, Brief, 30.9.1959, MF 00554.

55 Walter Grasskamp: Auftragskunst und Gestaltungsfreiheit. Die fünfziger Jahre, in: ders./Wolfgang Ullrich (Hg.): Mäzene, Stifter und Sponsoren. Fünfzig Jahre Kulturkreis der deutschen Wirtschaft im BDI. Ein Modell der Kulturförderung, Ostfildern-Ruit 2001, S. 11–25, hier S. 25.

56 Köhn: Stiftung Folkwang, S. 49; das folgende Zitat ebd. S. 49 f.

57 Siehe das Verzeichnis der angekauften Werke ebd. S. 51.

58 Zu den Hintergründen siehe Grasskamp: Auftragskunst und Gestaltungsfreiheit, S. 21.

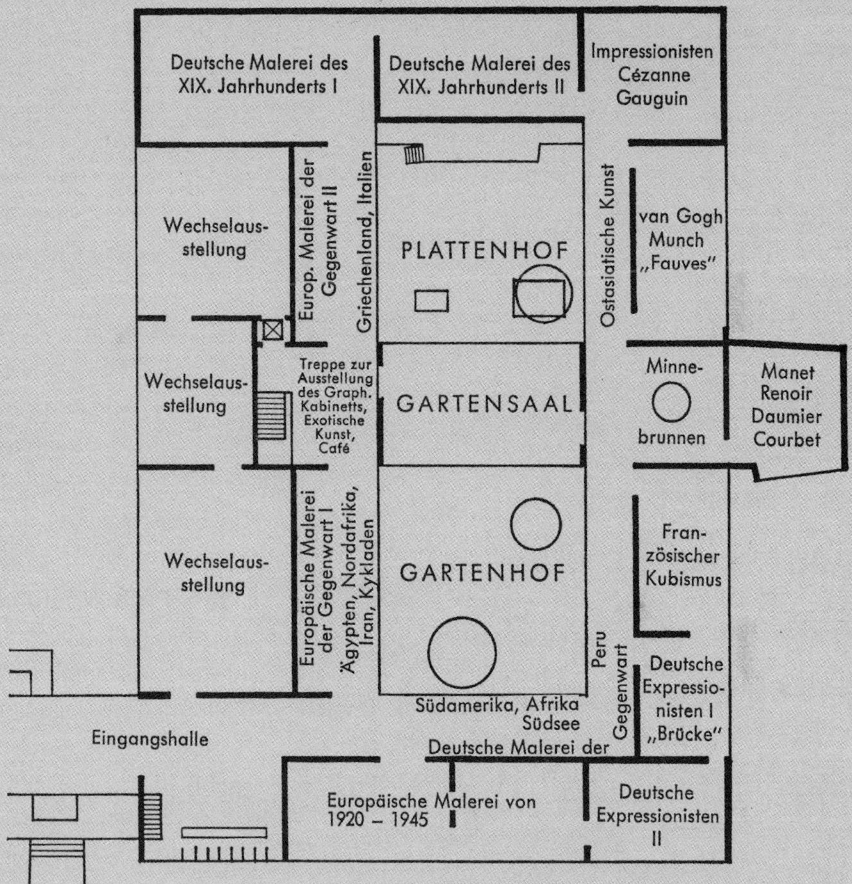

Museum Folkwang, Neubau, Grundriss des Ausstellungsgebäudes, Gliederung der Sammlungspräsentation, Besucherinformation, Loseblattsammlung, Essen, ca. 1968/70 (Museum Folkwang, Bibliothek)

Mit Hilfe des Kulturkreises und der darüber geknüpften Kontakte kann der Museumsverein zahlreiche neue Mitglieder gewinnen. Gleichzeitig gelingt es ihm, weit über das Ruhrgebiet hinaus Förderer:innen für das *Museum Folkwang* zu mobilisieren, die dessen Sammeltätigkeit nicht nur finanziell und mit Schenkungen unterstützen, sondern auch die damit verbundenen inhaltlichen und programmatischen Ziele teilen und ihrerseits verfolgen. Eine Vorstellung davon, wie dieser erweiterte Kreis von Sammler:innen sich zusammensetzt und fallweise an den Beratungen und Entscheidungen über Neuerwerbungen mitwirkt, gibt ein Brief Henkes an Goldschmidt aus dem Jahr 1960. Henke berichtet darin von einem Treffen, auf dem er und eine Gruppe von Gästen André Derains Gemälde „Vue de Collioure" (1905) begutachtet haben, einen Ankaufsvorschlag, dessen Finanzierung zu diesem Zeitpunkt gesichert ist, über den das Kuratorium aber noch abschließend beraten muss. „Auf meine Veranlassung hat hier im Museum eine Tagung der bedeutendsten Sammler Neuer Kunst und Freunde des Folkwang (…), die gleichzeitig auch zum großen Teil tätige Mitglieder des ‚Kulturkreises im Bundesverband der Deutschen Industrie' sind, stattgefunden. Es wird Sie interessieren, daß gerade diese Herren, die Sie vom ‚Kulturkreis' her kennen, (…) mir gegenüber jetzt mehrfach betont haben, daß sie den Erwerb dieses Derain für eine großartige Ergänzung des Folkwang halten und daß wir uns das doch nicht entgehen lassen sollten. Es waren auch noch andere wichtige Sammler vertreten (…)."[59] Tatsächlich ist die Entscheidung des Kuratoriums danach nur noch eine Formsache.

Bereits die sogenannte Grundsatzstiftung von 1952 zeigt, dass der Kulturkreis für Essen als wirkungsvoller Verstärker der dortigen Erwerbungspolitik agiert. Das kulturelle Engagement seiner Protagonist:innen ist dabei, ebenso wie dasjenige der Mitglieder des Museumsvereins, zugleich Ausdruck eines bürgerlichen Mäzenatentums in der Tradition des 19. Jahrhunderts, wie es von Osthaus exemplarisch verkörpert wird, und Bestandteil der (kultur-)politischen Agenda der durch sie vertretenen Unternehmen, insofern diese ihre Interessen in der jungen Bundesrepublik gemeinsam verfolgen. Die der Kunst des 20. Jahrhunderts zugeschriebene „Aura von Modernität, Fortschrittlichkeit und Freiheit"[60] sollte auf diejenigen übergehen, die sich aus einer selbst auferlegten gesellschaftlichen Verantwortlichkeit für ihre Verbreitung und Akzeptanz einsetzen, das heißt die Unternehmer:innen und Manager:innen des sogenannten Wirtschaftswunders.[61] Die Preisvergaben an zeitgenössische Künstler:innen stehen dafür ebenso ein wie die Einladungen an promi-

59 Ernst Henke an Theo Goldschmidt, Brief, 01.12.1960, MF 00554. Namentlich genannt werden u. a. die Sammler Ernst Schneider und Kurt Forberg, beide Düsseldorf, Karl Julius Anselmino, Wuppertal, und Bernhard Sprengel, Hannover.

60 Schildt: Moderne Zeiten, S. 429.

61 Vgl. S. Jonathan Wiesen: West German Industry and the Challenge of the Nazi Past, 1945–1955, Chapel Hill 2001, S. 165–170; „Art Exhibitions and Cultural Patronage", über die Funktion der Kulturförderung in der Selbstdarstellung westdeutscher Unternehmen gegenüber der Alliierten Hohen

nente Intellektuelle und Publizist:innen, an Veranstaltungen und Publikationen des Kulturkreises mitzuwirken.[62] Im gleichen Jahr, in dem Haftmann das Überblickswerk „Malerei im 20. Jahrhundert“ veröffentlicht, erscheint von ihm im „Jahresring“, dem neu gegründeten Jahrbuch des Kulturkreises, ein Artikel über Georg Meistermann und Fritz Winter, zwei der argumentativ zentralen deutschen Künstler in seiner „Entwicklungsgeschichte“ der modernen Kunst; bis 1959 folgen drei weitere Artikel.[63] In den „Jahresringen“ dieses Jahrzehnts ist Haftmann auf dem Gebiet der bildenden Kunst der dominierende Autor: Seine Beschreibung der ungegenständlichen Malerei als künstlerischer Ausdruck von (westlicher) Freiheit und Individualität und sein Konzept einer (auch in Deutschland) ungebrochenen Kontinuität der modernen Kunst machen ihn für die Herausgeber:innen zu einem „besonders geeignete(n) Beiträger“.[64] Haftmanns Veröffentlichungen in den „Jahresringen“ tragen viel dazu bei, den Autor und seine Kunstgeschichte in der „führenden Geschmacksträgerschicht“[65] der 1950er Jahre bekannt zu machen.

Die hier skizzierte Mobilisierung und Bündelung städtischer, bürgerlicher und unternehmerischer Kulturförderung, die das Kuratorium seit Beginn der 1950er Jahre orchestriert, ist der entscheidende Grund dafür, dass der programmatische „Wiederaufbau“ des Museumsgebäudes und der Sammlung in Essen bis Mitte der 1960er Jahre in großen Teilen abgeschlossen werden kann. Anknüpfend an die Osthaus-Tradition und die Ideen des Reformmuseums der 1920er etabliert sich das *Museum Folkwang* in den beiden Jahrzehnten nach Kriegsende schnell wieder als ein „Museum moderner Kunst“. Der Erfolg seiner Erwerbungspolitik, das angestrebte „harmonisch hohe Niveau (…) in der Darstellung der Kunst“[66] wird bald erreicht, ist dabei zugleich die populäre Konsequenz aus den damals aktuellen Debatten der Kunstkritik und Kunstgeschichtsschreibung.

Kommission und deren US-amerikanischen Vertreter:innen sowie in der bundesrepublikanischen Öffentlichkeit.

62 Vgl. Grasskamp/Ullrich: Mäzene, Stifter und Sponsoren, S. 216 f. und 222 ff.: Übersicht über die Preisträger:innen in der Sparte Bildende Kunst und die Gastredner:innen der Jahrestagungen.

63 Werner Haftmann: Georg Meistermann und Fritz Winter, in: Jahresring, 1. Jg., 1954, S. 143–149; ders.: Die Lithographien Emil Noldes, Jahresring, in: Jahresring, 2. Jg., 1955, S. 154–170; ders.: Moderne Kunst und Politik, in: Jahresring, 4. Jg., 1957, S. 69–84; ders.: Ein deutscher Kunsthändler in Amerika, in: Jahresring, 5. Jg., 1958, S. 175–188.

64 Christian Drobe: Grenzen der Freiheit? Werner Haftmann und die frühen Kunstdebatten im „Jahresring“, in: Brünner Beiträge zur Germanistik und Nordistik, Bd. 34, 2020 (zitiert nach: https://doi.org/10.5817/BBGN2020-2-9 [6.1.2023].

65 Helmut Kreuzer: Trivialliteratur als Forschungsproblem, in: Deutsche Vierteljahresschrift für Literaturwissenschaft und Geistesgeschichte, Bd. 41 (1967), H. 2, S. 173–191; zitiert nach Grasskamp: Auftragskunst und Gestaltungsfreiheit, S. 25.

66 Protokoll der Gesellschafterversammlung des Museum Folkwang, 23.6.1960 (Heinz Köhn, Direktor, über das Ziel der Sammeltätigkeit des Museum Folkwang), MF 00607.

Nicht zuletzt aus diesem Grund wird das *Museum Folkwang* nach 1945 innerhalb weniger Jahre erneut, wie schon zu Beginn des Jahrhunderts, als Symbolort der Moderne – einer inzwischen kanonischen Moderne – und einer auf diese rückbezogenen Gegenwartskunst wahrgenommen, der jetzt für die (kultur-)politischen Ziele der jungen Bundesrepublik einstehen kann.

Für meine Kollegin Ulrike Köcke zum 27. März 2023

Josephin Heller

Zurück in die Zukunft?

Kunstpolitische Entwicklungen in Leipzig nach dem Zweiten Weltkrieg – Netzwerke, Konzepte und Ausstellungen am *Museum der bildenden Künste*[1]

> „Herzlich willkommen in Leipzig! Sie sehen die alte Messestadt wieder; ihr Gesicht ist verwandelt, das der Menschen ebenfalls. Zu sagen, daß trotz der Trümmer, trotz Krieg und Faschismus der alte Geist weiterlebt, wäre eine Phrase. Denn der Geist, der aus dem Elend und der Zerstörung den Neuaufbau begonnen hat, ist ein anderer. (…) Die ersten Schritte des wirtschaftlichen Neuaufbaus sind von einer umfangreichen kulturellen Arbeit begleitet.“[2]

Diese Worte stammen aus einem Programmheft, das begleitend zur ersten *Leipziger Friedensmesse* im Mai 1946 von der Leipziger Stadtverwaltung herausgegeben wurde.

Sie begrüßte zu diesem Anlass Besucher:innen aus aller Welt und verknüpfte den wirtschaftlichen mit dem kulturellen Aufbau, während die Städte Berlin oder Dresden noch in Trümmern lagen.[3] Denn als Messestadt galt Leipzig nach dem Ende des Zweiten

1 Diesem Aufsatz liegen die Forschungsergebnisse meiner im Juli 2022 an der Universität Leipzig/Institut für Kunstgeschichte eingereichten und im April 2023 in der Fakultät für Geschichte, Kunst und Regionalwissenschaften verteidigten Dissertation zugrunde. Vgl. Josephin Heller: „Willkommen in Leipzig!“ Kunst und Politik nach dem Krieg. Das Leipziger Museum der bildenden Künste als Beispiel musealer Praxis im kulturpolitischen Geflecht der Nachkriegszeit (1945–1951), Online Ausgabe 2023, Zugl. Diss. Universität Leipzig 2022, URL: https://nbn-resolving.org/urn:nbn:de:bsz:15-qucosa2-875732 (abgerufen am: 03.03.2024). Einzelne Aspekte dieser Arbeit wurden im Rahmen des Tages der Stadtgeschichte Leipzig am 16. April 2021 in einem Vortrag vorgestellt.

2 Programm zur Frühjahrsmesse 1946 „Wiedersehen mit Leipzig“, Erste Leipziger Friedensmesse, 8.–12.5.1946. StadtAL, StVuR (Stadtarchiv Leipzig, Stadtverordnetenversammlung und Rat der Stadt Leipzig 1945–1990) 4430, Bl. 35–46.

3 Thomas Topfstedt: Stadtplanung und Architektur, in: Ulrich von Hehl (Hg.): Geschichte der Stadt Leipzig. Vom Ersten Weltkrieg bis zur Gegenwart, Leipzig 2019, S. 598–641, hier S. 601. Siehe auch: Aus dem Stabe der sowjetischen Militärregierung: „Wiedereinführung der Leipziger Messe“, Abschrift aus: Täglichen Rundschau, 58/255, 10. März 1946. StadtAL, StVuR 3195, Bl. 23.

Titelblatt, Messeprogramm zur Frühjahrsmesse 1946 in Leipzig (Stadtgeschichtliches Museum Leipzig, Inv.-Nr. ADS 318)

Weltkrieges innerhalb der Sowjetischen Besatzungszone (SBZ) als das wirtschaftliche und kulturelle Fenster in Richtung Westen zu den anderen Besatzungszonen. Die Handels- und Verlagsstadt Leipzig war spätestens seit dem 19. Jahrhundert mit renommierten Kunstsammlungen, einem angesehenen Kunstverein und namhaften Hochschulen international konkurrenzfähig. In der Kulturmetropole bot sich sowohl für die Leipziger Stadtverwaltung als auch für die sowjetischen Besatzer eine Bühne vor internationalem Publikum.[4] Der sich daraus entwickelnde Diskurs über die Kunstpolitik in der Messestadt wird im Folgenden anhand von Fallbeispielen aus der musealen Praxis, also die Summe aller Aufgaben und Tätigkeitsbereiche eines Museums, heraus für die drei Bereiche „Netzwerk“, „Konzepte“ und „Kunstausstellungen“ am Leipziger *Museum der bildenden Künste* (MdbK) erarbeitet.

Die Ausstellungstätigkeit am MdbK begann zunächst über Kooperationsveranstaltungen mit den anderen Museen der Stadt im einzig erhaltenen Museumsgebäude, dem *Naturkund-*

4 Vgl. Helge-Heinz Heinker: Die erste Friedensmesse 1946, in: Hehl (Hg.): Leipzig 2019, S. 541–546, hier S. 542.

lichen Heimatmuseum. Das Gebäude, des auf bürgerliche Schenkungen zurückgehenden Sammlungsbestandes des MdbK, wurde im Krieg zerstört.[5] Ab 1947 diente die ehemalige Reichsbank als Interim, und ab 1952 fand das MdbK im ehemaligen Reichsgericht eine neue Heimat. Seit 2004 befindet sich dieses Museum in einem Neubau im Leipziger Stadtzentrum. Allein zwischen 1945 und 1951 wurden, wie ich in meiner Forschungsarbeit nachweisen konnte, an verschiedenen Standorten über achtzig Kunstausstellungen durch das *Museum der bildenden Künste* Leipzig organisiert.[6]

1. Netzwerke in Stadtverwaltung und Kunstmuseum

> „Es existieren keine Vorbilder, Anhaltspunkte stehen nicht zur Verfügung, so daß vielfach aus dem Nichts heraus gestaltet werden muß."[7]

Unabhängig von der Verwaltungseinheit des Kulturamts agierten nach dem Zweiten Weltkrieg verschiedene Akteur:innen im Kulturbereich, die unterschiedlichste Hintergründe und Ziele mitbrachten. Parallel zum Aufbau des Verwaltungsapparates in der Stadt und zur Instandsetzung der Museumsarchitektur entwickelten sich Strukturen, die maßgeblichen Einfluss auf das kulturelle und kunstpolitische Wirken in Leipzig nahmen. In diesen Strukturen lässt sich durch personelle Überschneidungen und persönliche, politische oder historische Verbindungen ein Netzwerk zeichnen, das Ende der 1940er Jahre über die Stadtgrenzen hinweg wirkmächtig wurde. Für die Kunstpolitik in Leipzig waren nur wenige Akteur:innen profilbildend, deren Biografien bislang wenig bis gar nicht untersucht wurden. Zuerst sind aus der Kulturverwaltung die Kommunisten Richard Helmut Holtzhauer (1912–1973) und Rudolf Hartig (1893–1963) sowie aus dem Museumsbetrieb Margarete Hartig (4.1.1897) und Johannes Jahn (1892–1972) zu nennen. Richard Helmut

5 Zum Museum der bildenden Künste und der Sammlungsgeschichte siehe: Kristin Bartels: Bürgerliches Mäzenatentum in Leipzig. Die Sammlung Adolph Heinrich Schletter im Museum der Bildenden Künste, in: Hans-Werner Schmidt (Hg.): Eugène Delacroix & Paul Delaroche. Geschichte als Sensation, Ausst. Kat. Museum der bildenden Künste Leipzig, Leipzig 2015, S. 340–353; Sylke Claus: Das Leipziger Bildermuseum am Augustusplatz. Planung, Bau und Ausstattung, Leipzig 2003; Anett Müller: Der Leipziger Kunstverein und das Museum der bildenden Künste. Materialien einer Geschichte (1836–1886/87), Leipzig 1995.

6 Vgl. Dezernat Volksbildung, Abt. Kunst und Literatur, Monatsberichte der Leipziger Museen (Besucherzahlen, Ausstellungen und Veranstaltungen, Restaurierungen, Inventarisierung, Auskünfte, Aufräumungs- und Sicherungsarbeiten an den Gebäuden), 4 Bde. (Juni 1946–Jan 1953). StadtAL, StVuR 8657–8660.

7 Kulturamt, Stadtrat Bauer, Kurzbericht über die geleisteten Vorarbeiten auf dem Gebiete des Kulturwesens seit der Besatzung der Stadt, 23.7.1945. StadtAL, StVuR 2126, Bl. 47.

Holtzhauer[8], von Beruf Buchhändler, engagierte sich schon früh im NS-Widerstand und wurde von den Nationalsozialisten mehrfach inhaftiert. Er war an der Gründung der Leipziger Widerstandsgruppe *Nationalkomitee Freies Deutschland* (NKFD), dem *Antifaschistischen Block* und dem Kulturbund in Leipzig beteiligt. Nach Kriegsende wurde Holzhauer Stadtrat für Volksbildung (1945–1946), Wirtschaftsbürgermeister (1946–1948) und später Minister für Volksbildung im Land Sachsen (1948–1951). 1951 gründete er als Direktor die *Staatliche Kommission für Kunstangelegenheiten* (Stakuko), die Vorgängerorganisation des Ministeriums für Kultur. Er übernahm 1954 den Aufbau der *Nationalen Forschungs- und Gedenkstätten* (NFG) der klassischen deutschen Literatur in Weimar. Holtzhauer war als Leiter des Volksbildungsamtes, neben dem Oberbürgermeister, der höchste Entscheidungsträger für den Kulturbereich in der Leipziger Stadtverwaltung. Als Minister für Volksbildung bestimmte er über die Besetzung der Kunsthochschulen und Museumsleitungen in Sachsen. In der Stakuko saß er dem obersten Gremium für Kultur in der DDR vor.

Rudolf Hartig[9] war Musiklehrer und Schriftsteller und wurde bis 1945 ebenfalls mehrfach inhaftiert. Er engagierte sich während des Krieges im NKFD. Im *Antifaschistischen Block* war er der Leiter der Kulturabteilung und gab den Anstoß zur Gründung des Leipziger Kulturbundes. Im Juli 1945 übernahm er das Amt des durch die sowjetischen Besatzer eingesetzten Kulturamtsdirektors Erich Zeigner, der nun den Posten des Oberbürgermeisters übernahm. Im Sommer 1951 folgte er Richard Helmut Holtzhauer nach Berlin in die neu begründete *Staatliche Kommission für Kunstangelegenheiten*. Als Kulturamtsleiter in Leipzig mussten ihm alle Berichte, Budgetplanungen, Stellenbesetzungen und Verwaltungsvorgänge der Museen zur Genehmigung vorgelegt werden und so beeinflusste er aktiv die Ausstellungslandschaft, Ankaufs- sowie Personalpolitik am MdbK.

Hartigs Schwägerin Margarete Hartig[10] war Journalistin, Malerin und Kunsthistorikerin, die in Leipzig, Oxford und Paris studierte. Sie engagierte sich für die SPD und die Arbeiterbewegung und floh mit ihrem ebenso politisch aktiven Ehemann Valentin Hartig nach der Machtergreifung Hitlers in das Pariser Exil. Seit dem 1. November 1945 leitete sie in Leipzig am *Museum der bildenden Künste* das *Graphische Kabinett* und wurde stellvertretende Direk-

8 Vgl. Martin Holtzhauer: Helmut Holtzhauer, in: Sächsische Biografie hrsg. v. Institut für Sächsische Geschichte und Volkskunde e. V., https://saebi.isgv.de/biografie/Helmut_Holtzhauer_(1912–1973) [23.2.2022]; Lebenslauf Helmut Holtzhauer, in: Personalbogen Nationale Gedenkstätte Weimar, 11.12.1950. BStU, MfS AP, 568/54, 4–10; Einleitung Bestand Helmut Holtzhauer, SächsStA-L. URL: https://archiv.sachsen.de/archiv/bestand.jsp?oid=10.01.05.06&bestandid=21638&_ptabs=%7B%22%23tab-einleitung%22%3A1%7D#einleitung [23.2.2022].

9 Vgl. Thomas Höpel: „Die Kunst dem Volke". Städtische Kulturpolitik in Leipzig und Lyon 1945–1989, Leipzig 2011, S. 36; Kyrill Kunakhovich: In Search of Socialist Culture. Art and Politics in Krakow and Leipzig, 1918–1989, Princeton 2013, S. 49–51.

10 Lebenslauf und politische Charakterisierung Margarete Hartig. StadtAL, StVuR 8698, Bl. 310.

torin. Sie hielt Vorträge, verfasste Publikationen und kulturpolitische Schriften, gestaltete Ausstellungen, kaufte Kunstwerke für das Museum an, stand im Kontakt mit Künstler:innen und betreute die Öffentlichkeitsarbeit des Museums. Ihre progressive Haltung und ihre Kenntnisse insbesondere der modernen Kunst prägten die Ausstellungslandschaft und die Publikationstätigkeit des MdbK nachhaltig. Margarete Hartig setzte sich im Frühjahr 1949 mit ihrem Mann nach Hamburg ab und kehrte Leipzig den Rücken.

Johannes Jahn[11] hatte eine Doppelrolle inne: Er war zugleich Professor für Kunstgeschichte an der Universität Leipzig und seit Herbst 1945 Direktor des MdbK. Seine Professur trat er bereits in der NS-Zeit an, eine Tatsache, die nach Kriegsende in den Akten allerdings nie als problematisch eingestuft wurde. Sein Forschungsschwerpunkt lag auf der Kunst der deutschen und italienischen Renaissance. Er veröffentlichte 1940 das „Wörterbuch der Kunst", das in zahlreichen Auflagen erschien und noch heute zum Standardwerk der Kunstgeschichte zählt.[12] Er war federführend in der *Lucas-Cranach-Kommission* in der DDR, unternahm zahlreiche Reisen, auch in das westliche Ausland und wurde mit Orden und Preisen geehrt. Im Gegensatz zu den anderen drei eben genannten Personen engagierte sich Jahn wenig bis gar nicht politisch.

2. Konzepte für die museale Praxis in Leipzig

Der Einfluss auf die museale Praxis der direkten Nachkriegszeit erfolgte über drei Ebenen:
1. Die Befehle und Richtlinien der Sowjetischen Militäradministration in Deutschland (SMAD) auf der Makroebene
2. Die kunsttheoretischen Konzepte des Kulturamts in der Mesoebene
3. Die Expertise der Museumsleitung auf der Mikroebene

Die Befehle und Richtlinien der Sowjetischen Militäradministration in Deutschland regelten beispielsweise die Wiedereröffnung der Museen, die Rückführung der Bestände oder den Entzug privater Kunstgüter im Rahmen der Bodenreform, die sogenannten Schlossbergungen. Darüber hinaus mussten alle Ausstellungen durch vorherige Begehung der Kommandantur genehmigt werden. Abgesehen von den allgemeinen Zielen der alliierten

11 Vgl. BStU, MfS, BV Leipzig, AP, Nr. 434/79, DB, 18–39, 45–48; UAL, PA 4225; StadtAL, StVuR 8698, Bl. 254; Zu Jahn und dem Institut für Kunstgeschichte in Leipzig vgl. Thomas Topfstedt/Frank Zöllner: Kunstgeschichte, in: Ulrich von Hehl/Uwe John/Manfred Rudersdorf (Hg.): Geschichte der Universität Leipzig, 1409–2009. Fakultäten, Institute, zentrale Einrichtungen, Bd. 4.1, Leipzig 2009, S. 218–234.

12 Kratzke greift in ihrem Aufsatz die Kritik an der Publikation auf. Vgl. Christine Kratzke: Das Kunsthistorische Institut der Universität Leipzig von 1945 bis 1958. Neuanfänge und Kontinuitäten. In: Martin Papenbrock (Hg.): Schwerpunkt Kunstgeschichte an den Universitäten in der Nachkriegszeit. Göttingen 2006 (Kunst und Politik 8), S. 51–92, hier: S. 68 f.

Besatzer (Entnazifizierung, Demilitarisierung, Demokratisierung, Dekartellisierung und Dezentralisierung), wie sie auf der Potsdamer Konferenz im Sommer 1945 festgehalten wurden, konnte in den Befehlen keine weitere inhaltliche Einflussnahme durch die sowjetischen Besatzer nachgewiesen werden. Diese erste Phase in der Ausstellungslandschaft der SBZ wird deshalb als liberal bezeichnet.[13]

Der Leiter des Kulturamts, Rudolf Hartig, hingegen bezog in zahlreichen kunst- und kulturtheoretischen Schriften Stellung und formulierte dort auch konkrete Forderungen und Vorschläge für die Museen. Im Abgleich der Dokumente konnte festgestellt werden, dass Hartig insbesondere in der direkten Nachkriegszeit inhaltlich von seiner Schwägerin beeinflusst wurde. So beispielsweise bei der Konzeption der ersten Ausstellungen des MdbK nach Kriegsende. Mit der Planung der ersten Kunstausstellungen wurde im August 1945 begonnen. Rudolf Hartig initiierte dafür als neuer Kulturamtsleiter eine Museumsleiterbesprechung.[14] Die Konzepte für die kommenden Ausstellungen des MdbK entwickelte der noch amtierende Museumsdirektor Werner Teupser (1895–1954) in Absprache mit Hartig. Teupser weilte noch seines Amtes, da er die Rückführung der Museumsbestände von den Auslagerungsorten organisieren musste. Der wechselseitige Schriftverkehr belegt die intensive Diskussion der Themen und Künstler:innen sowie eine mögliche Kooperation mit dem Leipziger Kunstverein. Museumsdirektor Werner Teupser schlug zuerst eine Auswahl an Grafik von Käthe Kollwitz (1867–1945), Max Liebermann (1847–1934), Lovis Corinth (1858–1925) und Max Slevogt (1868–1932) vor. Diese Auswahl sollte zum einen „künstlerische Erscheinungen der Öffentlichkeit wieder [vorführen], die in den Jahren des vergangenen Regimes unterdrückt, bzw. ausgeschert worden waren" und zum anderen als reine grafische Ausstellung den Material-, Transport- und Personalmangel abfedern. Ferner empfahl Teupser eine Kollektivausstellung in Kooperation mit Prof. Walter Tiemann (1876–1951), dem Interimsdirektor der *Leipziger Königlichen Akademie für graphische Künste und Buchgewerbe* (der späteren *Hochschule für Grafik und Buchkunst*), zur Buch- und Schriftkunst in Leipzig, eine Sonderausstellung zu Alfred Frank (1891–1945), dem „Gesicht des schaffenden Menschen" oder den „Sächsischen Meistern aus drei Generationen".[15] Teupsers Überlegungen bezogen sich also hauptsächlich auf den grafischen Bestand des Museums sowie ortsansässige, bereits etablierte und ehemals verfemte Künstler:innen. Eine Differen-

13 Vgl. Ulrike Ziegler: Kulturpolitik im geteilten Deutschland. Kunstausstellungen und Kunstvermittlung von 1945 bis zum Anfang der 60er Jahre. Frankfurt a. M. 2006, S. 126.

14 Kulturamt, Protokoll Museumsleiterbesprechung im Naturkundlichen Heimatmuseum am 16. Aug. 1945 auf Einladung von Herr Amtsvorstand Hartig. Anwesende: Prof. Dr. Reinhard (Länderkunde), Prof. Dr. Erkes (Völkerkunde und Kunstgewerbe), Dr. Schulze (Stadtgesch.) in Begleitung von Kustos Dr. Lange, Dr. Teupser (MdbK) und Dr. Döring (Naturkunde). StadtAL, StVuR 8786, Bl. 4.

15 Teupser an R. Hartig, 28.8.45. Reaktion auf Museumsleitertreffen vom 16.8.45. StadtAL, StVuR 8786, Bl. 10.

zierung der verschiedenen Verfolgungshintergründe der Protagonisten wurde dabei nicht vorgenommen. Auch kann nicht festgestellt werden, ob zwischen Mal-, Ausstellungs- oder Verkaufsverboten unterschieden wurde.

Hartig ergänzte die Vorschläge von Museumsdirektor Teupser schriftlich um folgende Themen: „Nie wieder Krieg"", Albrecht Dürer (1471–1528) mit den Apokalyptischen Reitern, „Caillots" (gemeint ist Jacques Callot, 1592–1635) „Schrecken des Krieges", die Radierungen von Francisco de Goya (1746–1828), die „Allegorien" von Arnold Böcklin (1827–1901), Wilhelm Trübner (1851–1917), die zeitgenössischen Künstler:innen Franz Masereel (1898–1972), Käthe Kollwitz, Otto Dix (1891–1969), Max Schlichter (vermutlich: Rudolph Schlichter, 1890–1955) und Georg Grosz (1893–1959), „deren Werke in grösster Anschaulichkeit und Ungeschminktheit den Krieg als furchtbarsten Rückfall in die Barbarei anprangern". Dem Kulturamtsleiter zufolge solle die Ausstellungspolitik der nächsten Zeit in Richtung „Der arbeitende Mensch in der Kunst" geleitet werden.[16] Anders als Teupser wählte Hartig die Kunstwerke aufgrund ihrer Botschaften und ihrer Bildthemen aus, wobei er weder auf die Verfügbarkeit noch auf die logistischen Komponenten achtete. Mit diesen Vorschlägen griff er direkt und wortwörtlich die Impulse seiner Schwägerin und zukünftigen Leiterin der Grafischen Sammlung am MdbK, Margarete Hartig, auf. Sie verfasste ein zweiseitiges, undatiertes Maschinenmanuskript mit dem Titel:

> „Anregungen für sporadische Ausstellungen bildender Kunst mit Tendenzcharakter (Antimilitaristisch oder sozial) von Werken, die dem Publikum durch die Kriegsmaßnahmen (Schließung der Museen) lange vorenthalten worden sind mit ausgesprochen kunsterzieherischer Absicht auch der grossen Massen des Volkes, denen Kunstgenuß bisher keine Selbstverständlichkeit war wie den priveligierten [sic!] Schichten des Bürgertums."[17]

Hier finden sich die von Rudolf Hartig vorgeschlagenen Künstler:innen und die angesprochenen Ausstellungsthemen „Nie wieder Krieg" oder „Der arbeitende Mensch in der Kunst" wieder. Die übernommenen inhaltlichen Vorschläge wurden in Margarethe Hartigs Manuskript handschriftlich am Rand der Textpassagen markiert.[18] Das annotierte Dokument zeigt also, dass sich der Leiter des Kulturamtes zu Beginn seiner Amtszeit von der kenntnisreichen Schwägerin anleiten ließ und diese damit noch vor ihrer Einstellung am MdbK direkten Einfluss auf die Ausstellungskonzeption der direkten Nachkriegszeit nehmen konnte.

16 Brief von R. Hartig an Teupser, betr. Ausstellung MdbK, 5.9.45. StadtAL, StVuR 8786, Bl. 20.

17 StadtAL, StVuR 8786, Bl. 1–2. Undatiertes Maschinenmanuskript, unterzeichnet mit M. Hartig.

18 Das Manuskript wurde im Stadtarchiv Leipzig im Bereich Volksbildungsamt, Dezernat für Kunst und Kunstpflege archiviert. Es handelt sich also um das dem Kulturamt vorliegende Dokument.

3. Kunstausstellungen am Museum der bildenden Künste

Welche Künstler:innen für die ersten Ausstellungen nach Ende des Zweiten Weltkrieges ausgewählt wurden und vor welchen Herausforderungen die Angestellten des Museums bei diesem Vorhaben standen, zeigt exemplarisch die Untersuchung der Schau „Mitteldeutsche Kunst. Malerei, Graphik und Plastik der Gegenwart", die vom 8. Dezember 1946 bis 9. Februar 1947 präsentiert wurde. Sie weihte als Eröffnungsausstellung des MdbK den Interimsstandort im ehemaligen Reichsbankgebäude (heute *Musikschule Johann Sebastian Bach* in der Petersstraße) ein. Dafür traten die Museumsleiter:innen Jahn und Hartig in den direkten Kontakt mit Künstler:innen, Museen und Galerien in Leipzig, Chemnitz, Halle, Altenburg und anderen Orten. Ein großer Teil der Kunstwerke, die zuvor im benachbarten Halle an der Saale in der Ausstellung „Kunstausstellung 1946 der Provinz Sachsen" präsentiert wurden, konnte übernommen werden.[19] Zudem wurde ein Katalog publiziert, der neben den Archivquellen wertvolle Hinweise für die Analyse bietet. Innerhalb der Ausstellung von insgesamt 80 präsentierten Künstler:innen und 244 Kunstwerken dominierte die Gattung der Malerei: Es überwogen Landschafts- und Genredarstellungen, ergänzt durch Portraits, Akt- und Tierfiguren sowie Stillleben. Lediglich vereinzelt tauchten die Themen Krieg und Verfolgung auf, auch christliche Bildthemen waren rar. Museumsdirektor Jahn beschrieb die Ausstellungskonzeption im Vorwort des Kataloges wie folgt:

> „Es wurde vermieden, unter den verschiedenen Richtungen, die heute nebeneinander herlaufen, einer das Übergewicht zu geben, vielmehr wurde darauf geachtet, sie alle zu Wort kommen zu lassen, sofern nur die Bedingung wirklichen Gestaltungsvermögens erfüllt war. (…). Der Versuch des Hitlerregimes, die Kunst seinen staats- und kulturpolitischen Zielen dienstbar zu machen und alles zu unterdrücken, was diesen Zielen nicht entsprach, hatte zu einer Uniformierung der Kunst geführt, die heute überwunden ist. Heute können sich alle Richtungen frei bewegen und sie tun es auch. Eine ist unter ihnen, die es besonders schwer hat, das Publikum anzusprechen: Der Expressionismus."[20]

Beim Studium des Kataloges fällt auf, dass hier neben den ‚modernen' Kunstwerken, allgemein unter dem Begriff „Expressionismus" zusammengefasst, auch Kunstwerke mit ‚konservativerer' Gestaltung abgebildet wurden. Gerade vor dem Hintergrund, dass kurz zuvor

19 Vgl. Der Präsident der Provinz Sachsen, Abteilung Volksbildung, Kunst und Literatur (Hg.): Kunstausstellung der Provinz Sachsen 1946. Städtisches Museum in der Moritzburg Halle, Halle 1946. Der Katalog liegt in digitalisierter Form in der SLUB Dresden vor: URN: http://nbn-resolving.de/urn:nbn:de:bsz:14-db-id5183920310 [4.6.2020].

20 Johannes Jahn: Mitteldeutsche Kunst. Malerei, Graphik, Plastik der Gegenwart, Ausst. Kat. Museum d. Bildenden Künste Leipzig, 8. Dez. 1946–9. Febr. 1947, Leipzig 1946, Einführung.

Doppelseite aus dem Katalog zur Ausstellung „Mitteldeutsche Kunst. Malerei, Graphik, Plastik der Gegenwart", 8. Dez. 1946 bis Ende Januar 1947 (Museum der bildenden Künste Leipzig, S. 32–33, SLUB Dresden, URL: http://digital.slub-dresden.de/id1685416632 [12.6.2022])

eine Ausstellung mit dem Titel „Befreite Kunst"[21] gezeigt wurde, die die vormals als ‚entartet' klassifizierten Kunstwerke präsentierte, regen einige der hier ausgewählten Positionen zum Nachdenken an.

Besonders deutlich wird diese Diskrepanz in der Betrachtung des Kataloges. Auf einer Doppelseite ist beispielsweise auf der linken Seite das Ölgemälde „Magdeburger Dom in Trümmern" von Herbert Stockmann (1913–1947) und auf der rechten Seite der handkolorierte Holzschnitt „Seeadler" von Walther Klemm (1883–1957) abgebildet.[22] Während

21 Die Ausstellung „Befreite Kunst" wurde parallel zu einer Retrospektive auf den Künstler Rüdiger Berlit vom 10. März 1946 bis zum 14. April 1946 als Teil der Leipziger Frühjahrsausstellung in den Räumen des Naturkundlichen Heimatmuseums umgesetzt. Vgl. Dr. Erich Marx, Befreite Kunst, 1946. Archiv MdbK Leipzig, Kart. Inland, Ausstellungen im Museum 1945/46, 1947, unpag.

22 Katalog Ausstellung Mitteldeutsche Kunst 1946, S. 32–33.

Stockmann in seiner Darstellung des Magdeburger Doms die Konturen des Gebäudes durch einen pastosen Farbauftrag verschwimmen lässt, wählt Klemm für seinen Holzschnitt eine naturnahe, eine lebensechte Darstellung des Seeadlers.

Aber nicht nur die Motive, die verwendete Technik oder der ausgeführte Stil unterscheiden sich. Die Graphiken Walter Klemms waren zwischen 1937 und 1944 bei der „Großen Deutschen Kunstausstellung" in München vertreten.[23] Die GDK war eine offizielle, mit dem NS-System konforme Verkaufsausstellung.[24] Klemm selbst kann demnach als etablierter Künstler während der NS-Zeit gelten. Herbert Stockmann hingegen wurde 1933 mit Malverbot belegt und musste mit der „Strafdivision 999" 1939 an die sowjetische Front.[25]

Ein weiteres Beispiel für die eben beschriebene Diskrepanz ist eine Plastik, die sich als Dauerleihgabe unbekannter Herkunft im MdbK befindet. Die „Lautenspielerin", gestaltet von Alfred Thiele (1886–1957) in den Jahren 1933/34, ist eine mittelgroße Zementplastik. Sie wurde zum ersten Mal anlässlich der Kulturwoche, organisiert von der NS-Kulturgemeinde Ortsverband Leipzig, im Jahr 1934 präsentiert.[26] Drei Jahre später wurde sie bei der „Großen Deutschen Kunstausstellung" in München ausgestellt.

Auf einer Plinthe steht im Kontrapost eine junge weibliche Figur. Der Kopf ist leicht gesenkt, der Mund etwas geöffnet. Sie spielt auf einer Laute, wobei ihre linke Hand greift, und die rechte Hand zupft. Die Figur trägt ein knöchellanges, eng am Körper liegendes, schmuckloses Kleid. Die Darstellung der „Lautenspielerin" kann als naturnah bezeichnet

23 Zwischen 1938 und 1944 sind insg. 17 Beteiligungen von Walter Klemm bei der GDK nachweisbar. 1939 kaufte Joseph Goebbels das Gemälde „Mövenflug" von Klemm für 1.500 RM. Vgl. URL: http://www.gdk-research.de/de/obj19402869.html [5.6.2020]. Siehe auch: Ulrich Kelber: Von der Wiedergeburt des Holzschnitts. Rezension zu „Stadt. Land. Tier" Kunstforum Regensburg. Mittelbayerische, 6. April 2017, https://www.mittelbayerische.de/kultur-nachrichten/von-der-wiedergeburt-des-holzschnitts-21853-art1506019.html [27.5.2020].

24 Das Zentralinstitut für Kunstgeschichte erarbeitete zwischen 2007 und 2011 in Kooperation mit dem *Haus der Kunst München* und dem *Deutschen Historischen Museum* in Berlin eine Datenbank, die alle Kunstwerke, Künstler:innen, Kataloge und Bildquellen der „Großen Deutschen Kunstausstellungen" analysierte und zugänglich machte. Vgl. http://www.gdk-research.de [24.3.2021]. Siehe auch: Marlies Schmidt: Die „Große Deutsche Kunstausstellung 1937 im Haus der Deutschen Kunst zu München": Rekonstruktion und Analyse, Online-Publikation 2012, http://digital.bibliothek.uni-halle.de/urn/urn:nbn:de:gbv:3:4–9141 [24.3.2021].

25 Herbert Stockmann war Maler und ab 1946 Professor auf der Burg Giebichenstein in Halle (Saale). Er reiste zwischen 1935 und 1939 nach Prag, Paris, Nordafrika und Bern, wo er Paul Klee begegnete. 1939 folgten politische Haft, Kriegsdienst und nach 1945 die Mitgliedschaft im Kulturbund und in der SED. Stockmann beging im November 1947 Selbstmord. Vgl. Online-Verbundprojekt „Bildatlas: Kunst in der DDR." Koordiniert v. Karl-Siegbert Rehberg, https://www.bildatlas-ddr-kunst.de/person/1841 [4.6.2020].

26 Vgl. NS-Kulturgemeinde Ortsverband Leipzig (Hg.): „Kulturwoche 1934 in Leipzig", Programmheft, Leipzig 1934.

werden, obschon die Gesichtszüge, die Hände und die Kleidung der Figur vereinfacht und ohne Details, wie beispielsweise Falten dargestellt wurden. Der Bildhauer Thiele leitete vor und nach der NS-Herrschaft die Leipziger Kunstgewerbeschule (später *Fachschule für Angewandte Kunst Leipzig*) und prägte neben seinem Schüler Rudolf Oelzner (1906–1985) maßgeblich die Plastik im öffentlichen Raum Leipzigs.[27] Die „Lautenspielerin“ wurde spätestens seit 1947 regelmäßig im MdbK ausgestellt, zuletzt 2019/2020 in der Ausstellung „Sammlung im Blick. Leipziger Kunst von 1900 bis 1945“. Die Beispiele dienen als Belege für die Kontinuität in der Ausstellungspraxis vor und nach 1945.[28] Die Analyse der Quellen macht deutlich, dass 21 von 80 Künstler:innen, die für die Ausstellung „Mitteldeutsche Kunst“ am MdbK ausgewählt wurden, ebenso wie Walter Klemm oder Alfred Thiele zwischen 1937 und 1944 auf der GDK vertreten waren. Ein weiteres Ergebnis ist, dass aber auch 19 Künstler:innen ausgewählt wurden, deren Kunst 1937 im Rahmen der Aktion „Entartete Kunst“ aus öffentlichen Sammlungen beschlagnahmt wurde.[29]

Alfred Thiele, „Lautenspielerin“, 1934, Zement (Zentralinstitut für Kunstgeschichte, München, Online-Datenbank „GDK Research“, URL: http://www.gdk-research.de/de/obj19401923.html [30.6.2020])

27 Beispielsweise durch seine Arbeiten im Zoo, im neuen Messehof in der Peterstraße oder der Ringbebauung. Vgl. Topfstedt, Stadtplanung, S. 601, 606.

28 Die Plastik Thieles war Teil der Dauerausstellung „Deutsche Malerei aus alter und neuer Zeit“, die von 1947 bis 1949 gezeigt wurde. Vgl. Auflistung der Inventarnummern zur Ausstellung „Deutsche Malerei aus alter und neuer Zeit“ 1948. Archiv MdbK Leipzig, Inland, Ausstellungen im Museum 1945/46, 1947/49, unpag. Siehe auch: Johannes Jahn: Alfred Thiele/Georg Quenzel im Museum der bildenden Künste, Ausst. Kat. Museum der bildenden Künste Leipzig, Leipzig 1956.

29 Die Forschungsstelle „Entartete Kunst“ an der *Freien Universität Berlin* untersucht seit 2003 die Methoden nationalsozialistischer Kunstpolitik. Für weitere Informationen siehe: https://www.

An dieser Stelle deutet sich der kunstpolitische Konflikt der darauffolgenden Jahre in der SBZ und DDR an: Die Diskrepanz zwischen klassischem Erbe in naturalistischen respektive realistischen Darstellungsformen, wie sie bereits in der NS-Zeit etabliert waren und den diffamierten, als ‚entartet' bezeichneten Kunstströmungen der Moderne, deren Präsentation die Überwindung des ‚Hitlerregimes' verdeutlichen sollte. Bereits im Sommer 1945 kritisieren die Kulturfunktionäre der Sowjetischen Militäradministration in Deutschland öffentlich diverse moderne Stilrichtungen. Alexander Dymschitz (1910–1975)[30], der Leiter der Kulturabteilung in der SMAD, beschrieb in einem Artikel, erschienen in der *Täglichen Rundschau* vom 1. August 1945, die mangelnde Einheit von Inhalt und Form, die nur von einem ausgewählten Kreis verstanden werden könne und „nicht der realistischen Weltanschauung einer neuen Demokratie"[31] entspräche. Der kulturpolitische Kurs der sowjetischen Besatzer in Richtung ‚Sozialistischer Realismus', der offiziellen Kunstrichtung der DDR-Regierung, klang mit diesen Worten bereits an.[32]

* * *

Die museale Praxis im Leipzig der direkten Nachkriegszeit wurde von einigen wenigen Akteur:innen gestaltet, die auf verschiedenen Ebenen miteinander verbunden waren. In der Konzeption der ersten Ausstellungen wurde deutlich, dass sowohl die Museumsleitung als auch das Kulturamt die inhaltliche Gestaltung mitbestimmten. In der Analyse der Kunstausstellungen zeigte sich, dass nach 1945 sowohl Künstler:innen ausgewählt wurden, die in der NS-Zeit verfemt oder die im Nationalsozialismus anerkannt waren. Damit wurde zum einen an die Kunst der Avantgarde aus der Zwischenkriegszeit angeknüpft als auch zum anderen Künstler:innen gefördert, die aufgrund ihrer Position oder ihrer Kontakte als etablierte Größen in der Kulturlandschaft anzusehen waren. Die museale Praxis am MdbK war in den ersten Nachkriegsjahren geprägt vom liberalen kunstpolitischen Kurs der Besatzungsmacht, der spätestens mit der DDR-Gründung einer zunehmenden Zentralisierung nach sowjetischem Vorbild weichen musste.

geschkult.fu-berlin.de/e/khi/forschung/projekte/entartete_kunst/index.html [15.7.2020].

30 Dymschitz war Literaturwissenschaftler und Hochschullehrer. Zwischen 1945 und 1949 war er in der SBZ Leiter der Kulturabteilung der SMAD. Vgl. Kurzbiographie zu Alexander Lwowitsch Dymschitz, in: Wer war wer in der DDR. Ein Lexikon ostdeutscher Biographien. Hrsg. v. Helmut Müller-Enbergs u. a., 5. Aufl., Berlin 2010, https://www.bundesstiftung-aufarbeitung.de/de/recherche/kataloge-datenbanken/biographische-datenbanken/alexander-lwowitsch-dymschitz [14.04.2021].

31 Alexander Dymschitz: Krieg und Kunst, in: Tägliche Rundschau, 1. August 1945. Zitiert nach: Maike Steinkamp: Das unerwünschte Erbe. Die Rezeption „entarteter" Kunst in Kunstkritik, Ausstellungen und Museen der SBZ und frühen DDR, Berlin 2008, S. 95.

32 Vgl. Gisela Conermann: Bildende Kunst in der sowjetischen Besatzungszone. Die ersten Schritte bis hin zum sozialistischen Realismus im Spiegel der Zeitschrift „Bildende Kunst" von 1947 bis 1949, Berlin u. a. 1995, S. 41–66.

Klara von Lindern

Revision des Museums?

Werner Hofmanns didaktische Ausstellungskonzepte zwischen Kontinuitäten und Innovation

Eine Revision des Museums – keine Revolution, kein radikaler Bruch mit dem vormals Gewesenen und ein Ersetzen durch Neues. Eine Revision verweist auf das Überprüfen des Vorhandenen auf dessen anschließendes Überarbeiten und lässt sich mit dem Begriff einer (überprüfenden) Rückschau übersetzen. Der Begriff vereint in sich also bereits ein Stück weit das scheinbare Paradoxon einer Gleichzeitigkeit von Innovation und Tradition, das auch im Zuge der dem vorliegenden Band vorausgegangenen Tagung *Kunst in der Kommune: Über die Gleichzeitigkeit von Innovation und Kontinuität deutscher Kunstpolitik nach 1945* aus vielfältigen Perspektiven beleuchtet wurde.[1] Dieser Beitrag widmet sich der Untersuchung dieses Spannungsverhältnisses am Beispiel von drei Ausstellungskonzepten des Museumsdirektors, Kurators und Kunstwissenschaftlers Werner Hofmann, die in den 1970er-Jahren in der *Hamburger Kunsthalle* während seines Direktorates realisiert wurden: „Nana – Mythos und Wirklichkeit" (1973), „Caspar David Friedrich 1774–1840" (1974) und „Kunst – was ist das?" (1977). In den gewählten Fallbeispielen lässt sich eine Hinbeziehungsweise vielmehr eine Rückwendung zu bekannten Protagonist:innen und ihren Werken wiederholt beobachten. Jedoch stellt der Beitrag die Frage danach, ob es darin um ein „Zurücktasten zum Vertrauten"[2] und um das dadurch mehr oder weniger verschleierte Stabilisieren bestehender Kontinuitäten ging oder ob genau jenes Vertraute nicht vielmehr gerade durch eine Wieder-Hinwendung gründlich gegen den Strich gelesen werden und damit fruchtbar für einen neuen Deutungsansatz gemacht werden sollte. Die zu überprüfende These lautet, dass für Werner Hofmann vor allem anderen die Revision im Zentrum seiner Arbeit stand: Statt eines Abschaffens etablierter Institutionen und Medien

1 Annika Becker/Fabian Köster/Daniel Schmidt/Christiane Wanken: Kunst in der Kommune: Über die Gleichzeitigkeit von Innovation und Kontinuität deutscher Kunstpolitik nach 1945, Konzeptpapier zur gleichnamigen Tagung vom 22.–24. Juni 2022 in Gelsenkirchen, S. 1–2.

2 Anselm Doering-Manteuffel: Die Kultur der 50er Jahre im Spannungsfeld von „Wiederaufbau" und „Modernisierung", in: Axel Schildt/Arnold Sywottek (Hg.): Modernisierung im Wiederaufbau. Die westdeutsche Gesellschaft der 50er Jahre, Bonn 1998, S. 533–540, hier S. 540.

ging es dabei um eine Reform, die vor allem über das Erproben einer Kombination konventioneller und neuartiger Formate und Inhalte erfolgen sollte. Nicht das grundsätzliche Hinterfragen von Notwendigkeit oder Berechtigung der Parameter ‚Museum', ‚Ausstellung' oder ‚Katalog' stand damit auf der Agenda, sondern vielmehr ein kritisches Befragen ihrer Formen, Inhalte und Funktionsweisen – und ausgehend davon ein Fruchtbarmachen für die Gegenwart in Form von Aktualisierungen. Ein „Nebeneinander von Traditionalität und Modernisierung"[3], wie es Edgar Wolfrum ausdrückt, scheint den im Folgenden zu betrachtenden Ausstellungen also mehr oder weniger intendiert inhärent zu sein. Interessant ist dabei vor allem der Blick auf das ‚Wie' der angestrebten Aktualisierungen sowie des Integrierens und des Umsetzens von Innovationen. Hier kommt der Begriff der didaktischen Ausstellungskonzepte aus dem Untertitel ins Spiel. Wie im Folgenden argumentiert wird, waren es für Werner Hofmann und sein kuratorisches Team[4] vor allem die Besucher:innen, die zu entscheidenden Träger:innen der vorzunehmenden Innovationen und damit letztendlich auch der angestrebten Revision des Museums wurden. Die Ausstellungen und ihre Begleitpublikationen lassen sich gemäß dieser Annahme als (Vermittlungs-)Medien charakterisieren und in dieser Hinsicht auf Inhalte und Formen untersuchen, mittels derer ihre Erziehung zum kritischen Museumspublikum erfolgen sollte.[5] Die Fallbeispiele werden für die Untersuchung in chronologischer Reihenfolge betrachtet. Dies steht einerseits im Einklang mit der Annahme einer fortlaufenden, wechselwirkenden Entwicklung Hofmann'scher Ideen rund um seine Visionen für Museum und Ausstellung.[6] Andererseits ergibt sich daraus auch ein vorteilhafter inhaltlicher Aspekt, der es erlaubt, den Blick vom Kleinen ins Große übergehen

3 Edgar Wolfrum: Die geglückte Demokratie. Geschichte der Bundesrepublik Deutschland von ihren Anfängen bis zur Gegenwart, Bonn 2007, S. 154.

4 Der vorliegende Beitrag geht davon aus, dass nicht nur offiziell als Kurator:in angegebene Personen entscheidend am Zustandekommen von Ausstellungen beteiligt sind, sondern auch zahlreiche weitere Akteur:innen, deren Beteiligung jedoch zumeist nicht in ihrer Gesamtheit rekonstruiert werden kann. Mit dem Begriff des „kuratorischen Teams" sollen im Folgenden daher sowohl sichtbare, als auch (im Nachhinein) unsichtbare Beteiligte angesprochen und inkludiert werden.

5 Vgl. Werner Hofmann: Hamburger Erfahrungen. 1969–1990, Hamburg 1990, S. 13–14: „[Es] müssen neue Wege der Publikumsbeteiligung erschlossen werden. Wenn die Deutung, wie Marcel Duchamp sagt, den Beitrag des Betrachters zum schöpferischen Akt darstellt, dann obliegt es dem Museum, anstatt den Betrachter auf ein eindimensionales, interesseloses Wohlgefallen zu verpflichten, eine Vielzahl von Bezugssystemen anzubieten (…). Ist einmal der Betrachter zum Erproben verschiedener Deutungsmöglichkeiten ermächtigt, dann liegt auch die Wahlentscheidung bei ihm."

6 Vgl. ebd., S. 7: „In Wien (1962–1969) wie in Hamburg war meine Museumsarbeit stets dem Bedürfnis gekoppelt, über Kunstwerke schreibend nachzudenken." Dem vorliegenden Beitrag liegt die Annahme zugrunde, dass kunstwissenschaftliche Theorie und museale Praxis in einem wechselseitigen Verhältnis innerhalb der Fachgeschichte stehen. Werner Hofmann verkörpert dieses Prinzip wie kaum ein Zweiter: Auf viele der unter seiner Direktion veranstalteten Ausstellungen folgten später umfassende

zu lassen. Denn während die Schau „Nana – Mythos und Wirklichkeit" ihre Kernfragen ausgehend von einem einzelnen Werk entfaltete, so stand im Falle von „Caspar David Friedrich" eine Künstlerpersönlichkeit im Spiegel ihrer Zeit sowie in ihrer Wirkung bis in die Gegenwart im Fokus und „Kunst – was ist das?" warf schließlich große Fragen rund um den Kunstbegriff, um Institutionen, Strukturen, Produzent:innen und Rezipient:innen auf.

„Nana – Mythos und Wirklichkeit": Kritik an Kunst- und Werkbegriffen

Die Ausstellung „Nana – Mythos und Wirklichkeit" wurde zwischen dem 19. Januar und dem 1. April 1973 im Kuppelsaal der *Hamburger Kunsthalle* gezeigt.[7] Edouard Manets 1877 entstandenes Gemälde „Nana" bildete dabei den Mittelpunkt der Ausstellung. Das Werk, das zum ‚klassischen' Kanon der (europäischen) Kunstgeschichte zählt, würde von vielen heute wie auch in den 1970er-Jahren ohne Zögern als Meisterwerk bezeichnet werden – und damit als ein Produkt der sogenannten Hochkunst, des Zeigens im Museum würdig. Just hier jedoch setzten Werner Hofmann und das kuratorische Team mit der Ausstellung an: Ihr Ziel war es einerseits, bisherige Deutungen des berühmten Gemäldes ebenso wie Formen seiner bisherigen Musealisierung kritisch gegenzulesen und selbst im Raum zu hinterfragen. Mit der angebotenen Alternativpräsentation sollte das Publikum andererseits zugleich dazu angeregt werden, die oben genannten Termini, ‚Meisterwerk' und ‚Hoch'-, im Gegensatz zu ‚Trivialkunst' kritisch zu hinterfragen: Begriffe, die in der kunstwissenschaftlichen Museums- und Publikationslandschaft allgegenwärtig waren, sich aus Werner Hofmanns Sicht jedoch nicht als tragfähig erwiesen und einer Aktualisierung mittels kritischer Revision bedurften.[8] Im ausstellungsbegleitend herausgegebenen Katalog formulierte er dazu die folgende Passage: „Ein Kunstwerk ist einem Stern vergleichbar, der sich verschiedenen möglichen Konstellationen einfügen läßt. Was es aussagt, hängt von den Deutungsmustern ab, die wir ihm entwerfen, also von den Bezugssystemen, in die wir es stellen. (…) Unsere Ausstellung (…) ist bestrebt, das singuläre Faktum eines berühmten Gemäldes zu öffnen, indem sie es an möglichst vielen, z. T. ungewohnten Bezugssystemen

Monografien; umgekehrt lassen sich bei den Ausstellungsthemen immer wieder auch Bezüge zu früheren Schriften aus der Feder Werner Hofmanns herstellen.

7 Vgl. ebd., S. 11: Werner Hofmann bezeichnete die Schau dort rückblickend als „thematische Analyse neuer Art, ausgreifend auf die Trivialmythen unseres Jahrhunderts und zurückgehend in die Themen der traditionellen Allegorie und Mythologie."

8 Vgl. Werner Hofmann: Einführung, in: Hamburger Kunsthalle (Hg.): Nana – Mythos und Wirklichkeit, Hamburg 1973, S. 4–9, hier S. 4: Eine tradierte, museale Präsentation von Gemälden als solche ‚Meisterwerke' bezeichnete er hier als „einsinnige[s]" Erklärungsdogma.

Blick in die Ausstellung „Nana – Mythos und Wirklichkeit" (Fotografin: Elke Walford (?), Archiv der Hamburger Kunsthalle, Fotosammlung, keine Foto-Nr.)

teilnehmen läßt."[9] Die den Besucher:innen zugewiesene, in der Ausstellung zu erlernende und im Anschluss auf weitere Museumsbesuche zu übertragende Rolle bestand also erstens in einem Hinterfragen solcher musealer Darbietungen, die von ihnen eine weihevolle Bewunderung als präsentationswürdig vorselektierter und in der Folge auratisch inszenierter Kunstwerke erwarteten. Zweitens sollten sie im Prozess dieses Hinterfragens an einen offeneren Kunst- beziehungsweise Kunstwerkbegriff herangeführt werden.

Betrachtet man die erhaltenen Dokumentationsfotografien, erhält man einen Einblick in den räumlichen Aufbau der Ausstellung. Die Rotunde als Grundriss erwies sich für das beschriebene Vorhaben als überaus geeignet: Im wahrsten Sinne des Wortes konnte Manets „Nana" als Ausgangspunkt des aufgespannten Netzwerkes fungieren, das sich darum herum auffächerte. Die im Katalog erwähnten neuen Bezugssysteme, in die das Gemälde gestellt

9 Ebd., S. 4.

werden sollte, wurden an der umlaufenden Wand in insgesamt 25 Abschnitten vorgestellt. Wie Werner Hofmann in der Hinführung zur Schau schrieb, waren diese Abschnitte „als Bildessays konzipiert."[10] Die zum Großteil reproduzierten Bildwerke, die für diese Vergleiche an den Wandabschnitten herangezogen wurden, stammten nicht ausschließlich aus dem Bereich der sogenannten Hoch-, sondern auch aus dem Bereich der vermeintlichen „Trivialkunst", wie die Begriffe von Hofmann im Katalog verwendet wurden[11] – also beispielsweise aus Zeitschriften, Karikaturen, Plakaten oder Werbeannoncen. Die Besucher:innen konnten während ihrer eigenen Bewegung durch den Raum selbst eine Vielzahl an Bezügen zwischen Manets im Zentrum stehendem Gemälde „Nana" und den umgebenden Bildern aus teils ungewohnten Kontexten herstellen. Im Verlauf dieses aktiven Erschließungsprozesses konnte zugleich ebenso aktiv ein eng geführter Kunst(werk)begriff hinterfragt werden. Bei diesem anspruchsvollen didaktischen Ausstellungskonzept handelte es sich um einen bildwissenschaftlichen Ansatz, dem es weniger um materielle Eigenschaften oder um qualitative Wertungen als vielmehr um ein Weiterleben von Motiven durch verschiedene Zeiten und künstlerische Sphären ging. Noch radikaler nivelliert der ausstellungsbegleitend herausgegebene Katalog Spuren solcher Unterschiede: Sämtliche Reproduktionen finden sich hier rahmenlos, in etwa gleich groß und schwarz-weiß abgedruckt; Hinweise auf Materialität, Format und Farbigkeit können den Abbildungen nicht entnommen werden. In der Einführung betonte Werner Hofmann dazu: „Unsere Fragen setzen auf einer Ebene an, die für den orthodoxen Kunsthistoriker überhaupt nicht existiert, d. h. nicht relevant ist. (…) [D]er Führungsanspruch der Avantgarde wird relativiert und das Ghetto der Hochkunst gibt sich als arrogante Fiktion zu erkennen."[12]

Diese von Werner Hofmann beschriebene Vorgehensweise lässt sich aus wissenschaftsgeschichtlicher Perspektive mit einem wesentlich älteren Forschungsansatz verknüpfen, der zugleich einen unmittelbaren Lokalbezug zu Hamburg aufweist. Nicht von ungefähr erinnert die Optik der Ausstellungsdisplays und der im Katalog abgedruckten Bildseiten an die ikonografischen Untersuchungen zum Nachleben der Antike des 1866 in Hamburg geborenen Kulturwissenschaftlers Aby Warburg und dessen Bild-Zusammenstellungen auf

10 Ebd.

11 Vgl. ebd., S. 6: „(…) [U]nser Bild veranschaulicht einmal den Abstieg und die Zersetzung des seit der Renaissance gültigen Würdebegriffe [sic!] der Hochkunst (…) und zum andern den Aufstieg (die Nobilitierung) von trivialkünstlerischen (subkulturellen) Vereinbarungen auf die Ebene der Hochkunst. Zur Unterscheidung: unter Hochkunst verstehen wir die Sammler-, Ausstellungs- und Museumskunst, unter Trivialkunst die Gebrauchskunst der Karikaturisten, Illustratoren und zeichnenden Zeitungsjournalisten."

12 Ebd., S. 6–8.

den Tafeln des Mnemosyne-Atlas:[13] Werner Hofmann benannte ihn mehrfach explizit als Vorbild.[14] Kern und Zentrum von Aby Warburgs Schaffen bildete die 1909 in Hamburg begründete *Kulturwissenschaftliche Bibliothek Warburg*, an die bis heute das 1926 fertiggestellte *Warburg-Haus* in der Heilwigstraße 116 erinnert. Die Bibliotheksbestände wurden nach der Machtergreifung der Nationalsozialisten 1933 nach London verbracht und befinden sich seitdem (wenngleich im Laufe der Jahrzehnte deutlich erweitert) im dortigen *Warburg Institute*, wo sie Interessierten zugänglich sind. Zum Zeitpunkt der Ausstellung „Nana – Mythos und Wirklichkeit" waren jedoch weder Aby Warburg und seine Forschung noch die zwangsweise Emigration zahlreicher Kolleg:innen und der Bibliothek einer florierenden kulturwissenschaftlichen Begegnungsstätte als ‚unschöne Episode' hamburgischer Geschichte in der Stadt präsent. Seit seiner Berufung als Museumsdirektor der Hamburger Kunsthalle bemühte sich Werner Hofmann um ein Wiederverankern Aby Warburgs und seiner Errungenschaften in der Stadt: Resultierend unter anderem in einer Jubiläumsausstellung aus Anlass des 50. Todestags Aby Warburgs im Jahr 1979, diverser weiterer Gedenkveranstaltungen und der langfristigen Einrichtung des renommierten *Warburg-Preises*. Kontinuierliche Korrespondenzen unter anderem mit Lokalpolitiker:innen und Vertreter:innen des Senats, aber auch mit Fachkolleg:innen belegen Hofmanns Engagement in dieser Angelegenheit. Unterstützt wurde er dabei wesentlich vom in den späten 1970er-Jahren an die *Universität Hamburg* berufenen Kunsthistoriker Martin Warnke,[15] der sich in

13 Aby Warburg entwickelte den Mnemosyne-Atlas in den 1920er Jahren als Arbeitsinstrument mit dem Ziel einer (nicht realisierten) Publikation, als visuelles Referenzsystem und Dokumentation seiner bildkomparatistischen Arbeitsweise zugleich. Auf dunklem Untergrund kombinierter er Reproduktionen von Kunstwerken unterschiedlicher Zeitepochen und Regionen mit Reproduktionen von weiteren visuellen Alltagsmedien im weitesten Sinne, beispielsweise Briefmarken, Zeitungsartikeln oder Werbung. Diese setzte er somit (visuell) miteinander in Beziehung, um die Wege von Bildern und Motiven und die von ihm konstatierten, über weite Zeitspannen und Räume hinweg erfolgten Verflechtungen sichtbar zu machen. Komprimierte Informationen zur Geschichte des Atlas' sowie eine erstmalige Rekonstruktion der insgesamt 63 Tafeln bietet das *Haus der Kulturen* der Welt auf seiner Website. Im Rahmen einer dort 2020 gezeigten, von Roberto Ohrt und Axel Heil in Kooperation mit dem *Warburg Institute* kuratierten Ausstellung entstanden eine Publikation sowie eine digitale Ausstellung, die ebenfalls über die Website verfügbar ist. Vgl. dafür https://archiv.hkw.de/de/programm/projekte/2020/aby_warburg/bilderatlas_mnemosyne_start.php [2.6.2023].

14 Vgl. ebd.: „Um das Auf- und Absteigen inhaltlicher Bildtraditionen darzulegen (…), holt unsere Ausstellung die Quellen ihrer Vergleiche aus allen zugänglichen Höhenlagen: sie betreibt Kunstgeschichte als Geschichte des Bildes, das Vorbild ihrer Methode heißt Aby Warburg."

15 Zur Zusammenarbeit zwischen Werner Hofmann und Martin Warnke, auch unter besonderer Berücksichtigung der Kooperation im Zusammenhang mit dem Warburg-Jubiläum und des Engagements der beiden Kunstwissenschaftler für das Erforschen und Erschließen der Schriften Aby Warburgs, erschien kürzlich ein Aufsatz der Autorin: Klara von Lindern: „Im Verein mit Werner Hofmann." Martin Warnke, Werner Hofmann und die Hamburger Kunstwissenschaft seit den

den Folgejahrzehnten für Ankauf und Renovierung des erwähnten *Warburg-Hauses* durch die Stadt Hamburg und seine anschließende Wiedereröffnung im Jahr 1995 als Forschungszentrum stark machte.[16] Die Ausstellung „Nana – Mythos und Wirklichkeit" in der *Hamburger Kunsthalle* stellte also einen ersten, wichtigen Schritt des Einführens und (Wieder-) Verankerns von Aby Warburg und seiner Forschung in das Bewusstsein des Fachpublikums und im Speziellen des Hamburger Ausstellungspublikums dar, für das unter anderem Werner Hofmann während seiner Zeit als Museumsdirektor der *Hamburger Kunsthalle* und noch darüber hinaus maßgeblich mit verantwortlich bezeichnet werden muss. Innerhalb der Ausstellung wurde der wiederentdeckte, warburgsche Ansatz in den Museumsraum überführt. Dort sollte er als innovatives Mittel zum Aufbrechen eindimensionaler, musealer Präsentationsweisen ebenso wie starrer Einteilungsschemata der Kunstgeschichtsschreibung fruchtbar gemacht werden und zugleich für deren Aktualisierung sorgen.[17]

1970er Jahren, in: Jörg Probst (Hg.): Politische Ikonologie. Bildkritik nach Martin Warnke, Berlin 2022, S. 109–128. Dort finden sich auch weitere Verweise auf die entsprechenden Dokumente, die im Archiv der Hamburger Kunsthalle vorliegen.

16 Zur Geschichte des *Warburg-Hauses* und insbesondere des Engagements von Martin Warnke vgl. http://www.warburg-haus.de/tagebuch/80-geburtstag-von-prof-martin-warnke/ [29.8.2022].

17 Die Ausstellung in der Hamburger Kunsthalle wurde in diversen Presseartikeln im Zusammenhang mit den weiteren Veranstaltungen anlässlich des Warburg-Jahres erwähnt. Vgl. beispielsweise Hanns Theodor Flemming: Die Menschenrechte des Auges, in: Die Welt Hamburg vom 15. Oktober 1979; vgl. Henning Ritter: Der Entdecker der klassischen Unruhe. Zum 50. Todestag von Aby M. Warburg, in: Süddeutsche Zeitung vom 28. Oktober 1979; vgl. Gina Thomas: Aby Warburg. Feind der Spezialisten, in: Die Zeit vom 26. Oktober 1979. Im Archiv der Hamburger Kunsthalle finden sich neben der Mappe mit Presseartikeln auch weitere Dokumente rund um die Erarbeitung der Ausstellung, die zeitgleich mit einer Ausstellung zu Zeichnungen von Leonardo da Vinci gezeigt wurde und auf dem Weg zu dieser passiert werden konnte. Während die Rezeption der vergleichsweise klein angelegten Dokumentationsausstellung rückwirkend aufgrund der geringen Dokumentation schwer fassbar wird, gibt ein Brief des beteiligten Kurators Georg Syamken an den damaligen Direktor des *Warburg Institutes*, Joseph Burney Trapp, zumindest anteilig Aufschluss über mögliche Besucher:innenzahlen. Syamken schreibt: „[T]he Warburg exhibition has come to an end and it was very successful indeed. 82.000 visitors of the Leonardo drawings must have passed it and many of them paid due attention to it. You know, it was no easy exhibition, so that many visitors tried to get into Warburgs [sic!] problems but dropped my pamphlet having read perhaps a third of it, feeling it was too complicated. Anyhow some read more and felt encouraged to take it with themselves: So 5.000 copies were not enough and – after a second print – not even 8.000 copies; the last three weeks we were without it and had many inquieries [sic!]." Vgl. Archiv der Hamburger Kunsthalle (HAHK), HAHK II Ausstellung Warburg 1979–1980, Korrespondenz zu – Ausst. Aby M. Warburg – Aby M. Warburg Preis – Publikation über Warburg 1979–1980, unpaginiert: Brief von Georg Syamken an Joseph Burney Trapp vom 2. Februar 1980.

„Caspar David Friedrich 1774–1840": Zwischen Werkmonografie, Ausstellungszyklus und Kritik an Kanon und Epochen

Rund eineinhalb Jahre nach der Ausstellung „Nana – Mythos und Wirklichkeit" öffnete im Herbst des Jahres 1974, rund 200 Jahre nach der Geburt des Künstlers, die Retrospektive „Caspar David Friedrich 1174–1840" ihre Pforten. Während Friedrich nach seiner sogenannten ersten ‚Wiederentdeckung' im Rahmen der Berliner „Jahrhundertausstellung deutscher Kunst" im Jahr 1906 in den Folgejahrzehnten als großer deutscher Künstler gefeiert wurde, entpuppte sich diese Entwicklung zunehmend als fatal und gipfelte schließlich in einer hochproblematischen Deutung und nationalistischen, später nationalsozialistischen Vereinnahmung durch Teile der deutschsprachigen Kunstgeschichtsschreibung.[18] Auf die intensive Beschäftigung mit Caspar David Friedrich folgte nach 1945 ein weitgehendes Schweigen in der Kunstwissenschaft – durchbrochen nur von einzelnen wenigen Forschungsarbeiten oder kleineren Ausstellungen. Zur ersten umfassenden Retrospektive des friedrichschen Gesamtwerkes überhaupt kam es erst im Herbst 1972 – und zwar nicht auf deutschem Boden, sondern in der Londoner *Tate Gallery*. Gleichzeitig liefen auch in der damaligen DDR Planungen für eine umfangreiche Friedrich-Ausstellung anlässlich des erwähnten 200. Geburtstags des in Greifswald (und damit auf dem Gebiet der damaligen DDR) geborenen Künstlers, die im Winter 1974/1975 im *Albertinum* in Dresden zu sehen war.

Dieser nicht unkomplizierte, fachgeschichtliche Kontext bildete also die Ausgangslage, mit der sich das kuratorische Team um Werner Hofmann während der Konzeption der Hamburger Friedrich-Ausstellung fortwährend auseinandersetzen musste – eine Schau, die zugleich eine Positionierung zu dieser Fachgeschichte darstellte, wie im Folgenden zu zeigen sein wird. Rückblickend lässt sich rund um das Jubiläumsjahr 1974 ein intensiviertes Einsetzen der Beschäftigung mit Caspar David Friedrich nicht nur auf musealer Ebene, sondern auch in Form diverser Printpublikationen ausmachen. Auch zu den darin vorgebrachten Interpretationsansätzen bezogen Werner Hofmann und sein kuratorisches Team mit der Hamburger Retrospektive und dem ausstellungsbegleitend herausgegebenen

18 Vgl. als Beispiele nationalistischer Deutung Caspar David Friedrichs: Kurt Karl Eberlein: Caspar David Friedrich in seinen Meisterwerken, Berlin 1925; vgl. außerdem: Kurt Karl Eberlein: Caspar David Friedrich, der Landschaftsmaler. Ein Volksbuch deutscher Kunst, Bielefeld 1940; vgl. außerdem: Werner Kloos: Deutsche Innerlichkeit. Zum 100. Todestag von Caspar David Friedrich, in: Die Kunst im Deutschen Reich 5 (1940), S. 150–159. Eine umfassende Untersuchung zur nationalsozialistischen Vereinnahmung des Malers hat außerdem Nina Hinrichs in ihrer 2011 erschienenen Dissertation vorgenommen. Vgl. dazu: Nina Hinrichs: Caspar David Friedrich – ein deutscher Künstler des Nordens. Analyse der Friedrich-Rezeption im 19. Jahrhundert und im Nationalsozialismus, Kiel 2011.

Blick in die Ausstellung „Caspar David Friedrich 1774–1840" (Fotograf: Ralph Kleinhempel (GmbH & Co.) KG, Archiv der Staatlichen Kunstsammlungen Dresden, Archiv SKD 502 1974/Mappe 28/F 1997)

Katalog Stellung. Während unter anderem mit dem 1973 erschienenen umfangreichen Werkverzeichnis Helmut Börsch-Supans (auf Basis der Vorbereitung Karl Wilhelm Jähnigs) eine christlich-religiöse und vor allem ikonografische, durch Vertreter:innen einer marxistischen oder soziologischen Kunstgeschichtsschreibung hingegen eine politische Deutung der friedrichschen Werke vorgeschlagen wurde,[19] verfolgte die Hamburger Ausstellung eine „frühromantisch-naturmystische Deutungsvariante",[20] die für eine tenden-

19 Als Beispiele für diesen Ansatz vgl. unter anderem: Peter Märker: Geschichte als Natur. Untersuchungen zur Entwicklungsvorstellung bei Caspar David Friedrich, Kiel 1974; vgl. außerdem Hannelore Gärtner (Hg.): Caspar David Friedrich. Leben, Werk, Diskussion, Berlin 1977; Peter Rautmann: Caspar David Friedrich. Landschaft als Sinnbild entfalteter bürgerlicher Wirklichkeitsaneignung, Berlin 1979.

20 Werner Busch: Forschungsbericht zur nicht unproblematischen kunsthistorischen Romantik-Forschung in Deutschland: Friedrich, Runge und Zeitgenossen, in: Helmut Hühn/Joachim Schiedermair (Hg.): Europäische Romantik. Interdisziplinäre Perspektiven der Forschung, Berlin 2015,

zielle Bedeutungsoffenheit der Werke eintrat.[21] Somit wurde hier eine eigene Position innerhalb der kunstwissenschaftlichen Friedrich-Forschung markiert und als solche prominent nach außen kommuniziert. Es lohnt sich in zweierlei Hinsicht, insbesondere die Form der Hamburger Ausstellung näher zu betrachten. Zum einen wurde die Hauptausstellung von einem Konglomerat aus sogenannten Parallelausstellungen in Form eines aufgefächerten Kontextualisierungsangebots für die Besucher:innen umgeben. Dazu gehörten zum Beispiel eine Dokumentation zur Rezeption Caspar David Friedrichs in der deutschen Nachwelt, außerdem Fotografien der vom Künstler im 19. Jahrhundert abgebildeten Orte aus der Perspektive der 1970er-Jahre sowie zeitgenössische Reflexionen über Friedrichs Werke in 1974 geschaffenen Grafiken des Hamburger Künstlers Horst Janssen.[22] Zum anderen war die Ausstellung Teil eines insgesamt neunteiligen, sich über den Zeitraum von 1973 bis 1981 erstreckenden Ausstellungszyklus, der unter dem Titel „Kunst um 1800“ nachhaltig in die bundesdeutsche Kunstgeschichte eingegangen ist. Es lässt sich damit sowohl ein synchrones als auch ein diachrones (Form-)Gefüge der Hamburger Friedrich-Ausstellung ausmachen, das für eine Betrachtung mit ihr verknüpfter Thesen und Intentionen überaus relevant erscheint.

Der kuratorische Anspruch an Parallelausstellungen und Ausstellungskatalog – dem synchronen (Form-)Gefüge – lässt sich einem erhaltenen Konzeptpapier entnehmen, in dem diese Formate explizit als Schutz „vor Mißgriffen“[23] und als Mittel zum ‚korrektem‘ Verständnis des Künstlers und seiner Arbeiten bezeichnet werden. Insbesondere der Dokumentation „Friedrich und die Deutsche Nachwelt“ kam dabei ein besonderer Stellenwert

S. 37–50, hier S. 38 f. Vgl. außerdem: Werner Busch: Caspar David Friedrich. Ästhetik und Religion, München 2003, S. 173: „Schaut man allerdings in die kunsthistorische Literatur, so stellt man schnell fest, daß diametral entgegengesetzte Deutungen miteinander konkurrieren. Sie lassen sich cum grano salis drei Positionen zuordnen; wir könnten sie die religiöse, die politische und die frühromantisch-mythische nennen (...). (...) Die religiöse und die politische schienen lange unvereinbar, die naturmystisch-frühromantische ließ die beiden ersteren in einer Überlegenheitsgeste in einem letztlich philosophischen Überbau aufgehen. Sie hat auch heute noch den Zeitgeist auf ihrer Seite, denn sie propagiert eine tendenzielle Sinnoffenheit (...). Die drei Positionen wurden in den siebziger Jahren mit Vehemenz und gegeneinander vertreten.“

21 Vgl. Archiv der Hamburger Kunsthalle (HAHK), HAHK Caspar David Friedrich 1974 Allgemeiner Schriftwechsel „A“–„Z“, Mappe HAHK Caspar David Friedrich 1974 Allgemeiner Schriftwechsel „A“–„R“, Blatt 258–264: Von Georg Syamken verfasstes, auf den 12.9.1974 datiertes Dokument mit dem Titel Zur zweiten Ausstellung im Zyklus der Hamburger Kunsthalle ‚Kunst um 1800‘: ‚Caspar David Friedrich‘ 14.9.–3.11.1974, S. 5. Die darin proklamierte, tendenzielle Offenheit der Bilder fügt sich im Übrigen nicht von ungefähr in die Kritik an der Setzung starrer und einseitiger Bedeutungsrahmen im Museum ein, die auch in der zuvor analysierten Ausstellung „Nana – Mythos und Wirklichkeit“ zum Tragen kam.

22 Vgl. ebd., S. 3.

23 Ebd.

zu. Gehängt im Treppenaufgang vor dem Eingang zur Hauptausstellung musste sie von allen Besucher:innen zwingend passiert werden und sollte damit noch vor dem Eintreten „einen Drang zur Bestimmung" der „eigenen Position"[24] gegenüber den Originalwerken auslösen. Zusammengestellt wurde diese Dokumentation auf Einladung Werner Hofmanns durch eine Gruppe junger Kunsthistoriker:innen, die in ihren Beiträgen einen soziologisch-marxistischen Ansatz verfolgten. In ihrem Material, das ausstellungsbegleitend von Werner Hofmann auch in einem eigenen *Suhrkamp*-Band herausgegeben wurde, kritisierten sie insbesondere die (bundes-)deutsche Rezeption und Nachnutzung Friedrichs. Damit sollte einem Anknüpfen an die eingangs erwähnte nationalistische und später nationalsozialistische Deutung Friedrichs bis 1945 aktiv entgegengewirkt werden. Im Vorwort schrieb Werner Hofmann: „Friedrichs Umriß ist noch immer ideologisch belastet und verzerrt. Deshalb erschien es mir unerläßlich, im Zusammenhang mit der Ausstellung die Gründe für die völkische Überinterpretation dieses Künstlers zur Diskussion zu stellen."[25] Vor dem Hintergrund der nachhaltig in die Disziplinengeschichte der bundesdeutschen Kunstwissenschaft eingegangenen Sektion *Das Kunstwerk zwischen Wissenschaft und Weltanschauung* auf dem *xii. Deutschen Kunsthistorikertag* in Köln im Jahr 1970 erhält dieser Ansatz zusätzlich eine Ebene fachwissenschaftlicher Aktualität. Geleitet vom bereits erwähnten Martin Warnke rief diese Sektion zu einer (selbst-)kritischen Untersuchung der Zeugnisse akademischer wie auch populärwissenschaftlicher Kunstgeschichte auf – einer Untersuchung vor allem auf nach 1945 mehr oder weniger verschleiert fortbestehende, wirkmächtige und dadurch hoch problematische Narrative.[26]

Die in Dokumentationsausstellung und Sammelband geübte Kritik an der bestehenden Friedrich-Rezeption lässt sich rückblickend durchaus als eine mögliche Antwort auf den wenige Jahre zuvor unter anderem von Martin Warnke vorgebrachten Aufruf sehen. Auf der anderen Seite steht mit dem diachronen (Form-)Gefüge die Einbindung der Hamburger Friedrich-Retrospektive in den Ausstellungszyklus „Kunst um 1800". Damit muss diese in Teilen für sich stehende Schau zugleich als konstituierender Teil einer sich über neun Ausstellungen entfaltenden Gesamtthese verstanden werden. Die ausgewählten Künstler wurden darin als Protagonisten künstlerischer und gesellschaftlicher Umbrüche an der Wende vom 18. zum 19. Jahrhundert vorgestellt[27] – Umbrüche, deren Folgen Werner

24 Ebd.

25 Werner Hofmann: ‚Vorwort des Herausgebers', in: Ders. (Hg.): Friedrich und die deutsche Nachwelt. Aspekte zum Verhältnis von Mensch und Natur in der bürgerlichen Gesellschaft, Frankfurt 1974, S. 7–17, hier S. 11.

26 Vgl. Martin Warnke (Hg.): Das Kunstwerk zwischen Wissenschaft und Weltanschauung, Gütersloh 1970.

27 Vgl. Syamken, Zur zweiten Ausstellung, S. 2. Mit Ausnahme der thematischen Einstiegsschau „Ossian und die Kunst um 1800" folgten Ausstellungen, die mit ihrer Betitelung zunächst den

Hofmann und sein kuratorisches Team in der eigenen Gegenwart verortet sahen und die sie damit als Beginn der Moderne beschrieben. Ein Aktualitätsanspruch lässt sich somit sowohl im synchronen wie auch im diachronen (Form-)Gefüge der Hamburger Friedrich-Ausstellung von 1974 auf mehreren Ebenen ausmachen. Wie auch im Fall der bereits analysierten Schau „Nana – Mythos und Wirklichkeit" zeigt sich dabei die Verbindung neuartiger und tradierter Elemente, die in ihrer Kombination den Begriff einer Revision nahelegen. Das Format der klassischen, werkmonografischen Ausstellung wurde kurzfristig mittels eines dichten Gefüges aus Begleitausstellungen und langfristig durch das Einbinden in einen Gesamtzyklus modifiziert. Multiperspektivität und Kritik an der Rezeptions- und Fachgeschichte sollten somit an die Stelle der von Werner Hofmann kritisierten, weihevollen Inszenierungen rücken[28] – ein Umstand, der sich im Übrigen auch in der hellen und gleichsam egalisierenden Wandgestaltung und Ausleuchtung der Haupträume zeigte.[29] Mit der Ausstellung und dem begleitenden Katalog wurde im Proklamieren einer tendenziellen Sinnoffenheit der Werke auf inhaltlicher Ebene außerdem, wie erwähnt, eine eigene Position innerhalb der Friedrich-Forschung markiert. Auch dem Zyklus „Kunst um 1800" in seiner Gesamtheit wies Werner Hofmann ein hohes Maß an fachlichem Innovationspotenzial zu: So schrieb er, die neun Ausstellungen hätten „verwirklicht werden" können, „weil das sie tragende" Thema, „die Epoche um 1800 (...) in den Siebzigerjahren noch nicht entdeckt war".[30] Wie aber ist diese Argumentation zu verstehen, wenn es sich doch bei den gezeigten Akteuren fast ausschließlich um mehr oder weniger bekannte Künstler des 18. und 19. Jahrhunderts handelte? Ein Schlüssel liegt hier in der verwendeten

Anschein klassisch monografischer Ausstellungen erweckten. Sie widmeten sich Johann Heinrich Füßli, William Blake, Johann Tobias Sergel, John Mallord William Turner, Philipp Otto Runge, John Flaxman und Francisco de Goya.

28 Mit dieser an der Institution Museum und ihren Funktionsweisen vorgebrachten Kritik stand Werner Hofmann im Übrigen um 1970 nicht allein da, sondern kann in einen breiteren Diskurs der Zeit eingeordnet werden, in dessen Kontext sich im Übrigen auch die Museumspädagogik als eigenes Feld zunehmend konturierte. Der Titel eines 1976 erstmals publizierten Sammelbandes bringt zentrale Forderungen innerhalb der Debatte auf den Punkt: Vgl. Ellen Spickernagel/Brigitte Walbe (Hg.): Das Museum: Lernort contra Musentempel, Gießen 1976. Zum Diskurs, der in der Forschung auch unter dem Begriff der „Krise der Repräsentation" verhandelt wird, vgl. Mario Schulze: Wie die Dinge sprechen lernten. Eine Geschichte des Museumsobjektes 1968–2000, Bielefeld 2017, bes. S. 122–123.

29 Vgl. Hans Joachim Neidhardt: Über dem Nebelmeer. Lebenserinnerungen, Dresden 2020, S. 154. Der Autor erinnert sich an die „Bilder auf den grellweißen Wänden, welche die dunklen Gemälde Friedrichs mit ihren feinen Tonabstufungen überstrahlten und totmachten." Vgl. außerdem: Wolfgang Rainer: Radikale Modelle. Die Hamburger Jubiläumsausstellung zeigt Caspar David Friedrich in neuem Licht, in: Stuttgarter Zeitung vom 18. September 1974: „Vor dem kalten, hellen Untergrund der renovierten Räume, überstrahlt vom brutalen Oberlicht, kommt die für Friedrich so bezeichnende unwirkliche Strahlung der Farbe, das Leuchten von innen nicht zum Durchbruch."

30 Hofmann, Hamburger Erfahrungen, S. 8.

Terminologie, und zwar in der Bezeichnung „um 1800". Die ausgewählten Protagonisten waren bis dato innerhalb der kunstwissenschaftlichen Forschung traditionell entweder Klassizismus oder Romantik zugeordnet worden. Dabei zielten die Schauen des Zyklus (wie auch weitere Publikationen aus der Feder Werner Hofmanns) jedoch vor allem darauf ab, diese Epochenbegriffe im Sinne starrer Einteilungsmuster langfristig aufzulösen.[31] Die im Zusammenhang mit der Ausstellung „Nana – Mythos und Wirklichkeit" erläuterte Kritik Werner Hofmanns an starren Einteilungsmustern innerhalb des Feldes der Kunstgeschichte weitet sich damit über den Kunst- und Werkbegriff hinaus auch auf die konstruierten Einteilungsschemata ‚Kanon' sowie ‚Epoche' aus.[32] Rückblickend lässt sich jedoch betreffend jene teils formatbezogene, teils inhaltliche Revision kritisch danach fragen, inwieweit hier letztendlich vor allem Umbenennung und Umbesetzung bei gleichzeitiger Tendenz einer Strukturstabilisierung erfolgten. Darüber hinaus handelte es sich bei den präsentierten Protagonisten sämtlich um männliche Künstler und damit um eine zusätzliche Stabilisierung kritisierter Strukturen der Disziplin Kunstgeschichte.[33] Zudem stellte die Hamburger Friedrich-Ausstellung innerhalb ihres synchronen wie auch diachronen (Form-)Gefüges einen überaus hohen Anspruch an das Publikum, das zur Träger:innenschaft der angestrebten Kritik und Aktualisierung auserkoren war.[34] Didaktisch angelegten Momenten wie etwa der

31 Vgl. ebd.

32 Vgl. Werner Hofmann: Einführung, in: Ders. (Hg.): Kunst in Deutschland 1898–1973, Hamburg 1973, unpaginiert: „Sind die Ismen die entscheidenden Geschichtsfaktoren oder sind es die signifikanten Einzelwerke? Wer von der Summe auf die Teile, vom Stilbegriff auf die Einzelwerke zurückgeht, kommt zu der Einsicht, daß letztere lauter Abweichungen von der kollektiven Kennmarke aufweisen, auf die der Kunsthistoriker sie verabreden möchte. Anders formuliert: jedes Werk hat einen eigenwilligen Rest, der in der Autorität der Stilformel nicht aufgeht. Es gibt kein Kunstwerk, das für alle Handbuchkriterien des Barock, der Romantik oder des Expressionismus repräsentativ wäre. Die konstruierte Ganzheitlichkeit bricht zusammen, und übrig bleiben die Einzelheiten, aus denen man sie geklittert hat. Sie sind die einzigen anschaubaren Wirklichkeiten unserer Analyse – der Ismus, dem sie zugerechnet werden, ist bloß Fiktion und Ideologie, bestenfalls eine Arbeitshypothese."

33 Vgl. zur feministischen Kritik an der Kunstgeschichtsschreibung beispielsweise: Linda Nochlin: Why Have There Been No Great Woman Artists? In: Dies. (Hg.): Women, Art, and Power, New York 1988, S. 145–178.

34 Die Frage nach einem Zielpublikum der Ausstellung muss differenziert betrachtet werden. Format und Inhalt des Begleitkataloges lassen eher auf fachwissenschaftliche Adressat:innen schließen, da der Katalog insgesamt eher unhandlich für ein Mitführen im Ausstellungsraum ist und die Sortierung der Werke zudem nicht immer der Hängungsreihenfolge entspricht; also ein verstärktes Suchen und Blättern nötig gemacht hätte. Auch sind die Texte vom Vokabular her anspruchsvoll verfasst. Was das Bewerben und Streuen von Informationen zur Ausstellung angeht, lässt sich hingegen von einem möglichst breiten Zielpublikum ausgehen. So haben sich im Archiv der Hamburger Kunsthalle Akten erhalten, die ein Anschreiben bundesweiter und internationaler Presseorgane belegen; ebenso wurde im Rundfunk gezielt Werbung gemacht. Darüber hinaus wurde auch mit der *Deutschen*

Positionierung der Dokumentationsausstellung vor dem Eingang der Retrospektive selbst oder ausgefeilten Katalogen steht hier eine anzunehmende Realität in Form von überfüllten Räumen, Schwierigkeiten beim Textverständnis oder überhaupt die Bereitschaft zu Kauf und Auseinandersetzung mit den Publikationen und vor allem zum Besuch sämtlicher Ausstellungen des Zyklus „Kunst um 1800“ gegenüber, durch den ein umfassendes Verständnis der über Jahre hinweg entwickelten und ausgebreiteten Thesen letztendlich überhaupt nur möglich war.

„Kunst – was ist das?“ Eine Leitfrage als Ausstellungstitel

Beim letzten zu analysierenden Fallbeispiel handelt es sich um die im Sommer 1977 in der *Hamburger Kunsthalle* gezeigte Ausstellung „Kunst – was ist das?“. Wie auch die zuvor beschriebenen Schauen wurde sie unter anderem ebenfalls in der Rotunde sowie unter Einbeziehung des Treppenhauses eingerichtet. Das kuratorische Team[35] um Werner Hofmann erweiterte die Titelfrage „Kunst – was ist das?“ zusätzlich durch weitere Fragen nach den Produzent:innen und Rezipient:innen von Kunst, Institutionen und ihren wirkmächtigen Strukturen, nach Prozessen der Kontextualisierung, nach Ordnungsschemata und schließlich nach Macht und Wirkungsvermögen von Kunst. Durch dieses Vorgehen lag der Ausstellung von vorneherein ein breit gefasster Kunstbegriff zugrunde, der die künstlich erzeugten „Demarkationslinien zwischen“ ernster und Unterhaltungskunst „durchlässig“[36] machen und außerdem die Subjektivität vermeintlich objektiver und naturgegebener Ordnungen und Bewertungsmaßstäbe dessen, was als Kunst gelte, verdeutlichen sollte. Die aus den vorigen Ausführungen bereits bekannten Anforderungen Werner Hofmanns an

Bahn zusammengearbeitet, um Werbung sichtbar zu platzieren; vgl. Staatsarchiv Hamburg (SAH), Bestandsnummer 363-6-1793, Archivguteinheit Mitarbeiterbesprechungen – 32-32-200.7, Band 1, unpaginiert: Protokoll einer Mitarbeiter:innenbesprechung vom 27.8.1974. Die Ausstellung stieß außerdem auf ein überaus breites Echo in der Presse. Die Besucher:innenzahlen übertrafen letztendlich jedwede Erwartung. Vgl. Archiv der *Hamburger Kunsthalle* (HAHK), HAHK Caspar David Friedrich 1974 Allgemeiner Schriftwechsel „A“–„Z“, Mappe HAHK Caspar David Friedrich 1974 Allgemeiner Schriftwechsel „A“–„R“, Blatt 181, Brief von Werner Hofmann an Werner Gramberg (Privatleihgeber) vom 4. November 1974: „Wir verzeichneten 218.000 Besucher. 40.511 Kataloge wurden verkauft.“ Ein Besucher:innenbuch zur Ausstellung liegt (nach aktuellem Kenntnisstand der Autorin noch ohne Archivsignatur) im Archiv der *Hamburger Kunsthalle*. Da jedoch häufig keine biografischen Angaben der Eintragenden zusätzlich zum Namen angegeben wurden, kann dies nur bedingt als Quelle für die Zusammensetzung des Publikums herangezogen werden.

35 Genannt werden als weitere Beteiligte im Impressum des begleitenden Katalogs namentlich Stefanie Poley, Peter-Klaus Schuster, Siegmar Holsten und Wilhelm Peters. Zur Verwendung des Begriffs „kuratorisches Team“ siehe Fußnote 4.

36 Werner Hofmann (Hg.): Kunst – was ist das?, Köln 1977, S. 12.

Blick in die Ausstellung „Kunst – was ist das?“ (Fotografin: Elke Walford, Archiv der Hamburger Kunsthalle, Fotosammlung, Foto-Nr. KWID: 18920 F1 Nr:7)

das Publikum – das Hinterfragen insbesondere auf musealer Ebene etablierter Begriffs-, Ordnungs- und Einteilungsschemata – wurde hier also generell auf den Kunstbegriff, sein Zustandekommen und die daran beteiligten Institutionen und Akteur:innen gelenkt. Aus einer Untersuchung der Szenografie der Ausstellung heraus wird deutlich, dass den Besucher:innen ihr eigener Stellenwert innerhalb der zu vollziehenden Kritik verdeutlicht werden sollte: als die entscheidenden unter jenen Akteur:innen. Im Treppenhaus wurden beispielsweise die Stufen auf dem Weg zur Rotunde zum Zeigen von Reproduktionen von Abbildungen verschiedener Kunstschaffender benutzt. Beim Hinaufgehen stellten sich die Besucher:innen also sprichwörtlich jeweils auf eine Stufe mit den gezeigten Akteur:innen und wurden damit – ganz im Sinne der Duchamp'schen Maxime, es seien immer die Betrachtenden, die die Bilder machten, auf die sich auch Werner Hofmann wiederholt bezog[37] – selbst zum Teil der Antwort auf die Frage danach, wer Kunstwerke eigentlich mache.

Auch die Szenografie der Rotunde zielte auf ein aktives Mitarbeiten des Publikums ab. Aus den zwölf Sektionsüberschriften der vom kuratorischen Team ausgemachten Wirkmög-

37 Vgl. beispielsweise Hofmann, Hamburger Erfahrungen, S. 13–14.

lichkeiten von Kunstwerken, die sich korrespondierend mit den Objekten in der Raummitte an der umlaufenden Wand fanden, ließen sich Paare bilden, die einander jeweils widersprachen; also beispielsweise: „Kunstwerke – greifen Ideale und Normen an/treten für Ideale und Normen ein". Die Besucher:innen wurden mit diesem scheinbaren Paradoxon konfrontiert und sollten damit zu einer eigenen Positionierung gebracht werden. Die als klare Aussagen formulierten Überschriften forderten zu ihrer kritischen Überprüfung heraus und offenbarten dabei zugleich die vielen Graustufen, die zwischen dem Schwarzweiß der plakativen Aussagen lagen. ‚Klassische' kuratorische Momente wurden durchbrochen – etwa im direkten Platzieren der skulpturalen Arbeiten auf dem Boden statt auf Sockeln, im tableauartigen Arrangieren der Bilder zu unruhigen Displays, im Bespielen der Treppenstufen oder auch im schon aus der Ausstellung „Nana – Mythos und Wirklichkeit" bekannten Mischen von ‚Originalen' und ‚Reproduktionen'. Zusätzlich wurden im zentralen Ausstellungsraum die Gattungen Malerei, Grafik und Skulptur miteinander kombiniert. Nicht nur hierarchische Begriffe von Hoch- und Randkünsten wurden hier also erneut infrage gestellt, sondern auch eine Auflösung starrer Gattungsgrenzen angestrebt – aktiv nachzuvollziehen durch die Besucher:innen, die die Ausstellung im Idealfall mit einem erweiterten Kunstbegriff verlassen sollten. Auch ihre eventuellen Sehgewohnheiten aus Kunstmuseen sollten aufgebrochen werden: Von einer minimalistischen White-Cube-Ästhetik rückte das kuratorische Team zugunsten der beschriebenen Displays ab, um das Publikum vom „interesselosen Wohlgefallen" und „eindimensionalen Schubfachdenken"[38] zu distanzieren, die Werner Hofmann in seinen Schriften und Ausstellungen immer wieder so scharf kritisiert hatte.

In ihrer Optik erinnert „Kunst – was ist das?" rückblickend an diverse seit den späten 1960er-Jahren unter der Leitung des Ausstellungsmachers Harald Szeemann kuratierte Schauen. Diese zeichneten sich ebenfalls durch ein Aufbrechen starrer, auf Frontalwirkung ausgerichteter Displays zugunsten dynamischerer Präsentationen aus – die erwähnte Vermischung von Gattungen dabei um einen Mix aus Installationen, Happenings, Performances und Environments erweiternd. Zu nennen wäre hier beispielsweise die Berner Ausstellung „When Attitudes Become Form (Works, Concepts, Processes, Situations, Information)" von 1969,[39] vor allem jedoch die ebenfalls von Harald Szeemann mitverantwortete „documenta 5" von 1972, als „Archipel verschiedener Bildwelten, die in einem Nebeneinander von ‚High' und ‚Low' eine individuelle Interpretation dessen, was Kunst sei und was nicht, vom Betrachter einforderte".[40] Der Katalog zur „documenta 5" wurde

38 Ebd.

39 Zu Optik und Konzept der Ausstellung „When Attitude Becomes Form" vgl. https://kunsthalle-bern.ch/ausstellungen/1969/when-attitudes-become-form/ [29.8.2022].

40 Die Konzeption und die Idee hinter der „documenta 5" finden sich zusammengefasst unter https://www.documenta.de/de/retrospective/documenta_5 [29.8.2022].

in Form eines Ringbuchordners ausgegeben und forderte die Besucher:innen damit zur aktiven Mitarbeit auf.[41] Eine Analogie zu diesem von Harald Szeemann und seinen kuratorischen Teams gewählten Format, beispielsweise hinsichtlich der Typografie der Schriftzüge an der Rotundenwand bei „Nana – Mythos und Wirklichkeit" und „Kunst – was ist das?", scheint sehr deutlich. Insbesondere die Schreibmaschinenoptik verweist bei den Fallbeispielen aus der *Hamburger Kunsthalle* dabei ebenfalls auf den Wunsch nach geistiger Mitarbeit des Publikums in der erlebten Gegenwart von Museum und Ausstellung. Darüber hinaus handelt es sich bei der ausstellungsbegleitend zu „Kunst – was ist das?" herausgegebenen Publikation nicht um einen Ausstellungskatalog im herkömmlichen Format, bei dem nach einleitenden Essays, Abbildungen und Deutungen der im Raum gezeigten Werke folgen. Vielmehr stehen Texte und Abbildungen (die auch über die in der Ausstellung präsenten Arbeiten hinausgehen) dergestalt nebeneinander, dass sie sowohl im Zusammenspiel als auch für sich betrachtet rezipiert werden können. Die bereits eingangs genannten aufgeworfenen Fragen werden auf mannigfaltige Weise verhandelt; teils bietet sich der Leser:innenschaft ein beinahe spielerischer Ansatz, der zur eigenen Beantwortung dieser Fragestellungen auffordert und ihre Erkundung im Alltag vorschlägt. Es zeigt sich also, dass auch im Fall von „Kunst – was ist das?" ein kuratorischer Anspruch an Aktualität auf mehreren Ebenen ebenso wie ein Anknüpfen an fachgeschichtliche Entwicklungen der Zeit ausgemacht werden kann. Ebenso wie dieses Anknüpfen und Aktualisieren erfolgte die auch hier festzustellende Revision der Formate Ausstellung und Katalog in diesem Fall vor allem auf der Ebene von Szenografie und Layout.

Das Museum fragwürdig machen: Ein Resümee

Im Gegensatz zu der als Vergleich auf der Formebene[42] angeführten „documenta 5" ist abschließend jedoch nochmals auf den Veranstaltungsort der vorgestellten Fallbeispiele hinzuweisen. Denn bei der *Hamburger Kunsthalle* handelte es sich um ein etabliertes Kunstmuseum – und bei Werner Hofmann um einen fest angestellten Direktor, statt um einen freien Ausstellungsmacher. Umso mehr mögen möglicherweise die im Zuge dieses Beitrags ausgemachten Momente der Aktualisierung, Kritik und Revision das damalige Museumspublikum überrascht haben: ein Aspekt, der aus der historischen Distanz heraus allzu rasch

41 Abbildungen und weitere Informationen zum Katalog finden sich unter https://www.documenta-archiv.de/de/documenta/112/5 [29.8.2022].

42 Der Vergleich bezieht sich vor allem auf die Gestaltung der Ausstellungen; auf inhaltlicher Ebene kommt ein entscheidender Unterschied hinzu: Die „documenta" präsentierte Werke zeitgenössischer Künstler:innen, während es sich bei den unter Werner Hofmanns Direktorat gezeigten Ausstellungen zumeist um mehr oder weniger historische Themen und/oder Objekte handelte, die unter neuen Fragestellungen betrachtet und in zeitgenössische Diskurse eingebettet wurden. Für diesen Hinweis danke ich herzlich Christiane Wanken.

in Vergessenheit gerät. Gleichzeitig gilt es auch zu unterstreichen, dass Ausstellungen als historisch spezifisch und situiert beschrieben werden müssen und dass sie aufs Engste mit vielfältigen, zeitgenössischen Diskursen verwoben sind. So erhalten die Fallbeispiele eine zusätzliche Dichte, werden sie doch über fachgeschichtliche Verknüpfungen hinaus vor dem Hintergrund der kulturpolitischen und gesellschaftlichen Entwicklungen der späten 1960er und frühen 1970er-Jahre und dem in der Forschung als „Krise der Repräsentation“[43] beschriebenen Phänomen dieser Zeit betrachtet. Angesichts der gebotenen Kürze vermag der vorliegende Beitrag diese Perspektiverweiterung nicht zu leisten, versteht sich aber als dahin gehendes Plädoyer an weiterführende Forschung.[44]

Die zeitliche Verortung der gewählten Beispiele just in jener Zeit erfolgte absichtsvoll, da sich ein Umbruch in der bis dahin konventionellen Museumsarbeit und eine zunehmende Hinwendung zur Vermittlung in und mit Ausstellungen besonders deutlich abzeichnen. Auch in der Folgezeit jedoch bestand Werner Hofmanns Anspruch, historische Objekte in aktuelle Fragestellungen einzubinden und Exponate und Themen in Form komplexer (Raum-)Thesen auszustellen, ungemindert fort und bestimmte seine Arbeit bis zur Amtsniederlegung als Direktor der *Hamburger Kunsthalle* im Jahr 1990. „Mit meiner Arbeit habe ich versucht, der Institution ‚Museum‘ die Weihe einer auratischen Bedürfnisanstalt zu nehmen“[45], reflektierte er in einem aus diesem Anlass veröffentlichten Band „Hamburger Erinnerungen“ und beschrieb seine eigene Arbeit weiter wie folgt: „Die hier (…) in Erinnerung gebrachten (…) Thesen (…) stellen das Museum nicht in Frage, sie machen es bloß in einem umfassenden Sinn fragwürdig, des Fragens würdig: sie nehmen ihm seinen affirmativen Umriß.“[46] Diese Formulierung lässt sich mit dem Begriff der „kritischen Revision‘ zusammenfassen und geht damit geradezu paradigmatisch mit der einleitend aufgestellten These des vorliegenden Beitrags konform. Eine Gleichzeitigkeit von Tradition und Innovation auf inhaltlicher, immer wieder auch auf formaler Ebene lässt sich dabei in den vorgestellten Fallbeispielen stets als methodischer Schlüssel sowohl für diese Revision als auch für die damit verknüpften angestrebten Aktualisierungen ausmachen. Dem

43 Schulze, Geschichte des Museumsobjektes, S. 87. Wie Mario Schulze dort weiter ausführt, hing diese Krise eng mit „gesamtgesellschaftliche[n] Transformationen, die sich seit den 1960er Jahren“ ereigneten, zusammen: „Soziale Öffnung war eine der zentralen Forderungen zivilgesellschaftlicher Protestbewegungen der 1960er und 1970er Jahre. Auch dank deren Aktionen setzte sich mehr und mehr eine Kultur der Teilhabe in verschiedenen gesellschaftlichen Bereichen durch, die vor Museen nicht Halt machte.“

44 Diesen Ansatz verfolgt die Autorin in ihrer im Januar 2023 an der *Georg-August-Universität* Göttingen mit *summa cum laude* verteidigten Dissertation mit dem Titel „Romantik | Ausstellen. Eine Verflechtungsgeschichte der Caspar-David-Friedrich-Ausstellungen in den 1970er Jahren“, die 2024 erscheinen wird.

45 Hofmann, Hamburger Erfahrungen, S. 156.

46 Ebd., S. 13.

Publikum als Trägerschaft dieser anspruchsvollen kuratorischen Intentionen bleibt es letztendlich ebenso wie der nachfolgenden Forschung überlassen, ein Resümee dahingehend zu ziehen, wie das Verhältnis von Kontinuitäten und Innovation ausfiel und inwiefern tradierte Strukturen und Formate tatsächlich aktualisiert oder doch (möglicherweise unbeabsichtigt) stabilisiert wurden. Während die Arbeit Werner Hofmanns unbestritten vor allem auf eine Revision der Institution Museum, ihrer wirkmächtigen Strukturen und Deutungsmuster ausgerichtet war, kann sie zugleich nicht isoliert von den sie umgebenden Diskursen betrachtet werden: Sie erscheint damit, wie so vieles, als ‚Kind ihrer Zeit'.

Alexander Kraus und Christoph Lorke

„Dolmetschinstitute" zeitgenössischer Kunst

Neugründungen von Kunstvereinen in nordwestdeutschen Industriestädten der Bundesrepublik und ihr Wirken

Die ersten Jahrzehnte der Bundesrepublik waren zweifelsohne von vielfältigen Aufbrüchen in den unterschiedlichsten gesellschaftlichen Feldern geprägt: Ob mit Blick auf die Sozialstrukturen, die Geschlechterverhältnisse und den Wertewandel, den Wirtschaftsaufschwung, die beginnende westeuropäische Wirtschaftsintegration und den sich ankündigenden Strukturwandel sowie den „kurzen Traum immerwährender Prosperität",[1] ob bezogen auf den Konsum oder das alltägliche Leben – die Transformationsprozesse waren überall ebenso sicht- wie greifbar oder wurden über das Hinterfragen etablierter gesellschaftlicher wie kultureller Strukturen und tiefgreifende Demokratisierungsprozesse erst sichtbar gemacht.[2] Mit gutem Grund sind daher gerade die 1960er-Jahre in der Forschung als „dynamische Zeiten" charakterisiert worden.[3]

Wenngleich bislang auch nur sporadisch untersucht, so waren die Jahre des ‚Wirtschaftswunders' nicht zuletzt auch eine Zeit der Neuorientierung im kulturpolitischen Bereich. Dabei lassen sich gerade auf kommunaler Ebene bemerkenswerte kulturpolitische Entwicklungsprozesse beobachten. So wurden in zahlreichen bundesdeutschen Gemeinden auf Initiative unterschiedlichster Akteurinnen und Akteure Kunstvereine wiedergegründet,

1 Burkart Lutz: Der kurze Traum immerwährender Prosperität. Eine Neuinterpretation der industriell-kapitalistischen Entwicklung im Europa des 20. Jahrhunderts, Frankfurt am Main/New York 1989 [1984].

2 Matthias Frese/Julia Paulus/Karl Treppe (Hg.): Demokratisierung und gesellschaftlicher Aufbruch. Die sechziger Jahre als Wendezeit der Bundesrepublik, 2. Aufl. Paderborn/München/Wien/Zürich 2005 [2003]; Alexander Kraus, Stadt ohne Geschichte? Wolfsburg als Demokratisierungslabor der Wirtschaftswunderzeit, Göttingen 2021.

3 Grundlegend dazu noch immer Axel Schildt/Detlef Siegfried/Karl Christian Lammers (Hg.): Dynamische Zeiten. Die 60er Jahre in den beiden deutschen Gesellschaften, Hamburg 2000.

beispielsweise in Hamburg (1945), Köln (1946), Frankfurt am Main (1947) oder Düsseldorf (1949). Andernorts wiederum erfolgten Neugründungen. Diese Kunstvereine arbeiteten teils eng mit Kunstmuseen vor Ort zusammen, kooperierten mit diesen oder anderen kulturellen Einrichtungen auf vielfache Weise. Wo Kunstmuseen gänzlich fehlten, übernahmen sie mitunter in Abstimmung mit den Kommunen eine jener Funktionen,[4] die heute neben dem Sammeln, Bewahren und Forschen zu den Kernaufgaben musealer Tätigkeit zählen: das Ausstellen und Vermitteln. Schon darin zeigt sich letztlich die Mittler- oder Zwischenfunktion der Kunstvereine: Während „Museen etwas Dauerhaftes verkörper[n]“, sind „Ausstellungen eine temporäre Verwirklichung“, und demnach eine „Verzeitlichung der Präsentation“, wie die Wissenschaftshistorikerin Anke te Heesen schreibt.[5] In diesem Beitrag fokussieren wir auf jene Kunstvereine, die gänzlich neu aus der Taufe gehoben worden sind, und lenken dabei das Augenmerk bewusst auf solche Städte, die auf den ersten Blick in der Regel eher nicht für ihre kulturellen und kunst- und kulturpolitischen Entwicklungen bekannt sind.[6] Mit den Neugründungen in Leverkusen (1954), Wolfsburg (1959), Bochum (1962), Gütersloh (1966), Gelsenkirchen (1968) und Unna (1968) untersuchen wir Mittel- und Großstädte, die durch verschiedene Industriezweige geprägt sind und in denen nicht selten einzelne Großbetriebe auch kulturpolitisch in Aktion traten.

Auch die in diesen Industriestädten gegründeten Kunstvereine knüpften durchaus bewusst an die Tradition jener Kunstvereine an, deren Gründungen seit dem späten 18. Jahrhundert in verschiedenen Wellen erfolgt sind. Jene Vorbilder hatten sich binnen weniger Jahre nach ihrer Gründung zu Plattformen bürgerlich-kultureller Selbstvergewisserung und -repräsentation entwickelt.[7] Sie avancierten schon bald zu Instrumenten der Identitäts-

4 Unsere Ausführungen stützen sich auf die Archivrecherchen und Ergebnisse eines Forschungsseminars, das wir im Wintersemester 2020/21 an der *Universität Münster* durchgeführt haben. Der dazugehörige Band mit Beiträgen von Meike Becker, Ralf Bureck, Yasmin Dagili, Dennis Everwin und Maximilian Hake, Jaantje Mieke Gebauer, Sarah Golka, Friedolin Gutt, Leon Huffer, Katharina Isaak, Sabeth Medea Lücke, Xenia Rukosujew und Jolanda Saal ist erschienen als Alexander Kraus/Christoph Lorke (Hg.): Zeitgenössische Kunst fördern und vermitteln. Neugründungen von Kunstvereinen in der Bundesrepublik nach 1945/49, Hannover 2022.

5 Anke te Heesen: Theorien des Museums. Zur Einführung, Hamburg 2012, S. 23.

6 Zur Definition von Kulturpolitik siehe Jochen Guckes: Kommunale Kulturpolitik als Spiegel städtischer Selbstbilder. Bildungsbürgerliche Ideale, demokratische Öffnung und lokale Interessenpolitik zwischen 1945 und 1960, in: Karl Ditt/Cordula Obergassel (Hg.): Vom Bildungsideal zum Standortfaktor. Städtische Kultur und Kulturpolitik in der Bundesrepublik, Paderborn/München/Wien/Zürich 2012, S. 37–69, hier S. 39.

7 Zur Geschichte der deutschen Kunstvereine siehe jüngst Meike Behm: Alle für Kultur! Gemeinnützige Kunstvereine. Ein deutsches Erfolgsmodell? In: The Tretyakov Gallery Magazine, Jg. 70 (2021), Nr. 1, online abrufbar unter https://www.tretyakovgallerymagazine.com/articles/1-2021-70/alle-fur-kultur [21.12.2022]. Zur spezifischen sozialen Organisationsform des Vereins allgemein siehe Walther

stiftung, aber auch zu einem Mittel sozialer Distinktion mit teils exklusivem Charakter.[8] Die Neugründungen aber setzten nun, trotz vielerlei ideeller Berührungspunkte, doch deutlich andere Akzente, ja vollzogen ihrerseits einen „gewaltigen Strukturwandel", wodurch sie „außer dem Namen nach praktisch nichts mehr mit ihren früheren Erscheinungsformen gemein" hatten.[9] Schon allein, dass es überhaupt zu einer solchen neuen Gründungswelle kam, ist alles andere als selbstverständlich. Denn sowohl die Weimarer Republik wie auch die Zeit des Nationalsozialismus waren diesbezüglich durch einen fast ununterbrochenen Stillstand geprägt.[10] Daher lässt sich davon ausgehen, dass die neu geschaffenen Institutionen dieser identifizierten kulturellen Erstarrung energisch entgegentraten und sich in kürzester Zeit zu zentralen Foren zeitgenössischer Kunst entwickelten. Auf diese Weise leisteten sie, so unsere Hypothese, die freilich in ihrer konkreten Reichweite für den Einzelfall einer Überprüfung bedarf, einen kaum zu unterschätzenden Beitrag für die politisch-demokratische Bildungsarbeit vor Ort und traten darüber hinaus für die Vermittlung von Toleranz auf der Ebene der Kunst ein.

Daraus resultiert unseres Erachtens ein markantes Spannungsfeld: Gemäß der Satzungen der Kunstvereine und auch der Selbstwahrnehmung ihrer Leitungen fungierte Kunst einerseits als Medium öffentlicher Vermittlung, andererseits ermöglichte sie eine permanente öffentliche Ausstellung und einordnende Kommentierung aktueller, regionaler künstlerischer und kultureller Entwicklungen. Davon ausgehend konnten die Kunstvereine, wie

Müller-Jentsch: Der Verein – ein blinder Fleck der Organisationssoziologie, in: Berliner Journal für Soziologie, Jg. 18 (2008), H. 3, S. 476–502, speziell zu den Kunstvereinen S. 491–493.

8 Wolfgang J. Mommsen: Die Stiftung bürgerlicher Identität. Kunst- und Museumsvereine in Deutschland 1820–1914, in: ders.: Bürgerliche Kultur und politische Ordnung, Frankfurt am Main 2002, S. 46–58.

9 Thomas Schmitz: Die deutschen Kunstvereine im 19. und frühen 20. Jahrhundert. Ein Beitrag zur Kultur-, Konsum- und Sozialgeschichte der bildenden Kunst im bürgerlichen Zeitalter, Neuried 2001, S. 475. Das Buch bietet auch umfassende Einblicke in die historischen Entwicklungen der Kunstvereine in Deutschland. Siehe hierfür unter anderem auch Lothar Romain: Zur Geschichte des deutschen Kunstvereins. Provinz ist da, wo man sie zuläßt, in: Arbeitsgemeinschaft deutscher Kunstvereine (Hg.): KunstLandschaft BundesRepublik. Geschichte, Regionen, Materialien, Stuttgart 1984, S. 11–37. Damit soll mitnichten die Bedeutung der Kunstvereine des frühen 19. Jahrhunderts geschmälert oder nivelliert werden. Auch sie formten zu ihrer Zeit ein Publikum und zeichneten für den Aufbau eines regionalen Ausstellungswesens verantwortlich. Dazu Joachim Großmann: Verloste Kunst. Deutsche Kunstvereine im 19. Jahrhundert, in: Archiv für Kulturgeschichte, Bd. 76 (1994), Nr. 2, S. 351–364.

10 Zu den wenigen Ausnahmen zählen unter anderem die *Freunde der Kunsthalle* in Hamburg (1923), die *Gemeinschaft der Künstlerinnen und Kunstfreunde* in Köln (1927), der *Kunstverein Ludwigshafen* (1928) und der *Kunstverein Bielefeld* (1929). Für die NS-Zeit sind laut der Übersichtsliste im Eintrag auf Wikipedia keine Neugründungen verzeichnet, online abrufbar unter https://de.wikipedia.org/wiki/Kunstverein#Liste_von_Kunstvereinen [5.6.2023].

Oberbürgermeister Hugo Bork (2. vorne links) im Gespräch in der Ausstellung, „Ornamentale Tendenzen in der zeitgenössischen Malerei" des *Kunstverein Wolfsburg* im Schloss Wolfsburg, 22. Juni bis 14. Juli 1968 (22. Juni 1968) (Fotograf: Robert Lebeck, Archiv Robert Lebeck, IZS)

sich zeigen sollte, im lokalen Nahbereich schon bald auch überregionale Aufmerksamkeit erregen und auf vielfältige Weise Wirkung entfalten.[11] Als Begegnungsstätten, die sich ganz dem Dialog und dem Austausch verschrieben hatten, nahmen sie schon bald eine zentrale Mittlerfunktion zwischen Künstlerinnen und Künstlern sowie der interessierten (Stadt-)Öffentlichkeit ein.

Eben diese städtische Öffentlichkeit, und diesen Aspekt gilt es in der Analyse zu berücksichtigen, unterschied sich in den untersuchten Industriestädten fraglos von solchen, die beispielsweise durch Universitäten mitgeprägt waren oder eine große Dichte an Kultureinrichtungen vorwiesen. Das klassische Bildungsbürgertum, das Kunstvereine seit jeher

11 Siehe Jan Turowski: Kunstvereine in der Öffentlichkeit, in: Bernd Milla/Heike Munder (Hg.): Tatort Kunstverein. Nürnberg 2001, S. 91–93, siehe ebenfalls Christoph Behnke: Zur Gründungsgeschichte deutscher Kunstvereine, in: ebd., S. 11–21 sowie Friederike Wappler: Zwischen Idealismus, Anpassung und Experimentierlust. Kunstvereine im Umbruch, in: Gerd Willamowski/Dieter Nellen/Manfred Bourrée (Hg.): Ruhrstadt. Kultur Kontrovers, Essen 2003, S. 648–661.

adressierten, war in Gütersloh, Leverkusen oder Wolfsburg eben weit weniger präsent, als dies in Frankfurt am Main, Hamburg oder Düsseldorf der Fall war.

Trotz ihrer kaum zu unterschätzenden Bedeutung für die Kultur-, Sozial- und Alltagsgeschichte der jungen Bundesrepublik stellt die geschichtswissenschaftliche Beschäftigung mit diesen Vereinen – insbesondere mit den Neugründungen – indes ein frappierendes Desiderat der Forschung dar. Diese Leerstelle resultiert auch aus einer bislang allein rudimentär erfolgten Erforschung der Kulturpolitik nach 1945/49.[12] So sie in den Blick genommen wird, erfolgt sie meist mit Fokus auf Großstädte wie (West-)Berlin, Frankfurt am Main, Köln, Hamburg oder München, bisweilen auch Dortmund oder Münster, wenn nicht gleich ganz auf eine die großen Linien der Kunst-, Literatur- und Musikgeschichte nachzeichnende Erzählung gesetzt wird.[13] Nicht so in diesem Aufsatz, in dem wir die Aufmerksamkeit ganz auf das Geschehen in jenen besonderen Orten bürgerlicher Selbstdarstellung und demokratischer Auseinandersetzung richten. Anhand ihrer zeigen wir auf, wie Kulturpolitik an Ort und Stelle ganz konkret eben auch von nicht städtischen Institutionen betrieben wurde. Dabei fragen wir auch nach der Bedeutung kulturellen Engagements und ehrenamtlicher Tätigkeit in diesem Feld des städtischen Zusammenlebens. Dafür analysieren wir zunächst das Selbstverständnis der Vereine und ihrer zentralen Akteurinnen und Akteure wie die faktische Funktion, die sie in den von uns untersuchten Städten übernommen hatten. Hinzu kommen drei weitere Aspekte, die das Agieren der Kunstvereine wesentlich geprägt haben. Zum einen betrifft dies das Verhältnis der Kunstvereine zu politischen und gesellschaftlichen Entwicklungen, ist doch ihr Handeln nur bedingt ohne jene übergreifenden Bezüge zu verstehen. Ferner spielt die Frage der wirtschaftlichen Verflechtungen in konkreten lokalen Settings eine übergeordnete Rolle, schließlich waren Handlungsspielräume wie -zwänge erheblich vom Verhältnis der Vereine zu dominierenden Unternehmen vor Ort abhängig. Schließlich wird außerdem erörtert, wie sich einzelne Kunstvereine innerhalb der bundesdeutschen Kunstlandschaft (und darüber hinaus) zu positionieren versuchten.

12 Axel Schildt/Detlef Siegfried: Deutsche Kulturgeschichte. Die Bundesrepublik von 1945 bis zur Gegenwart, München 2009; Karl Ditt/Cordula Obergassel: Einleitung, in: dies. (Hg.): Vom Bildungsideal zum Standortfaktor, S. 3–21; Thomas Höpel: Kulturpolitik in Europa im 20. Jahrhundert. Metropolen als Akteure und Orte der Innovation, Göttingen 2017, S. 164–322.

13 Gabriele Clemens (Hg.): Kulturpolitik im besetzten Deutschland 1945–1949, Stuttgart 1994; Werner Faulstich (Hg.): Die Kultur der fünfziger Jahre, München 2002; ders. (Hg.): Die Kultur der sechziger Jahre, München 2003; Hermann Glaser: Kleine Kulturgeschichte Deutschlands im 20. Jahrhundert, Hamburg 2002; Cordula Obergassel: „Das ist doch keine Kunst!“ Kulturpolitik und kultureller Wandel in Dortmund und Münster (1960–1985), Paderborn 2017; Julia Friedrich/Andreas Prinzing (Hg.): „So fing man einfach an, ohne viele Worte“. Ausstellungswesen und Sammlungspolitik in den ersten Jahren nach dem Zweiten Weltkrieg, Bonn 2013.

Kunstvereinsneugründungen – Versuch einer zwar knappen, aber dichten Beschreibung

Die von uns untersuchten Kunstvereine gründeten sich allesamt in den 1950er- und 1960er-Jahren und damit inmitten einer Phase, in der der „Durchsetzungsprozess der Abstraktion" im vollen Zuge, die Vielfalt an modernen Strömungen für den „interessierten Laien immer schwieriger" zu überblicken war.[14] Wann, wenn nicht jetzt, hätte die Stunde der zeitgenössischen Kunstvermittlung schlagen sollen? Tatsächlich rannten inmitten des deutschen ‚Wirtschaftswunders' immer mehr Künstler und Künstlerinnen gegen den gesellschaftlichen Stillstand an, versuchten den Wandel zu forcieren. Dies zeigte sich nicht zuletzt in jenen Bewegungen, die durch das *Fluxus*-Manifest von 1963 ausgelöst worden waren, oder neuen Kunstformen wie dem *Happening* oder der *Performance* – es war der Anspruch der Kunstvereine, diese Strömungen aufzugreifen, ihnen Raum zu geben und letztlich für Verständnis zu werben.

Dessen ungeachtet gilt es zu konstatieren, dass performative Kunstakte nicht unbedingt zum Standardrepertoire der Kunstvereine zählten. Die spektakuläre Performance im Gelsenkirchener *Pianohaus Kohl*, während der Günter Uecker, Mitglied jener Düsseldorfer Künstlergruppe, die mit *ZERO* den Neuanfang in der Kunst programmatisch bereits im Namen festschrieb, zum großen Erstaunen der Gäste sein berühmtes ‚benageltes Klavier' schuf,[15] fand bereits vier Jahre vor Gründung des dortigen Kunstvereins statt. Doch war man auch in den Vereinen darum bestrebt, ein dynamisches Kunsterleben zu ermöglichen und ging mit der eigenen Arbeit, so sie diesem Anspruch zuwiderlief, bisweilen hart ins Gericht: Im *Kunstverein Unna* beispielsweise wurde Ende der 1960er-Jahre heftig über das eigene Selbstverständnis debattiert und gestritten, ging es den Akteurinnen und Akteuren doch darum, eine „ästhetisch-kritische Erziehung" zum Sehen zu leisten.[16] Zu sehr sei die bisherige Ausstellungspraxis bislang dem gutbürgerlichen Kunsterleben verhaftet gewesen, woraufhin – zumindest dem *Hellweger Anzeiger* zufolge – eine regelrechte „Welle radikaler und bürgerschreckender Ausstellungen" folgte.[17] Dabei zielte der Artikel gewiss auch auf eine Ausstellung des Wolfsburger Künstlers Gerhard Trommer, der im Juni 1972 in den Ausstellungsräumlichkeiten ein *Environment* und *Happening* zugleich schuf, als er das Untergeschoss durch die Besucherinnen und Besucher gänzlich mit Farbstaub gestalten

14 Schildt/Siegfried, Deutsche Kulturgeschichte, S. 175.

15 Siehe dazu den kurzen Videoclip „‚Benagelte Kunst' von Günther Uecker in Gelsenkirchen", in: WDR Retro – Hier und heute vom 6. April 1964, online abrufbar unter https://t1p.de/gv6ag [19.12.2022].

16 Sabeth Medea Lücke: ‚Kulturprovinz' als Laboratorium ästhetisch-kritischer Erziehung. Der *Kunstverein Unna e. V.*, in: Kraus/Lorke (Hg.): Zeitgenössische Kunst fördern und vermitteln, S. 215–242.

17 Kreisarchiv Unna (im Folgenden abgekürzt als KraUn), 21–05, Bl. 64, Dieter Lohl: forum. Kunstverein: Besser sehen, in: Hellweger Anzeiger vom 2./3. September 1972.

ließ und mit Blick auf die Urheberschaft des entstandenen Kunstwerks äußerte, „[w]as da entsteht und vergeht, gehört uns allen".[18] Bereits ein Dreivierteljahr zuvor hatte der ungarische Künstler Atilla Kovács in seiner Ausstellung *Substrata* ebenda die Besucherinnen und Besucher ohne deren Wissen zu aktiv Beitragenden gemacht:[19] Kaum hatten diese den Ausstellungsraum betreten, begannen sie auch schon damit, die dort im Weg liegenden verteilten weißfarbigen Bausteine – allesamt Elemente eines elektronischen Environments – aus dem Weg zu schaffen, um überhaupt Zugang zur Kunst zu haben und sich im Raum zu platzieren. Dies sind allein zwei erste Beispiele für die durch Walter Grasskamp benannte Funktion der Kunstvereine als „regionale Dolmetschinstitute", an denen mittels „Vorträgen, Führungen, Exkursionen und Ausstellungen an der Kunst jene Tugend eingeübt wurde, an der es zuvor nicht nur der Kunst gegenüber gemangelt hatte: Toleranz".[20]

Dabei sahen sich Kunstvereine wie der in Unna sicherlich mit größeren Schwierigkeiten konfrontiert als solche, die in Großstädten beheimatet waren, die mit höherer Strahlkraft und einem ausdifferenzierten Kulturprogramm aufzuwarten wussten. Für den langjährigen Leiter des *Kunstvereins Unna*, Dieter Lohl, glichen die alltäglichen Herausforderungen, mit denen er sich und den Verein konfrontiert sah, einer Slalomfahrt „zwischen den Ansprüchen der Kunstgeschichte, der lokalen Gesellschaft und ihrem Kunstverständnis".[21] Wie erfolgreich der Verein bei dieser Slalomfahrt war oder ob er nicht immer wieder einzelne Tore des gesteckten Kurses ausließ oder gar einfädelte, lässt sich angesichts der Vielzahl an relevanten Parametern nicht eindeutig beantworten. Gewiss „verprellte" der *Kunstverein Unna* mit seinem anspruchsvollen Programm manchen Bürger, manche Bürgerin vor Ort, sprach mit diesem aber zugleich vermehrt ein Publikum aus immer größerer Entfernung an, was letztlich einer schleichenden Abkehr von jenen in der eigenen Satzung festgeschriebenen

18 KraUn, 21–04, Bl. 151, Kunstverein will Straße bemalen: Farbspiel nach Münster-Muster als Versuch der Umgestaltung, in: Westfälische Rundschau vom 25. Mai 1972; KraUn, 21–04, Bl. 152, Kunstverein mit Farbstraßen und „Staubkästen" zu Saison-Abschluß, in: Hellweger Anzeiger vom 25. Mai 1972; KraUn, 21–04, Bl. 176, Paul Stollberg (Pseudonym Dieter Lohls): Publikum – Mitarbeiter des Künstlers. Untergeschoß der KVU-Ausstellungsräume zur Veränderung gestaltet, in: Hellweger Anzeiger vom 12. Juni 1972; KraUn, 21–03, Bl. 1–5, Chronologie der Ausstellungen des Kunstverein Unna e. V. von 1968–1976 vom 23. April 2002, hier Bl. 2.

19 Hier und im Folgenden KraUn, Dieter Lohl Manuskript – Kunstverein Unna, Bl. 12.; KraUn, 21–03, Bl. 1–5, Chronologie der Ausstellungen des Kunstverein Unna e. V. von 1968–1976 vom 23. April 2002, hier Bl. 1.

20 Walter Grasskamp: Rekonstruktion und Revision. Die Kunstvereine nach 1945, in: ders.: Die unbewältigte Moderne. Kunst und Öffentlichkeit, 2. Aufl. München 1994, S. 120–132, hier S. 120.

21 KraUn, ohne Signatur, Dieter Lohl: Die Geschichte des Kunstvereins Unna 1968–1976, aus der Sicht eines Beteiligten, April 2001, S. 11. Siehe dazu Sarah Golka: „Sie simulieren Großstadt." Zum Sonderfall des *Kunstvereins Unna e. V.*, in: Kraus/Lorke (Hg.): Zeitgenössische Kunst fördern und vermitteln, S. 195–214.

Zielen gleichkam, denen zufolge man gerade vor Ort anstrebte, „die Kenntnisse der zeitgenössischen Künste und die Hinwendung zu diesen zu wecken“.[22] Die Ausweitung des Rezeptionskreises spiegelte sich nicht zuletzt in den Mitgliederlisten. Im Jahr 1972 lassen sich weit mehr als die Hälfte derselben bereits im Rhein-Ruhr-Gebiet verorten.[23] Dessen ungeachtet gelang es Lohl und seinen Mitstreitenden mit dem veranstalteten Programm rasch, Anerkennung nicht nur seitens der Lokalpolitik und des Kreiskulturausschusses zu erlangen, sondern auch überregional, denn nicht selten kauften Kunstinstitutionen sowie renommierte Sammlerinnen und Sammler Kunstwerke direkt aus den dort gezeigten Ausstellungen.[24] Dies spricht für ein gutes ‚Näschen' in der Programmgestaltung.

Brachte der Erfolg des *Kunstvereins Unna* auch eine schleichende Entfremdung mit dem lokalen Publikum mit sich, so ändert dies nichts an der Tatsache, dass allen untersuchten Kunstvereinen die Zielsetzung gemein war, explizit als „modern“ wahrgenommene zeitgenössische Kunst zu fördern und dabei „Mittler zwischen schaffenden Künstlern und der Bevölkerung“ zu sein, wie es beispielsweise in der Gründungssatzung des *Kreises Gelsenkirchener Kunstfreunde* (ab 1974 *Gelsenkirchener Kunstverein*) heißt.[25] Der *Kunstverein Leverkusen* tat sich dabei insofern hervor, als er stets eng mit dem erst 1951 gegründeten *Museum Schloss Morsbroich* – der ersten musealen Neugründung in der Bundesrepublik, die sich explizit der zeitgenössischen Kunst verschrieben hatte, – zusammenarbeitete und dabei über die ersten Jahre fast ausschließlich auf die Vermittlungsarbeit fokussierte und von eigener Ausstellungsarbeit zunächst absah.[26] Und dennoch trat auch er mit dem Anspruch an, die Kunstlandschaft Leverkusens nachhaltig zu prägen.[27] Dabei galt das rege Vermittlungsprogramm als das „Existenzprinzip“ des bereits 1954 gegründeten Vereins.[28] Über die Vortragstätigkeit sollte dem städtischen Publikum die Möglichkeit gegeben werden, die im Museum ausgestellte Kunst nicht nur zu sehen, sondern diese mit Hilfe des Vermittlungsprogramms auch zu verstehen. Insofern sah sich der Verein als Bindeglied zwischen Museum und Stadtöffentlichkeit und übernahm dabei schon frühzeitig Funktionen, die heute in der Regel durch eigens angestellte Museumspädagoginnen und -pädagogen ausgefüllt werden.

22 KraUn 21/01, Bl. 220, Satzung und Geschäftsordnung des Kunstvereins Unna e.V. Fassung vom 21. November 1969.

23 KraUn 21/05, Bl. 178, Rückblick 1972 – Ausblick 1973, 28. Dezember 1972.

24 Museen in Basel und New York kaufen Werke aus dem Kunstverein Unna, in: Westfälische Rundschau vom 22. Dezember 1971 (KraUn 21/03, Bl. 245).

25 Private Sammlung Daduna, Satzung Gelsenkirchener Kunstfreunde, 1968.

26 Hier und im Folgenden Yasmin Dagili: Zwischen Konkurrenz und Kooperation in der Kunstlandschaft der Nachkriegszeit: Der *Leverkusener Kunstverein* im Schatten des *Museum Schloss Morsbroich* (1954–1988), in: Kraus/Lorke (Hg.): Zeitgenössische Kunst fördern und vermitteln, S. 17–50.

27 StadtA Lev, 410.1319, Gründungssatzung Kunstverein Leverkusen vom 11. Oktober 1954.

28 StadtA Lev, 410.1319, Antrag des Kunstvereins auf Jahreszuschuss vom 12. März 1957.

Die Vorträge und Exkursionen stießen gerade in den ersten Jahren auf großen Zuspruch.[29] Doch einmal erarbeitetes Renommee konnte auch schnell wieder verspielt werden. Anfang der 1970er-Jahre ließ die Nachfrage nach den Aktivitäten des *Leverkusener Kunstvereins*, folgt man der lokalen Presseberichterstattung, trotz eines offenbar nach wie vor attraktiven Programms rapide nach. Der Verein habe sich mehr und mehr zu einem akademischen Club entwickelt, seine Rezeption sei in der Bevölkerung überschaubar: Jener „Geist der fünfziger Jahre, als man als engagierte Truppe den Ungeist ‚völkischer‘ Kunst überwinden wollte und zu neuen Ufern“ strebte, sei inzwischen gänzlich verflogen.[30]

Anhand der aufgeführten Beispiele zeigt sich die Krux der lokalen Kunstvermittlung und -präsentation, die sich den Spielarten der modernen und zeitgenössischen Kunst verschrieben hat: Je erklärungsbedürftiger die zeitgenössische Kunst wurde, desto mehr wurde sie auch zu einem Mittel sozialer Distinktion, eine exklusive Kunst allein für Eingeweihte und Expertinnen wie Experten.[31] Wie erfolgreich Zuspruch und Vermittlungsarbeit waren, hing eben immer auch davon ab, wie wandlungsfähig die Kunstvereine mit Blick auf ihre Mitglieder und allen voran die Leitungsebene waren. Wer es verpasste, den Staffelstab an die nächste Generation zu übergeben und diese frühzeitig in die Vereinsarbeit zu integrieren, fand sich rasch in einer Krise wieder, so beispielsweise der *Gelsenkirchener Kunstverein*, der zu Beginn der 1980er-Jahre eine personell wie finanziell herausfordernde Phase durchlebte.[32] Neben ungeklärten Fragen die Nachfolge des vakanten Posten des Vorsitzenden des Vereins betreffend, schränkte auch die wirtschaftliche Krise in der Region den finanziellen Gestaltungsspielraum des Kunstvereins erheblich ein.

Neben der Herausforderung, die Interessen des lokalen Publikums gleichermaßen zu bedienen wie den neuesten Strömungen der zeitgenössischen Kunst gerecht zu werden und dabei attraktiv für die Mitglieder der Kunstvereine zu bleiben, galt es zudem, den Wünschen und Forderungen eines weiteren Players zu entsprechen: den lokalen Künstlerinnen und Künstlern.

29 Leon Huffer: Zwischen Anspruch und Wirklichkeit – Entwicklung des *Kunstvereins Leverkusen*, in: Kraus/Lorke (Hg.): Zeitgenössische Kunst fördern und vermitteln, S. 51–65.

30 Hier und im Folgenden Bruno Schlüter: Dem Kunstverein fehlt der Kontakt, in: Kölnische Rundschau vom 24. Januar 1972 (StadtA Lev, 5192.51).

31 Siehe dazu beispielsweise Joachim Fischer/Dana Giesecke: Distinktionskunst und Inklusionskunst. Zur Soziologie der Kunstkommunikation der Bundesrepublik und der DDR, in: Lutz Hieber/Stephan Moebius/Karl-Siegbert Rehberg (Hg.): Kunst im Kulturkampf. Zur Kritik der deutschen Museumskultur, Bielefeld 2005, S. 93–122.

32 Fridolin Gutt: Anspruch und Wirklichkeit in Zeiten der Krise. Der *Kunstverein Gelsenkirchen* in den 1980er Jahren, in: Kraus/Lorke (Hg.): Zeitgenössische Kunst fördern und vermitteln, S. 181–194.

Ausstellungseröffnung – vermutlich der Künstlergruppe *Schloßstraße 8* – des *Kunstverein Wolfsburg* im Schloss Wolfsburg, Ende der 1960er-Jahre, im Fokus: der im Kunstverein ebenso engagierte wie präsente Künstler Gustav Kurt Beck, der 1959 auch auf der „documenta II" gezeigt worden ist (Fotograf: Klaus Gottschick, IZS)

Denn neben der zeitgenössischen Kunst und jenen Kunstschaffenden, die während der NS-Diktatur Repressionen ausgesetzt waren,[33] hatten sich die untersuchten Kunstvereine auch der Förderung der ortsansässigen Künstlerinnen und Künstler verschrieben. Der *Kunstverein Kreis Gütersloh* sah beispielsweise vor, einmal im Jahr heimische Künstlerinnen und Künstler in einer Schau zu präsentieren – wohl eine Folge der vergleichsweise großzügigen Förderung seitens der öffentlichen Hand, die an die Seite des privaten Engagements trat.[34] Entsprechende Ausstellungen auch in anderen Städten erfuhren zwar nicht

33 Marion F. Deshmukh: The Revision of Vision. The *Kunstvereine* after 1945 – Observations on Postwar Arts Reconstruction, in: Wolfgang-Uwe Friedrich (Hg.): Germany and America. Essays in Honor of Gerald R. Kleinfeld, New York/Oxford 2001, S. 99–122.

34 Xenia Rukosujew: Sponsern, Stiften, Spenden – Subventionierung und unternehmerisches Engagement im *Kunstverein Kreis Gütersloh e. V.* der 1970er und 1980er Jahre, in: Kraus/Lorke (Hg.):

selten großen Zuspruch – so lockte eine 1963 in Leverkusen gezeigte Ausstellung regionaler Künstlerinnen und Künstler binnen gerade einmal drei Wochen 1.600 Besucherinnen und Besucher in das *Museum Morsbroich*[35] –, doch boten sie nicht selten auch Gelegenheit dazu, Risse, Unstimmigkeiten und existierende Spannungen über die Ausrichtung der Kunstvereine sichtbar werden zu lassen. Wer zeichnete für die Ausstellung konkret verantwortlich, wer war für welche Bereiche zuständig? Nach welchen Kriterien sollte die Jury besetzt werden, die über eingereichte Kunstwerke abstimmte? Wie konnte der eigene Anspruch, aktuelle Entwicklungen im Kunstgeschehen zu zeigen, eingelöst werden, wenn in einzelnen Ausstellungen die regionale Herkunft der Kunstschaffenden den Ausschlag gab? Im Zuge dieser Entscheidungsprozesse optierten die Kunstvereine zunehmend für die internationale Avantgarde. Das langsame Aufkommen eigener kommunaler Galerien und die schrittweise erfolgte Öffnung der Kunstmuseen für die zeitgenössische Kunst mag dabei ein weiterer Faktor gewesen sein, gruben diese Institutionen den Kunstvereinen doch gewissermaßen das Wasser ab.[36]

Um die eben formulierten Fragen wenigstens ansatzweise zu beantworten, rückt im Folgenden die Frage nach den Akteurinnen und Akteuren ins Untersuchungszentrum, die jenen Mittlerinstitutionen für die zeitgenössische Kunst neues Leben einhauchten. Überraschenderweise zeigte sich zwischen ihnen – im Untersuchungszeitraum in den betreffenden Kunstvereinen im Übrigen vorwiegend dem Bürgertum entstammende Männer beziehungsweise Akademiker – immer wieder eine verblüffende Nähe, wenn nicht gar enge Bande zwischen bürgerlicher Vereinsgründung und Stadtverwaltung. So war in der Gründungssatzung des *Bochumer Kunstvereins* festgehalten, dass das Amt des Geschäftsführers stets durch den Direktor der *Städtischen Kunstgalerie* ausgeübt werden sollte, der auch zugleich als Museumsdirektor fungierte.[37] In einer solchen Konstellation rückte der Kunstverein schon auf dem Papier ins zweite, wenn nicht gar dritte Glied, mit teils fatalen Folgen für die Sichtbarkeit als Leiter beziehungsweise Leiterin eines bürgerlichen Vereins.[38] Möglicherweise erklärt sich über jene personelle Bindung aber auch die Wertschätzung, die den Vereinsmitgliedern durch die Stadtverwaltung zukam, sollten sie diese doch beim Aufbau einer kommunalen Kunstsammlung beraten, wie es auch in Wolfsburg der Fall war.

Zeitgenössische Kunst fördern und vermitteln, S. 261–276.

35 1600 in der Ausstellung Leverkusener Künstler, in: Kölnische Rundschau vom 12. Dezember 1963 (StadtA Lev, 5143.44).

36 Barbara Steiner: Was können Kunstvereine heute (noch) leisten? In: Milla/Munder, Tatort Kunstverein, S. 55–62.

37 StadtA BO, ZGS V I 6/13, Satzung des „Kunstvereins Bochum e.V.", 1961, § 7,1.

38 Dennis Everwin/Maximilian Hake: „Vor Arbeit ganz grau". Der *Kunstverein Bochum e.V.* als klassische Neugründung im Ruhrgebiet? In: Kraus/Lorke (Hg.): Zeitgenössische Kunst fördern und vermitteln, S. 119–137.

In Leverkusen wiederum ging die Gründung auf eine Anregung aus dem Kulturausschuss zurück,[39] und auch hier war in den ersten beiden Jahrzehnten der jeweilige Museumsdirektor des *Museums Morsbroich* nicht nur Vorstandsmitglied, sondern blieb in den meisten Entscheidungsprozessen auch derjenige, der die Richtung vorgab.[40]

In Gütersloh waren auch Vertreterinnen und Vertreter der Stadt im Vorstand des lokalen Kunstvereins aktiv, was insofern auffällig ist, als dass Kommunen nicht selten zentrale finanzielle Unterstützer solcher Kunstvereine waren – und demnach in verantwortlicher Position wie oben dargelegt auch über das Programm in erheblichem Maße mitbestimmten. Solche personellen Verquickungen sind für großstädtische Kunstvereine wie in Köln, Düsseldorf, Nürnberg oder Frankfurt eher nicht zu erwarten oder möglicherweise schlichtweg weniger sichtbar, was über weiterführende Recherchen noch verifiziert werden müsste. Gewissermaßen auf die Spitze getrieben wurde diese Nähe zwischen städtischer Verwaltung und Verein in Wolfsburg. Dort hatte die kommunale Doppelspitze die Vereinsgründung nicht nur angeregt, sondern zählte auch zu den Mitbegründern.[41] Die Gründung folgte dabei der Zielsetzung, in der im Zonengrenzgebiet gelegenen monoindustriell geprägten Industriestadt eine kulturelle Öffentlichkeit zu schaffen und Wolfsburg zugleich als eine der modernen Kunst aufgeschlossene Stadt zu präsentieren.[42] So luden Oberbürgermeister Uwe-Jens Nissen, Oberstadtdirektor Wolfgang Hesse, der spätere Kulturdezernent Volkmar Köhler und zwei Mitglieder des Kunstausschusses zur Gründungsveranstaltung im Dezember 1959 ein.[43] Zwei mittlerweile in Wolfsburg ansässige Künstler sowie der Leiter der Werbeabteilung des Volkswagenwerks komplettierten die rein männlich besetzte Gruppe der Einladenden. Damit waren im Grunde von Beginn an die Möglichkeiten zu „tendenziell undemokratischen Einflussmechanismen" durch die Kommunalpolitik auf den Verein gegeben,[44] von welcher dieser zudem finanziell abhängig war. So sehr den Akteuren

39 StadtA Lev, 410.200, Vorbereitender Ausschuss des Kunstvereins Leverkusen.

40 Dagili, Zwischen Konkurrenz und Kooperation.

41 Hier und im Folgenden Katharina Isaak: Privates Engagement oder politische Verpflichtung? Zur Rolle des *Kunstvereins Wolfsburg* in der städtischen Kulturpolitik (1959–1972), in: Kraus/Lorke (Hg.): Zeitgenössische Kunst fördern und vermitteln, S. 67–91.

42 Volkmar Köhler: Kulturpolitik in Wolfsburg – die Anfänge, Hannover 2010; Brigitte Vogel: Kulturelles Leben zwischen Stadt und Werk. Zirkel und Vereine, Feste und Feiern in zwei Industriestädten, in: Rosmarie Beier (Hg.): Aufbau West – Aufbau Ost. Die Planstädte Wolfsburg und Eisenhüttenstadt in der Nachkriegszeit, Ostfildern-Ruit 1997, S. 333–344.

43 StadtA WOB, HA 11720, Bd. 1, Kunstverein Wolfsburg, Einladungsschreiben zur Gründung des Kunstvereins Wolfsburg. Hirschler und Bartzsch waren beide Maler. Dazu: Kunstverein – kein Wunschtraum mehr, in: Wolfsburger Allgemeine Zeitung vom 9. Dezember 1959, StadtA WOB, HA 11720, Bd. 1.

44 Alexander Herbert: Die Beteiligung von Vereinigungen am kommunalen Willensbildungsprozeß, Frankfurt am Main 1994, S. 30 f.; siehe auch Annette Zimmer, Vereine – Zivilgesellschaft konkret,

potenzielle Interessenskonflikte bewusst waren, die sich zwangsläufig zwischen beruflichen Verpflichtungen und dem privaten Engagement ergaben, konnten sie sich in ihren Entscheidungen davon oftmals nicht freimachen.[45]

Trotz der dargelegten Einflussmöglichkeiten seitens der Stadtverwaltung trat der Kunstverein Wolfsburg mit dem klaren Ziel an, demokratisch auf die Stadtgesellschaft einzuwirken. Bereits in einem kurz vor der am 12. Dezember 1959 erfolgten Gründung verfassten Arbeitspapier ist dieser Anspruch klar formuliert: „Es wäre ein Irrtum gerade in unserer Stadt, Komfort mit Kultur zu verwechseln. Die Form unseres Zusammenlebens verlangt geistige Mündigkeit, Urteilsvermögen und Entscheidungsfreude. Sie fußt auf der persönlichen Überwindung der Barbarei durch die permanente Selbstbesinnung und Selbstbildung des Einzelnen. Die hohe gesellschaftliche Idee der Demokratie setzt Großes voraus. Ihre geistigen Vorbedingungen bilden sich nicht zuletzt im kulturellen Leben einer Gemeinschaft. Es ist daher auch Aufgabe eines Kunstvereins, die Entwicklung zur geistigen Mündigkeit unter den Bürgern einer Stadt zu fördern."[46] Gerade da die Kommune im Gegensatz zu anderen Städten noch nicht über ein „teilweise überbesetzte[s] Kulturleben" verfügte, waren die Initiatoren zuversichtlich – und wurden durch den großen Zuspruch, den der Verein unmittelbar nach seiner Formierung erfuhr, darin bestätigt: Bereits zehn Tage nach dem festlich im Ratssitzungssaal begangenen Gründungsakt verzeichnete die Mitgliederliste schon 95 Positionen, wobei Männer mit 86 Prozent klar dominierten. Unter den Mitgliedern waren Vertreterinnen und Vertreter des klassischen Bürgertums zweifelsohne in der Mehrzahl. So waren 18 Personen promoviert, darunter fünf Ärzte und eine Ärztin, wenigstens zehn Mitglieder waren als Architekten tätig, ebenso viele in Lehrberufen, acht arbeiteten künstlerisch (Graphiker, Künstler, Fotografen, Formgestalter, Bildhauer), vier weitere im Feld der Werbung. Neben wenigstens einem halben Dutzend Mitarbeitern in höheren Positionen der städtischen Verwaltung und vier Bankdirektoren beziehungsweise -leitern zählten fünf Kaufmänner und drei kaufmännische Angestellte zu den Mitgliedern. Auch vier Medienvertreter gehörten dazu sowie überraschenderweise auch fünf Pastoren. Neben den Vertretern und Vertreterinnen aus dem Bildungsbürgertum fanden sich allerdings auch ein Reisebüroinhaber, ein Buchbindermeister, ein Polizeihauptkommissar, ein Postamtmann, eine Sekretärin, eine Übersetzerin und eine Hausfrau.[47] Eine solche Mitgliederliste verrät allerdings noch nichts über die tatsächliche Rezeption der Vereinstätigkeiten. Aussagekräftiger sind diesbezüglich unter anderem Fotografien, die einen Eindruck von den Eröffnungen und Ausstellungsbesuchen vermitteln. In den überlieferten Aufnahmen wie auch in der mit entsprechenden Fotografien begleiteten Pressebericht-

Wiesbaden 2007, S. 81f.

45 Isaak, Privates Engagement oder politische Verpflichtung?

46 StadtA WOB, HA 11720, Bd. 1, Aufgaben und Möglichkeiten des Kunstvereins Wolfsburg, S. 4.

47 StadtA WOB, HA 11720, Bd. 1, Kunstverein Wolfsburg. Mitgliederliste nach dem Stand v. 22.12.59.

„Tönende Skulpturen“ von Bernard Baschet und François Baschet, Ausstellung des *Kunstverein Wolfsburg* im Schloss Wolfsburg, bis 28. November 1971 (28. Mai 1972) (Fotograf: Klaus Gottschick, IZS)

erstattung wird augenscheinlich, wie sehr der Kunstverein mit seinen Ausstellungen ein jüngeres Publikum adressierte und in seiner Vermittlungstätigkeit auch und gerade die Jüngsten nicht vernachlässigte.

Über die oben geschilderte personelle Verquickung erklärt sich auch die Funktion, die Kunstvereine in einzelnen Städten für ebendiese übernehmen sollten. In Wolfsburg sollte der Verein mit seinen Aktivitäten zweifelsohne identitätsstiftend in die Bevölkerung wirken.[48] Als Stadt, die sich als frei von Tradition und Geschichte begriff, entsprechend in Broschüren präsentierte und im Übrigen auch just wie gewünscht durch die Presse rezipiert

48 Ralf Bureck: Konzeptästhetik für die „Volkswagenstadt“. Der *Kunstverein Wolfsburg* und das städtische Selbstverständnis Mitte der 1960er Jahre, in: Kraus/Lorke (Hg.): Zeitgenössische Kunst fördern und vermitteln, S. 93–118.

„Sammlung Klaus Hoffmann – Ausstellungsversuch von heute für morgen", Ausstellung des *Kunstverein Wolfsburg* im Schloss Wolfsburg, 28. Januar bis 4. März 1973 (24. Februar 1973) (Fotograf: Fritz Rust, IZS)

und beschrieben wurde,[49] setzte Wolfsburg auf vielfache Art und Weise darauf, über die Förderung der zeitgenössischen Kunst als moderne Stadt wahrgenommen zu werden. Die Gründung des Kunstvereins fügte sich, wie die zuvor bereits erfolgreiche Schaffung eines überregional vielbeachteten Kunstpreises,[50] der sich ganz der jungen Kunst verschrieben hatte, als ein weiteres Puzzleteil der durch die kommunale Doppelspitze betriebenen Imagepolitik ein. Weitere Aspekte jener Strategie waren auch spektakuläre Kunstankäufe für den öffentlichen Raum,[51] der Aufbau einer städtischen Kunstsammlung, mit der bewusst andere Akzente gesetzt werden sollten als im benachbarten Braunschweig oder Hannover,

49 Kraus, Stadt ohne Geschichte? S. 91–110.

50 Kulturpolitische Emanzipationsprozesse in den Wirtschaftswunderjahren. Ein Forschungsprojekt zu den Industriestädten Gelsenkirchen und Wolfsburg. Fabian Köster im Interview mit Alexander Kraus, in: Das Archiv. Zeitung für Wolfsburger Stadtgeschichte, Jg. 5 (2020), Nr. 16, S. 5–7, hier S. 6.

51 Kraus, Stadt ohne Geschichte? S. 291–328.

sowie die Beauftragung internationaler Stararchitekten für kommunale Neubauten.[52] Doch auch in Unna erfuhr der dortige Kunstverein immer wieder großzügige Unterstützung. Hier haben die lokalen (Kultur-)Politiker und Politikerinnen schon früh die Potenziale des Vereins für das Stadtmarketing erkannt, der auch die Aufgabe übernahm, der „eher provinziell angehauchten Stadt (…) ein neues kulturelles Selbstbewusstsein zu geben".[53] Die Wertschätzung der Kommune zeigte sich denn auch in deren Planungen für das neue City-Zentrum, in dem der Kunstverein eine zentrale Rolle spielen sollte. Damit wurde er, ehe er sich versah, zu einem Element der lokalen Kulturpolitik.

Kunstvereine zwischen Politik und Gesellschaft

Die Reflexion politischer und gesellschaftlicher Verhältnisse und Veränderungen war in den 1950er-Jahren allenfalls impliziter Gegenstand auf der Agenda der Kunstvereine. Eine solche wurde indes im Laufe der 1960er-Jahre immer wichtiger. Die Zeit des umfassenden Aufbruchs, die mit ‚1968' verbunden ist, wurde auch auf dieser Ebene spür- und greifbar. Dass sich das wachsende Unbehagen Vieler ebenso auf Vereinsseite zeigte, ist letztlich nicht sonderlich überraschend: Der Sozialwissenschaftler Jan Turowski sieht jene reflexive Verarbeitung zeitgenössischer Themen als zentrale Aufgabe und Chance von Kunstvereinen, regten diese doch dazu an, die eigene Gegenwart zu reflektieren und die demokratische Partizipation zu befördern.[54] Mit den soziokulturellen Aufbrüchen jener Jahre war der Reflexionsbedarf hoch, Aspekte der Teilhabe wurden großgeschrieben. Den Kunstvereinen lag, wie etwa in Leverkusen, viel daran, die Menschen nicht nur passiv mit der ausgestellten Kunst zu konfrontieren, sondern eine individuelle aktive Rezeption und Auseinandersetzung zu befördern. Auf diese Weise sollten Denkanstöße in Form „betreuten Sehens" gegeben werden, um die Betrachterinnen und Betrachter nicht zu „entmündigen"[55] – ganz so, wie es Reiner Diederich für die sogenannten „Bildergespräche" der *KunstGesellschaft Hamburg* in den 1980 Jahren artikuliert hat. Und nicht nur das: Indem sich die Kunstvereine als Schnittstelle zwischen Kunstschaffenden und der Bevölkerung verstanden, wie der *Kreis Gelsenkirchener Kunstfreunde*, spiegeln sie per se den Zeitgeist der 1960er-Jahre.[56] Auch die Entstehung neuer künstlerischer Netzwerke ‚von unten', die parallel zur beschriebenen

52 Fabian Köster: Anziehungskraft des Uneindeutigen. Die Eröffnung von Alvar Aaltos *Kulturzentrum* in Wolfsburg, in: Das Archiv. Zeitung für Wolfsburger Stadtgeschichte, Jg. 7 (2022), Nr. 24, S. 1–8.

53 Lücke, ‚Kulturprovinz' als Laboratorium ästhetisch-kritischer Erziehung, S. 237.

54 Siehe Turowski, Kunstvereine in der Öffentlichkeit.

55 Reiner Diederich: Die Geschichte der KunstGesellschaft, in: Kunst und Politik. Jahrbuch der Guernica-Gesellschaft, Bd. 16 (2014), S. 129–141, hier S. 135

56 Jolanda Saal: Vom *Kreis Gelsenkirchener Kunstfreunde* zum Kunstverein: Aufbruchsjahre zwischen Euphorie und Ernüchterung, in: Kraus/Lorke (Hg.): Zeitgenössische Kunst fördern und vermitteln, S. 139–156.

Internationalisierung erfolgte, sowie der oben skizzierte Vermittlungswunsch, unterstreichen jenes Argument.

Eine ganz wesentliche Rolle für die damalige Selbstverortung spielten hierbei die unübersehbare Prägung durch die neue Ostpolitik Willy Brandts und das Leitmotiv „Wandel durch Annäherung".[57] Die damit verbundene und alsbald einsetzende Öffnung hin zu den Staaten des sogenannten Ostblocks, die sich speziell für das Ruhrgebiet aufzeigen lässt, – interessanterweise weniger allerdings in Richtung DDR – beförderte auch unmittelbar den künstlerischen Austausch, auch wenn die ersten zarten Kontakte infolge der tagespolitischen Entwicklungen im Zuge des abrupten Endes des „Prager Frühlings" auf eine ernste Probe gestellt wurden. Zugleich boten die Ereignisse in Prag etwa für den Kunstverein in Gelsenkirchen Anlass dafür, Solidarisierung auf niedrigschwelliger Ebene zu markieren, starteten doch die dortigen „Kunstfreunde" recht bald entsprechende Initiativen, wodurch der Austausch nun sogar intensiviert wurde. Kunst fungierte als hochgradig politisches, zugleich aber pazifistisches Instrument und Mittel des systemübergreifenden Brückenbaus in Zeiten des Kalten Krieges: Diese erklärte Ambition wird etwa durch die 1970 eröffnete Sammelausstellung zweier Künstler und einer Künstlerin aus der Tschechoslowakei gespiegelt.[58] Auch der *Kunstverein Bochum* ließ sich durch die politischen Geschehnisse nicht vom künstlerischen Austausch abhalten, sondern nutzte im Gegenteil bestehende Kontakte, um auf kunst- wie gesellschaftspolitische Missstände hinzuweisen. Dabei forcierte der Geschäftsführer Peter Leo, zugleich Gründungsdirektor des *Kunstmuseums Bochum* (1960), allen Spannungen zum Trotz sogar die Aufmerksamkeit in Richtung Osteuropa. Auf diese Weise wurde nicht weniger als die hochgradig politische Funktion von Kultur akzentuiert; mithin kam dadurch der Wunsch zum Ausdruck, Kunst blockübergreifend zu rezipieren und zu verstehen. Auch in der Folgezeit setzte der *Bochumer Kunstverein* diese Linie fort, was nicht zuletzt mit dem aus Brno/Brünn stammenden Nachfolger von Leo, Peter Spielmann, in Zusammenhang stand. Er organisierte ab den 1980er-Jahren zahlreiche Kunstfahrten, in deren Zuge die Vereinsmitglieder beispielsweise nach Polen, Ungarn, in die Tschechoslowakei, die Sowjetunion oder die DDR fuhren.[59]

57 Siehe exemplarisch Norbert Frei: Annäherung durch Wandel. Neun Beobachtungen über Willy Brandt im Blick der Deutschen, in: Bernd Rother (Hg.): Willy Brandt: Neue Fragen, neue Erkenntnisse, Bonn 2011, S. 25–33.

58 StadtA Ge, Na 36, 128, Überblick über die Kunstausstellungen des Kunstvereins Gelsenkirchen e. V. (1968–97); StadtA Ge, Na 36, 85, Flyer und Plakate zu Ausstellungen des KV GE.

59 Klaus-Peter Thommes: Übersicht Kunstfahrten in 50 Jahren, in: Kunstverein Bochum e. V. (Hg.): 50 Jahre Kunstverein Bochum, Bochum 2012, S. 27–30.

Verhältnis der Kunstvereine zu Unternehmen vor Ort

Neben diesen innen- wie außenpolitischen Entwicklungen, von denen die Kunstvereine kaum unberührt bleiben konnten, waren es nicht zuletzt ökonomische Aspekte, die die Handlungsspielräume der Vereine maßgeblich strukturierten. Der Wolfsburger Dualismus von Stadt und *Volkswagenwerk*[60] etwa fand seine Entsprechung im Zugriff auf kulturpolitische Entscheidungen und Ausstellungen vor Ort, aber auch in der Zusammensetzung der Vereinsstruktur. All dies sollte letztlich die überregionale Ausstrahlung der Vereinstätigkeit maßgeblich vorantreiben.[61]Als Hauptsteuerzahler bestimmte wiederum die *Bayer AG* das Kulturleben Leverkusens maßgeblich.[62] In Gütersloh, ein Beispiel, das im Folgenden etwas vertieft werden soll, unterzeichneten die ersten Pläne für die Gründungsversammlung eines Kunstvereins im Kreis Wiedenbrück Mitte der 1960er-Jahre unter anderem künstlerisch interessierte und wohlsituierte Vertreter der großen Konzerne *Miele* und *Bertelsmann*. Zu nennen wären etwa die Brüder Sigbert und Reinard Mohn (*Bertelsmann*), ersterer nicht nur Verleger, sondern von 1961 bis 1989 Mitglied im Gütersloher Stadtrat, letzterer zweifellos einer der einflussreichsten Medienmanager der ‚alten' Bundesrepublik. Neben dem Namen Peter Christian Zinkann (*Miele)* sind weitere Unternehmerinnen und Unternehmer anzuführen wie das Ehepaar Ruth und Klaus Seppeler, langjähriger Geschäftsführer der *Rietbergwerke*, oder Karl Lübke, Gründungsmitglied und Schatzmeister des Kunstvereins, hauptberuflich der gleichnamigen Möbel-Dynastie entstammend. Allesamt unterstützten den Kunstverein in den folgenden Jahren auf vielerlei Weise. Bei diesen Personen und Familien handelte es sich tendenziell um eine ökonomische und technische, weniger um eine kulturelle Elite[63] – wobei anzunehmen ist, dass die Affinität zur Kunst wohl in einigen Fällen maßgeblich durch die Vorlieben der jeweiligen Ehefrau geprägt gewesen sein dürfte. Die damit verbundene Kunstförderung beruhte neben entsprechenden individuellen Interessenslagen wohl nicht zuletzt auch auf dem Wunsch, auf diese Weise Sozialprestige zu erlangen, was dem selbstauferlegten Anspruch ‚Reichtum verpflichtet' geschuldet war.

Diese Unterstützung durch private Spenden aus einem breit gefächerten, branchendiversen Unternehmensspektrum von Metallverarbeitung über Möbel- und Nahrungsmittelindustrie bis hin zum Verlagswesen machte in den Gründungsjahren des Vereins

60 Siehe dazu Marcel Glaser/Alexander Kraus: Von der „Volksgemeinschaft" zur „Schicksalsgemeinschaft von Werk und Stadt". Wolfsburg und das Volkswagenwerk 1945–1963, in: Frank Becker/Daniel Schmidt (Hg.): Industrielle Arbeitswelt und Nationalsozialismus. Der Betrieb als Laboratorium der „Volksgemeinschaft" 1920–1960, Essen 2020, S. 241–260 und Bildteil S. 121–124.

61 Siehe hierfür Bureck, Konzeptästhetik für die „Volkswagenstadt".

62 Huffer, Zwischen Anspruch und Wirklichkeit.

63 Siehe dazu ganz allgemein Marion Fishel Deshmukh, die allerdings Wieder- und keine Neugründungen in den Blick nimmt: Deshmukh: The Revision of Vision sowie Grasskamp, Rekonstruktion und Revision.

den Großteil der Finanzierung aus. Jene Förderung von Kunst avancierte zweifellos zum Statussymbol, generierte Ansehen und kulturelles Kapital und führte nebenbei dazu, dass der Kunstverein dem Selbstverständnis nach bereits innerhalb weniger Jahre seiner Existenz im März 1971 „gemessen an der Mitgliederzahl und dem Finanzvolumen (…) mit in die Spitzengruppe der deutschen Kunstvereine“ gehörte.[64] Dieser Befund ist für die Kreisstadt Gütersloh, die auch auf diese Weise das an ihr haftende Provinz-Image nach und nach abzustreifen versuchte und kulturellen Fortschritt und Modernität ausstrahlen wollte, durchaus beachtlich.[65] Dennoch stand diese Entwicklung im Lichte sozioökonomischer Krisen zu Beginn der 1980er-Jahre zur Disposition, war doch „Sparen“ auch hier „oberstes Gebot“,[66] um beispielsweise auf steigende Betriebskosten zu reagieren, etwa mit einer leichten Anhebung des Jahresbeitrages. Und doch blieb der Kunstverein in der ostwestfälischen Mittelstadt wie die wirtschaftlich gesehen durchaus resiliente Stadt weitgehend von größeren finanziellen Einsparungen verschont. Großzügige private Zuwendungen waren und sind hier strukturprägende Besonderheit, was einen markanten Unterschied zu anderen Kommunen darstellte.[67]

Kunstvereine und Fragen der Relationalität

Beachtenswert ist gewiss auch die Selbstverortung der Kunstvereine innerhalb der bundesdeutschen Kunstlandschaft. Damit sind wesentliche Fragen von Relationalität berührt und damit verbunden solche nach den gedachten Abständen zu vermeintlich prestigeträchtigen Großstädten oder Kunstmetropolen – im Falle Leverkusens etwa die unmittelbare Nähe zu den traditionsreichen Kunststädten Köln und Düsseldorf – und ein Abarbeiten am vermeintlich ‚Provinziellen‘. Es galt für die Akteurinnen und Akteure der Kunstvereinsneugründungen, einen eigenen Platz in einer sich neu orientierenden und rasant entwickelnden westdeutschen Kulturlandschaft zu finden beziehungsweise sich in dieser zu verorten. Mit diesen Suchbewegungen verband sich auch die Frage, wie viel Anschluss an die Avantgarde und Loslösung aus dem überschaubaren regionalen Kontext im Sinne einer Attraktivitäts-

64 StadtA Gütersloh, DEP KV 4, Westfalen Blatt vom 19. März 1971; siehe dazu auch Meike Becker: Wohlstand verpflichtet… Mäzenatentum in Ostwestfalen in den Gründungsjahren des *Kunstvereins für den Kreis Gütersloh e. V.* (1966–1970), in: Kraus/Lorke (Hg.): Zeitgenössische Kunst fördern und vermitteln, S. 243–260.

65 Siehe für längere Entwicklungslinien Joana Gelhart/Christoph Lorke/Tim Zumloh: Zwischen Provinztradition und Großstadtsehnsucht. (Selbst-)Verortungen in Gütersloh in den 1970er und 1980er Jahren, in: Berliner Debatte Initial, Jg. 33 (2022), H. 3, S. 63–75.

66 StadtA Gütersloh, Protokolle 1982–1985, undatierter Zeitungsartikel, „Mehr als 4500 Besucher sahen im letzten Jahr die Ausstellungen. Der Kunstverein hat sich in 15 Jahren zur bedeutenden Einrichtung entwickelt“. Siehe dazu Rukosujew, Sponsern, Stiften, Spenden.

67 Siehe Hans Hilbk: Stiften und Schenken in Gütersloh. Private Wohltätigkeit im 19. und 20. Jahrhundert, Gütersloh 1991.

steigerung nötig und unerlässlich sind beziehungsweise umgekehrt formuliert: Wie viel ‚Provinz' war Mitgliedern, Interessierten und Besucherinnen und Besuchern zumutbar? Dieses Dilemma brachte der Journalist und Kunstwissenschaftler Lothar Romain bereits 1984 prägnant auf den Punkt: „Die Region, die sich selbst und ihre eigenen Hervorbringungen nicht beachtet und stets nur über den Zaun schielt, stempelt sich selbst zur Provinz. Provinz ist da, wo man sie zuläßt."[68] Das rasche Wachstum des *Wolfsburger Kunstvereins* Ende der 1960er-Jahre verband sich etwa mit der Hoffnung, dass der dortige Kunstverein trotz seines jungen Alters „denen in Braunschweig und Hannover gleichwertig sein und keinen provinziellen Anstrich haben soll".[69] So lancierten die Initiatoren den Aufbau Wolfsburgs als Kunststandort von weit überregionaler Bedeutung. Hier schwang die Hoffnung mit, dass daraus nicht zuletzt eine partielle Übertragung des vorhandenen ökonomischen in kulturelles Kapital erfolgen könnte – wohl auch, um auf diese Weise der wirtschaftlich strahlkräftigen ‚Quasi-Großstadt' einen Platz unter den wirklichen und nicht nur gefühlten Großstädten einräumen zu können, schließlich hatte Wolfsburg die numerische Schwelle von 100.000 Einwohnerinnen und Einwohnern in jenen Jahren noch längst nicht überschritten.

Zeitgenössische Kunst sollte das sozioökonomische Selbstverständnis und allenthalben geteilte Erfolgsnarrativ, das als vorrangiges Interpretations- und Identifikationsangebot Wolfsburgs fungierte, nachdrücklich ergänzen und damit wiederum Attraktivität ausstrahlen, die neue, hochgebildete und kulturaffine Menschen anzuziehen vermochte. Eine Möglichkeit, diesen Anspruch zu verstetigen, wurde in den frühzeitig dargebotenen Ausstellungen gesehen, die sowohl regionale als auch zeitgenössische Kunst zeigten.[70] Die qua Satzung selbstauferlegte Pflicht, regionale Kunst zu repräsentieren, wurde durch den Wunsch ergänzt, internationale Avantgarde auszustellen. Ähnliches galt auch für Gelsenkirchen, in den 1960er-Jahren zumindest in der Selbstsicht gar als „Mutterboden für Avantgardisten" bezeichnet.[71] Und auch in Gütersloh sind Analogien zu finden. Hier bettete sich das Engagement des Kunstvereins in zahlreiche weitere kulturelle Entwicklungen ein wie die Eröffnung der Stadthalle im Jahr 1979, der Stadtbibliothek 1984 sowie der Einrichtung des Stadtarchivs im selben Jahr, in dem darüber hinaus die 800-Jahr-Feier der Stadt begangen wurde. Attraktivitätssteigerung war auch in Ostwestfalen oberstes Gebot,

68 Romain, Provinz ist da, wo man sie zuläßt, S. 35.

69 StadtA WOB, HA 11670, Vorstandsprotokoll vom 8. Dezember 1964.

70 Bureck, Konzeptästhetik für die „Volkswagenstadt".

71 StadtA Ge, KuK 47, Dokumentation der Kunst der 60er Jahre in Gelsenkirchen. Rede des Oberbürgermeisters Werner Kuhlmann zur Ausstellungseröffnung ‚Kunst der 60er Jahre in Gelsenkirchen' 1988.

Konzert im *Kunstverein Wolfsburg*, 7. Oktober 1973 (Fotograf: Fritz Rust, IZS)

ging es doch darum, entsprechend Arbeitnehmerinnen und Arbeitnehmer für die Mittelstadt an der Dalke zu begeistern, damit sich diese langfristig in der Stadt niederließen.[72]

Die Frage nach der Avantgardefunktion gerade ‚kleinerer' Kunstvereine oder solcher, die in Mittel- beziehungsweise kleinen Großstädten zu Hause waren und sich an den größeren ‚Flaggschiffen' und der Vermittlung internationaler Kunstentwicklungen abzuarbeiten hatten, war durchaus ein Balanceakt: „Ich will ja niemanden kritisieren, aber: Unna ist wirklich kleiner als Düsseldorf."[73] So lautete das ebenso wahre wie beinahe resignativernüchternde Eingeständnis des langjährigen Vorstandsvorsitzenden des *Kunstvereins Unna e. V.* Dieter Lohl zu dessen Wirkmöglichkeiten im Sommer 1974, das eine gewisse Provinzmüdigkeit kaum verhehlen konnte und wollte. Sich der provinziellen Stellung durchaus bewusst, hatte Lohl aber gar nicht erst vor, sich in jenes vorgefertigte Hierarchie- und

72 Siehe etwa StA Gütersloh E 899, Versuch Zukunftsperspektive für die Stadtentwicklung, Dezernat IV, 29. Februar 1984; siehe auch StA Gütersloh, E 383, Hans-Dieter Musch: Überlegungen zur Pressearbeit und zur Werbung für die Stadt Gütersloh, Juli 1978. Für die frappierende Erhöhung der städtischen Ausgaben im kulturellen Bereich just in jenen Jahren Rolf Lindemann: Sozial- und Wirtschaftsstruktur der Stadt Gütersloh, in: Westfälische Forschungen, Jg. 35 (1985), S. 27–39.

73 Dieter Lohl: Leserbrief zur Kulturpolitik in Unna, in: Hellweger Anzeiger vom 21. Juni 1974 (KraUn 21/08, Bl. 196). Siehe hierfür Golka, „Sie simulieren Großstadt".

Machtgefüge einzufügen. Der *Unnaer Kunstverein* sollte vielmehr im Gegenteil zu einem Inbegriff einer „Provinzinitiative" werden. Dies hieß konkret, am Puls der nationalen und internationalen Kunstentwicklungen zu sein, um auf diese Weise den Kunstvereinen in größeren Städten in nichts nachzustehen, sich Großstadterfahrungen letztendlich aber durch die mittelstädtische Perspektive anzueignen und zu modifizieren.[74] In Anknüpfung an die Ausführungen Romains sollte es in Unna wie anderswo im Rahmen der lokalen Kulturpolitik nicht allein um ein Nachahmen großstädtischer Entwicklungen gehen, sondern um das Kunststück, die eigene regionale Identität nicht utopischen Vorstellungen zu opfern. Klein- und mittelstädtische Vereine konnten durch die explizite Verbindung zu ihrer Region und einer entsprechenden Akzentuierung und Sichtbarmachung gegenüber solchen Institutionen in Großstädten gegebenenfalls eine Nische bespielen, wenn sie gewillt waren, diese produktiv und eigensinnig zu erkennen und für sich zu nutzen.

Resümee, oder: Überlegungen für eine künftige Geschichte bundesdeutscher Kunstvereine

Abschließend gilt es, weniger die einzelnen Befunde zu resümieren, sondern vielmehr die Potenziale einer lokal- beziehungsweise mikrogeschichtlichen Erforschung der Kunstvereine zu betonen. Auf diese Weise werden Akteurskonstellationen, Netzwerkstrukturen und Möglichkeitsräume einzelner Kunstvereine sichtbar, was noch einmal ausdrücklich den Forschungsbedarf des Themas unterstreicht: Die Kunstvereine waren für die beteiligten Akteurinnen und Akteure Mittel und Plattform zur Re-Orientierung im kunst- und kulturpolitischen Tun, zugleich dienten sie der Sinnstiftung und Identifizierung. Das Wirken dieser Männer und Frauen vor Ort spiegelt bundesdeutsche Selbstverständigungsprozesse im Kleinen. Bald schon avancierten die Kunstvereine zum wichtigen Faktor kommunaler Kulturentwicklung und generierten auf ihre Weise kulturpolitische Kreditwürdigkeit, die jedoch in ökonomischen Krisenzeiten in ihrer Relevanz bald infrage gestellt werden konnte und somit durchaus fragil war. Nach diesen zwangsläufig nur exemplarischen Vertiefungen in gebotener Kürze werden abschließend drei allgemeinere Aspekte formuliert, die für die künftige Bearbeitung des Gegenstandes möglicherweise hilfreich sein könnten:

1) *Differenzierungsplädoyer*: Die Unterscheidung zwischen groß-, mittel- und kleinstädtischen Kunstvereinen ist für die Beantwortung der Frage nach der Wirkmacht dieser Institutionen zentral; dabei kann es nicht allein um numerische Größen gehen, sondern um deren konkrete Bedeutung für den jeweiligen Untersuchungsort. Differenziert werden müsste ebenso nach konkreten Verhältnissen zwischen Neu- und Wiedergründungen beziehungsweise bestehenden Vereinsstrukturen.

74 Magazin Kunst „zieht Hut ab" vor Leistungen des kleinen Kunstvereins, in: Hellweger Anzeiger vom 4. Oktober 1974 (KraUn, 21/08, Bl. 278) sowie Lücke, ‚Kulturprovinz' als Laboratorium ästhetisch-kritischer Erziehung.

2) *Zeitlichkeit und Periodisierung*: Die Kern- und Scharnierzeit der hier vorgestellten Überlegungen bildet die vielfältige Aufbruchszeit der ‚langen' 1960er-Jahre.[75] Demgegenüber ist noch wenig bekannt über die unmittelbare Nachkriegszeit sowie für die Jahre „nach dem Boom",[76] in denen kommunale Handlungsmöglichkeiten infolge einer nun notwendigen Sparpolitik auch, wenngleich in unterschiedlicher Intensität, den Wirkkreis der Kunstvereine einschränkte, aber unter Umständen auch neue, kreativ-eigensinnige Aneignungen und Handlungen evozieren konnte.

3) *Aufmerksamkeitsökonomien*: Wie dargestellt, war die blockübergreifende Zusammenarbeit etwa mit der Tschechoslowakei durchaus eng. Für die DDR gilt dies offenbar in geringerem Maße, was einerseits an der Wahl der untersuchten Kunstvereine liegen, aber auch etwaige ‚blinde Flecken' der Erfahrungswelten unter den Zeitzeuginnen und Zeitzeugen spiegeln könnte. In diesem Zusammenhang sei auf die ausstehende Erforschung von Gemeinsamkeiten mit und Unterschieden zu ostdeutschen Kunstvereinen nach 1990 verwiesen,[77] die nach der Wiedervereinigung in kürzester Zeit in zahlreichen Städten gegründet wurden. Dabei müsste überprüft werden, inwiefern sich die Kunstvereine der neuerlichen Gründungswelle unter ganz anderen Rahmenbedingungen mit dann doch ähnlichen Herausforderungen konfrontiert sahen, was die Attraktivität eines integrierten deutsch-deutschen Zugriffes auch auf diesem Feld noch einmal unterstreicht.[78]

75 Siehe Franz-Werner Kersting (Hg.): Die zweite Gründung der Bundesrepublik. Generationswechsel und intellektuelle Wortergreifungen 1955–1975, Stuttgart 2010.

76 Siehe allen voran Anselm Doering-Manteuffel/Lutz Raphael: Nach dem Boom. Perspektiven auf die Zeitgeschichte seit 1970, Göttingen 2008; dies./Thomas Schlemmer (Hg.): Vorgeschichte der Gegenwart. Dimensionen des Strukturbruchs nach dem Boom, Göttingen 2016 und unlängst Lutz Raphael: Jenseits von Kohle und Stahl. Eine Gesellschaftsgeschichte Westeuropas nach dem Boom, Berlin 2019.

77 In der DDR wurden Kunstvereine als bürgerliche Privatgründungen umgehend verboten. Die alternativen Gründungen von Künstlervereinigungen werden durch die *Arbeitsgemeinschaft deutscher Kunstvereine* nicht als Kunstvereine gezählt. Siehe dazu Katja Blomberg: Privat und doch nicht elitär – Kunstvereine im Generationenwechsel, in: Frankfurter Allgemeine Zeitung vom 28. Februar 2001, online abrufbar unter https://www.faz.net/aktuell/feuilleton/kunstvereine-privat-und-doch-nicht-elitaer-kunstvereine-im-generationenwechsel-114610.html [21.12.2022].

78 Siehe beispielsweise, angeregt durch die Anregungen von Christoph Kleßmann/Frank Bösch (Hg.): Geteilte Geschichte: Ost- und Westdeutschland 1970–2000, Göttingen 2015.

Felix Steffan

„Aus dem Scheintod zu neuem Leben erwacht“

Brüche und Kontinuitäten der kommunalen Kulturpolitik nach 1945 am Beispiel der Stadt Rosenheim

I. Die ‚Gleichschaltung' des Kunstvereins Rosenheim im Sommer 1934

Am 11. Juli 1934 legte der Zahnarzt Hans Faußner sein Amt als erster Vorsitzender des *Kunstvereins Rosenheim* mit sofortiger Wirkung und ohne Angabe von Gründen nieder.[1] Bereits im Frühjahr desselben Jahres war Faußner aufgrund einer vermeintlichen „Nichtberücksichtigung von Rosenheimer Künstlern“[2] von mehreren Vereinsmitgliedern scharf attackiert worden. Seine postwendende Rechtfertigung, er wolle in erster Linie „gute Künstler (...) ohne Rücksicht auf die Person oder den Namen“ nach Rosenheim bringen, um somit „dafür zu sorgen, dass das Publikum *alle* Kunstrichtungen [Herv. i. O.]“ kennenlerne, stieß bei den Mitgliedern des Kunstvereins auf wenig Gegenliebe.[3] Da mit Faußner sowohl der zweite Vorsitzende als auch der Schriftführer ihre Ämter zur Verfügung stellten, übernahm Vereinskassier Georg Haindl den Interimsvorsitz. Dass Haindl im direkten Anschluss an diese Ernennung seine offenbar bereits erfolgreich abgeschlossenen „Bemühungen um einen [neuen] I. Vorsitzenden“[4] bekanntgab und für den Folgetag eine erneute Hauptversammlung ankündigte, legt die Vermutung nahe, dass die Rücktrittsentscheidung des Vereinsvorstands nicht ganz freiwillig, auf jeden Fall jedoch nicht überraschend gefällt

1 Siehe hierzu das Protokoll des *Kunstvereins Rosenheim* vom 11. Juli 1934 in Stadtarchiv Rosenheim: PRO 1839 I. Vgl. auch Franz Hilger: „Ein schöner, aber schwieriger Verein.“ 90 Jahre Kunstverein Rosenheim, in: Städtische Galerie Rosenheim (Hg.): Kunstverein Rosenheim 1904–1994. Seine Geschichte. Seine Ausstellungen. Seine Künstler, Rosenheim 1994, S. 9–19, hier S. 17.

2 Zit. nach dem Protokoll des *Kunstvereins Rosenheim* vom 27. Februar 1934 in Stadtarchiv Rosenheim: PRO 1839 I.

3 Zit. nach ebd.

4 Protokoll des Kunstvereins Rosenheim vom 11. Juli 1934 in Stadtarchiv Rosenheim: PRO 1839 I.

worden war. Nichtsdestoweniger ist über die genauen Beweggründe der Vorstandschaft, ihre Ämter zur Verfügung zu stellen, bislang kaum etwas bekannt. Wie der Interimsvorsitzende die Anwesenden nun wissen ließ, habe sich Erich Holper, der in den Jahren zuvor als NSDAP-Mitglied und SA-Sonderkommissar maßgeblich am Aufstieg der Nationalsozialisten in Rosenheim beteiligt war, dazu bereit erklärt, in Zukunft das Amt des Kunstvereinsvorsitzenden zu übernehmen. Dieser Vorschlag mochte manche überrascht haben, war der promovierte Jurist Holper doch zu diesem Zeitpunkt noch nicht einmal Mitglied im *Kunstverein Rosenheim.*[5]

Nur einen Tag später, auf der Hauptversammlung am 12. Juli 1934, wurde der Kunstverein im Sinne der nationalsozialistischen Kunstpolitik gänzlich neu ausgerichtet. Noch vor der Wahl des neuen Vorsitzenden beschlossen die anwesenden Mitglieder unter der Federführung des bisherigen Kassiers diverse Satzungsänderungen. So hieß es, der *Kunstverein Rosenheim* sei nunmehr „als Mitglied in den Bund deutscher Kunstvereine (…) aufgenommen u[nd] dadurch mittelbares Mitglied der Reichskulturkammer“ geworden.[6] Der Kunstverein habe deshalb – laut Reichskulturkammergesetz vom September 1933 – künftig „daran mitzuwirken, die deutsche Kunst in Verantwortung für Volk u[nd] Heimat zu fördern“ und den Anordnungen der Kammer Folge zu leisten. Darüber hinaus bedürfe die Wahl eines neuen Vorsitzenden der Bestätigung durch den *Bund deutscher Kunstvereine.* Außerdem hieß es, alle weiteren Mitglieder des Vorstandes würden fortan nicht mehr gewählt, sondern sollen zukünftig „vom Vorsitzenden berufen u[nd] abberufen“ werden. Dies entsprach dem politischen Konzept des nationalsozialistischen ‚Führerprinzips‘, wonach alle Organisationen – und damit auch das Vereinswesen – ohne jegliche Kontrollinstanzen der Verantwortlichkeit eines einzelnen Entscheidungsträgers, dem sogenannten ‚Vereinsführer‘, untergeordnet werden sollte. Nach der einstimmigen Annahme der neuen Vereinssatzung beging man die Wahl des neuen Vorsitzenden, bei der 14 der 15 Anwesenden für den vor-

5 Holper war seit 1929 Mitglied der NSDAP und füllte später auch die Funktion des zweiten Bürgermeisters aus. Zu seiner Teilhabe am Aufstieg der Nationalsozialisten in Rosenheim siehe insbesondere Peter Miesbeck: Bürgertum und Nationalsozialismus in Rosenheim. Studien zur politischen Tradition, Rosenheim 1994, S. 259 sowie S. 367–368.

6 Hier und im Folgenden zit. nach dem Protokoll des *Kunstvereins Rosenheim* vom 12. Juli 1934 in Stadtarchiv Rosenheim: PRO 1839 I. Vgl. hierzu auch Ute Haug: Der Kölnische Kunstverein im Nationalsozialismus. Struktur und Entwicklung einer Kunstinstitution in der kulturpolitischen Landschaft des „Dritten Reichs“, Aachen 1998, S. 184–187. Demzufolge wurde zum Ende des Jahres 1933 der aus der Kaiserzeit stammende *Verband deutscher Kunstvereine* in die Reichskulturkammer eingegliedert und in *Bund deutscher Kunstvereine* umbenannt. Mit der Aufnahme in den Bund erhielt ein Kunstverein gleichzeitig auch die mittelbare Mitgliedschaft in der Reichskammer der bildenden Künste und der Reichskulturkammer und musste fortan deren Anordnungen befolgen. Im Juni 1935 wurde der Bund im Zuge einer Organisationsänderung der Reichskulturkammer, der alle Fachverbände zum Opfer fielen, aufgelöst.

geschlagenen Erich Holper stimmten.[7] Als nunmehriger ‚Vereinsführer' erklärte dieser, „er werde mit ganzer Kraft für die Aufgaben des Kunstvereins wirken." Seiner Ansicht nach sei „Kunst (…) nicht Selbstzweck, sondern müsse im Sinne des Führers idealen Zwecken dienen u[nd] der Heimat u[nd] dem Volke zum Wohle gereichen."[8]

II. Der Bau der Städtischen Galerie und das Ausstellungswesen bis 1944

Es war in erster Linie Holpers Verdienst als neu ernannter Funktionsträger des *Rosenheimer Kunstvereins*, dass die Stadt nur kurze Zeit später einen repräsentativen Galeriebau erhalten sollte.[9] Als „eigentlich bestimmende Kraft im Rathaus"[10], da er neben der Vorstandschaft des Kunstvereins als städtischer Rechtsrat alsbald auch die Funktion des zweiten Bürgermeisters in Rosenheim innehatte, veranlasste Holper, dass bereits im August 1935 im Rahmen von Jubiläumsfeierlichkeiten der NSDAP-Ortsgruppe der Grundstein für das Ausstellungsgebäude gelegt werden konnte.[11]

Die Schirmherrschaft für das zweijährige Bauprojekt übernahm auf Bitten des Oberbürgermeisters „Rosenheims größter Sohn" und Ehrenbürger Hermann Göring.[12] Dass sich der Architekt German Bestelmeyer bei seinem Entwurf für den Bau der Städtischen Galerie Rosenheim an den Plänen Paul Ludwig Troosts für das nach wie vor im Bau befindliche

7 Dem Protokoll ist zu entnehmen, dass sich eine Person enthielt, indem sie im Rahmen der geheimen Wahl einen leeren Zettel abgab.

8 Zit. nach ebd. Vgl. hierzu auch allgemein Mareike Schwarz: Der Kunstverein Rosenheim und die deutschen Kunstvereine im Nationalsozialismus, in: Christian Fuhrmeister/Monika Hauser-Mair/Felix Steffan (Hg.): vermacht, verfallen, verdrängt. Kunst und Nationalsozialismus, Petersberg 2017, S. 116–125.

9 Siehe allgemein Mareike Hetschold: Die Städtische Galerie Rosenheim – ein architekturhistorischer Blick, in: ebd., S. 96–102.

10 Zit. nach Miesbeck, Bürgertum, S. 259.

11 Vgl. etwa Rosenheimer Anzeiger vom 24. Juli 1935.

12 Zit. nach Miesbeck, Bürgertum, S. 231. Hermann Göring trug maßgeblich zum Aufstieg der NSDAP bei und war später eine der wichtigsten Führungspersönlichkeiten im nationalsozialistischen Deutschland. Er wurde im Februar 1893 eher zufällig während eines Kuraufenthalts seiner Mutter Franziska Göring im Rosenheimer Marienbad geboren und kam dort in seinen ersten Lebensjahren bei einer Pflegefamilie unter. Wenngleich man später nicht nur Göring zum Ehrenbürger erklärte, zum Schirmherrn des Galeriebaus machte und selbst die Straße, in der sich sein Geburtshaus befand, in Göringstraße umbenannte, pflegte er nie eine engere Verbindung zu seiner Geburtsstadt. Wie einem Schreiben von Görings persönlicher Referentin an den Rosenheimer Oberbürgermeister vom 24. August 1937 zu entnehmen ist, nahm er auch nicht an der Eröffnung des Galeriegebäudes teil. Der Brief befindet sich heute im Depot der Städtischen Galerie Rosenheim. Vgl. hierzu auch https://www.stadtarchiv.de/stadtgeschichte/rosenheim-im-wandel-der-zeit/detailseite/timeline/detail/das-marienbad/ [1.12.2022].

German Bestelmeyer bei der Grundsteinlegung der *Städtischen Galerie Rosenheim* im August 1935 (Fotograf: Then, Stadtarchiv Rosenheim, F 10304)

Haus der Deutschen Kunst in München orientierte, ist unverkennbar.[13] Hinzu kam, dass die Kosten für das Rosenheimer Galeriegebäude von 125.000 Reichsmark nicht nur aus städtischen Mitteln, sondern auch – wie in München – zu etwa 10 Prozent durch Spenden aus der Bürgerschaft gedeckt wurden.[14] Der Neubau sei deshalb nicht nur „aus dem Geist des Führers entstanden", wie Holper später betonte, sondern zugleich auch eine „Gemeinschaftsleistung" der Rosenheimer Stadtgesellschaft.[15] Diese Parallelen der beiden Bauprojekte in München und Rosenheim wurden abermals verstärkt, als das Galeriegebäude im August 1937 nur wenige Wochen nach der Inbetriebnahme des *Hauses der Deutschen Kunst* feierlich

13 Hetschold, Städtische Galerie, S. 99.

14 Eine ausführliche Dokumentation der entstandenen Kosten und Geldbeiträgen aus Spenden und Bürgschaften findet sich in Stadtarchiv Rosenheim: MAG IX A 4 211.

15 Zit. nach der „Rede des Vorsitzenden des Kunstvereins zur Eröffnung der Städtischen Kunstsammlung" am 29. August 1937, die sich in Kopie im Depot der Städtischen Galerie Rosenheim befindet.

eröffnet wurde.[16] War es in der bayerischen Landeshauptstadt Hitler selbst, der die festliche Weihung des neuerrichteten nationalsozialistischen ‚Kunsttempels' vornahm, wurde die Rosenheimer Galerie von Adolf Wagner in seiner Funktion als Gauleiter des Gaus München-Oberbayern eröffnet. Bezeichnend ist, dass Wagner im Rahmen des pompösen Rosenheimer Festakts in seiner kurzen Ansprache weniger auf die gezeigte Kunst einging, als vielmehr die ideologische Bedeutung des neuerrichteten Ausstellungsbaus betonte.[17]

Dass sich der Gauleiter anlässlich der Galerieeröffnung kaum über die ausgestellten Werke äußerte, mochte nicht zuletzt auch damit zusammenhängen, dass sich das Kunstwesen in Rosenheim durch die Machtübernahme der Nationalsozialisten kaum verändert hatte. Schwerpunkt der städtischen Gemäldesammlung war seit ihrer Begründung durch den Münchener Kunstsammler Max Bram im Jahr 1904 vor allen Dingen eine akademisch geprägte Gattungsmalerei im Stil der sogenannten Münchener Schule, einer Kunstrichtung also, die vielerorts bereits seit Jahrzehnten als überholt galt, jedoch dem Kunstgeschmack der Nationalsozialisten – allen voran den persönlichen Vorlieben Hitlers – sehr entgegenkam.[18] Vor diesem Hintergrund überrascht es auch nicht, dass die Wahl des neuen ‚Kunstvereinsführers' Holper im Jahr 1934 keinen grundsätzlichen Bruch mit der bisherigen Ausstellungspraxis bedingte. Ganz im Gegenteil schien Holper bei der Wahl von Kunstschaffenden und Werken nahtlos an die von seinem Vorgänger Faußner in den 1920er Jahre intensivierten Kontakte zum konservativen Kunstmilieu der Chiemseeregion anzuknüpfen.[19] Da somit die bestehende Rosenheimer Kunstsammlung augenscheinlich keiner grundlegenden selektiven Anpassung unterlag, schien es nicht ins Gewicht zu fallen, dass sich der Rosenheimer ‚Kunstvereinsführer' in Hinblick auf die Organisation und Veranstaltung von Kunstausstellungen nicht durchwegs linientreu verhielt.

Grundsätzlich lässt sich konstatieren, dass sich das Rosenheimer Ausstellungsprogramm zur Zeit des Nationalsozialismus auf einer rein inhaltlichen Ebene kaum von der Ausstellungspraxis vor 1933 unterschied. Zu sehen waren in erster Linie Blumenstillleben, Landschaften und bäuerliche Genrebilder.[20] Es lässt sich jedoch auch belegen, dass sich in den prominenten Jahresausstellungen „Der Chiemgau", die vom Kunstverein zwischen

16 Vgl. Michael Pilz: Literatur und Bildende Kunst im Rosenheim der Zwischenkriegszeit, in: Manfred Treml/Michael Pilz (Hg.): Rosenheim. Geschichte und Kultur, Rosenheim 2010, S. 419–439, hier S. 434 ff. Dieser verweist in seinem Beitrag unter anderem auch darauf, dass „die Rosenheimer Sammlung denkbar unbescheiden als regionales ‚Haus der Kunst' tituliert" wurde.

17 Eine Kopie von Wagners zweiseitigen Redemanuskripts findet sich in Stadtarchiv Rosenheim: Dokumentarische Sammlung zur Zeitgeschichte: Städtische Galerie.

18 Vgl. hierzu allgemein Felix Steffan: „Kunststadt des Chiemgaus". Kunst und Nationalsozialismus in Rosenheim und seiner Region, in: Das bayerische Inn-Oberland 61 (2022), S. 28–53.

19 Vgl. Pilz, Bildende Kunst, S. 435.

20 Siehe hierzu allgemein die Beiträge im Ausstellungskatalog Fuhrmeister et al., Kunst und Nationalsozialismus.

1939 und 1944 in der Städtischen Galerie abgehalten wurden, vereinzelt auch solche Kunstschaffenden befanden, die auf Reichsebene zuvor als entartet diffamiert oder mit einem Berufsverbot belegt worden waren. Hintergrund dieses Rosenheimer Sonderweges war dabei weniger eine grundsätzliche Ablehnung der nationalsozialistischen Kunstpolitik, als vielmehr persönliche Verflechtungen und Bekanntschaften innerhalb der regionalen Kunst- und Kulturszene, die auch nach dem Machtwechsel 1933 das lokale Geschehen dominierten. So legt beispielsweise der vertrauensvolle Ton in einer Korrespondenz zwischen dem nationalsozialistischen ‚Kunstvereinsführer' Holper und dem von den Nationalsozialisten verfemten Künstler Hermann Euler nahe, dass die beiden in freundschaftlicher Verbindung standen und dieser vor allen Dingen auch deshalb ein paar seiner Werke in Rosenheim – anders als in München – nach wie vor präsentieren konnte.[21]

III. Hans Faußner und der Wiederaufbau des Kunstwesens nach 1945

Im Herbst 1944 wurde die Städtische *Galerie Rosenheim* während des laufenden Ausstellungsbetriebs von einer Fliegerbombe getroffen.[22] Im Frühjahr 1944 hatte die Rosenheimer Stadtspitze die Sammlungsbestände aus der Galerie aufgrund der zunehmenden Gefahr vor Luftangriffen auf das Benediktinerkloster *Frauenchiemsee* auslagern lassen. Da die meisten Werke somit rechtzeitig in Sicherheit gebracht worden waren, blieb ein Großteil des Bildbestandes von den Bombardierungen der alliierten Flugzeuge verschont. Das Galeriegebäude war jedoch substantiell beschädigt und infolgedessen unbenutzbar. Die „vornehme Galerie", konstatierte Leonhard Baumgartner als Chronist der Rosenheimer Kunstvereinsgeschichte in der unmittelbaren Nachkriegszeit, sei nur noch ein „trauriges Wrack".[23] Nach Kriegsende mussten die ins Chiemgau verbrachten Kunstgegenstände nach ihrer Rückführung deshalb vorerst auf dem Dachboden des Rosenheimer Rathauses zwischengelagert werden. Wenngleich also die städtische Kunstsammlung weitestgehend intakt blieb und ungeachtet der Entschlossenheit der Stadt, die Städtische Galerie auch in Zukunft für Kunstausstellungen zu nutzen, stellte die Zerstörung des Galeriegebäudes das Kunstgeschehen in Rosenheim vor große Herausforderungen.[24]

Im ersten Jahr nach Kriegsende bildete ein eigens hierfür eingerichteter ‚Einwohnerausschuss' den Verwaltungsapparat der Stadt Rosenheim. Die Wahl des Ausschusses wurde durch die amerikanische Militärregierung bestätigt. Nur wenige Wochen später mehrten sich jedoch die Stimmen, ehemalige NSDAP-Mitglieder aus der Stadtverwaltung zu ent-

21 Vgl. Schwarz, Kunstverein, S. 119.

22 Zu den Luftangriffen auf Rosenheim vgl. allgemein und ausführlich Peter Negwer: Die Luftangriffe auf Rosenheim 1944–1945, Aachen 2020.

23 Zit. nach Hilger, Verein, S. 19.

24 Vgl. hierzu allgemein Birgit Löffler: Bildende Kunst in Rosenheim nach 1945, in: Treml/Pilz, Rosenheim, S. 486–495, hier S. 486.

Hans Faußner bei einer Ausstellungeröffnung in der *Städtischen Galerie Rosenheim* im Jahr 1950 (Fotograf: Oswald Malura, Stadtarchiv Rosenheim, F 2198)

fernen. Im Mai 1946 wurde deshalb erstmalig wieder ein sechzehnköpfiger Stadtrat von der Rosenheimer Stadtbevölkerung gewählt.[25] Teil des neuen Stadtratkomitees war auch Hans Faußner, der bis zur ‚Gleichschaltung‘ im Jahr 1934 als erster Vorsitzender des Rosenheimer Kunstvereins fungiert hatte. In seiner neuen Funktion als Stadtrat leitete Faußner das neubegründete Kulturpolitische Amt der Stadt Rosenheim.

Da der Kunstverein zu jenem Zeitpunkt seine Arbeit noch nicht wieder aufgenommen hatte, oblag es letztlich Faußner in der ihm zugedachten kulturpolitischen Funktion, in Rosenheim eine erste Kunstausstellungen der Nachkriegszeit zu organisieren.[26] Am 15. Dezember 1948, als ein Abschluss der Wiederaufbaumaßnahmen an der Städtischen Galerie abzusehen war, berichtete er dem Stadtrat über seine zukünftigen Ausstellungspläne:

> „Für Ende April/Anfang Mai 1949 ist eine Kunstausstellung beabsichtigt, in deren Mittelpunkt ein Überblick über das Gesamtschaffen eines unserer besten Maler, Hans Müller-Schnuttenbach steht, der seinen 60. Geburtstag feiert und der Stadt seit vielen Jahren in uneigennütziger Weise beigestanden ist. Neben dieser Sammelausstellung

25 Vgl. Walter Leicht/Peter Miesbeck: Kommissarische Bürgermeister, erste Wahlen und Entnazifizierung, online abrufbar unter https://www.stadtarchiv.de/index.php?id=425 [1.12.2022].

26 Löffler, Bildende Kunst, S. 486–487.

> von Müller-Schnuttenbach laufen gleichzeitig die 2 Gedächtnisausstellungen für Hermann Müller (Samerberg) und Emil Thoma (Riedering). Die übrigen Räume stehen den Malern offen, die sich an dieser Ausstellung beteiligen wollen und zwar sollen die Wände gleichmäßig verteilt werden an die Modernen und Conservativen."[27]

Dass Faußner ausgerechnet den Aquarellisten Hans Müller-Schnuttenbach ins Zentrum der ersten größeren Rosenheimer Kunstausstellung nach 1945 stellte, wirkt aus heutiger Sicht irritierend. Schließlich war der Künstler mit insgesamt 56 ausgestellten Werken einer der meistausgestellten Kunstschaffenden auf den „Großen Deutschen Kunstausstellungen" zwischen 1937 und 1944 im *Haus der Deutschen Kunst* in München.[28] Auch Hermann Müller-Samerberg und Emil Thoma hatten sich – wenngleich in deutlich kleinerem Maße – an den Kunstschauen der Nationalsozialisten beteiligt.[29] Dass die Beteiligungen und Erfolge der Chiemgauer Kunstszene an den Propagandaausstellungen in München auch im Rosenheimer Raum nicht unbekannt gewesen sein konnte, belegt die rege Berichterstattung des *Rosenheimer Anzeigers* über ebenjene Kunstschauen in den 1930er und 1940er Jahren.[30] Zugleich gehörten die genannten Kunstschaffenden zugleich auch in Rosenheim selbst zu den häufigsten Vertretenden auf lokalen Kunstausstellungen zur Zeit des Nationalsozialismus. Darüber hinaus war Müller-Schnuttenbach im Jahr 1943 einer von zwei Preisträgern des in diesem Jahr vom *Kunstverein Rosenheim* neu ins Leben gerufenen *Leibl-Sperl-Preises*, den er von Holper in dessen Funktion als ‚Kunstvereinsführer' und Bürgermeister für „die beste landschaftliche Arbeit" verliehen bekommen hatte.[31] All dies spielte in der Bewertung der lokalen Kunstproduktion in der Nachkriegszeit offensichtlich keine Rolle mehr. Gewiss gereichte es den Kunstschaffenden und allen voran Müller-Schnuttenbach dabei zum Vor-

27 Hier und im Folgenden zit. nach einem Auszug aus dem Niederschriftenbuch des Stadtrates Rosenheim vom 15. Dezember 1948 in Stadtarchiv Rosenheim: MAG IX A 4 67 und (in Kopie) in MAG IX A 4 62. „Eine Gedächtnisausstellung der Bilder des einheimischen verlebten Künstlers [Michael] Licklederer", hieß es dort weiter, „soll für später in's Auge gefaßt [sic!] werden".

28 Vgl. hierzu die Bild- und Forschungsplattform GDK-Research unter www.gdk-research.de [1.12.2022]. Demnach war Müller-Schnuttenbach am zweithäufigsten vertreten. Er folgte auf Franz Eichhorst (57 Werke) und stand im Ranking noch vor Raffael Schuster Woldan (55 Werke).

29 Ebd. Müller-Samerberg zeigte in den Jahren 1939 und 1940 seine Bilder „Pastorale" und „Bergkirche", Emil Thoma war im Jahr 1938 mit seinem Werk „Feierabend" vertreten.

30 Die Lokalblätter *Rosenheimer Tagblatt Wendelstein* und *Rosenheimer Anzeiger* sind dank der fortschrittlichen Digitalisierung der Bestände im Stadtarchiv Rosenheim als Volltext durchsuchbar. Eine kursorische Durchsicht der Jahre 1937 mit 1944 nach dem Begriff „Große Deutsche Kunstaustellung" ergab dutzende Treffer. Die entsprechenden Artikel berichten teils ausführlich, mit zahlreichen Abbildungen und nicht selten mit direktem Rückbezug auf die lokale Künstlerschaft von den alljährlichen Kunstschauen in München.

31 Zit. nach *Rosenheimer Anzeiger* vom 5. Juli 1943.

teil, dass sich die harmlos wirkenden Landschaften, Bauernporträts und Blumenstillleben nach 1945 jeglicher zuvor geäußerten ideologischer Zuschreibung der Nationalsozialisten entziehen konnten. Hinzu kam, dass Faußner und Müller-Schnuttenbach bereits seit Jahrzehnten einen engen freundschaftlichen Kontakt pflegten. An der regen Beteiligung seines Malerfreundes am nationalsozialistischen Kunstbetrieb schien Faußner hingegen sichtlich keinen Anstoß zu nehmen.

Die Rosenheimer Frühjahrsausstellung im Jahr 1949 war für Faußner eine Feuerprobe in seiner neuen Funktion als Leiter des Kulturpolitischen Amtes. Neben den Bildern von Müller-Schnuttenbach, Müller-Samerberg und Thoma umfasste die Ausstellung zeitgenössischen Medienberichten zufolge Werke von über einhundert Kunstschaffenden, die vornehmlich aus der näheren Umgebung stammten.[32] Mit seiner Entscheidung, sowohl moderne als auch konservative Künstlerinnen und Künstler auszustellen, versuchte sich Faußner einer richtungsweisenden Positionierung zu entziehen, welche Kunst nach 1945 bevorzugt gezeigt werden sollte. Vielmehr schien er die Ausstellungsbesuchenden in diesen Entscheidungsprozess miteinbeziehen zu wollen. So erhielten die Ausstellungsgäste einen kleinen Handzettel, auf dem sie notieren sollten, welche Kunstschaffenden und Exponate der ersten Kunstausstellung der Nachkriegszeit ihnen am besten gefallen haben.[33] Wenngleich nicht überliefert ist, zu welchem Ergebnis die Befragung kam, offenbart das Vorgehen doch, dass sich Faußner der Schwierigkeit, mit seiner Kunstausstellung allen Beteiligten und Betrachtenden gerecht zu werden, bewusst gewesen sein durfte. Man könnte gar soweit gehen, anzunehmen, dass Faußner eine Abkehr von den bislang zur Ausstellung gebrachten akademischen Stillleben und Bauernbildern und eine zunehmende Hinwendung zu bislang unterdrückten modernen Kunstströmungen nur in Betracht ziehen wollte, wenn dies von der Bevölkerung auch mitgetragen wurde.

IV. Die „Neugründung" des Kunstvereins Rosenheim im Herbst 1949

Im November 1949 tagte erstmalig auch wieder der *Kunstverein Rosenheim*, nachdem er die Jahre zuvor in den Worten eines Zeitgenossen „gewissermaßen scheintot"[34] weiterbestanden hatte. Da der Kunstverein nicht aufgehört habe zu bestehen, erachtete man es als falsch, von einer „Neugründung" zu sprechen.[35] Lediglich eine neue Vorstandschaft musste gewählt werden. Faußner lehnte eine nominelle Ernennung mit der Begründung ab, dass er sich

32 Siehe hierzu Oberbayerisches Volksblatt vom 14. Juni 1949.

33 Eine unausgefüllte Version des Handzettels befindet sich im Stadtarchiv Rosenheim: Dokumentarische Sammlung zur Zeitgeschichte: Kunstverein. Es ist jedoch nicht überliefert, ob und wie viele dieser Zettel tatsächlich verteilt und ausgewertet worden sind.

34 So der Künstler Leonhard Baumgartner im Katalog zur Jahresausstellung 1958, zit. nach Hilger, Verein, S. 19.

35 Vgl. den Bericht im Oberbayerischen Volksblatt vom 29. November 1949.

„auch ohne Bindung (…) in seiner Stellung als Kulturreferent tatkräftig für den Kunstverein einsetzen werde."[36] Deshalb bekam der Kunstverein mit dem eher unscheinbaren Rechtsanwalt Wolfgang Laue einen neuen Vorsitzenden.[37] Folgt man der Presseberichterstattung, war es dennoch oft Faußner, der auf den Vereinssitzungen tonangebend war. Bereits im Dezember 1949 veranstaltete der Kunstverein in zwei Räumen der Galerie eine Weihnachtsausstellung. Hierzu eingeladen waren alle Mitglieder des Vereins, die man dazu aufforderte, je ein bis zwei Werke einzureichen. Alle Einsendungen unterlagen dem Urteil einer Jury, deren fünf Mitglieder allesamt Kunstschaffende aus Rosenheim und der näheren Umgebung waren.[38] Wenngleich keiner von ihnen vor 1945 im *Kunstverein Rosenheim* auffallend in Erscheinung getreten war oder gar eine wichtige Funktion im lokalen Künstlersozialgefüge innehatte, so waren doch vier von ihnen zur Zeit des Nationalsozialismus auf den „Großen Deutschen Kunstausstellungen" in München vertreten. Ihr prominentester Vertreter war gewiss Wilhelm Maxon, der zwar zwischen 1939 und 1943 im *Haus der Deutschen Kunst* sechs Werke ausstellte und diese allesamt verkaufte, später aber vornehmlich als Opfer der nationalsozialistischen Kunstpolitik stilisiert wurde.[39]

Einen ersten größeren Eklat evozierte eine Ausstellung des Kunstvereins im Jahr 1951. Gezeigt wurden neben rund 200 Bildern und Plastiken von Vereinsmitgliedern auch eine etwa 40 Bilder umfassende Sonderschau des Malers Paul Mathias Padua.[40] Dass man mit Padua erneut ausgerechnet einen derjenigen Kunstschaffenden ins Zentrum rückte, der zur Zeit des ‚Dritten Reiches' besonders große Erfolge verbuchen konnte, schien zwar vorerst niemanden zu stören.[41] Als sich der Künstler jedoch zu allem Überfluss auch noch die Freiheit herausnahm, bei der Eröffnung der Ausstellung ein Pamphlet gegen die Moderne vorzulesen und dabei – so hieß es später in der Presse – „sämtliche Ismen und allen Pluralismus in der Kunst lautstark verschrie", gerieten die beiden Lager der sogenannten „Traditionalisten" und „Modernen" im Kunstverein erneut in Konflikt.[42] Dass letztere – also die „Moder-

36 Zit. nach dem Protokoll des *Kunstvereins Rosenheim* vom 18. Oktober 1950 im Stadtarchiv Rosenheim: PRO 1839 I.

37 Vgl. ebd.

38 Vgl. den Bericht im *Rosenheimer Tagblatt Wendelstein* vom 15. Dezember 1949.

39 Vgl. hierzu die Bild- und Forschungsplattform GDK-Research unter www.gdk-research.de [1.12.2022].

40 Siehe hierzu Löffler, Bildende Kunst, S. 487–488.

41 Padua war zur Zeit des Nationalsozialismus ausgesprochen erfolgreich und zeigte zwischen 1937 und 1944 insgesamt 31 Werke auf den „Großen Deutschen Kunstausstellungen" in München. Zu seinen berühmtesten Werken zählt das Genrebild „Der Führer spricht", das eine Familie aus einfachen Verhältnissen beim Hören einer über den Rundfunk übertragenen Hitlerrede zeigt, sowie das Gemälde „Der 10. Mai 1940", das den Beginn des deutschen Frankreichfeldzuges heroisiert. Nach Kriegsende lebte Padua in Rottach-Egern am Tegernsee.

42 Zit. nach Oberbayerisches Volksblatt vom 3. Juli 1951.

Die *Städtische Galerie Rosenheim* nach der Neuhängung im Jahr 1955 (Fotograf: Erich Doerk, Stadtarchiv Rosenheim, F 2225)

nen“ – diese Auseinandersetzung für sich entscheiden konnten, belegt nicht zuletzt der Fakt, dass der Kunstverein nur ein Jahr später in seine Satzung den Zusatz aufnahm: „Der Kunstverein lehnt politische Bindungen ab und ist den verschiedenen Kunstrichtungen gegenüber neutral.“[43] Dies mochte zwar verbale Entgleisungen, wie dies offenbar bei der Ausstellungseröffnung Paduas im Jahr 1951 der Fall war, unterbinden. Es änderte jedoch freilich nichts an der Tatsache, dass die Stadt Rosenheim und ihre Region in den Jahren vor 1945 eine Heimstätte zahlreicher Kunstschaffender war, die im nationalsozialistischen

43 Zit. nach Hans Heyn: Die Zeit der „Gruppe 51“, in: Städtische Galerie Rosenheim (Hg.): Kunstverein Rosenheim 1904–1994. Seine Geschichte. Seine Ausstellungen. Seine Künstler, Rosenheim 1994, S. 20–33, hier S. 22.

Deutschland große Erfolge feierten und nun nach Kriegsende versuchten, ihre bisherige Karriere als Kunstschaffende fortzusetzen.

Die Sonderausstellungen von Werken Müller-Schnuttenbachs und Paduas in der unmittelbaren Nachkriegszeit stehen paradigmatisch für den Umgang mit der Zeit des Nationalsozialismus im Rosenheimer Kunstgeschehen. Auch die mit Werken der städtischen Kunstsammlung bestückte Dauerausstellung in der *Städtischen Galerie Rosenheim* mochte sich nicht recht von der Ausstellungspraxis vor 1945 distanzieren. Dies illustriert beispielhaft die Integration der Skulptur „Junges Mädchen" von Josef Thorak in die Neukonzeption im Jahr 1955. Thorak hatte die lebensgroße Bronzestatue anlässlich der Galerieeröffnung im Jahr 1937 an die Stadt Rosenheim gestiftet.[44] Nach 1945 verschwand die Skulptur zuerst aus dem Blickfeld, bevor man sie ein Jahrzehnt später erneut als ausstellungswürdigen Bestandteil des kommunalen Kunstbestandes betrachtete. Auch in diesem Fall nahm man augenscheinlich keinen Anstoß daran, dass die Skulptur von einem der prominentesten Vertretenden des nationalsozialistischen Kunstgebarens stammte. Aufgrund dieses unreflektierten und gar unsensiblen Handelns der Stadt und des Kunstvereins im Umgang mit der Rolle der lokalen Kunstproduktion zur Zeit des Nationalsozialismus kam es in Rosenheim auch in den Folgejahren immer wieder zu leidenschaftlichen Auseinandersetzungen zwischen den sogenannten Modernen und Traditionalisten. Wie auch andernorts entspann sich die Debatte meist entlang der Frage, welche Kunst nach 1945 als besonders ausstellungswürdig zu gelten habe und wie man mit den künstlerischen Hinterlassenschaften des ‚Dritten Reiches' umgehen sollte. Eine Auflösung dieses Grundkonfliktes bahnte sich schließlich erst im Laufe der 1960er und 1970er Jahren an, als durch das Ableben zahlreicher Protagonisten in der Gruppe der „Traditionalisten" ein Generationenwechsel erfolgte, der auch eine deutliche Verschiebung der Kräfteverhältnisse induzierte.[45]

V. Fazit

Die Geschichte des *Kunstvereins Rosenheim* steht paradigmatisch für das ungleichmäßige Verhältnis des deutschen Kunstvereinswesens zur Kulturpolitik des Nationalsozialismus. Die hier dargelegte kurze Analyse der Rosenheimer Vereinsgeschichte von den 1930er Jahren bis in die 1950er Jahre belegt, dass das Handeln des Kunstvereins weniger durch politische Entscheidung als vielmehr durch lokale Personenkonstellationen und die individuellen Maßgaben einzelner Entscheidungstragenden bestimmt war. Von der ‚Gleichschaltung' im Sommer 1934 infolge des freiwilligen Rücktritts der bisherigen Vorstandschaft über die Ausstellungstätigkeit im ‚Dritten Reich' bis hin zu seiner Reaktivierung nach 1945 folgte der Verein keinem vorgezeichneten Pfad, mit Hilfe dessen sich das Verhalten der Kunstvereine

44 Vgl. hierzu das Eingangsbuch der Städtischen Galerie Rosenheim, S. 52–53, Inventarnummer 741. Demzufolge erhielt die Stadt Rosenheim das Werk im Jahr 1937 als „Geschenk des Künstlers".

45 Vgl. hierzu Heyn, Gruppe 51, S. 24 ff.

im Nationalsozialismus per se beschreiben ließe. Vielmehr zeigt sich, dass – insbesondere im kleinstädtischen und ländlichen Milieu – auch während der nationalsozialistischen Machtherrschaft durchaus Möglichkeiten und Spielräume bestanden, bei Befolgung eines Mindestmaßes der geforderten Anpassungsleistung zugleich Kernelemente des individuellen Vereinslebens beizubehalten. Das Beispiel Rosenheim offenbart somit die enorme Abhängigkeit des Vereinswesens von lokalen Vorbedingungen und impliziert dadurch, dass auch anderenorts eine solitäre Aufarbeitung individueller Kunstvereinsgeschichten unverzichtbar sein wird.

Theresa Angenlahr

„Undemokratisch“ und „rückschrittlich“?

Die *Deutsche Gesellschaft für Bildende Kunst* im Konflikt mit West-Berliner Studierenden und Kunstschaffenden, 1965–1969

„Wer verantwortet den ‚Salon Imaginaire‘?“, fragten Mitglieder der „Arbeitsgruppe Kulturpolitik“ der *Technischen Universität* (TU) Berlin im Herbst 1968 auf einem Flugblatt. Als Verantwortliche für diese vom West-Berliner Kunstverein, der *Deutschen Gesellschaft für Bildende Kunst* (DGBK), veranstalteten Ausstellung von Malerei des 19. Jahrhunderts nannten sie dessen Generalsekretär Eberhard Roters sowie den Vorstand des Vereins, dem sie vorwarfen, ein „undemokratische[s] Gremium“ zu sein.[1]

Die DGBK war dreieinhalb Jahre zuvor, am 21. April 1965, gegründet worden. Nach Wiederaufhebung eines von den Westalliierten im Zuge der Entnazifizierungsverfahren ausgesprochenen Verbots im Sommer 1945 hatten sich in vielen westdeutschen Städten relativ rasch Kunstvereine als Förderinstitutionen regionaler Kunstschaffender wieder- respektive neu gegründet.[2] In West-Berlin hingegen fehlte auch aufgrund der Insellage der Stadt bis

1 Vgl. Landesarchiv Berlin (im Folgenden: LAB), B Rep. 014; 89, Flugblatt „Wer verantwortet den ‚Salon Imaginaire‘?“, o. D.

2 Kunstvereine waren im deutschsprachigen Raum seit dem ersten Drittel des 19. Jahrhunderts entstanden. Ihre Ziele, bildende Kunst einem breiteren Publikum zugänglich zu machen sowie regionale Kunstschaffende zu fördern, sind im Wesentlichen seit ihrer Gründung gleich geblieben. Vgl. Christoph Behnke: Zur Gründungsgeschichte deutscher Kunstvereine, in: Bernd G. Milla/Heike Munder (Hg.): Tatort Kunstverein. Eine kritische Überprüfung eines Vermittlungsmodells, Nürnberg 2001, S. 11–21. Unter den Nationalsozialisten waren Kunstvereine im Januar 1934 „gleichgeschaltet“ und „arisiert“ worden, vgl. Christoph Zuschlag: Der Kunstverein und die ‚Neue Zeit‘. Der Badische Kunstverein zwischen 1933 und 1945, in: Jutta Dresch/Wilfried Rößling (Hg.): Bilder im Zirkel. 175 Jahre Badischer Kunstverein Karlsruhe, Karlsruhe 1993, S. 191–207, hier S. 194; Thomas Schmitz, Die deutschen Kunstvereine im 19. und frühen 20. Jahrhundert. Ein Beitrag zur Kultur-, Konsum- und Sozialgeschichte der bildenden Kunst im bürgerlichen Zeitalter, Neuried 2001, S. 452. Seit 1945 stieg die Zahl der Kunstvereine kontinuierlich. Anfang der 1970er-Jahre existierten 40, Mitte der 1980er-Jahre bereits über 70 Vereine, vgl. o. A., Kunstvereine. Verkehrt im Hals, in: Der Spiegel, Nr. 41 vom 4. Oktober 1971; Barbara Wally: Kunstvereine heute – Anachronismus oder Moderne?, in: Parnass

Mitte der 1960er-Jahre eine solche Vereinigung.[3] Neben diesem recht späten Entstehungsdatum unterschied sich die DGBK noch in einem anderen Punkt wesentlich von den meisten anderen Kunstvereinen: Anders als diese entstand der West-Berliner Kunstverein nicht durch bürgerschaftliches Engagement, sondern auf Initiative von Adolf Arndt (SPD), dem Kultursenator der Jahre 1963/64. Vorrangiges Ziel der Gründung war es, die Entscheidung über die Vergabe von Geldern zur Kunstförderung nicht mehr wie bislang von der Senatsverwaltung, sondern fortan von einem Expertengremium treffen zu lassen.[4] Laut Satzung hatte der Verein den „gemeinnützigen Zweck, die bildenden Künste und das Kunstverständnis zu fördern". Das sollte vor allem durch die Veranstaltung von Kunstausstellungen und Vorträgen, die Förderung von Kunstschaffenden sowie den Ankauf von Kunstwerken für Ausstellungshäuser in West-Berlin erreicht werden.[5] Nach nur vier Jahren löste sich die DGBK jedoch im Juli 1969 bereits wieder auf.

Die Existenz dieses ersten West-Berliner Kunstvereins fiel in die Hochphase der Studentenbewegung, deren Höhe- und Wendepunkt 1968 inzwischen zur Chiffre geworden ist.[6] Der massive, anhaltende Protest von Studierenden und jungen Kunstschaffenden, unter anderem gegen die im Oktober und November 1968 vom Kunstverein gemeinsam mit der *Akademie der Künste* (AdK) veranstaltete Ausstellung „Le Salon Imaginaire", trug letztlich maßgeblich zu seiner Auflösung bei. Aber warum und woran genau übten die Studierenden Kritik? Welche Bedeutung hatte dabei der Konflikt um den „Salon Imaginaire"? Wie lassen sich die Kontroversen um die DGBK in zeitgenössische kunst- und kulturpolitische Debatten einordnen und inwiefern war die Berliner Situation in der Kunstvereinslandschaft besonders?

Die Entscheidungen in der DGBK trafen der Vorstand und eine Gruppe sogenannter Ordentlicher Mitglieder. Dem ehrenamtlich tätigen Vorstand gehörten neben dem Gründer Adolf Arndt weitere Personen aus Kultur und Politik in West-Berlin an, unter anderem Hans-Peter Hempel, zeitweise persönlicher Referent von Bürgermeister Heinrich Albertz (SPD), Abgeordnetenhaus-Mitglied Peter Lorenz (CDU), Peter Pfefferkorn aus der Senatsverwaltung für Wissenschaft und Kunst sowie Gustav B. von Hartmann, Direktor des *Deut-*

(1985), S. 10–12, hier S. 11. Zu Kunstvereinsneugründungen seit 1945 siehe auch den Beitrag von Alexander Kraus und Christoph Lorke in diesem Band.

3 Vgl. Eckhart Gillen: Feindliche Brüder? Der Kalte Krieg und die deutsche Kunst 1945–1990, Bonn 2009, S. 376.

4 Vgl. Harald Ingensand: Nochmals: Senat und Kunst, in: Der Tagesspiegel vom 12. Dezember 1965.

5 Vgl. Satzung der DGBK, in: Werner Stein (Hg.): Deutsche Gesellschaft für Bildende Kunst (Kunstverein Berlin). Eine Bilanz (1965–1969), Berlin 1970, o. S.

6 Vgl. Wolfgang Kraushaar: 1968 als Mythos, Chiffre und Zäsur, Hamburg 2000.

schen Werkbundes.[7] Die Ordentlichen Mitglieder, deren Anzahl die Satzung auf maximal 30 beschränkte, waren das zentrale Entscheidungsgremium des Vereins und durften satzungsgemäß von Berufs wegen nichts mit Kunst zu tun haben. Unter ihnen waren ebenfalls mehrere Mitglieder des Berliner Abgeordnetenhauses wie Annemarie Schellenberg (SPD), Clara von Simson (FDP) und Bernhard Skrodzki (CDU). Im Zuge einer Satzungsänderung im April 1967, der eine vereinsinterne Debatte um die bislang unbegrenzte Amtszeit der Ordentlichen Mitglieder vorausgegangen war, wurden noch fünf weitere Mitglieder in dieses Gremium gewählt. Ihre Funktion sollten sie, ebenso wie generell alle danach neu gewählten Ordentlichen Mitglieder, fortan nur noch für die Dauer von jeweils drei Jahren ausüben.[8] Daneben hatte der Verein einen hauptamtlichen Generalsekretär, den Kunsthistoriker Eberhard Roters (1929–1994), der dem Vorstand gegenüber weisungsgebunden war.[9] Ein vom Vorstand berufener Beirat beriet den Verein in künstlerischen Fragen. Mitglieder waren neben den Leitern der großen West-Berliner Kunstmuseen, unter anderem Adolf Jannasch (*Galerie des 20. Jahrhunderts*), Leopold Reidemeister (*Nationalgalerie*, ab 1967 *Brücke-Museum*) und Werner Haftmann[10] (ab 1967 *Neue Nationalgalerie*), auch mehrere Kunstkritiker:innen. Die zahlenmäßig größte Gruppe bildeten die Fördernden Mitglieder; Ende 1968 hatte der Verein 681 Fördernde Mitglieder, eine im Vergleich zu anderen, häufig freilich schon länger existierenden großstädtischen Kunstvereinen geringe Anzahl.[11]

7 Vgl. Stein, Gesellschaft, o. S. Der 1907 gegründete *Deutsche Werkbund* ist ein auf Kunstgewerbe spezialisierter Zusammenschluss aus Künstler:innen, Architekt:innen sowie Unternehmer:innen. Bis zum Umzug in ein eigenes Büro im *Europa-Center* im März 1966 hatte die DGBK ihre Postadresse beim 1949 wiedergegründeten *Werkbund Berlin*. Vgl. Akademie der Künste (im Folgenden: AdK), Otto Karl 1347, Bl. 119.

8 Vgl. Satzung der DGBK, in: Stein, Gesellschaft, o. S.

9 Roters war 1956 an der *Freien Universität* Berlin über „Der Holzschnitt der Künstlergruppe Brücke" promoviert worden und hatte vor seinem Wechsel in die DGBK als wissenschaftlicher Assistent an der *Nationalgalerie* gearbeitet, vgl. Selbstdarstellung von Roters in: Erziehung im Prokrustesbett. Zwei scharfe Antworten an ein Mitglied der Aktionsgruppe Berliner Kunstverein, in: Christ und Welt Nr. 11 vom 14. März 1969, S. 14.

10 Haftmann war auf den ersten drei „documentas" 1955, 1959 und 1964 künstlerischer Oberleiter gewesen. Seine NS-Vergangenheit war damals noch nicht öffentlich bekannt; erst im Zuge der Ausstellung „documenta. Kunst und Politik" im *Deutschen Historischen Museum* in Berlin 2021/22 begann die Auseinandersetzung darum, vgl. Raphael Gross et al., Einleitung, in: Ders. et al. (Hg.): Documenta. Politik und Kunst, Berlin 2021, S. 11–17, hier S. 13.

11 Vgl. AdK, Otto Karl 1347, Bl. 31. 1968 hatte der *Westfälische Kunstverein* Münster 826, der *Kölnische Kunstverein* 2.963 und der *Kunstverein für die Rheinlande und Westfalen* in Düsseldorf sogar mehr als 5.000 Mitglieder, vgl. LWL-Archivamt, Best. 802/389, Statistik, 8. Januar 1968; Peter Gerlach: S-Statistik. Zahlen, Listen und Dokumente zu Personen, Ausstellungen, Künstlern, Jahresgaben, Aachen 1989, o. S.; Stadtarchiv Düsseldorf, Best. 4-159-1-46, „Eintritte/Austritte", 1. November 1967–31. Dezember 1975.

Auch wenn der Jurist Alexander Herbert konstatiert, dass in Deutschland in vielen Vereinigungen auf lokaler Ebene Entscheidungen von einer Führungsgruppe getroffen würden und die Mitglieder nur ungenügende Partizipationsmöglichkeiten hätten,[12] scheint die große Machtfülle von Vorstand und Ordentlichen Mitgliedern der DGBK in der westdeutschen Kunstvereinslandschaft eher ungewöhnlich gewesen zu sein. Im *Kölnischen Kunstverein* (KKV) etwa rotierten die Mitglieder des Ausschusses, dem Pendant zu den Ordentlichen Mitgliedern satzungsgemäß jedes Jahr. Auch hatten KKV-Mitglieder, anders als die Fördernden Mitglieder, der DGBK die Möglichkeit, eine Mitgliederversammlung einzuberufen und über die Verwendung des Vereinsetats mitzuentscheiden. Beides lag in West-Berlin in der Verantwortung des Vorstandes beziehungsweise der Ordentlichen Mitglieder.[13]

Finanziell konnte die *Deutsche Gesellschaft für Bildende Kunst* auf eine für Kunstvereine sehr großzügige Unterstützung zurückgreifen. Sie erhielt seit ihrer Gründung Mittel von der *Deutschen Klassenlotterie Berlin* (DKLB). 1967 betrug die jährliche Fördersumme 1 Million, 1968 1,3 Millionen DM.[14] Diese hohen Summen sowie die Förderung durch Lottogelder waren Berliner Besonderheiten. Der *Kölnische Kunstverein* etwa erhielt 1973 einen jährlichen städtischen Zuschuss von 55.000 DM, eine im bundesweiten Vergleich ebenfalls schon recht großzügige öffentliche Förderung.[15] Ähnlich wie der KKV wurden viele Kunstvereine nach 1945 im Zuge der Re-Education-Politik neben Einnahmen durch Mitgliedsbeiträge in zunehmendem Ausmaß insbesondere von Städten und Kommunen finanziert.[16] Die hohe Bezuschussung der DGBK war vor allem bedingt durch ihre Funktion, Kunstankäufe für West-Berliner Museen zu tätigen: für die 1968 eröffnete *Neue Nationalgalerie* beziehungsweise davor für die *Galerie des 20. Jahrhunderts*, das *Brücke-Museum*, die Kunstsammlung des *Schiller-Theaters*, das *Kupferstichkabinett* sowie das *Berlin-Museum*.[17] Diese außergewöhnliche Doppelfunktion der DGBK mit Kunstvermittlung auf der einen sowie dem durch Vorstand und Ordentliche Mitglieder entschiedenen, eher einer Fördervereinstätigkeit entsprechenden Ankauf von Kunst für Museen auf der anderen Seite sorgte bei

12 Vgl. Alexander Herbert: Die Beteiligung von Vereinigungen am kommunalen Willensbildungsprozeß, Frankfurt 1994, S. 34.

13 Vgl. Historisches Archiv der Stadt Köln (im Folgenden: HAStK), Best. 1386, A 120, Satzungen des KKV, Juni 1962.

14 Vgl. AdK, Otto Karl 1347, Bl. 29–32.

15 Vgl. HAStK, Best. 1386, A 120, Schreiben der FDP-Fraktion an den KKV, 19. November 1973.

16 Vgl. Friederike Wappler: Zwischen Idealismus, Anpassung und Experimentierlust. Kunstvereine im Umbruch, in: Gerd Willamowski et al. (Hg.): Ruhrstadt. Kultur Kontrovers, Essen 2003, S. 648–661, hier S. 651 f.

17 Vgl. Eberhard Roters: Meine Bilanz, in: Stein, Gesellschaft, o. S.

Kritiker:innen inner- und außerhalb des Vereins von Beginn an für Unmut.[18] Adolf Arndt begründete die Machtkonzentration von Vorstand und Ordentlichen Mitgliedern Ende 1965 mit der vom Verein verwalteten hohen Fördersumme, die einen „Personenkreis voraus[setze], der Vertrauen“ genieße.[19]

Die DGBK veranstaltete in den vier Jahren ihres Bestehens insgesamt 31 Ausstellungen.[20] Ähnlich wie zeitgenössisch andere Kunstvereine und Kunstmuseen zeigte auch sie vor allem Kunst aus vier verschiedenen Zeitabschnitten: Das waren erstens die avantgardistischen Strömungen der Klassischen Moderne des Jahrhundertbeginns, in deren Tradition sich die junge Bundesrepublik nach den Erfahrungen des Nationalsozialismus stellen wollte.[21] 1967 zeigte die DGBK beispielsweise eine Einzelausstellung des französischen Bildhauers Henri Laurens (1885–1954). Zweitens stellte sie, mit jener ersten Kategorie teilweise überlappend, Künstler:innen aus, die von den Nationalsozialisten verfemt und teilweise mit Malverbot belegt worden waren, weil sie politisch missliebig beziehungsweise jüdisch waren. So war für 1969 eine Ausstellung des in der NS-Zeit als „entartet“ verfemten Josef Albers (1888–1976) geplant. Drittens zeigte der Kunstverein mit Ausstellungen von Fritz Winter (1905–1976) und Hann Trier (1915–1999) in den Jahren 1966 respektive 1968 prominente Vertreter des in der frühen Bundesrepublik populären ungegenständlichen Informel. In Abgrenzung zur staatlich gelenkten NS-Kunstpolitik verstand sich diese Strömung als unpolitisch.[22] Viertens stellte die DGBK zeitgenössische Kunst aus – ursprünglich das Hauptvermittlungsziel von Kunstvereinen. So zeigte sie 1966 in der *Kunsthalle Basel* die Ausstellung „Junge Berliner Künstler“. Zudem stellte sie häufig internationale Kunst aus, etwa „Französische Malerei der Gegenwart“ (1967), „Spanische Kunst heute“ (1968) sowie Einzelausstellungen des US-amerikanischen Fotografen Gordon Parks (1912–2006) und der plastischen Künstlerin Lee Bontecou (1931–2022) in den Jahren 1967 beziehungsweise 1968.[23] Aktionskünstler:in-

18 Vgl. Marianne Schmidt: „Jetzt laßt ihn an die Arbeit!“ Adolf Arndt über Probleme und Pläne des Kunstvereins“, in: Der Abend vom 7. Dezember 1965; Lucie Schauer: Läßt sich der Kunstverein ändern? Zu Überlegungen und Vorschlägen aus den Reihen der Mitglieder, in: Die Welt vom 10. Dezember 1968. Zur Funktion von Fördervereinen vgl. Annette Zimmer: Vereine – Zivilgesellschaft konkret, Wiesbaden 2007, S. 131.

19 Vgl. Schmidt, Arndt.

20 Vgl. Roters, Bilanz, o. S.

21 Vgl. Walter Grasskamp: Die unbewältigte Moderne. Kunst und Öffentlichkeit, München 1994, S. 122.

22 Ähnliche Tendenzen fanden sich zeitgenössisch auch in anderen westeuropäischen Ländern sowie in den USA, dort unter dem Label „Abstrakter Expressionismus“ (vgl. Gerda Breuer: Vorwort, in: Dies. (Hg.): Die Zähmung der Avantgarde. Zur Rezeption der Moderne in den 50er Jahren, Basel 1997, S. 7–22, hier S. 15; Martin Damus: Kunst in der BRD 1945–1990. Funktionen der Kunst in einer demokratisch verfaßten Gesellschaft, Reinbek 1995, S. 24.

23 Vgl. Stein, Gesellschaft, o. S.

nen, die jenseits der klassischen Gattungen Malerei und Plastik seit Ende der 1950er-Jahre mit neuen Formaten, wie dem aus den USA kommenden Happening oder der von dem Fluxus-Künstler Nam June Paik in Wuppertal erstmals eingesetzten Video-Kunst experimentierten,[24] zeigte die DGBK hingegen nicht.

In vielen anderen Kunstvereinen war das anders: Gerade sie mussten sich in der ästhetischen und gesellschaftlichen Umbruchphase der ausgehenden 1960er-Jahre in einem Spannungsfeld zwischen ihren bürgerlichen Traditionen und den aktuellen Trends im Kunstbetrieb, die häufig gesellschaftspolitisch Position bezogen, neu justieren. Durch ihre Vereinsstruktur waren sie unmittelbarer mit den Veränderungen im Kunstbetrieb konfrontiert und reagierten oft deswegen schneller darauf als etwa städtische Museen. Viele Vereine wurden so zu Vorreitern in der Präsentation aktueller Entwicklungen und zeigten seit Mitte der 1960er-Jahre sukzessive auch Aktionskunst.[25]

Der „Salon Imaginaire" in der Kritik

Für die *Berliner Festwochen* 1968 planten der Generalsekretär des Kunstvereins Eberhard Roters und Elisabeth Killy von der *Akademie der Künste* eine gemeinsame Ausstellung, die Kunst aus keinem der vorgenannten vier Zeitabschnitte, sondern, für einen Kunstverein Ende der 1960er-Jahre durchaus unüblich, europäische Kunst der zweiten Hälfte des 19. Jahrhunderts zeigte. Der Großteil der in diesem „Le Salon Imaginaire"[26] präsentierten 172 Werke stammten von deutschen und französischen Künstler:innen, aber es waren auch Bilder von Maler:innen aus anderen westeuropäischen Ländern sowie einige wenige aus dem Russischen Kaiserreich vertreten. Gezeigt wurden etwa Werke von Carl Theodor von Piloty (1826–1886), einem wichtigen Protagonisten realistischer Historienmalerei, oder

24 Vgl. Hans-Joachim Manske: „Das Lachen der Beatles gilt mehr als die Anerkennung von Marcel Duchamp" – Zur Bildenden Kunst der 60er Jahre in Deutschland, in: Axel Schildt et al. (Hg.): Dynamische Zeiten. Die 60er Jahre in den beiden deutschen Gesellschaften, Hamburg 2000, S. 768–807, hier S. 778; o. A.: Video-Skulptur retrospektiv und aktuell, in: Kölnischer Kunstverein (Hg.): 150 Jahre Kölnischer Kunstverein. Kölner Künstler, Kölner Galerien, Köln 1989, 25–29, hier S. 25.

25 Der KKV etwa zeigte 1966 erstmals eine Einzelausstellung des Happening-Künstlers Wolf Vostell, vgl. Gerlach, Statistik, o. S. Vgl. Peter Gerlach: Kunst. Ist das Kunst? Die Kunstvereine zwischen Avantgarde und Konformität, in: Ders./Wulf Herzogenrath (Hg.): Zwischen Tradition und Avantgarde. 39 Kunstvereine aus NRW stellen sich vor, Köln 1988, S. 12–20, S. 15 f.; Lothar Romain: Zur Geschichte des deutschen Kunstvereins. Provinz ist da, wo man sie zuläßt, in: Arbeitsgemeinschaft deutscher Kunstvereine (Hg.): KunstLandschaft Bundesrepublik. Geschichte, Regionen und Materialien, Bd. 11, Stuttgart 1984, S. 11–37, hier S. 27.

26 Der Ausstellungstitel war eine Referenz auf die Kunstbildband-Trilogie „Le Musée imaginaire de la sculpture mondiale" des damaligen französischen Ministers für kulturelle Angelegenheiten André Malraux, vgl. AdK, AdK-W 1065–02, Pressenotiz vom 27. Oktober 1968.

Anton von Werner (1843–1915), dem Hauptvertreter der konservativen Kunstpolitik des Deutschen Kaiserreiches.[27] Da es sich bei den meisten Werken um Leihgaben aus deutschen und westeuropäischen Kunstmuseen und Galerien handelte, war die Ausstellung in finanzieller Hinsicht ein für einen Kunstverein – auch für die DGBK selbst – außergewöhnlich aufwendiges Unterfangen; insgesamt beliefen sich die Kosten allein für den Verein auf mehr als 136.000 DM.[28]

Die in der Ausstellung hauptsächlich gezeigte Historienmalerei war bis ins 19. Jahrhundert hinein die dominierende, da als besonders prestigereich geltende Bildgattung in den (mittel-)europäischen Kunst-Salons.[29] Die Avantgarde-Bewegungen des frühen 20. Jahrhunderts stellten die bis dahin unumstrittene Vorrangstellung der Historienmalerei dann grundlegend infrage. Im Zuge der Kanonisierung jener avantgardistischen Kunst der Klassischen Moderne wurde sie in den folgenden Jahrzehnten kunsthistorisch zunehmend als rückständig und unästhetisch, als „schlechter Geschmack" eingestuft.[30] Das zeigte sich auch an den skeptischen Reaktionen potenzieller Leihgeber:innen während der Planungsphase der Ausstellung. Werner Haftmann, Direktor der *Neuen Nationalgalerie*, fand die Idee „nicht schön, aber dafür sehr drollig".[31] Gert von der Osten, Generaldirektor der Museen der Stadt Köln, war gegenüber dem Ausstellungsvorhaben „zögerlich" und gab an, dass sich das *Wallraf-Richartz-Museum* in den vergangenen Jahrzehnten quasi aller Depotbestände jener inzwischen unzeitgemäßen Historienmalerei entledigt habe.[32] Die ästhetische Einschätzung zu den Werken teilte offenbar auch Eberhard Roters, der gegenüber der *Nationalgalerie* Arnold Böcklins „Freiheit (Helvetia)" als „gräßlich" bezeichnete.[33] Die Idee zur Ausstellung war aber nicht aus ästhetischen Überlegungen heraus entstanden. Ziel der Veranstalter war es vielmehr, wie Adolf Arndt im Vorwort des Ausstellungskataloges formulierte, diese durch die Avantgarde beinahe in Vergessenheit geratene Kunst dem Publikum wieder „zugänglich zu machen, um so unser Bild der Kunst des 19. Jahrhunderts zu ergänzen".[34] Sicherlich spielte darüber hinaus auch der zu erwartende Publikumsandrang für jene Werke, die oftmals in Museumsdepots gelagert hatten und lange nicht öffentlich gezeigt worden waren, eine Rolle.

27 Vgl. Peter Hahlbrock (Hg.): Le salon imaginaire. Bilder aus den großen Kunstausstellungen der zweiten Hälfte des XIX. Jahrhunderts, Berlin 1968.

28 Vgl. LAB, B Rep. 014; 37, Schreiben der DGBK i. L. an die Berliner Festspiele, 5. September 1969.

29 Vgl. Thomas W. Gaehtgens: Historienmalerei. Zur Geschichte einer klassischen Bildgattung und ihrer Theorie, in: Ders./Uwe Fleckner (Hg.), Historienmalerei, Berlin 1996, S. 15–76, hier S. 16f.

30 Vgl. Eberhard Roters: Zur Ausstellung, in: Hahlbrock, Salon, S. 15–25, hier S. 15.

31 LAB, B Rep. 014; 36, Schreiben von Werner Haftmann an Eberhard Roters, 5. Februar 1968.

32 AdK, AdK-W 1064, Schreiben von Gert von der Osten an Elisabeth Killy, 25. März 1968.

33 LAB, B Rep. 014; 36, Schreiben von Eberhard Roters an die Nationalgalerie, 25. Juli 1968.

34 Arndt, o.T., in: Hahlbrock, Salon, S. 5.

Und tatsächlich verzeichnete der „Salon Imaginaire“ in seinen sieben Wochen Laufzeit vom 6. Oktober bis 24. November 1968 einen Rekord mit 22.458 Besucher:innen. Die beiden vorherigen *Festwochen*-Ausstellungen von DGBK und AdK, „Labyrinthe. Phantastische Kunst vom 16. Jahrhundert bis zur Gegenwart“ (1966) und „Avantgarde Osteuropa, 1910–1930“ (1967), hatten hingegen nur (ebenfalls beachtliche) 14.750 beziehungsweise 9.102 Personen angelockt.[35]

Seit ihrer Eröffnung wurde die Ausstellung kontrovers diskutiert. Ein Teil der Besucher:innen und der Presse nahm sie sehr positiv auf, gerade auch im Vergleich zu der modernen und zeitgenössischen Kunst, die sie sonst in Kunstausstellungen zu sehen bekamen.[36] Geradezu pathetisch schwärmte etwa der *Tagesspiegel*-Journalist Albert Buesche, es sei „[u]nmöglich, beim Vergleich einen Schmerz über die Armut in der Kunst unserer Zeit nicht zu empfinden.“[37] Ein großer Teil der Besucher:innen stand der Ausstellung nach Beobachtung des Kunsthistorikers Claus Zoege von Manteuffel jedoch ablehnend gegenüber und kritisierte sie ähnlich wie die zitierten Museumsdirektoren als rückständig.[38] Die Kulturkorrespondentin Hedwig Rohde etwa befand in der „Offenen Diskussion“, die DGBK und AdK in Reaktion auf die vielen kritischen Stimmen zum „Salon Imaginaire“ am 10. November 1968 veranstalteten, die Ausstellung gehe „hinter die Erkenntnisse unserer Väter zurück, um (…) in den Ressentiments unserer Großväter ein neues Nest zu bauen“. Damit komme sie einer Flucht aus der Gegenwart gleich.[39] An der dreistündigen Diskussion beteiligten sich neben Rohde weitere Kunstkritiker:innen, Kunsthistoriker:innen, Kunstschaffende sowie Studierende.[40]

Gerade Vertreter:innen der beiden letztgenannten Gruppen spielten bei der Kritik an der Ausstellung eine zentrale Rolle. Der Maler Dieter Ruckhaberle (1938–2018), Förderndes Mitglied der DGBK, schrieb rückblickend in einem Artikel in der evangelischen Wochenzeitung *Christ und Welt*, die Ausstellung sei „eine verantwortungslos zusammengetragene

35 Vgl. Roters, Bilanz, o. S.

36 Vgl. Deutschlandfunk-Archiv (im Folgenden: DFA), RIAS-Sendung „Ideen – Kontroversen – Kritik. Beifall von falschen Seiten. Wie ironisch ist der Salon Imaginaire?“ am 14. November 1968 von Rainer Höynck, Minute: 19:18–21:11. Das West-Berliner Publikum war hier keine Besonderheit. Zum Protest gegen die Aufstellung einer Plastik von Henry Moore (1898–1986) in Wolfsburg vgl. Alexander Kraus: Stadt ohne Geschichte? Wolfsburg als Demokratielabor der Wirtschaftswunderzeit, Göttingen 2021, S. 291–328.

37 Albert Buesche: Gerechtigkeit für das 19. Jahrhundert. ‚Le salon imaginaire‘ in der Akademie der Künste, in: Der Tagesspiegel vom 6. Oktober 1968.

38 Vgl. Claus Zoege von Manteuffel: Diagnose eines Jahrhunderts. Aus Anlaß einer Ausstellung von ‚Salonkunst‘ des 19. Jahrhunderts in Berlin, in: Neue Zürcher Zeitung Nr. 759 (Fernausgabe Nr. 337) vom 8. Dezember 1968, S. 53.

39 DFA, RIAS-Sendung, Minute 24:20–24:30.

40 Vgl. LAB, B Rep. 014; 89, Sprecherliste Diskussionsveranstaltung zum „Salon Imaginaire“, o. D.

Anhäufung von Kitsch und Halbkitsch[41], (…) gedacht als Rechtfertigungsversuch für die offizielle Kunst des 19. Jahrhunderts“. Den Verein und seine Kunstankaufstätigkeit frontal angreifend, bezeichnete er die Ausstellung zugleich als Beweis dafür, dass die Ordentlichen Mitglieder nicht in der Lage seien, „über künstlerische Dinge zu entscheiden“. Darüber hinaus kritisierte er die mangelnden Mitbestimmungsmöglichkeiten von Kunstschaffenden im Verein.[42] Die Ausstellungskritik mündete bei Ruckhaberle, der die DGBK seit ihrer Gründung immer wieder kritisiert, 1966 und 1967 jedoch auch wiederholt mit ihr zusammengearbeitet hatte und finanziell von ihr gefördert worden war[43], also in einer generellen Kritik an ihren Strukturen. Auch in einigen anderen Kunstvereinen gab es zeitgenössisch Unstimmigkeiten zwischen lokalen Künstler:innen und jüngeren Kunsthistoriker:innen, die wie Roters seit den frühen 1960er-Jahren vielerorts Leitungspositionen übernommen hatten, etwa in Karlsruhe, Köln und Münster. Letztere präsentierten neben der Klassischen Moderne zunehmend auch aktuelle internationale Kunstentwicklungen, wodurch regionale Kunstschaffende häufig zunehmend unterrepräsentiert waren.[44] Analog zur DGBK zeigten auch andere westdeutsche Kunstvereine in den 1960er-Jahren sogar mehr internationale als lokale Kunstschaffende.[45]

Ähnlich wie Ruckhaberle nahm auch die „Arbeitsgruppe Kulturpolitik“ an der TU auf dem eingangs zitierten Flugblatt „Wer verantwortet den ‚Salon Imaginaire‘?“ die Ausstellung zum Anlass, um auf die für Fördernde Mitglieder intransparenten Entscheidungsstrukturen des Vereins und die mächtige Position des Vorstands zu verweisen: Eberhard Roters und der Vorstand des Kunstvereins hätten die Ausstellung zu verantworten, lautete die Erwiderung auf die Überschrift.

Auf die Frage, wer Roters angestellt habe, war die Antwort wiederum: der Vorstand, gewählt von den größtenteils nicht abwählbaren Ordentlichen Mitgliedern. Die Gruppe

41 Zu „Kitsch“ als (literaturpolitischem) „Kampfbegriff“, vgl. Walter Grasskamp: Der lange Marsch durch die Illusionen. Über Kunst und Politik, München 1995, S. 13.

42 Dieter Ruckhaberle: Krankes Monstrum – Krise des Berliner Kunstvereins, in: Christ und Welt Nr. 9 vom 28. Februar 1969.

43 Vgl. LAB, B Rep. 014; 71, div. Schreiben; Stein, Gesellschaft, o. S.

44 Vgl. Alexandra Axtmann: 1968 und die Rolle der Kunstvereine in der Auseinandersetzung mit aktueller und engagierter Kunst – mit besonderem Nahblick auf den Badischen Kunstverein, in: Norbert Schneider (Hg.): Kunst und Kultur um 1968. Kunst und Politik (Jahrbuch der Guernica-Gesellschaft, Bd. 20), Göttingen 2018, S. 49–68, hier S. 53. Vgl. auch Romain, Geschichte, S. 23. Zu diesem Spannungsfeld, bezogen auf die städtische Kulturpolitik insgesamt: Vgl. Thomas Höpel: Kulturpolitik in Europa im 20. Jahrhundert. Metropolen als Akteure und Orte der Innovation, Göttingen 2017, S. 406 f.

45 Vgl. Marion F. Deshmukh: The Revision of Vision. The Kunstvereine after 1945 – Observations on Postwar Arts Reconstruction, in: Wolfgang-Uwe Friedrich (Hg.): Germany and America. Essays in Honor of Gerald R. Kleinfeld, New York 2001, S. 99–122, hier S. 114.

kritisierte zudem, dass der Verein die jährliche Fördersumme von 1,3 Mio. DM „nach eigenem Gutdünken" verwalte und forderte eine „Demokratisierung der Satzung des Kunstvereins."[46] Den Ruf nach Demokratisierung hatte die Studierendenbewegung seit Mitte der 1960er-Jahre zunächst mit Blick auf die Universitäten formuliert.[47] Erreicht werden sollte sie durch die „Ermöglichung von ‚Partizipation' und die Überwindung ‚autoritärer Strukturen'".[48] Der *Sozialistische Deutsche Studentenbund* (SDS), der seit dem Sommersemester 1965 an der *Freien Universität* (FU) Berlin die Mehrheit im *Allgemeinen Studentenausschuss* (AStA) hatte,[49] setzte sich auch außerhalb der Universitäten für diese Ziele ein.[50] Die Ausweitung des Protests wird auch am Beispiel der Auseinandersetzung mit dem Kunstverein deutlich. Von West-Berlin, wo an der FU insbesondere seit 1965 eine starke Politisierung der Studierenden eingesetzt hatte, griff der Protest infolge der Erschießung des Studenten Benno Ohnesorg (1940–1967) durch einen Polizisten während einer Demonstration gegen den Besuch des Schahs von Persien im Juni 1967 auf die gesamte Bundesrepublik über.[51]

Rückblick: Genese des Konfliktes zwischen Kunstverein und Studierenden

Interessanterweise ließen die meisten Gegner:innen des „Salon Imaginaire" die *Akademie der Künste*, Mitveranstalter und Ausstellungsort, in ihrer Kritik außen vor und machten allein die DGBK verantwortlich. Das lag vermutlich an einer Debatte um den Kunstverein insgesamt, die bei Eröffnung der Ausstellung schon seit mehreren Jahren schwelte. Seine vehementesten Opponent:innen waren Studierende insbesondere der West-Berliner *Hochschule*

46 LAB, B Rep. 014; 89, Flugblatt „Wer verantwortet den ‚Salon Imaginaire'?", o. D. Die Kunstkritikerin Katrin Sello kritisierte die Haltung der Studierenden gegenüber der Ausstellung: „Gerade (...) sollte es – ganz besonders für die Linken – aktuell und wichtig sein, sich mit dieser Kunst auseinanderzusetzen, anstatt sie zu tabuisieren", Katrin Sello: An der Sache vorbei. Öffentliche Diskussion um den ‚Salon Imaginaire', in: Der Tagesspiegel vom 13. November 1968.

47 Vgl. Ingrid Gilcher-Holtey: Die 68er Bewegung. Deutschland, Westeuropa, USA, München 2011, S. 33.

48 Tilman Fichter/Siegward Lönnendonker: Kleine Geschichte des SDS. Der Sozialistische Deutsche Studentenbund von Helmut Schmidt bis Rudi Dutschke, Essen 2008, S. 135.

49 Der SDS hatte insgesamt ca. 2.500 Mitglieder und besaß ein deutlich höheres Mobilisierungspotenzial als alle anderen studentischen Hochschulgruppen. Vgl. Anna von der Goltz: Eine Gegen-Generation von „1968"? Politische Polarisierung und konservative Mobilisierung an westdeutschen Universitäten, in: Massimiliano Livi et al. (Hg.): Die 1970er Jahre als schwarzes Jahrzehnt. Politisierung und Mobilisierung zwischen christlicher Demokratie und extremer Rechter, Frankfurt 2010, S. 73–89, hier, S. 75.

50 Vgl. Norbert Frei: 1968. Jugendrevolte und globaler Protest, München 2008, S. 92. Vgl. auch Gilcher-Holtey, Bewegung, S. 33 f.

51 Vgl. Fichter/Lönnendonker, Geschichte, S. 135 u. 159 f.

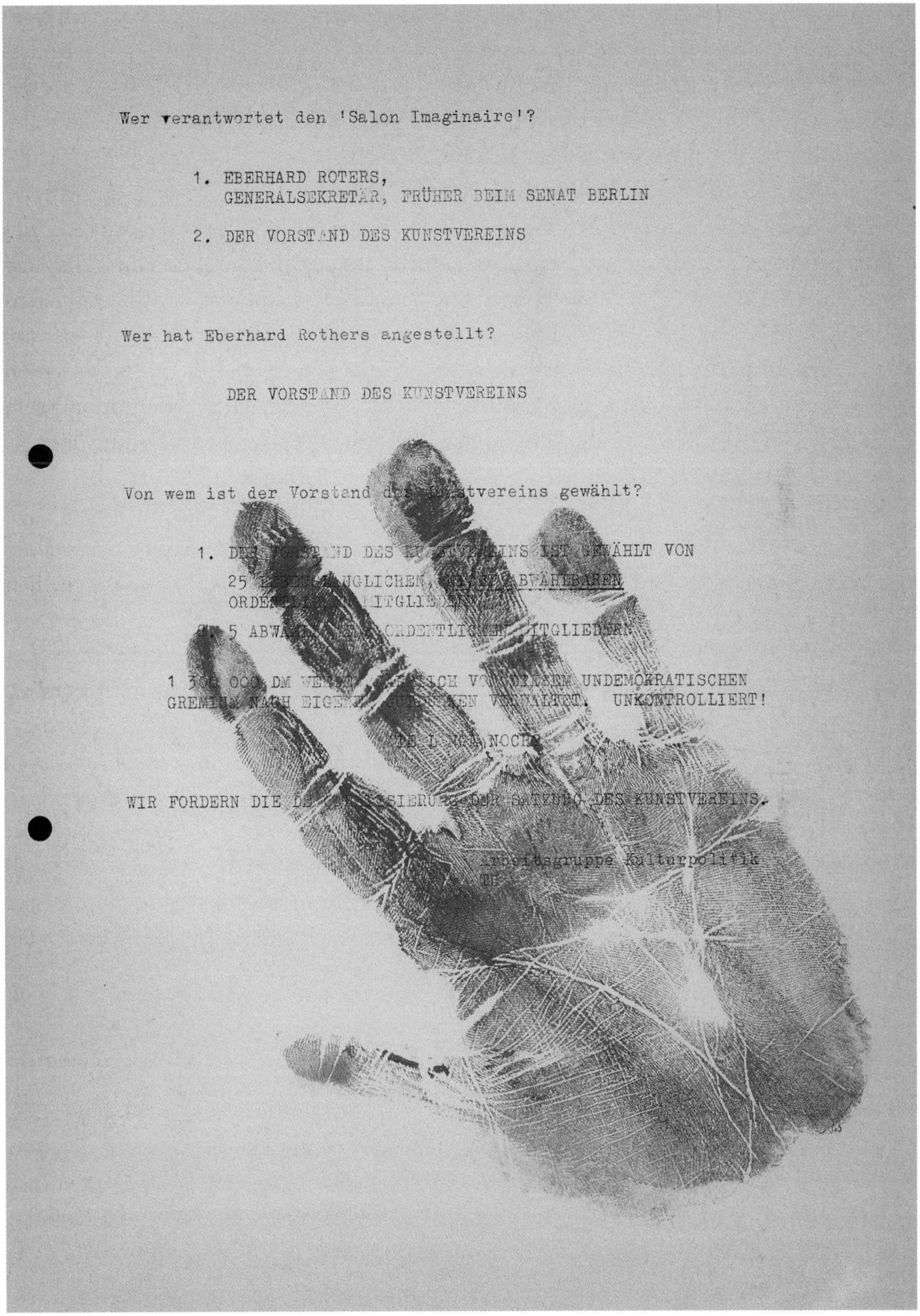

Wer verantwortet den 'Salon Imaginaire'?

1. EBERHARD ROTERS,
   GENERALSEKRETÄR, FRÜHER BEIM SENAT BERLIN

2. DER VORSTAND DES KUNSTVEREINS

Wer hat Eberhard Rothers angestellt?

DER VORSTAND DES KUNSTVEREINS

Von wem ist der Vorstand d[illegible]tvereins gewählt?

1. DE[illegible]ND DES K[illegible]INS IST GEWÄHLT VON
   25 [illegible]NGLICHEN, [illegible]BWÄHLBAREN
   ORDE[illegible]ITGLIE[illegible]

2. 5 ABWA[illegible]ERORDENTLIC[illegible]ITGLIEDERN

1 3[illegible]000 DM [illegible]ICH V[illegible] UNDEMOKRATISCHEN
GREMI[illegible]H EIGE[illegible]EN V[illegible]. UNKONTROLLIERT!

[illegible] NOCH?

WIR FORDERN DIE D[illegible]IERUNG DER SATZUNG DES KUNSTVEREINS.

Arbeitsgruppe Kulturpolitik
TU

Studentisches Flugblatt der „Arbeitsgruppe Kulturpolitik“ an der *Technischen Universität* Berlin gegen den Kunstverein, Herbst 1968 (Akademie der Künste, AdK-W, 1065) *für bildende Künste* (HfbK)[52] und dem Kunsthistorischen Institut der TU sowie der FU. Sie beklagten eine mangelnde Partizipationsmöglichkeit in Vereinsbelangen[53] und waren wie die Studierendenbewegung insgesamt hochschulübergreifend vernetzt. Die Anführer des Protestes waren junge Kunstschaffende – neben Dieter Ruckhaberle vor allem der Maler Gernot Bubenik –, beide (ehemalige) HfbK-Studierende.

Einer ihrer Kritikpunkte am Kunstverein war die zeitlich nicht begrenzte Ordentliche Mitgliedschaft. Bereits im Herbst 1966 hatte Ruckhaberle auf der Hauptversammlung des Vereins gefordert, dessen Satzung dahingehend zu überarbeiten.[54] Die im April 1967 von den Ordentlichen Mitgliedern beschlossene Satzungsänderung, die künftige Mitgliedschaften für diese Gruppe auf drei Jahre beschränkte, ging einigen Fördernden Mitgliedern nicht weit genug und sie drangen auf weitere strukturelle Veränderungen. Am 27. Oktober 1966 lud das Kulturreferat des AStA der FU in der Aula der HfbK zu einer Podiumsdiskussion unter dem Titel „Der Kunstverein – Institution und Arbeit" ein. In der Einladung verwies das Kulturreferat bereits ähnlich wie die „Aktionsgruppe Kulturpolitik" zwei Jahre später auf die hohe Fördersumme, die der DGBK großes Gewicht im West-Berliner Kulturleben verleihe, und regte die Kommiliton:innen an, es sei „sinnvoll, in den Kunstverein einzutreten und dadurch das Berliner Kunstleben zu beleben". De facto schlug sie also vor, den Verein zu unterwandern.[55]

An der Podiumsdiskussion nahmen mit Arndt, von Hartmann und Roters auch Vertreter der DGBK teil. Ihre Gegensprecher waren neben Dieter Ruckhaberle unter anderem der Kunsthistoriker Helmut Börsch-Supan (*1933).[56] Letzterer hatte den Kunstverein auch unabhängig von der Gruppe um Ruckhaberle und Bubenik schon früh kritisiert und etwa gefordert, dass er in stärkeren Austausch mit anderen West-Berliner Kunstinstitutionen treten solle.[57] Uneinigkeit herrschte in der Diskussion, so berichtete die West-Berliner Studentenzeitschrift *Colloquium* rückblickend, bei den studentischen Gegner:innen des Kunstvereins über die Mittel, mit denen die DGBK reformiert werden sollte: HfbK-Studierende forderten überwiegend einen neuen Kunstverein, während jene der FU offensiv

52 Die HfbK ging 1975 in der *Hochschule der Künste* auf, die 2001 in *Universität der Künste* umbenannt wurde. Vgl. Christine Fischer-Defoy: „Kunst, im Aufbau ein Stein". Die Westberliner Kunst- und Musikhochschulen im Spannungsfeld der Nachkriegszeit, Berlin 2001.

53 Vgl. Vereinsarchiv nGbK (im Folgenden: nGbK), 1968/69 Materialien zur NGBK-Gründung, G. B., Argumente zur Organisation von Verbänden, o. D.

54 Vgl. LAB, B Rep. 014; 73, DGBK-Protokoll der Versammlung der Ordentlichen Mitglieder, 31. Oktober 1966.

55 Vgl. AStA FU, Kulturreferat, 21. Oktober 1966, zit. n. Stein, Gesellschaft, o. S.

56 Vgl. LAB, B Rep. 014; 73, DGBK-Protokoll der Versammlung der Ordentlichen Mitglieder, 31. Oktober 1966.

57 Vgl. LAB, B Rep. 014; 92, Schreiben von Helmut Börsch-Supan an Eberhard Roters, 4. Januar 1969.

auf Unterwanderung setzten.[58] Beide Optionen erschienen kurzfristig wenig erfolgversprechend, da infolge der Satzungsänderung wenige Monate später Fördernde Mitglieder erst im zweiten Jahr der Mitgliedschaft ein Rede-, Stimm- und Wahlrecht in der jährlichen Hauptversammlung der DGBK hatten[59] – vermutlich unter anderem als Reaktion auf den ‚Unterwanderungs-Aufruf'. Aus der Veranstaltung in der HfbK-Aula ging eine studentische Protest-Resolution hervor, die die Satzung des Vereins als „undemokratisch“ und seine Kulturpolitik als „rückschrittlich“ kritisierte, was in der Forderung kulminierte, „dem Kunstverein zukünftig keine öffentlichen Mittel mehr zu gewähren.“[60] Zudem rückte sie die Ankaufspolitik des Vereins in den Fokus der Kritik. Obwohl es sein Ziel sein müsse, junge Kunstschaffende zu fördern, wende er „nur einen kleinen Teil seiner Mittel (...) für diese Zwecke auf.“ Der Großteil werde hingegen „zum Ankauf von Werken bereits verstorbener Künstler verwendet“.[61] Dass sich die jungen Kunstschaffenden zu wenig in die Entscheidungsstrukturen der DGBK eingebunden und als unzureichend von ihr gefördert empfanden, kann als ein zentrales Movens ihres Protestes gedeutet werden. Ihr Drängen auf Veränderung der Vereinsstrukturen zielte wohl nicht zuletzt auch darauf, ihre Sichtbarkeit in der lokalen Kunstlandschaft zu erhöhen.

In den Jahren 1965 bis 1968 kaufte die DGBK tatsächlich vor allem ältere Kunstwerke der Klassischen Moderne aus den 1910er und 1920er-Jahren an. So erwarb sie für das *Brücke-Museum* „Badende Frauen“ von Ernst Ludwig Kirchner (1880–1938) für insgesamt 160.000 DM und „Ruderboot“ von Max Pechstein (1881–1955) für 80.000 DM.[62] Abweichend davon kaufte sie jedoch für das *Kupferstichkabinett* auch eine Kassette mit zwölf grafischen Blättern der Künstler-Selbsthilfegalerie *Großgörschen 35* an, in der sich vornehmlich jüngere West-Berliner Künstler:innen zusammengeschlossen hatten.[63] Wohl auch in Reaktion auf die Kritik gegen seine bisherige Ankaufspolitik führte der Verein dann das auf eine Anregung des Berliner Kunsthistorikers und Beiratsmitgliedes Will Grohmann (1887–1968) zurückgehende „Grohmann-Prinzip“ ein, jeden in der Regel kostspieligen

58 D. K., Deutsche Gesellschaft für bildende Kunst. Kunstverein. Im Labyrinth, in: Colloquium 20 (1966), Nr. 12, S. 8–9; vgl. auch UdK-Archiv, HfbK-Mitteilungen 10 (1967), o. S. Der *Colloquium*-Artikel berichtete in Einklang mit dem „vorsichtigen Sowohl-als-auch-Kurs“ der Redaktion gegenüber der Studierendenbewegung kritisch-distanziert über die studentischen Kunstvereinsgegner:innen. Vgl. Klaus Körner: „Stürmt die Festung Wissenschaft!“ Otto Hess und der Colloquium-Verlag 1947–1992, in: Aus dem Antiquariat 6 (2006), S. 415–431, hier S. 428.

59 Vgl. Satzung der DGBK, in: Stein, Gesellschaft, o. S.

60 O. A., Protest-Resolution vom 27. Oktober 1966, zit. n. Stein, Gesellschaft, o. S.

61 Ebd.

62 Vgl. LAB, B Rep. 014; 69, Übersicht Ankäufe in 1968, o. D.

63 Vgl. *Deutsche Gesellschaft für Bildende Kunst* (Hg.): Jahresbericht (1.), 1965/66; dies. (Hg.): Jahresbericht 2. 1967. Vgl. auch Eckhart Gillen (Hg.): Großgörschen 35. Aufbruch zur Kunststadt Berlin 1964, Berlin 2014.

Ankauf eines älteren Werkes mit dem eines jüngeren Kunstschaffenden zu koppeln.[64] So erwarb der Verein 1968 unter anderen je ein Werk seiner Mitglieder Gernot Bubenik (*1942), Hans-Jürgen Diehl (*1940) und Franz Rudolf Knubel (1938–2020).[65] In einer „Generaldiskussion", die als Reaktion auf die Krise des Kunstvereins im November 1968 zwischen Ordentlichen Mitgliedern und Künstlerischem Beirat stattfand, beschlossen beide Gruppen, für das kommende Jahr den in Relation zur Gesamtsumme aller Ankäufe von 1968 – 766.400 DM[66] – verblüffend geringen Betrag von 50.000 DM freizustellen, um junge Kunst anzukaufen.[67] Dieses Vorhaben wurde aber infolge des eskalierenden Streits im Verein nicht mehr umgesetzt.

Waren die Auseinandersetzungen um den „Salon Imaginaire" zwischen Studierenden und jungen Kunstschaffenden mit der Kunstvereinsleitung also nur eine weitere Episode des seit mehreren Jahren schwelenden Streits? Nicht nur. Die auch von anderer Seite als unzeitgemäß kritisierte Ausstellung bildete vielmehr ein Kippmoment, nach dem die Kontroverse zwischen Studierenden und Kunstvereinsleitung mit Blick auf Fragen nach Struktur und Ausrichtung des Vereins endgültig eskalierte. Dies steht im Einklang mit Ingrid Gilcher-Holteys Befund, dass „1968" – sowohl das tatsächliche Jahr als auch im übertragenen Sinne als Marker einer ganzen Epoche kultureller Transformation – ein „beschleunigender Faktor in einem dynamischen Modernisierungs- und Reformprozess" gewesen sei.[68] Denn der „Salon Imaginaire" sollte die letzte Ausstellung sein, die die DGBK noch planmäßig durchführen konnte. Ihre nächste Schau wurde von Studierenden gestört und endete vorzeitig mit einem Eklat. In diesem turbulenten Jahr 1968 war bereits die „34. Biennale" in Venedig sowie die „documenta 4" in Kassel von jungen Künstler:innen und Studierenden massiv gestört worden. Auf der „documenta" hatte unter anderem das Fehlen von Aktionskunst für Unmut gesorgt.[69]

64 Vgl. AdK, Otto Karl 1347, Bl. 73.

65 Vgl. LAB, B Rep. 014; 81, Jahresbericht der DGBK 1968; Stein, Gesellschaft, o. S.

66 Vgl. B Rep. 014; 69, Kostenübersicht 1968, 29. November 1968.

67 Vgl. LAB, B Rep. 014; 91, Rundschreiben von Hans-Peter Hempel, 22. November 1968.

68 Ingrid Gilcher-Holtey: Einleitung, in: Dies. (Hg.): „1968" – eine Wahrnehmungsrevolution? Horizont-Verschiebungen des Politischen in den 1960er und 1970 Jahren, München 2013, S. 7–12, hier S. 7; vgl. auch: Christina von Hodenberg/Detlef Siegfried: Reform und Revolte. 1968 und die langen 1960er Jahre in der Bundesrepublik, in: Dies. (Hg.): Wo „1968" liegt. Reform und Revolte in der Geschichte der Bundesrepublik, Göttingen 2008, S. 7–14, hier S. 8.

69 Vgl. u. a. Damus, Kunst, S. 196 u. 242; Alexander Kraus: Kunstprotest. Die Eröffnung der 4. Documenta, in: Ralf Beil/ders. (Hg.): Robert Lebeck. 1968, Göttingen 2018, S. 175–176, hier S. 175.

Eskalation des Konfliktes um die DGBK ab Spätherbst 1968

Unmittelbar nach dem Ende des „Salon Imaginaire“ eröffnete der Kunstverein am 23. November 1968 in den Räumen der *Hochschule für bildende Künste* die „2. Weltausstellung Photographie – Die Frau“. Sie war von dem Journalisten Karl Pawek kuratiert worden, Veranstalter war die Illustrierte *Stern*. Die Schau zeigte 522 Fotos, auf denen Frauen verschiedenen Alters aus 85 Ländern in thematischen Sektionen wie „Engagierte Frauen“, „Ekstase, Freiheit und Protest“, „Die geborene Händlerin“ oder auch „Unverhüllt“ zu sehen waren.[70]

Die SDS-Projektgruppe „Kultur und Revolution“ des AStA der HfbK, deren Mitglieder früher im Jahr in Venedig auch Happenings auf der „Biennale“ veranstaltet hatten,[71] warf der Ausstellung sexuelle Ausbeutung durch Zurschaustellung der gezeigten Frauen sowie einen „reaktionären Hintergrund“ beziehungsweise „Faschismus“ vor und forderte dazu auf zu verhindern, dass die Ausstellung weiter gezeigt werde. Der Vorwurf des Faschismus war zeitgenössisch, auch vor dem Hintergrund einer der zentralen Forderungen der Studierendenbewegung, sich mit NS-Vergangenheit und -kontinuitäten in der westdeutschen Gesellschaft auseinanderzusetzen, ein häufig genutzter Topos der Institutionenkritik.[72] Das Flugblatt lud darüber hinaus zu einem gemeinsamen Informationsgespräch von AStA und *Berufsverband Bildender Künstler* (BBK) in die Aula der HfbK ein; am vorgesehenen Tag wurde die Ausstellung jedoch geschlossen.[73]

Schon am Eröffnungsabend wurden einzelne Fotografien mit roter Farbe beschädigt.[74] Der Kunstverein hatte die Ausstellung nach dem Publikumserfolg der ersten „Weltausstellung“ wenige Jahre zuvor[75] unverständlicherweise offenbar ohne vorherige Prüfung übernommen. DGBK-Generalsekretär Roters sah die Ausstellung erst einige Tage nach

70 Vgl. Karl Pawek (Hg.): 2. Weltausstellung der Photographie – Die Frau. 522 Photos aus 85 Ländern von 236 Photographen, Hamburg 1968.

71 Vgl. Martin Papenbrock: Happening, Fluxus, Performance. Die Aktionskünste in den 1960er Jahren, in: Martin Klimke/Joachim Scharloth (Hg.): 1968. Handbuch zur Kultur- und Mediengeschichte der Studentenbewegung, Stuttgart 2007, S. 137–149, hier S. 147.

72 Vgl. Gilcher-Holtey, Bewegung, S. 60; Frei, 1968, S. 78 ff. Der Begriff wurde jedoch zunehmend auch inflationär verwendet, vgl. Bernd-A. Rusinek: Von der Entdeckung der NS-Vergangenheit zum generellen Faschismusverdacht – akademische Diskurse in der Bundesrepublik der 60er Jahre, in: Schildt et al. (Hg.): Dynamische Zeiten, S. 114–147, hier S. 117; ähnlich auch: von Hodenberg/Siegfried, Reform, S. 10.

73 Vgl. LAB, B Rep. 014; 92, SDS-Projektgruppe „Kultur und Revolution“, „Die Frau als Objekt der Ausbeutung. Die Frau als Instrument der Ausbeutung“, o. D.

74 Vgl. L[ucie] S[chauer]: Foto-Safari, in: Die Welt vom 3. Dezember 1968. Schauer äußerte sich der Ausstellung, aber auch dem Vorgehen der Studierenden gegenüber sehr kritisch.

75 Vgl. Karl Pawek (Hg.): Weltausstellung Photographie. 555 Photos von 264 Photographen aus 30 Ländern zu dem Thema Was ist der Mensch?, Hamburg 1964.

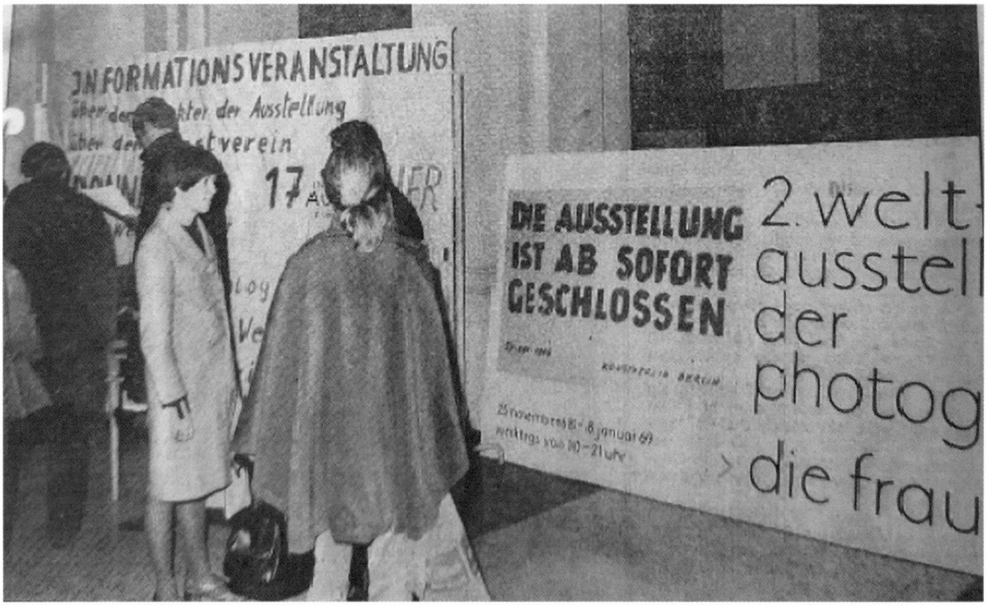

Besucher:innen vor dem Hinweis auf die vorzeitige Schließung der „2. Weltausstellung Photographie" durch die DGBK in der *Hochschule für Bildende Künste*, November 1968 (Fotograf: Rogge, BZ, 29.11.1968)

ihrer Eröffnung und zeigte sich sehr unzufrieden über ihren journalistischen Zuschnitt, der dem sonstigen Niveau der Ausstellungen des Kunstvereins nicht entspreche.[76] Wegen der angekündigten Störungen von studentischer Seite und einer deshalb zu erwartenden weiteren Beschädigung des Ausstellungsgutes, aber auch wegen ihrer Qualitätsmängel beschloss Roters daraufhin, die „Weltausstellung" abzubrechen.

Sein Vorschlag, wie beim „Salon Imaginaire" eine offene Diskussion durchzuführen, lehnte Karl Otto, Direktor der HfbK und Beiratsmitglied im Kunstverein, offenbar ab.[77] Nach nur fünf Tagen wurde die Ausstellung daraufhin am 28. November vorzeitig geschlossen. Die Berliner Presse reagierte teilweise mit Unverständnis; die Boulevard-Zeitung *Der Abend* nannte den Abbruch „überstürzt" und „ärgerlich" und deutete ihn als Einknicken des Vereins gegenüber den protestierenden Studierenden.[78] An anderen Orten, an

76 Vgl. LAB, B Rep. 014; 81, Jahresbericht der DGBK 1968.

77 Vgl. LAB, B Rep. 014; 49, Stellungnahme Eberhard Roters gegenüber dem Sen. Wiss.Kunst, Betr.: 2. Weltausstellung der Photographie, 16. Dezember 1968.

78 Frank Pauli: „Die Linken und ‚Die Frau'. Ärgerliches Ende der ‚Weltausstellung der Photographie'. Der Kunstverein schweigt, in: Der Abend vom 30. November 1968.

denen die „Weltausstellung“ im Anschluss wie geplant gezeigt wurde, etwa in Kunstvereinen in Hannover und Düsseldorf, rief sie keinerlei vergleichbare negative Reaktionen hervor.[79]

Das kann als Beleg dafür gedeutet werden, wie aufgeheizt der Konflikt um den Kunstverein und das allgemeine politische Klima in West-Berlin zu diesem Zeitpunkt waren. Doch auch in anderen Kunstvereinen gab es zeitgenössisch Kontroversen um Ausstellungen. Im *Kunstverein München* rief die 1970 gezeigte, vom *Moderna Museet* in Stockholm übernommene Schau „Verändert die Welt! Poesie muß von allen gemacht werden!“ einen Streit um eine von Studierenden der Münchener *Akademie der Bildenden Künste* eigens erstellte zusätzliche Sektion hervor, die die mangelnde Auseinandersetzung der Akademie mit der NS-Zeit kritisierte. Die Diskussion zwischen Kunstvereinsvorstand, Mitgliedern und dem Bayerischen Kultusministerium mündete schließlich in einer vorzeitigen Schließung der Ausstellung.[80]

Parallel zu den Kontroversen um die „Weltausstellung“ nahm der Protest gegen die DGBK weiter an Fahrt auf. Einen Tag vor ihrer Schließung prangerte Gernot Bubenik in einem öffentlichen Brief das „2-Klassen-Wahlrecht“ des Kunstvereins an. Er forderte eine Beseitigung von dessen „autoritäre[r] Struktur“ und dass aufgrund der Höhe der Zuwendungen aus Lottomitteln auch Künstler:innen, Kunstkritiker:innen und Sammler:innen in seine Entscheidungsprozesse mit einbezogen werden müssten.[81] In einem weiteren Schreiben monierten Bubenik und Knubel, die DGBK sei „ein Instrument der Kunstpolitik des Berliner Senats“ – aufgrund der personellen Überlappungen der Vereinsleitung mit der Lokalpolitik wie auch ihrer Gründungsintention, Kunstförderung für die Senatsverwaltung zu betreiben, ein nicht unberechtigter Vorwurf.[82] Dass Kommunalpolitiker:innen Führungspersonal in wichtigen lokalen Vereinen sind, ist ein recht häufiges Phänomen in der deutschen Vereinslandschaft[83] und eine enge Verflechtung zwischen Vereinsleitung und Kommunalpolitik war auch in Kunstvereinen kein Einzelfall. In Leverkusen und Wolfsburg war die Gründung der dortigen Kunstvereine 1954 beziehungsweise 1959 ebenfalls durch

79 Vgl. Wolf Schön: Kunst. Bericht aus Köln. Köln – auf dem Weg zum europäischen Kunstzentrum? Einige Fragezeichen hinter einer stürmischen Entwicklung, in: Kunst. Magazin für moderne Malerei, Grafik und Plastik, 9 (1969), S. 1314–1315, hier S. 1315.

80 Vgl. Eckhart Gillen/Andreas Beitin: Prolog. Die Dialektik von Künstlern und Aktivisten in den 1960er-Jahren, in: Dies. (Hg.): Flashes of the Future. Die Kunst der 68er oder die Macht der Ohnmächtigen, Bonn 2019, S. 16–27, hier S. 21; Kunstverein München, https://www.kunstverein-muenchen.de/de/programm/ausstellungen/rueckblick/1970/verendert-die-welt-poesie-mus-von-allen-gemacht-werden [18.8.23].

81 LAB, B Rep. 014; 92, Öffentlicher Brief von Gernot Bubenik an die DGBK, 27. November 1968.

82 nGbK, 1968/69 Materialien zur NGBK-Gründung, Schreiben von Bubenik et al. an Kollegen, Kommilitonen und Genossen, o. D.

83 Alexander Herbert sieht dies allerdings eher als Beleg der Macht der Vereine auf die Kommunalpolitik als umgekehrt, vgl. Herbert, Beteiligung, S. 32; vgl. auch Zimmer, Vereine, S. 81f.

Kommunalpolitiker:innen erfolgt, die auch in den Folgejahren in den Vereinsvorständen stark vertreten waren.[84] Insbesondere in Wolfsburg wurde dieser Umstand zwar vereinsintern wie extern diskutiert, doch die Kontroverse war mitnichten so erhitzt wie in Berlin.

Im Vorfeld der Jahreshauptversammlung aller Kunstvereins-Mitglieder am 5. Dezember 1968 rief die „Aktionsgruppe Kunstpolitik" an TU und FU gemeinsam mit den ASten von HfbK und *Akademie für Werkkunst und Mode*, ähnlich wie zwei Jahre zuvor, nun jedoch viel offensiver, Kommiliton:innen zu einer Unterwanderung des Vereins durch Eintritt auf. Unter dem Titel „Der Kunstverein stinkt!" monierte die Gruppe, die nicht abwählbaren Ordentlichen Mitglieder machten „Berlins Kunstpolitik zu einem Privathobby", und appellierte: „Tretet massenweise in den Kunstverein ein!!! Stärkt die Opposition! Helft die Satzung zu demokratisieren!"[85] Unmittelbar vor der Jahreshauptversammlung kursierte an der HfbK ein weiteres Flugblatt des dortigen AStA, das Studierende zur Teilnahme an der Veranstaltung aufrief und dazu einlud, „Kleinplastiken zum Umfunktionieren" mitzubringen.[86] Dies ist neben den Kritzeleien auf Fotos und Texttafeln der „Weltausstellung" ein weiteres Beispiel für die Beobachtung des Kunsthistorikers Martin Papenbrock, dass sich Vertreter:innen der Studierendenbewegung der Aktionskünste bedienten und sie in ihre Proteste integrierten – auch wenn dem Aufruf in diesem Fall scheinbar niemand Folge leistete.[87] Ansonsten beschränkten sich die Aktionen gegen den Kunstverein in erster Linie auf Flugblätter und Diskussionsveranstaltungen.

Dieses Mal hatte der Aufruf zum „Masseneintritt" offenbar eine durchschlagendere Wirkung als zwei Jahre zuvor. Von Oktober bis Dezember 1968 registrierte der Kunstverein 172 Neueintritte, davon allein 107 von Studierenden der West-Berliner, aber auch westdeutscher Hochschulen, weitere 25 von Künstler:innen.[88] Im Dezember 1968 waren 335 Kunstschaffende und Studierende Mitglied im Kunstverein – also knapp die Hälfte der 681 Fördernden Mitglieder.[89] Auf der Jahreshauptversammlung drangen dann etwa 80 Studierende und junge Kunstschaffende vehement auf eine weitere Struktur- sowie

84 Vgl. Katharina Isaak: Privates Engagement oder politische Verpflichtung? Zur Rolle des Kunstvereins Wolfsburg in der städtischen Kulturpolitik (1959–1972), in: Alexander Kraus/Christoph Lorke (Hg.): Zeitgenössische Kunst fördern und vermitteln. Neugründungen von Kunstvereinen in der Bundesrepublik nach 1945/49, Hannover 2022, S. 67–91, hier S. 71–79; Yasmin Dagili: Zwischen Konkurrenz und Kooperation in der Kunstlandschaft der Nachkriegszeit. Der Leverkusener Kunstverein im Schatten des Museum Schloss Morsbroich (1954–1988), in: Kraus/Lorke (Hg.): Zeitgenössische Kunst, S. 17–50, hier S. 24–27.

85 Flugblatt „Der Kunstverein stinkt", o. D., zit. n. Stein, Gesellschaft, o. S.

86 LAB, B Rep. 014; 92, Flugblatt „Kunstinteressierte Radikaldemokraten!", o. D.

87 Vgl. Papenbrock, Happening, S. 148.

88 Vgl. LAB, B Rep. 014; 60, Handschriftliche Notiz Neuanmeldungen seit 10/68, o. D.

89 Vgl. LAB, B Rep. 014; 69, Aufstellung Beiträge im Dezember 1968, o. D.; AdK, Otto Karl 1347, Bl. 31.

Satzungsänderung des Kunstvereins. Der Vorstand ging jedoch nicht auf die Forderungen ein; Adolf Arndt vertagte die weitere Diskussion unter Berufung auf die Satzung auf einen späteren Zeitpunkt.[90] Die Aktion lässt sich ungeachtet ihres ausbleibenden unmittelbaren Erfolges als Beispiel dafür lesen, was der Medienwissenschaftlerin Kathrin Fahlenbrach zufolge ein zentrales Signum des Protests der Studierenden war, nämlich eine „Strategie symbolischer Vereinnahmung“, in welcher eine „symbolisch formierte Menge den öffentlichen Raum – (…) physisch und ideell“ besetzte.[91] Die DGBK war nicht der einzige Kunstverein, in dem Mitglieder zu dieser Zeit auf eine Demokratisierung drangen. So kam es im *Westfälischen Kunstverein* Münster 1968 zu einer Abstimmung über eine basisdemokratische Umgestaltung der Vereinsstrukturen, die jedoch scheiterte.[92] Und in dem erst ein Jahr zuvor gegründeten *Kunstverein Unna* forderten Mitglieder auf der Jahreshauptversammlung im November 1969 ebenfalls mehr Partizipationsmöglichkeiten innerhalb des Vereins – hier scheinbar erfolgreicher als in Berlin und Münster.[93]

Die Wortführer bei der Aktion auf der DGBK-Hauptversammlung, Ruckhaberle und Bubenik, schlossen sich im Nachgang der Hauptversammlung mit anderen jungen Künstler:innen und Studierenden unter den Fördernden Mitgliedern zu einer „Aktionsgruppe im Kunstverein“ zusammen.[94] Eine enge Verbindung zu Studierenden der *Hochschule für bildende Künste* zeigte sich in ihrer Postanschrift „c/o AStA“ der HfbK.[95] Ruckhaberle, Bubenik und weitere junge Künstler:innen aus der Gruppe wie Franz Rudolf Knubel und Herbert Mondry (*1940) gehörten Ende 1968 auch zu den Unterzeichner:innen eines Boykottaufrufs von etwa 80 Kunstschaffenden an „alle Künstler in Berlin und Westdeutschland“ gegen alle von der DGBK organisierten oder geförderten Ausstellungen, da der Verein „praktisch ein Kartell“ sei.[96]

90 Vgl. AdK, Otto Karl 1347, Bl. 31.

91 Kathrin Fahlenbrach: Protestinszenierungen. Die Studentenbewegung im Spannungsfeld von Kultur-Revolution und Medienrevolution, in: Klimke/Scharloth (Hg.): 1968, S. 11–21, hier S. 13 f.

92 Vgl. Thomas Deecke: Kunstvereine, eine „anachronistische“ Institution? In: Erwin Iserloh et al. (Hg.): Westfälischer Kunstverein 1831–1981, Münster 1981, S. 101–103, hier S. 103.

93 Vgl. Sabeth Medea Lücke: ‚Kulturprovinz‘ als Laboratorium ästhetisch-kritischer Erziehung. Der Kunstverein Unna e. V., in: Kraus/Lorke (Hg.), Zeitgenössische Kunst, S. 215–242, hier S. 222 f.

94 Vgl. AdK, Otto Karl 1347, Bl. 29–32; nGbK, 1968/69 Materialien zur NGBK-Gründung, Presseerklärung der Aktionsgruppe im Kunstverein, 5. Dezember 1968.

95 Vgl. LAB, B Rep. 014; 92, Schreiben der Delegation Fördernder Mitglieder und der Aktionsgruppe an die DGBK, 19. Mai 1969. Laut Martin Papenbrock standen Künstler:innen und Studierende in den 1960er-Jahren zunächst allgemein in einem eher konflikthaften Verhältnis; später kooperierten sie aber in ihrer Opposition gegen die staatliche Kultur- und Bildungspolitik, vgl. Papenbrock, Happening, S. 138.

96 LAB, B Rep. 014; 92, Aufruf zur Solidarität mit dem Boykott der Berliner Künstler gegen die DGBK, o. D.

Auch der Berliner Landesverband des *Berufsverbandes Bildender Künstler*, eine auf freiwilliger Mitgliedschaft beruhende Interessenvertretung von Kunstschaffenden[97], protestierte gegen die Struktur und Kunstpolitik der DGBK. Der Ende November 1968 neugewählte Vorstand des Verbandes überlappte sich personell ebenfalls mit der wenige Wochen später gegründeten „Aktionsgruppe". So wurde Bubenik einer der stellvertretenden Vorsitzenden, Knubel und Mondry waren weitere Vorstandsmitglieder. Ihre Wahl war Andreas Öhler zufolge ebenfalls durch eine Vielzahl „subversiv motivierter Verbandseintritte"[98] zustande gekommen, was zu einer Neuausrichtung des bislang für jüngere Künstler:innen eher unattraktiven Verbandes geführt hatte.[99] In einem Schreiben Ende November 1968 forderte der BBK den Kunstverein auf, Strukturänderungen vorzunehmen und „die Mitbestimmung der Fördernden Mitglieder zum Nutzen der Berliner Kunst und ihrer Künstler zu gewährleisten".[100]

Für Februar und März 1969 plante die DGBK eine Einzelausstellung des Bauhaus-Künstlers Josef Albers. Die Schau sollte vom *Landesmuseum für Kunst und Kulturgeschichte* in Münster übernommen werden. Offenbar erhielt ein dortiger Mitarbeiter jedoch einige Wochen vor Ausstellungseröffnung in Berlin einen Anruf von einem „Aktionsgruppe"-Mitglied, das eine Störung der Ausstellung androhte. Der Anrufer betonte, dass sich die Angriffe nicht gegen Albers' Werke, sondern gegen den Kunstverein richten würden. Auch gegen eine für März und April 1969 geplante Schau der Werke von Andy Warhol (1928–1987) kündigte das „Aktionsgruppe"-Mitglied Störungen an. Anders als noch bei den Debatten um den „Salon Imaginaire" und die „Weltausstellung", deren jeweiliger Inhalt ein tatsächlicher Kritikpunkt der Gruppe gewesen war, diente die Ablehnung der folgenden, sehr unterschiedlichen Ausstellungen der DGBK in erster Linie dazu, der institutionellen Kritik am Kunstverein zusätzliches Gewicht zu verleihen. Als Reaktion auf die Störungsankündigungen beschloss der Vereinsvorstand am 7. Februar auf einer außerordentlichen Sitzung, dass die für 1969 vorgesehenen Ausstellungen „unter den augenblicklich gegebenen Verhältnissen nicht durchgeführt werden" könnten.[101] Sie wurden dann von den jeweiligen

97 Vgl. Knut Hickethier: Der BBK in Berlin 1950–80. Von der Standesvertretung zum Gewerkschaftsverband – die bildenden Künstler in Berlin organisieren sich, in: Ders. (Hg.): 30 Jahre BBK. Ausstellung des Berufsverbandes Bildender Künstler Berlins vom 14. Mai bis 15. Juni 1980, Berlin 1980, S. 65–96, S. 76.

98 Andreas K. Öhler: Vom Kalten Krieg zum warmen Händedruck, in: Hannelore Offner/Klaus Schroeder (Hg.): Eingegrenzt – Ausgegrenzt. Bildende Kunst und Parteiherrschaft in der DDR 1961–1989, Berlin 2000, S. 393–470, hier S. 419.

99 Vgl. Hickethier, BBK, S. 84f.

100 LAB, B Rep. 014; 92, Schreiben des BBK an die DGBK, 25. November 1968. Vgl. auch: Heinz Ohff: Die Kunst und die Demokratie, in: Der Tagesspiegel, 30. November 1968.

101 Vgl. LAB, B Rep. 014; 71, Protokoll über die außerordentliche DGBK-Vorstandssitzung am 7. Februar 1969.

Mitveranstaltern allein gezeigt.[102] Weiter isoliert wurde die DGBK in der Berliner Kunstlandschaft zusätzlich dadurch, dass auch die *Interessengemeinschaft Berliner Kunsthändler* in der Zwischenzeit zum Boykott gegen sie aufgerufen hatte.[103]

Es standen jedoch nicht alle Fördernden Mitglieder hinter der „Aktionsgruppe“ und ihren Forderungen. So konstatierte Bogislav von Wentzel (* 1936), Mitglied des Hochschulkreises der *Jungen Union*, im März 1969 in Reaktion auf Ruckhaberles Artikel in *Christ und Welt*: „Damit ist jede Ausstellungstätigkeit unmöglich, die die jungen Ideologen zum Anlaß von ‚direkten Aktionen‘ nehmen könnten!“ So sei „von nun an die Informationsfreiheit der kunstinteressierten Bürger Berlins beschnitten.“[104] Einige Fördernde Mitglieder teilten der „Aktionsgruppe“ darüber hinaus brieflich mit, dass sie nicht für alle von ihnen spreche. Sie mahnten unter anderem an, die „Aktionsgruppe“ verstehe das Wort „Demokratisierung“ falsch und verwende es lediglich als Schlagwort.[105]

Ausgang des Konfliktes und Auflösung der DGBK

Auch innerhalb des Vorstandes und unter den Ordentlichen Mitgliedern der DGBK wurde seit Jahresende 1968 kontrovers diskutiert, inwiefern eine Umstrukturierung des Vereins und damit einhergehende grundlegende Änderung seiner Statuten unumgänglich waren und wie diese konkret aussehen könnten.[106] Ende Februar 1969 setzte die Versammlung der Ordentlichen Mitglieder eine Satzungskommission ein, die ein „grundlegend neues Satzungsmodell“ erarbeiten sollte und auch Positionen aus den Reihen der Fördernden Mitglieder miteinbezog; unter anderem wurde Dieter Ruckhaberle zur Mitwirkung eingeladen.[107] Parallel dazu erarbeitete die „Aktionsgruppe“ zusammen mit einer ebenfalls neu gegründeten „Delegation Fördernder Mitglieder“ eine eigene Satzung.[108] Durch die unvereinbaren Ansichten innerhalb des Vereins wurde die Einigung auf neue Vereinsstatuten jedoch faktisch verunmöglicht.

102 Vgl. Stein, Gesellschaft, o. S.

103 Vgl. Grasskamp, Moderne, S. 130; Gillen, Brüder, S. 376.

104 Eberhard Roters/Bogislav von Wentzel: Erziehung im Prokrustesbett. Zwei scharfe Antworten an ein Mitglied der Aktionsgruppe Berliner Kunstverein, in: Christ und Welt Nr. 11 vom 14. März 1969, S. 14.

105 Vgl. LAB, B Rep. 014; 92, Schreiben von H. S. an die Aktionsgruppe, 11. Dezember 1968; Anonymes Schreiben an die „sog. Aktionsgruppe im Kunstverein“, 9. Januar 1969; Schreiben von H. B. an die Aktionsgruppe, 4. Januar 1969.

106 Vgl. LAB, B Rep. 014; 71, Protokoll der DGBK-Vorstandssitzung am 19. Dezember 1968.

107 Vgl. LAB, B Rep. 014; 92, Erklärung der DGBK, o. D. [März 1969]; ebd., Schreiben der DGBK an Ruckhaberle, 27. Februar 1969.

108 Vgl. HAStK, Best. 1386, A 105, Schreiben der Delegation Fördernder Mitglieder und der Aktionsgruppe im Kunstverein an die Mitglieder, 4. Juni 1969.

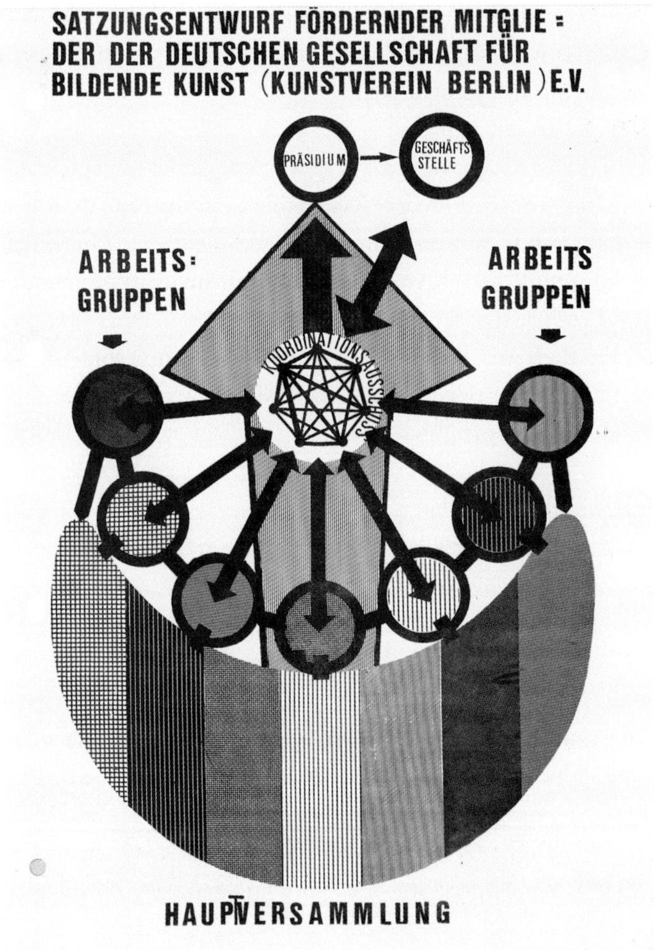

Organigramm aus dem Satzungsentwurf von „Aktionsgruppe" und „Delegation Fördernder Mitglieder" zur Neuordnung des Kunstvereins, mit Arbeitsgruppen und Koordinationsausschuss als zentralen Neuerungen, 1969 (Landesarchiv Berlin, B Rep. 014; 92)

Nach Monaten zäher Verhandlungen bei gleichzeitiger Handlungsunfähigkeit im eigentlichen Tätigkeitsfeld des Kunstvereins überschlugen sich im Juli 1969 die Ereignisse: Am 10. Juli gründete sich der *Neue Berliner Kunstverein* (NBK) aus den Reihen jener Ordentlichen Mitglieder, die zwischenzeitlich bereits für eine Auflösung des alten Kunstvereins plädiert hatten, sowie einigen Fördernden Mitgliedern, etwa Bogislav von Wentzel.[109] Am 14. Juli löste sich die DGBK nach einstimmigem Beschluss der Ordentlichen Mitglieder selbst auf.[110] Am darauffolgenden Tag gründete sich die basisdemokratische *Neue Gesellschaft für Bildende Kunst* (nGbK), die sich aus den Kritiker:innen des alten Kunstvereins unter den Fördernden Mitgliedern, insbesondere aus der „Aktionsgruppe", sowie jenen Ordentlichen Mitgliedern

109 Vgl. HAStK, Best. 1386, A 105, Pressemitteilung Gründung des NBK, 14. Juli 1969.
110 Vgl. AdK, Otto Karl 1347, Bl. 8.

zusammensetzte, die zuletzt gegen eine Auflösung des Vereins und für eine Umgestaltung gewesen waren.[111] Adolf Arndt arbeitete in keinem der beiden neugegründeten Vereine mit. Eberhard Roters ging zunächst an die *Kunsthalle Nürnberg*, bevor er 1976 Gründungsdirektor der *Berlinischen Galerie* und später Vorsitzender des NBK wurde.

Der Senator für Wissenschaft und Kunst bezuschusste zunächst keinen der beiden neuen Kunstvereine mit einer festen Fördersumme; vielmehr förderte die DKLB projektbezogen Ausstellungen von NBK und nGbK. Erst ab 1980 erhielten beide wieder einen festen Jahresetat.[112] In den folgenden Jahrzehnten profilierten sich die beiden bis heute existierenden Vereine mit unterschiedlichen Ausstellungsprogrammen: Die nGbK legte den Fokus auf politische sowie realistische Kunst, der NBK zeigte ein gemischtes Programm von Klassischer Moderne und zeitgenössischer Kunst.[113] Zwar scheint die DGBK der einzige Kunstverein zu sein, der sich in der gesamtgesellschaftlichen Umbruchphase der 1960er- und 1970er-Jahre infolge politischer Grabenkämpfe auflöste, doch heftige Kontroversen um Richtungsfragen gab es zeitgenössisch auch in anderen Vereinen. So spaltete sich infolge der Schließung der „Poesie“-Ausstellung in München im Jahr 1973 der bis heute existierende *Kunstraum München* vom dortigen Kunstverein ab.[114]

Besonders und doch nicht einzigartig: Die DGBK in der Kunstvereinslandschaft der 1960er-Jahre[115]

Der *Deutschen Gesellschaft für Bildende Kunst* kam in der westdeutschen Kunstvereinslandschaft der Nachkriegszeit in vielerlei Hinsicht eine Sonderrolle zu. Als kommunalpolitische Gründung „von oben“ war sie unter den nach 1945 neugegründeten Kunstvereinen zwar ungewöhnlich, aber keineswegs ein Einzelfall; besonders war allerdings ihre hierarchische, auf personelle Kontinuität angelegte Struktur. Außergewöhnlich und letztlich verhängnisvoll war darüber hinaus der Spagat zwischen den schwer miteinander zu vereinbarenden Funktionen der Kunstförderung und -vermittlung auf der einen und ihrer eher einer Fördervereinstätigkeit entsprechenden Aufgabe des Kunstankaufs für Berliner Museen auf der anderen Seite. Die aufgrund der Ankaufstätigkeit sehr großzügige Fördersumme des

111 Vgl. LAB, B Rep. 014; 92, Einladung der nGbK zur 1. Mitgliederversammlung, 12. September 1969; Gillen, Brüder, S. 376.

112 Vgl. Globale Finanzierung von Kunstvereinen kommt nicht in Betracht, in: Landespressedienst Nr. 136 vom 18. Juli 1969, zit. n. Stein, Gesellschaft, o. S.; nGbK, KOA 1975–81, Protokoll der 156. Sitzung des KoA am 12. Juni 1980.

113 Vgl. Grasskamp, Moderne, S. 130.

114 Vgl. Wappler, Idealismus, S. 653.

115 Zur schwierigen Vergleichbarkeit von Kunstvereinen vgl. Walter Grasskamp: Die schwierige Öffentlichkeit. Die westdeutschen Kunstvereine nach 1945, in: Nationalgalerie Berlin (Hg.): Kunst in der Bundesrepublik Deutschland 1945–1985, Berlin 1985, S. 662–667, hier S. 662.

Vereins durch die DKLB war Ansatzpunkt vielfältiger Kritik. Ihre Höhe lässt sich wohl auch durch die Rolle des Vereins als zentrale Institution der Kunst- und Kulturförderung in West-Berlin, der „Frontstadt" des Kalten Krieges, erklären, die der Stadt gerade auch im kulturellen Bereich eine Schaufensterfunktion beimaß.[116] Allgemein wäre es lohnenswert, den Stellenwert des Kalten Krieges in der Arbeit der DGBK, aber auch anderer westdeutscher Kunstvereine künftig genauer zu untersuchen.

Die für Kunstvereine eigentlich vorrangige Funktion, lokale Kunstschaffende zu fördern, trat bei der Arbeit der DGBK zugunsten kostspieliger Ankäufe älterer Werke in den Hintergrund. Dem Vorwurf vor allem jüngerer Künstler:innen, sie würden nur unzureichend gefördert, mussten sich zeitgenössisch auch anderenorts Kurator:innen stellen, sowohl in Kunstvereinen als auch auf der „documenta 4" in Kassel. Die Ausstellung „Le Salon Imaginaire" war eine weitere Episode in dem schwelenden Streit um den Verein. Sie provozierte aufgrund ihres unzeitgemäßen Charakters, der den jungen Kunstschaffenden als demonstratives Desinteresse an ihren Forderungen erscheinen musste, die weitere Eskalation des Konfliktes. Der Vorstand reagierte auf den Ruf Studierender und junger Kunstschaffender nach mehr Partizipation, der im Kontext einer universitären wie gesamtgesellschaftlichen Demokratisierungsbewegung stand, weitgehend unnachgiebig. Die mangelnde Akzeptanz, die die DGBK insbesondere von studentischer und künstlerischer sowie teilweise von kunstwissenschaftlicher Seite erfuhr, schwächte von Beginn an ihre Legitimation und trug schließlich, zusätzlich befeuert durch das allgemein aufgeheizte politische Klima in der Stadt, zu ihrer faktischen Handlungsunfähigkeit und letztlich Auflösung bei.

Wenngleich mit Blick auf Intensität und Ergebnis herausragend, waren die Debatten in der DGBK zeitgenössisch betrachtet in der Kunstvereinslandschaft jedoch keineswegs einzigartig. Auch an anderen Orten kam es infolge eines Aufeinandertreffens junger Kunstschaffender und Kunstvereinsleitender zu Debatten und Auseinandersetzungen um Ausstellungspolitik sowie teilweise um Vereinsstrukturen. Eine weitere wichtige Akteursgruppe in diesem Zusammenhang waren die Vereinsmitglieder, deren Rolle in der Forschung bislang kaum näher beleuchtet wurde. Während sich die DGBK-Leitung mit der „Salon Imaginaire"-Ausstellung temporär auf die moderner und zeitgenössischer Kunst gegenüber häufig abgeneigten Mitglieder zubewegte und dafür die Ablehnung von Künstler:innen und Kolleg:innen in Kauf nahm, kam es anderenorts infolge von Ausstellungen aktueller Kunst zu regelrechten Austrittswellen. So verließen in Köln im Zusammenhang mit der Retrospektive „Happening & Fluxus" 1970/71 mehr als 9 Prozent aller Mitglieder den *Kölnischen Kunstverein*. Im Gegenzug gewann der Verein jedoch auch viele neue Mit-

116 Vgl. Michael Lemke (Hg.): Schaufenster der Systemkonkurrenz. Die Region Berlin-Brandenburg im Kalten Krieg, Köln 2006.

glieder.[117] Der *Frankfurter* sowie der *Württembergische Kunstverein* in Stuttgart erlebten zur gleichen Zeit ähnliche Mitgliederbewegungen.[118] Für ein detaillierteres Verständnis dieser Dynamiken und ihres Stellenwerts in der Arbeit der Kunstvereine erscheint für weitere Forschungen die nähere Untersuchung von Kunstvereinsmitgliedern als Akteursgruppe ertragreich.

117 Vgl. HAStK, Best. 1386, A 190, Bl. 15; 52.
118 Vgl. Axtmann, 1968, S. 58–60.

Fabian Köster

Die „Gnade des Anfangs“?

Kunstpolitik in den Industriestädten Gelsenkirchen und Wolfsburg zwischen konservativ und zukunftsgewandt

„Das Zeitalter der Mimesis ist vorüber“, heißt es selbstbewusst in einem 1948 erschienenen Sonderheft der Zeitschrift *Das Kunstwerk*, in dem der Siegeszug der Moderne in Kunst und Kultur im Nachkriegsdeutschland proklamiert wird: „[Ü]berall setzt sich das abstrakte Kunstwollen (…) durch: in der Malerei, in der Plastik, in der Musik und – zögernder – auch in der Dichtung.“[1] Konträr zu dieser apodiktisch anmutenden Aussage zeichnen Meinungsumfragen aus jener Zeit ein vermeintlich anderes Bild. Fabulöse 99 Prozent der Bevölkerung hätten, so eine Befragung aus dem gleichen Jahr, die „Abstrakten“ als Vertreterinnen und Vertreter der Moderne abgelehnt, eine positive Beurteilung der modernen Kunst habe bei Abiturientinnen und Abiturienten wie Studierenden – denen im Zeitkontext wohl ein besonderes Interesse an Kunst und Kultur zugeschrieben wurde – bei lediglich vier Prozent gelegen.[2] Auch wenn diese Schlaglichter sicherlich zwei Extreme abbilden, so scheint die kulturelle Produktion und Rezeption in der unmittelbaren Nachkriegszeit doch mehrheitlich einem „Zurücktasten zum Vertrauten“ zu entsprechen.[3] Und dieses Vertraute knüpfte – die oftmals als ‚kulturlos‘ eingeordnete NS-Zeit ausblendend – an die Zeit von vor 1933 an. Während der Zeit des Nationalsozialismus, so der Schriftsteller Horst Lange im Jahr

1 Das Kunstwerk, Sonderheft Abstrakte Kunst (1948), S. 57.

2 Umfrage und Kontexte aus Jost Hermand: Kultur im Wiederaufbau. Die Bundesrepublik Deutschland 1945–1965, Frankfurt am Main/Berlin 1989, S. 210. Zugleich waren auch Akteurinnen und Akteure der NS-Zeit Teil des kunstpolitischen Diskurses, so bspw. „der renommierte Repräsentant einer politisch argumentierenden ‚deutschen Kunstgeschichte‘“ Wilhelm Pinder, dessen Werk „Von den Künsten der Kunst“ 1948 postum (Pinder starb 1947) veröffentlicht worden ist. Dazu einordnend Michael Kröger: Wunschtraum des Ewigen. Wilhelm Pinders Doppelgesicht, S. 1–14, hier S. 2, 2021 online veröffentlicht unter https://www.mikroeger.de/download/Wilhelm_Pinders_Doppelgesicht_15.12.2021.pdf [21.7.2023].

3 Anselm Doering-Manteuffel: Die Kultur der 50er Jahre im Spannungsfeld von „Wiederaufbau“ und „Modernisierung“, in: Axel Schildt/Arnold Sywottek (Hg.): Modernisierung im Wiederaufbau. Die westdeutsche Gesellschaft der 50er Jahre, Bonn 1998, S. 533–540, hier S. 540.

1947, habe das „Getöse der Propaganda" die Wahrhaftigkeit der Kunst getilgt: „Wo die Kompromisse beginnen, hört die Kunst auf und verwandelt sich in Dilettantismus – diese Erkenntnis gehört zu dem, was wir der Zeit des großen Niederbruchs an Positivem zu verdanken haben."[4] Will Grohmann, Kunsthistoriker und -kritiker, der sich in der Folgezeit wohlgemerkt als eindeutiger Fürsprecher der abstrakten Kunst positionierte,[5] stellte Kunst im Nachkriegsdeutschland derweil gänzlich in Frage, denn nach dem Zweiten Weltkrieg „wußte man in Deutschland nicht einmal, ob es noch Kunst gibt".[6] Ein kompromissloser Neuanfang in allen Bereichen der Kultur war gewünscht, der sich an äußeren und ehemaligen Vorbildern orientieren sollte und einen Nachholbedarf offenbarte. Zugleich wird dieser Transformations- oder Zwischenzeit häufig eine Technik- und Massenkritik attestiert; sie gilt als Phase des Zivilisationspessimismus: Die Kombination aus fortschreitender Technisierung, vorgeblich gestiegener Entindividualisierung durch Bevölkerungswachstum und Urbanisierung sowie vorgeworfener Industrialisierung der Kultur schürte nicht nur Zukunftsängste, sie beförderte auch die Zuwendung zu konservativen Elitekonzepten.[7]

Überträgt man nun das Paradigma einer kulturell innovationslosen Zeit auf die Zentren des materiellen Wiederaufbaus, die Industriestädte, so drängt sich das Bild kultureller Wüsten auf. Dennoch identifizierten die Journalisten Karl Böttcher und Rüdiger Proske in einer solchen „Präriestadt", nämlich Wolfsburg, einen „modernen Industrialismus"; der dort ansässige „Arbeiter" sei „ruheloser, urbaner, radikaler, rationaler, ungläubiger" als sein

4 Horst Lange im Januar 1947, zitiert nach Hans Werner Richter: Zwischen Freiheit und Quarantäne. Eine Einführung, in: ders. (Hg.): Bestandsaufnahme. Eine deutsche Bilanz 1962: Sechsunddreißig Beiträge deutscher Wissenschaftler, Schriftsteller und Publizisten, München u. a. 1962, S. 11–25, hier S. 22.

5 Vgl. Will Grohmann: Respekt vor den Tatsachen. Ein Wert für die moderne Kunst, in: *Der Tagesspiegel* vom 18. Februar 1955. Zu seiner durchaus ambivalenten Rolle während der NS-Zeit siehe Martin Schieder: „To be on the spot". Will Grohmann und der Nationalsozialismus, in: Konstanze Rudert (Hg.): Im Netzwerk der Moderne. Kirchner, Braque, Kandinsky, Klee … Richter, Bacon, Altenbourg und ihr Kritiker Will Grohmann, München 2012, S. 35–41.

6 Will Grohmann: Deutschland, Österreich, Schweiz, in: ders. (Hg.): Neue Kunst nach 1945, Köln 1958, S. 151. Der Kunsthistoriker László Glózer argumentiert wiederum, dass das Jahr 1945 als Linie imaginiert werden könne, die natürlicherweise von Lebenslinien und Vorstellungen gekreuzt werde und so im Kern einem Nullpunkt widerspräche: Kontinuitäten sind hier bereits angelegt. Siehe dazu Christian Fuhrmeister: Statt eines Nachworts: Zwei Thesen zu deutschen Museen nach 1945, in: Julia Friedrich/Andreas Prinzing (Hg.): „So fing man einfach an, ohne große Worte". Ausstellungswesen und Sammlungspolitik in den ersten Jahren nach dem Zweiten Weltkrieg, Berlin/Boston 2013, S. 234–239, hier S. 237.

7 Vgl. dazu Axel Schildt/Detlef Siegfried: Deutsche Kulturgeschichte. Die Bundesrepublik – 1945 bis zur Gegenwart, Bonn 2009, S. 70 und Anke-Marie Lohmeier: Aufklärung und Propaganda. Politische Konsensbildung in Literatur und Publizistik der frühen Nachkriegszeit in Westdeutschland, in: Internationales Archiv für Sozialgeschichte der deutschen Literatur 25 (2000), S. 115–133, hier S. 118 f.

Pendant im Ruhrgebiet.[8] Dessen ungeachtet sprach sich gerade ein „Jungbergmann" aus Gelsenkirchen 1947 bewusst gegen die kanonisierte Kultur aus, denn „jungen Menschen" müsste „eine andere Kost gereicht werden": Für eine Auseinandersetzung mit den „Schrecken des schrecklichsten Krieges" und neuen „Wertbegriffen" reiche das Bekannte nicht mehr aus.[9] Hier deutet sich an, dass sich beide Städte nicht in die zeitgenössischen wie retrospektiv eröffneten kulturellen Raster einfügen, was sicherlich auch in ihrem jeweiligen Sonderstatus begründet liegt.

So konnte Wolfsburg, das sich aus Musterkommune, Barackenstadt und wenigen alten Dorfstrukturen zusammensetzte und erst 1938 als „Stadt des KdF-Wagens bei Fallersleben" von den Nationalsozialisten gegründet wurde,[10] kaum an das „Vertraute" anknüpfen, während Gelsenkirchen, seit Mitte des 19. Jahrhunderts zur dynamisch wachsenden Industriestadt geworden, dabei stets den Kohlevorkommen folgend, sich ständig von Neuem mit den Hürden kultureller Stadtwerdung konfrontiert sah.[11] Zugleich erscheint der Status ‚Stadt' jeweils als Konsequenz einer ökonomischen Relevanz. In diesem Kontext werden beide Städte häufig als prominente Treiber und Teilhaber einer populären ökonomischen Erfolgsgeschichte eingeordnet: Sie stehen stellvertretend für die gedächtniskulturelle Kausalkette aus „Trümmerzeit", „Wiederaufbau" und „Wiederaufstieg",[12] die schließlich im Gründungsmythos der Bundesrepublik mündet, dem ‚Wirtschaftswunder' – eine restaurative Erfolgsgeschichte. Die diesem Narrativ inhärente Ökonomie erscheint dabei so

8 Karl W. Böttcher/Rüdiger Proske: Präriestädte in Deutschland, in: Frankfurter Hefte 5 (1950), S. 491–506, hier S. 498.

9 Das Ruhrgebiet und die Frage des kulturellen Eigenlebens, in: *Neuer Westfälischer Kurier* 98 vom 18. August 1947.

10 „KdF" steht für „Kraft durch Freude" – die gleichnamige Unterorganisation der ‚Deutschen Arbeitsfront' sollte die Bildung einer ‚Volksgemeinschaft' befördern. Siehe dazu Rüdiger Hachtmann: „Bäuche wegmassieren" und „überflüssiges Fett in unserem Volke beseitigen". Der kommunale Breitensport der NS-Gemeinschaft „Kraft durch Freude", in: Frank Becker/Ralf Schäfer (Hg.): Sport und Nationalsozialismus, Göttingen 2016, S. 27–66.

11 Einen dichten Überblick zur Gelsenkirchener Stadtwerdung im Kontext von Kultur(politik) liefert Stefan Goch in diesem Band.

12 Schlagworte zitiert aus dem Teaser zur Ausgabe „Deutschland 1945–1955: Trümmerzeit und Wiederaufbau" des populärwissenschaftlichen Magazins *GEO Epoche* vom Februar 2014, https://www.geo.de/magazine/geo-epoche-panorama/13305-geo-epoche-panorama-nr-3-02-2014-deutschland-1945-1955 [21.7.2023]. Stadtgeschichtlich an dieser Stelle drei Beispiele: Elfriede Lansing: Vom Weltkrieg zum Wiederaufbau, Vreden 2015; Leni Abrahamsson: Die Zusammenbruchsgesellschaft. Kriegs- und Trümmerzeit in Dortmund in Berichten und Dokumenten, Dortmund 1995 und Friedrich Prinz: Trümmerzeit in München. Kultur und Gesellschaft einer deutschen Großstadt im Aufbruch 1945–1949, München 1984. Insbesondere für die kaum zerstörte Stadt Wolfsburg haben diese Schlagworte kaum Bedeutung, während gerade der *Käfer* als das ‚Wirtschaftswunder'-Symbol schlechthin dient.

dominant, dass die kulturelle Entwicklung jener Zeit in der Retrospektive entweder auf vermeintlich Triviales wie *Nierentisch* und *Gelsenkirchener Barock* reduziert oder aber über Wirtschaftssymbole wie VW *Käfer* und Förderturm romantisiert wird. So werden sowohl die progressiven als auch restaurativen, bisweilen konservativen, kulturellen Elemente der Nachkriegszeit überblendet, die eine Geschichte der ambivalenten Moderne offenbaren und erzählen – und das in Gelsenkirchen wie Wolfsburg insbesondere im Bereich der Kunst(politik).

Denn analog zum Diskurs der unmittelbaren Nachkriegszeit beriefen sich die kulturpolitischen Entscheiderinnen und Entscheider in beiden Städten noch in den späten 1950er Jahren ebenfalls auf einen ‚Neuanfang', der zumindest in Teilen auch als Abgrenzung zu den Jahren 1933 bis 1945 gedacht war – und dies im Kontext von Initiativen, die sich durchaus als Innovation bezeichnen lassen: Bei der Eröffnung des von Werner Ruhnau entworfenen modernen Gelsenkirchener Theaterneubaus 1959 sprach die Kulturpolitikerin der CDU, Elisabeth Nettebeck, von der „Gnade des Anfangs", weiter heißt es: „Wir sind eine junge Stadt und haben keine Tradition zu hüten."[13] Oberbürgermeister Robert Geritzmann (SPD) ergänzte: „Das kulturelle Leben unserer Stadt konnte mit dem Aufbau der Industrie und dem Ansteigen der Einwohnerzahl nicht mithalten."[14] Hier wird eine vermeintliche Traditionslosigkeit betont, der benannte ‚Sonderstatus' in den Vordergrund gerückt. Eine Tradition hatte Gelsenkirchen dennoch auch 1959 „zu hüten" – im kulturpolitischen Selbstverständnis jedoch nicht jene der ‚alten' Kulturzentren in unmittelbarer Nachbarschaft wie Dortmund oder Essen. Bemerkenswerterweise findet sich eine fast identische städtische Selbstwahrnehmung im Kontext eines kunstpolitischen Projektes im gleichen Jahr in Wolfsburg:

Im Zuge des neu ausgerufenen Kunstpreises *junge stadt sieht junge kunst* und der damit verbundenen Ausstellung von Gegenwartskunst junger Künstlerinnen und Künstler ordnete der Wolfsburger Oberbürgermeister Uwe-Jens Nissen (SPD) seine Stadt 1959 wie folgt ein: „Als Stadt ohne Tradition, die sich auch äußerlich bemüht, ein modernes Gesicht zu zeigen, empfinden wir eine Verpflichtung gerade den jungen, noch nicht arrivierten Künstlern gegenüber."[15] Der Architekt und Künstler Camillo Sitte, federführend am Projekt beteiligt, konstatierte in diesem Kontext zusätzlich: „Wir können uns einer geistigen Neu-Orientierung nicht verschließen! (…) Der Künstler ist nicht der Kammerdiener, der uns zu

13 Elisabeth Nettebeck: 50 Jahre Theater in Gelsenkirchen, in: Festschrift zur Eröffnung des neuen Gelsenkirchener Theaters am 15. Dezember 1959, Gelsenkirchen 1959, o. S.

14 Zitiert nach Stadt Gelsenkirchen (Hg.): Jahres-Chronik für das Jahr 1959, Gelsenkirchen 1960, S. 382.

15 Uwe-Jens Nissen: Vorwort, in: junge stadt sieht junge kunst. Malerei, Graphik, Plastik vom 26.4.–18.5.1959 im Wolfsburger Rathaus, Kunstpreis der Stadt Wolfsburg (Ausstellungskatalog), Braunschweig 1959, o. S.

bringen hat, was wir verlangen – er ist der Gastgeber zu dem wir geladen sind.“[16] Vor dem Hintergrund der NS-Stadtgründung erscheint der Abgrenzungsreflex zur eigenen unmittelbaren Vergangenheit alternativlos, obwohl gerade das ökonomische Relikt dieser Zeit die städtische Identität – zeitgenössisch kaum hinterfragt – dominant bestimmte und bis heute bestimmt:[17] Der „KdF-Wagen“, später *Volkswagen*, gehörte von Beginn an zur Kernidentität des neu geschaffenen urbanen Raumes, was sich über die prominente, symbolhafte Teilhabe am sogenannten Wirtschaftswunder manifestierte. Die proklamierte „Stadt ohne Tradition“ war vielmehr eine, die ihr unliebsames Erbe auch über Stadtmarketing zu überschreiben versuchte.

So fügte sich der kommunale Kunstpreis *junge stadt sieht junge kunst* in den Plan einer präzise vorbereiteten Kulturpolitik ein, die federführend von Uwe-Jens Nissen initiiert worden war. Noch vor seiner Zeit als Wolfsburger Oberbürgermeister schrieb er am 30. Dezember 1957 einen ausführlichen Vermerk über die „Möglichkeiten der Kulturförderung in Wolfsburg“ an den Oberstadtdirektor Dr. Wolfgang Hesse (CDU).[18] Hierin betont Nissen mit Blick auf das kommende Jahr, dass mit der Einweihung des Rathauses, realisiert von Titus Taeschner, der Abschluss der kommunalen Pionierphase Wolfsburgs im Frühjahr 1958 erreicht sein werde, anschließend solle eine „neue, kulturelle Entwicklungsphase“ einsetzen. Die finanzielle Priorisierung auf den fortgesetzten Aufbau der Stadt war nach Nissens aufgemachter Kausalität folglich gleichbedeutend mit einer vorherigen Vernachlässigung der Kultur. Jene Leerstelle war wiederum von der omnipräsenten wirtschaftlichen Instanz, die lokal ebenfalls identitätsstiftend funktionierte, ausgefüllt worden. Dazu heißt es im Vermerk, man wolle den „kulturellen Sonderleistungen“ des VW-Werkes einen Kunstpreis als etwas „Ebenbürtiges (…) zur Seite stellen“.

So wurden unter der Federführung des VW-Direktors Heinrich Nordhoff zwischen 1952 und 1967 ganze acht Kunstausstellungen realisiert – deren thematischen Inhalte jeweils nach dem persönlichen Geschmack des Initiators ausgewählt worden sind: unter anderem Wilhelm Leibl als Vertreter des Realismus, der Renaissancemaler Albrecht Dürer oder das frühromantische Werk Caspar David Friedrichs.[19] Während die Werke genannter Künst-

16 Camillo Sitte: Für Besucher und Sucher …, in: ebd., o. S.

17 Siehe dazu Hans Mommsen: Das Volkswagenwerk und die ‚Stunde Null‘: Kontinuität und Diskontinuität, in: Rosmarie Beier (Hg.): Aufbau West, Aufbau Ost. Die Planstädte Wolfsburg und Eisenhüttenstadt in der Nachkriegszeit, Ostfildern-Ruit 1997, S. 128–139, hier 138.

18 Hier und im Folgenden StadtA Wob, HA 6120. Zu diesem Zeitpunkt war Nissen noch in der Funktion des Bürgermeisters tätig.

19 Siehe dazu ausführlich Henrike Junge-Gent: Weltkunst an der Zonengrenze. Die acht Kunstausstellungen des Volkswagenwerkes in Wolfsburg 1952 bis 1967, Wolfsburg 1994. Kunstausstellungen des Volkswagenwerkes: „Franz Marc“ (1952), „Wilhelm Leibl“ (1954), „Albrecht Dürer und seine Zeitgenossen“ (1955), „Deutsche Malerei“ (1956), „Lovis Corinth“ (1958), „Japanische Holzschnitte“

ler durchaus an Sehgewohnheiten anknüpften, die auch während der NS-Zeit geprägt worden waren, zeigte die erste Ausstellung nicht zufällig Werke des Expressionisten Franz Marc, dessen zuvor verfemte Kunst jetzt antifaschistisch konnotiert war.[20] Hier sollte jedoch keine neue nationale Kunsttradition begründet werden, sondern – so hat es die Kuratorin Katja Widmann treffend formuliert – „auf dem Weg in die Zukunft eine vergangene Moderne beschworen werden, eine ‚bessere' Vergangenheit als die gerade überwundene".[21] Initial bediente diese VW-Ausstellung folglich ebenjenes Anknüpfen an Vertrautes, das dem bundesrepublikanischen Diskurs der Nachkriegszeit entsprach. Nordhoff selbst betonte zusätzlich, dass seine „Gemäldeausstellungen in dieser Arbeiterstadt" dem Bedürfnis der Bevölkerung nach Kultur nachkämen. Gleichzeitig kritisierte er die städtischen Institutionen deutlich: „Eine Stadt, deren Verwaltung mit dem Geld der Steuerzahler Broschüren druckt, um möglichst vielen zu zeigen, wie trostlos, wie hässlich, wie aussichtslos dieses Wolfsburg sei."[22]

Vor diesen Hintergründen lässt sich der Kunstpreis *junge stadt sieht junge kunst* durchaus als Kontrapunkt interpretieren, als städtische Emanzipation von VW, aber auch als Distinktionsmerkmal im überregionalen Städtevergleich[23] – in unmittelbarer Nachbarschaft zum Beispiel gegenüber Braunschweig mit seiner weit zurückreichenden Kunsttradition. So sollte der Preis junge Künstlerinnen und Künstler aus Niedersachsen und Berlin entdecken, fördern und schließlich auch an Wolfsburg binden. Das entspräche nach Nissens Kulturentwicklungsplan „besonders dem Charakter unserer jungen Stadt".[24] Hier klingt erneut die Umdeutung der häufig konstatierten ‚Traditionslosigkeit' an:[25] Das Signum der ‚Jugend' – mit all seinen positiven Zuschreibungen wie „neu", „anders" und vor allem „modern" –

(1959), „Französische Malerei" (1961), „Vincent van Gogh" (1967). Mit Nordhoffs Tod 1968 endeten auch die VW-Ausstellungen in Wolfsburg.

20 Einen Diskursüberblick der Zeit liefert Christoph Zuschlag: Die theoretischen Diskurse über moderne Kunst in der Nachkriegszeit, in: Friedrich/Prinzing (Hg.): Ausstellungswesen, S. 18–25.

21 Katja Widmann: „Eine Gemäldeausstellung in dieser Arbeiterstadt?" Kunst in den Aufbaujahren Wolfsburgs und Stalinstadts, in: Beier (Hg.): Aufbau West, Aufbau Ost, S. 345–357, hier S. 346.

22 Konzernarchiv VW AG, 69/233/1, Reden und Ansprachen von Heinrich Nordhoff.

23 Vgl. Gesa Vorpahl: Erste Schritte zur Entwicklung einer städtischen künstlerischen Identität. Die Künstlergruppe Schloßstraße 8 und die Stadt Wolfsburg, in: Das Archiv. Zeitung für Wolfsburger Stadtgeschichte 7 (2017), S. 10 f., hier S. 10.

24 StadtA Wob, HA 6120.

25 Zum Beispiel hier: „Ein Besuch in der Autostadt: Keine Tradition, aber Tempo wie in Amerika. In Wolfsburg ist alles modern – Magnet und Herz ist das Volkswagenwerk – Ganze Stadtviertel werden aus dem Boden gestampft", in: DeWeZet (*Deister- und Westerzeitung*) vom 27. November 1954, S. 21 f. Siehe ebenfalls Hans Wilhelm Vahlefeld: Eine ganze Stadt lebt für das Auto, in: *Die Welt* vom 2. November 1957: „[M]it Wolfsburg läßt sich nichts vergleichen, alles ist Reißbrett, nichts ist Geschichte." Vgl. hierzu ausführlich Alexander Kraus, Stadt ohne Geschichte? Wolfsburg als Demokratielabor der Wirtschaftswunderzeit, Göttingen 2021.

sollte zum einen die negativ konnotierte Planstadt überschreiben und zum anderen eine eigene Tradition begründen. Ein Blick auf die drei ausgewählten Gewinnerarbeiten des Preises deutet an, was dieses ‚Moderne‘ aus der städtischen Perspektive bedeuten sollte.

Raimund Girke aus Walsrode mit seinem Gemälde „Sehr hell mit Akzenten“, die Berlinerin Gertrude Köhler mit ihrer Graphik „Kopf“ und schließlich Jochen Kramer aus Braunschweig mit der Plastik „Der Wolf“ waren die ersten Preisträger des Wolfsburger Kunstpreises.[26] Zeitgenössisch repräsentieren sie die Gegenwartskunst junger Künstlerinnen und Künstler in unterschiedlicher Ausprägung. Girkes Kunstharz-Bild zeigt schwarz-weiße wie Dachziegel überlappende Rechtecke; der Künstler schuf „zeilenartige, schriftförmige, gittergestaltige Gewebe“, die sich, so der Architekt Gottfried Böhm über das Frühwerk, keiner individuellen Form fügen würden: Vielmehr stehe die Wiederholung ähnlicher oder identischer Elemente im Vordergrund.[27] Weniger gegenstandslos, aber ebenso abstrakt funktioniert Gertrude Köhlers Graphitzeichnung:[28] Die titelgebende, tiefschwarze Rückseite eines Kopfes dominiert vor dem Hintergrund geometrischer Formen, indes feine Linien die netzartige Struktur eines Halses erahnen lassen. Auch wenn im späteren Ausstellungskatalog betont wurde, dass „kein Programm unserer Stadt“, sondern die „Bestandsaufnahme“ einer jungen Generation gezeigt werden sollte,[29] so scheint Jochen Kramers aus Kupfer getriebener „Wolf“ doch vor allem ersteres zu betonen: Die Plastik zeigt einen in seinen Proportionen verzerrten länglichen Wolf. Die Grundstruktur – vier Beine, Körper, Kopf und Schwanz – mutet realistisch an, einzelne Elemente wie Hals, Pfoten, Ohren oder Schwanz sind jedoch verfremdet. Was dieses Kunstwerk darüber hinaus beinahe offensichtlich repräsentiert, ist die Verbindung aus moderner, abstrakter Kunst und der Stadt Wolfsburg selbst. Bei der Ausschreibung des Preises hätten sich die Stadtwerberinnen und -werber keine passendere identitätspolitische Einsendung ausdenken können. Das Wappentier der Erbauer des Schlosses Wolfsburg, der Adelsfamilie von Bartensleben, fungierte 1945 als Namensgeber für die vormalige „Stadt des KdF-Wagens bei Fallersleben“ – es steht somit auch für die

26 StadtA Wob, Bericht über die Abwicklung der Ausstellung „junge stadt sieht junge kunst“, Ausschuss für Kunstfragen, Beiakten 1957–1961. Zwischen 1959 und 1973 wurde der Preis sechsmal vergeben, einordnend dazu: Steffi Crain: „Junge Stadt sieht Junge Kunst“ – wie Tradition entsteht, in: Das Archiv. Zeitung für Wolfsburger Stadtgeschichte 5 (2017), S. 13.

27 Gottfried Böhm: Im Grenzbereich. Der Maler Raimund Girke, 1986, S. 1 f., online eingesehen unter: https://www.raimundgirke.com/deutsch-home/texte-%C3%BCber-raimund-girke/ [21.7.2023]. Girke entwickelte sich nachfolgend zu einem renommierten Vertreter der Analytischen Malerei, lehrte als Kunstprofessor an der *Berliner Hochschule der Künste* und nahm u. a. an der „documenta VI“ teil.

28 Zu Gertrude Köhler, ehemalige Meisterschülerin Hans Kuhns, siehe die Enzyklopädie des *Vereins Berliner Künstlerinnen*: https://www.vdbk1867.de/enzyklopaedie/gertrude-koehler/ [21.7.2023].

29 Nissen, Vorwort, o. S.

Jochen Kramers Bronzeskulptur „Der Wolf" (1959) in der Bürgerhalle des Wolfsburger Rathauses (Fotograf: Willi Luther, Institut für Zeitgeschichte und Stadtpräsentation (IZS), Stadt Wolfsburg, F-LUT-2-0522)

Konstruktion einer Tradition jenseits der NS-Gründungsgeschichte.[30] Zentral auf dem seit 1947 gültigen Stadtwappen platziert, erfüllte das Tier einerseits repräsentative Zwecke,[31] funktionierte allerdings andererseits auch soziokulturell. So zum Beispiel als Karikaturreihe in den *Wolfsburger Nachrichten* der 1950er und 1960er Jahre: Die Zeichnungen von Adolf Otto Koepen widmeten sich Alltagssituationen, zu denen „der Wolf" Bürgerinnen

30 Christoph Stölz (Hg.): Die Wolfsburg-Saga, Stuttgart 2008, S. 93. Siehe auch Thomas Assheuer: Die Werk-Stadt. Metropole Provinz: Wolfsburg hat keine Geschichte und steckt doch voller Vergangenheit, in: *Zeit online* vom 28. September 2005, abrufbar unter https://www.zeit.de/online/2005/39/ZEIT_geschichte_3_Werk-Stadt_Assheuer/komplettansicht [21.7.2023].

31 Klemens Stadler: Deutsche Wappen 5. Die Gemeindewappen der Bundesländer Niedersachsen und Schleswig-Holstein, Bremen 1970, S. 85. Zwischen 1951 und 1962 war das Stadtwappen gleichzeitig VW-Logo und auf der Fronthaube des *Käfers* zu finden, dazu Harald Jähner: Wolfszeit. Deutschland und die Deutschen 1945–1955, Berlin 2019, S. 262.

und Bürgern Empfehlungen aussprach.[32] Die Gewinnerplastik von Jochen Kramer spiegelt folglich nicht nur Zuschreibungen einer vermeintlichen lokalen Identität wider, sondern erweitert ebenjene um den Aspekt der Hinwendung zur zeitgenössischen modernen Kunst im Kontext des Narrativs der ‚jungen' Stadt – symbolhaft als transformierte, abstrakte Version des ‚neuen' Wolfsburgs und gleichzeitige Abgrenzung zur NS-Gründungsgeschichte.

Die mit dem Kunstpreis verbundene Ausstellung, die einen „Beitrag zur Geschmacksbildung" leisten und somit auch didaktisch, beinahe ‚volkserzieherisch' funktionieren sollte, wurde intern zeitgenössisch als Erfolg eingeordnet.[33] Zwischen dem 26. April und dem 18. Mai 1959 sahen 5.800 Besucherinnen und Besucher ausgewählte Einsendungen, darunter 26 Schulklassen und 22 Gruppen der Volkshochschule. Die journalistische Wahrnehmung war durchweg positiv, beschränkte sich allerdings fast ausschließlich auf den lokalen Raum.[34] Lediglich in der *Welt* findet sich ein euphorischer Artikel von Peter Lufft. Da der spätere Wolfsburger Kulturreferent bereits rege Verbindungen zur Stadt pflegte, liegt die Annahme nahe, dass er sich dem Thema auch aufgrund persönlicher Verbundenheit widmete. Den Ausstellungskatalog hatten die Organisatorinnen und Organisatoren derweil erwartungsfroh an unter anderem die *Süddeutsche Zeitung*, die *Frankfurter Allgemeine Zeitung* und den *Tagesspiegel* versendet, die Resonanz blieb dabei ernüchternd: „Diese Zeitungen haben nicht reagiert", heißt in der internen Aufarbeitung.[35]

Weiterhin stellt sich die Frage, ob die ‚junge Stadt', vor allem also die Jugend, die ‚junge Kunst' auch rezipierte? Folgt man den Ausführungen in der Jugendzeitschrift *Wolfsburger Jugendbrief*, so habe es viele junge Besucherinnen und Besucher gegeben – aus eigenem Antrieb seien jedoch nur wenige gekommen. Darüber hinaus habe eine große Zahl der jungen Generation der modernen Kunst verständnislos gegenübergestanden. Weiter heißt es: „Ältere Besucher waren mit vielen Bildern, sogar sehr vielen Bildern, nicht einverstanden."[36] Das deutet auf Zweierlei hin: Einerseits war die Konfrontation mit abstrakter Gegenwartskunst durchaus als Provokation angelegt, um Aufmerksamkeit im Kontext der Stadt-

32 Siehe zahlreiche Beispiele hier Marie Rauschenberger/Lennart Jahr: Der Wolf fährt durch die Stadt, in: Das Archiv. Zeitung für Wolfsburger Stadtgeschichte 15 (2019), S. 15.

33 Hier und im Folgenden StadtA Wob, HA 6120. So bemerkte bspw. Paul Dierkes, Professor der *Hochschule für Bildende Künste Berlin*, dass die Schau „einen höheren Grad von Konzentration aufweise als die Hannoversche" – gemeint war die zeitgleiche dortige Ausstellung „junge generation".

34 Zur journalistischen Rezeption siehe den internen Bericht StadtA Wob, Bericht über die Abwicklung der Ausstellung „junge stadt sieht junge Kunst", Ausschuss für Kunstfragen, Beiakten 1957–1961.

35 Ebd.

36 Henning Wilde: junge stadt sieht junge kunst, in: junge stadt. Wolfsburger Jugendbrief, Nr. 2 (1959), S. 6f. Auch in der Schülerzeitung *diagonale* hieß es: „[E]rschreckend zu hören, daß selbst in ‚gebildeten' Kreisen die neue Kunst z. T. völlig falsch aufgefaßt wird, und daß viele von der Ausstellung in der Bürgerhalle entsetzt waren." – Junge Stadt sieht junge Kunst?? In: diagonale, Jg. 5 (1959), Nr. 14, S. 27f., hier S. 27. Siehe dazu auch einordnend Kraus, Demokratielabor, S. 315ff.

werbung zu erzeugen. Andererseits lässt sich ein solches Projekt ohne didaktische Kontexte nicht ohne Weiteres in der Bevölkerung implementieren. Es liegt nah, dass ein Großteil der Rezipientinnen und Rezipienten über einen langen Zeitraum fast ausschließlich gegenständliche Kunst konsumiert hatte – die konfrontative Störung dieser Sehgewohnheiten erzeugte wohl eher Ablehnung als Anerkennung. Darüber hinaus erscheint die Institutionalisierung von Gegenwartskunst, die häufig subversiv funktionieren soll, als ambitioniert, widersprüchlich und konfliktbehaftet.[37]

Ein knappes Jahr vor dieser städtischen Ausstellung, vom 4. Mai bis zum 15. Juni 1958, hatte die *Volkswagenwerk GmbH* eine Jubiläumsausstellung zum 100. Geburtstag des Impressionisten Lovis Corinth in der Wolfsburger Stadthalle gezeigt.[38] Die Dimensionen unterschieden sich dabei deutlich: Die Schau wurde von mehr als 45.000 Menschen besucht – auch wenn sicherlich externe Besucherinnen und Besucher eine Rolle gespielt haben, ist diese Zahl bei rund 50.000 Einwohnerinnen und Einwohnern bemerkenswert. Das Prestige der VW-Kulturveranstaltungen war immens. Um die Ausstellung zeigen zu können, hatte sich das Werk um Leihgaben aus ganz Deutschland bemüht. So wurde unter anderem das Gemälde „Landschaft aus der Danziger Bucht mit Charlotte Berend an der Staffelei" von der städtischen Kunstsammlung Gelsenkirchen zur Verfügung gestellt. Im Nachgang erreichte den dortigen Kunstwart, Dr. Bernd Lasch, ein Dankesschreiben inklusive Werbung für den Ausstellungskatalog: „Als Dank für Ihr Mitwirken an unserer Corinth-Ausstellung durch Überlassung wertvoller Leihgaben erlauben wir uns, Ihnen dieses wichtige Sammelwerk [den Ausstellungskatalog] (…) für Ihre Bücherei anzubieten."[39]

Das angefragte Corinth-Werk steht stellvertretend für die Ankäufe Gelsenkirchens in den 1950er Jahren und einen bundesweit nachgefragten relevanten Kunstbesitz der Stadt. Die klassische Moderne, wie sie beispielsweise über die Ausstellungen des Volkswagenwerkes wiederentdeckt und repräsentiert wurde, findet sich prominent auch in der Ruhrgebietsstadt. Im Vergleich zur neuen kulturpolitischen Linie ab 1958 in Wolfsburg, die sich der progressiven Moderne offensiv zuwandte, lässt sich in Gelsenkirchen eine gegenteilige Entwicklung ausmachen. Während der deutsche ‚Zivilisationspessimismus' in den 1950er Jahren einer langsamen Öffnung gegenüber der Moderne wich, sahen sich die kulturellen Entscheiderinnen und Entscheider in Gelsenkirchen mit einem Dilemma konfrontiert: Nach den Vorstellungen der Lokalpolitikerinnen und -politiker sollte sich die Stadt zu einem „Anziehungspunkt" der Kunst entwickeln und zu kulturell lange gewachsenen

37 Vgl. hierzu einordnend Joachim Petsch: Die Kunst der 50er Jahre – Literaturüberblick, in: kritische berichte. Zeitschrift für Kunst- und Kulturwissenschaft 10 (1982), H. 1., S. 54–60, hier S. 57 f. Umfassender auch Sønke Gau: Institutionskritik als Methode: Hegemonie und Kritik im künstlerischen Feld, Wien/Berlin 2016.

38 Hier und nachfolgend Junge-Gent, Weltkunst an der Zonengrenze, S. 115–135.

39 StadtA Ge, GE 41/270, Schreiben der Volkswagenwerk GmbH an Dr. Lasch vom 9. Juni 1958.

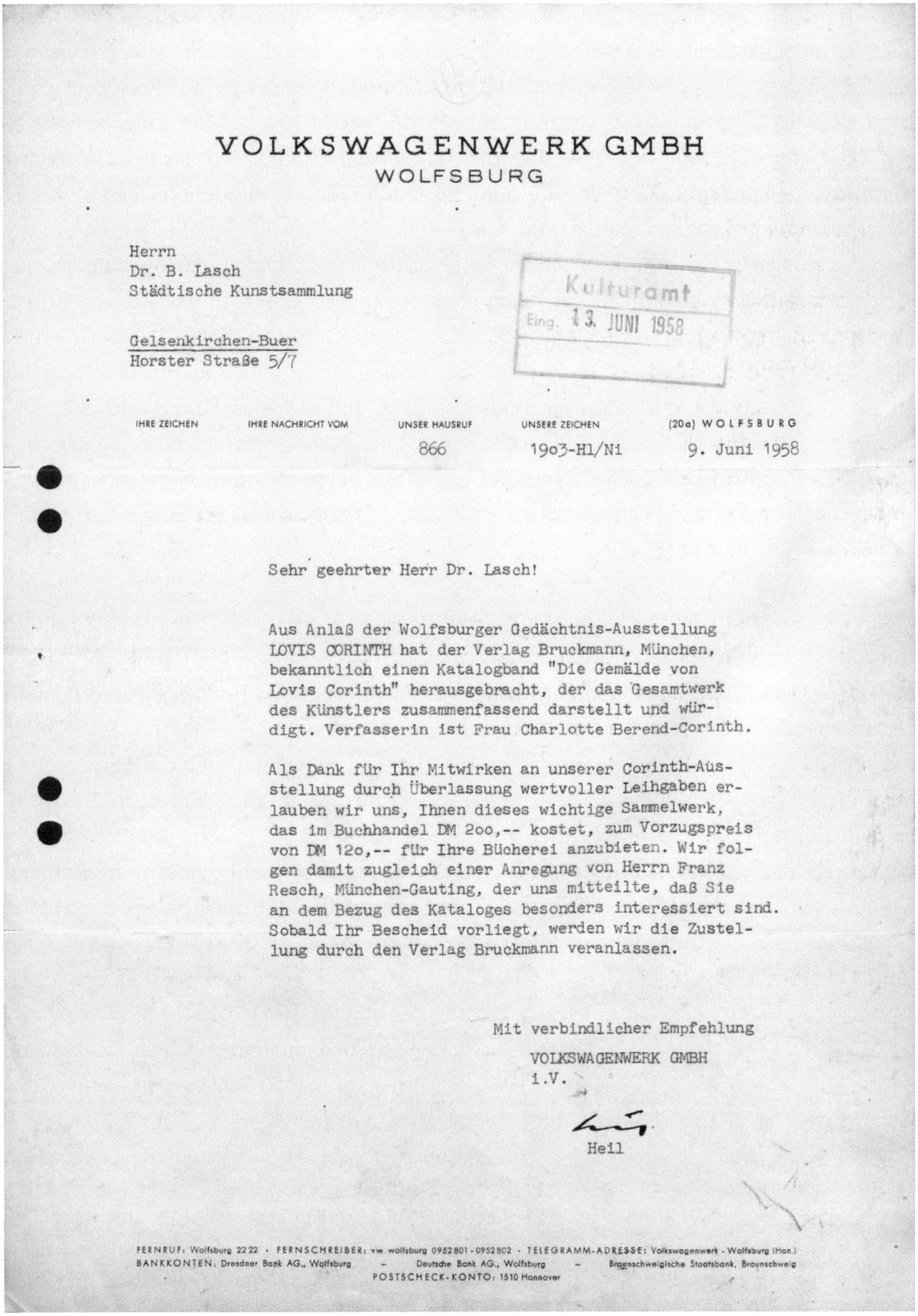

VOLKSWAGENWERK GMBH
WOLFSBURG

Herrn
Dr. B. Lasch
Städtische Kunstsammlung

Gelsenkirchen-Buer
Horster Straße 5/7

Kulturamt
Eing. 13. JUNI 1958

IHRE ZEICHEN	IHRE NACHRICHT VOM	UNSER HAUSRUF	UNSERE ZEICHEN	(20a) WOLFSBURG
		866	19o3-Hl/Ni	9. Juni 1958

Sehr geehrter Herr Dr. Lasch!

Aus Anlaß der Wolfsburger Gedächtnis-Ausstellung LOVIS CORINTH hat der Verlag Bruckmann, München, bekanntlich einen Katalogband "Die Gemälde von Lovis Corinth" herausgebracht, der das Gesamtwerk des Künstlers zusammenfassend darstellt und würdigt. Verfasserin ist Frau Charlotte Berend-Corinth.

Als Dank für Ihr Mitwirken an unserer Corinth-Ausstellung durch Überlassung wertvoller Leihgaben erlauben wir uns, Ihnen dieses wichtige Sammelwerk, das im Buchhandel DM 2oo,-- kostet, zum Vorzugspreis von DM 12o,-- für Ihre Bücherei anzubieten. Wir folgen damit zugleich einer Anregung von Herrn Franz Resch, München-Gauting, der uns mitteilte, daß Sie an dem Bezug des Kataloges besonders interessiert sind. Sobald Ihr Bescheid vorliegt, werden wir die Zustellung durch den Verlag Bruckmann veranlassen.

Mit verbindlicher Empfehlung
VOLKSWAGENWERK GMBH
i.V.
Heil

FERNRUF: Wolfsburg 2222 · FERNSCHREIBER: vw wolfsburg 0952801 - 0952802 · TELEGRAMM-ADRESSE: Volkswagenwerk - Wolfsburg (Han.)
BANKKONTEN: Dresdner Bank AG., Wolfsburg – Deutsche Bank AG., Wolfsburg – Braunschweigische Staatsbank, Braunschweig
POSTSCHECK-KONTO: 1510 Hannover

Dankesschreiben der *Volkswagenwerk GmbH Wolfsburg* an den Gelsenkirchener Kunstwart Dr. Bernd Lasch vom 9. Juni 1958 (StadtA Ge, GE 41/270)

Nachbarstädten mit eigener Kunsttradition nicht nur aufschließen, sondern diese perspektivisch übertreffen.[40] Der Ausgangspunkt für diese ambitionierten Pläne war allerdings denkbar schlecht: Weder besaß Gelsenkirchen renommierte Kunstwerke in größerer Zahl, noch existierte eine Sammlungsstruktur oder ein Ausstellungsort. Ungeachtet der widrigen Bedingungen wurde der Kunsthistoriker Dr. Bernd Lasch, zuvor an der Universität Marburg tätig, ab dem 1. Februar 1950 mit dem Aufbau einer städtischen Kunstsammlung betraut. Und jener schien sofort darum bemüht, zunächst einen beispielhaften Kanon der jüngeren Kunstgeschichte aufzubauen. In der bei der späteren Theaterneueröffnung offensiv formulierten Traditionslosigkeit sah Lasch nicht etwa eine Chance für Avantgarde-Kunst, sondern vielmehr einen Hinderungsgrund; dazu erläuterte er retrospektiv:

> „In einer Stadt, die keine museale Tradition hatte, in der eigener Kunstbesitz als wachsender kultureller Faktor noch nicht zu einem geläufigen und vertrauten Besitz geworden war, konnte man nur auf dem Terrain herkömmlicher, unbestreitbarer Anschauungen beginnen und nicht gleich schon an moderne avantgardistische Erscheinungen herangehen."[41]

Dabei lag sein Fokus auf der Kunst des 19. und 20. Jahrhunderts, auf Expressionismus und Impressionismus – die Einkäufe des ersten Jahres, darunter Emil Nolde,[42] Karl Hofer, Otto Pankok und Heinrich Nauen, sind programmatisch für seine Sammlungstätigkeit. Lasch versuchte sich an der Etablierung einer restaurierten Moderne, hortete museale Avantgarde. Hier lässt sich weder eine Öffnung zum Progressiven noch die Wiederherstellung des Bekannten beobachten, sondern die Konstruktion einer künstlichen Tradition im Schnellverfahren.[43] Im Unterschied zu einem über lange Zeiträume entstandenen Kunstbesitz erzählt eine solche Sammlung eine ganz andere Stadtgeschichte; sie ermöglicht einen verdichteten Einblick in den Kunstmarkt sowie die städtische Kulturpolitik der 1950er Jahre. Einmal vom Kulturausschuss installiert, agierte der neue Kunstwart beim Aufbau

40 StadtA Ge, GE 36/Pr 1024, Kulturausschuss, Sitzung vom 28. Oktober 1949.

41 Bernd Lasch: Kunstbetrachtungen: Werke aus dem Städtischen Museum Gelsenkirchen. Veröffentlicht in der „Westdeutschen Allgemeinen Zeitung" Gelsenkirchen 1960–1968, herausgegeben von Wolfgang Rinke, Gelsenkirchen 1985, S. XI (StadtA Ge, HB 4518).

42 Zur umfangreichen Kontroverse um Emil Noldes Wirken während der NS-Zeit siehe Uwe Danker: „Vorkämpfer des Deutschtums" oder „Entarteter Künstler" – Nachdenken über Emil Nolde in der NS-Zeit, in: Demokratische Geschichte. Jahrbuch für Schleswig-Holstein 14 (2001), S. 149–188. Siehe auch die Ausstellung „Emil Nolde. Eine deutsche Legende. Der Künstler im Nationalsozialismus" im Hamburger Bahnhof 2019, dazu: Karolin Korthase: Kunst im Nationalsozialismus. Emil Nolde im Hamburger Bahnhof: „Deutsch, stark, herb und innig", in: Museum 2 (2019), S. 6–9.

43 Ausführlich zur Gelsenkirchener Sammlung siehe den Beitrag von Annika Becker, zur Kanonbildung in der Kunst den Beitrag von Christiane Wanken in diesem Band.

im Übrigen alleinverantwortlich und fast unkontrolliert,[44] zumal sich sein Etat stetig erhöhte: Bereits zehn Jahre nach seiner Anstellung, 1960, verfügte Bernd Lasch bereits über ein Ankaufsbudget von 100.000 DM.[45] Erst gegen Ende seiner Wirkungszeit im Jahr 1966 kaufte der Gelsenkirchener Kunstwart vereinzelt auch zeitgenössische Werke an, beispielsweise im Bereich der *Pop Art* oder – aus heutiger Perspektive spektakulär – Gerhard Richters „Korridor“.[46] Andererseits erwarb er noch 1958 eine Plastik für den öffentlichen Raum, die nicht nur optisch an den ‚heroischen' Realismus des NS-Zeit erinnerte: die *Olympia* von Fritz Klimsch. Der Bildhauer gehörte zu den insgesamt zwölf sogenannten Unersetzlichen Künstlern und stand somit auf der gesonderten durch Hitler und Goebbels 1944 gefertigten „Gottbegnadetenliste“.[47] Die Liste beinhaltete Kulturschaffende, die vor dem Hintergrund der NS-Ideologie als besonders ‚schützenswert' und ‚wertvoll' galten. So gelangte durch Bernd Lasch, der selbst 1933 in die NSDAP eingetreten war und unter

44 Siehe dazu bspw. den überlieferten Schriftverkehr zu den Ankäufen der Jahre 1955 bis 1966, hier StadtA Ge, GE 41/270. Meist meldeten sich Galerien direkt bei Lasch mit Angeboten, der bei Interesse kurze Schreiben an einzelne Stadträte verfasste, in denen er häufig sowohl kunsthistorisch als auch wertsteigernd argumentierend den Ankauf empfahl. Der Kauf wurde anschließend in allen dokumentierten Fällen vollzogen. Lasch fungierte folglich als Netzwerker, Experte und Käufer in Personalunion – ohne Gegenpart mit gleichwertigen Qualifikationen im Bereich der Kunst bzw. des Kunstmarktes.

45 StadtA Ge, GE 36/Pr 1026, Kulturausschuss, Sitzung vom 8. November 1960. Den Kolleginnen und Kollegen in Wolfsburg standen parallel rund 50.000 DM für Kunstankäufe zur Verfügung, StadtA WOB, Schul- und Kulturausschuss, Sitzung vom 13. Oktober 1959. Diese Zahlen deuten den unterschiedlichen Status der jeweiligen städtischen Wirtschaftsentwicklung an: Während sich Gelsenkirchen 1960 auf einem Höhepunkt befand (nachfolgend setzte der Strukturwandel zügig ein), war Wolfsburg im Begriff aufzuholen, um die Industrieregion Ruhrgebiet bald deutlich zu übertreffen; siehe dazu bereits acht Jahre später: Höchste Steuerkraft in Wolfsburg, in: *Hamburger Abendblatt* vom 19. September 1968. Wolfsburg liegt mit 750 DM Realsteuerkraft je Einwohnerin und Einwohner deutlich an der bundesrepublikanischen Spitze, Essen (184 DM) und Dortmund (177 DM) weit dahinter, jedoch noch über dem Bundesdurchschnitt (174 DM), während Gelsenkirchen bereits nicht mehr gelistet ist.

46 Zu Gerhard Richters Wirken im Ruhrgebiet zeitgenössisch Dieter Honisch: Gerhard Richter. Graphik 1965–1970, Essen 1970.

47 Zum Themenkomplex „Gottbegnadetenliste“ siehe zuletzt Wolfgang Brauneis/Raphael Gross: Die Liste der „Gottbegnadeten“. Künstler des Nationalsozialismus in der Bundesrepublik, München/London/New York 2021; zu Klimsch siehe Ernst Klee: Das Kulturlexikon zum Dritten Reich. Wer war was vor und nach 1945, Frankfurt am Main 2007, S. 311. Werke des ‚heroischen' Realismus wurden darüber hinaus während und auch nach der NS-Zeit in Gelsenkirchen geschaffen, unter anderem von Hubert Nietsch als Teil der Künstlersiedlung *Halfmannshof*, siehe ausführlich Holger Germann/Stefan Goch (Hg.): Künstler und Kunst im Nationalsozialismus. Eine Diskussion um die Gelsenkirchener Künstlersiedlung Halfmannshof, Essen 2013.

anderem für nationalsozialistische Kulturzeitschriften und Zeitungen geschrieben hatte,[48] ein durchaus problematisches Werk in den städtischen Besitz. Ebenjenes wurde als Kunst im Stadtbild installiert, dem immer zugänglichen Bereich des direkten Kunsttransfers.

Einen städtischen Kunstpreis hatte die Stadt derweil schon im Jahr 1956 gestiftet. Am 28. Oktober 1956 erhielt der Gelsenkirchener Künstler Hans Rahn für sein Ölgemälde „Auf dem Rennplatz“, das eine realistische Szenerie der örtlichen Rennbahn abbildet, den ersten mit 1.500 DM dotierten Kunstpreis der Stadt Gelsenkirchen. Des Weiteren wurde der Bildhauer Bruno Unkhoff mit dem Nachwuchspreis (500 DM) ausgezeichnet – er hatte die Marmor-Zement-Plastik „Kopf einer jungen Frau“ eingereicht. Den Rahmen der Verleihung bot die Jahresschau der Gelsenkirchener Künstler im Heimatmuseum in Gelsenkirchen-Buer, die unter dem Motto „Mensch und Landschaft im Industriegebiet“ veranstaltet und von 1.088 Bürgerinnen und Bürgern besucht wurde.[49] Auch wenn die Stadt die Preise offiziell verlieh, ging die Auszeichnung nicht auf eine städtische Initiative zurück: Der lokale *Gelsenkirchener Künstlerbund* war am 15. Dezember 1955 mit einem entsprechenden Antrag an den Kulturausschuss herangetreten, der diesen wiederum als Beschlussvorlage an den Haupt- und Finanzausschuss weiterleitete.[50] Anders als in Wolfsburg ging der Preis selbst also von einem ‚Bottom-up‘-Impuls aus, der jedoch ausschließlich nach innen gerichtet war: Bis 1969 war die Verleihung auf Angehörige der Stadt beschränkt.[51] Gelsenkirchener Künstlerinnen und Künstler initiierten folglich eine Auszeichnung an sich selbst, bei der die städtischen Vertreterinnen und Vertreter lediglich formal fungierten. Jene legten ihren Fokus im Bereich der Kunst wiederum eindeutig auf den Aufbau einer renommierten Sammlung, um extern weitere Beachtung zu erlangen – als dezidiert kulturpolitisches Projekt lässt sich der Gelsenkirchener Kunstpreis kaum einordnen. Die dort stattfindende Kunst war zum Großteil ‚klassisch‘ und selbstreflexiv, sie wurde von lokalen Themen und Motiven dominiert.

Während die städtische Sammlung ab 1957 öffentlich ausgestellt wurde, sollte das eingangs erwähnte städtische Bauwerk, das später den Namen „Musiktheater im Revier“

48 BArch R 9361-IX/24930570 und StadtA Ge, PA 689, Personalakte Dr. Bernd Lasch.

49 Vgl. Stadt Gelsenkirchen (Hg.): Jahres-Chronik für das Jahr 1956, Gelsenkirchen 1957, S. 328. Zur Besucherstatistik siehe Wolfgang Rinke: Städtische Kunstsammlung Gelsenkirchen 1950–1966. Dokumentation, Recklinghausen 1985, S. 341. 1956 lebten knapp 375.000 Menschen in der Ruhrgebietsstadt.

50 StadtA Ge, GE 36/, Pr 1025, Kulturausschuss, Sitzung vom 15. Dezember 1955. Zur Geschichte Gelsenkirchener Kunstvereine siehe Jolanda Saal: Vom Kreis Gelsenkirchener Kunstfreunde zum Kunstverein: Aufbruchsjahre zwischen Euphorie und Ernüchterung, in: Alexander Kraus/Christoph Lorke (Hg.), Zeitgenössische Kunst fördern und vermitteln. Neugründungen von Kunstvereinen in der Bundesrepublik nach 1945/49, Hannover 2022, S. 139–156 sowie den Beitrag von Alexander Kraus und Christoph Lorke in diesem Band.

51 Von 1956 bis 1964 wurde der Preis jährlich vergeben, nachfolgend bis zur Einstellung 1984 im Zweijahresrhythmus. Im letzten Jahr erfolgte die Ausschreibung einmalig bundesweit.

erhielt, den entscheidenden Wendepunkt zur progressiven Kunst markieren. In Ruhnaus Theaterneubau wurde die seit 1950 für öffentliche Bauten verpflichtende ‚Kunst am Bau‘ als zentrales Element dieses Neubaus prominent in Szene gesetzt und verwirklicht.[52] Realisiert wurde sie von den internationalen Künstlern Yves Klein, Robert Adams, Norbert Kricke, Paul Dierkes und Jean Tinguely. Bereits während der Konstruktionsphase wirkten die Künstler in einer temporären lokalen Bauhütte mitten in der Stadt, was Gelsenkirchen wiederum für die junge nationale wie internationale avantgardistische Kunstszene attraktiv machte: So entstand in den 1960er Jahren für einen kurzen Zeitraum ein experimentierfreudiger Möglichkeitsraum der Kunst im Ruhrgebiet,[53] in dem Kinetik, abstrakte Malerei oder Op-Art entstand, rezipiert und gekauft wurde[54] – und dies weniger ob einer gezielten Sammlungstätigkeit der Stadt, sondern aufgrund aktiven Kunstschaffens im Zentrum, das wiederum in einem städtischen Auftrag seinen Ursprung hatte. Yves Klein beschrieb diese Phase retrospektiv als von einem „sehr ‚avantgardistische[n]‘ Geist“ geprägt.[55]

Der städtische Auftrag für den Stadttheaterneubau hatte bereits 1954 seinen Anfang genommen, als ein Entwurfs-Wettbewerb für ein neues Stadttheater ausgerufen worden war – aus den über 50 Einsendungen standen sich schließlich der erste und zweite Platz, der Entwurf vom Architektenteam aus Münster um Ruhnau und der des Berliner Architekten Fritz Bornemann gegenüber.[56] Auch Bornemann hätte ein Theater der Nachkriegsmoderne geschaffen und wäre dabei sogar rund 2,5 Mio. DM günstiger gewesen: Sein Theater sollte

52 Zum Stadttheater siehe in Auswahl Claudia Blümle/Jan Lazardzig: Öffentlichkeit in Ruinen. Zum Verhältnis von Theater, Architektur und Kunst in den 1950er Jahren, in: dies. (Hg.): Ruinierte Öffentlichkeit. Zur Politik von Theater, Architektur und Kunst in den 1950er Jahren, Zürich 2012, S. 9–37; Stadt Gelsenkirchen (Hg.): Hütten und Paläste. Baukultur in Gelsenkirchen, Stuttgart 2016, S. 198–205; Anna Kloke: Von der Gleichzeitigkeit der Spielräume. Das Musiktheater im Revier, in: Hans-Jürgen Lechtreck/Wolfgang Sonne/Barbara Welzel (Hg.): „Und so etwas steht in Gelsenkirchen …“ Kultur@Stadt_Bauten-Ruhr, Dortmund 2020, S. 28–41.

53 Einen guten Überblick bietet der Katalog zur Ausstellung „Kunst der 60er Jahre in Gelsenkirchen“, die vom 5. November 1988 bis zum 8. Januar 1989 im Städtischen Museum Gelsenkirchen gezeigt wurde: Kunstverein und Stadt Gelsenkirchen (Hg.): Dokumentation. Kunst der 60er in Gelsenkirchen. Gelsenkirchen 1989; siehe auch Gelsenkirchen-Stiftung (Hg.): Kinetische Kunst. Die Sammlung des Städtischen Museums Gelsenkirchen, Heidelberg 1998 und Uwe Gelesch (Hg.): Zero in Gelsenkirchen 1963/2013. Zurück in die Zukunft, Gelsenkirchen 2014.

54 Die Kinetik-Einkäufe der Stadt Gelsenkirchen fallen in den Verantwortungsbereich des Nachfolgers von Bernd Lasch, Rainer Kabel, der anders als sein Vorgänger die zeitgenössische Kunst in den Blick nahm – auch aus Kostengründen im Zuge der fortschreitenden Strukturkrise. Der weitere Sammlungsaufbau sei „was die moderne Kunst angehe mit bescheidenen Mitteln zu erreichen. Er [Kabel] beabsichtige (…) nicht, aus Prestigegründen einen ‚Mondrian‘ zu kaufen.“ StadtA Ge, GE 36/2395, Kulturausschuss, Sitzung vom 17. Februar 1967.

55 Yves Klein zitiert nach: Anita Ruhnau: Die Theaterbauhütte in Gelsenkirchen, Bielefeld 2016, S. 51.

56 Theaterwettbewerb ausführlich dokumentiert hier StadtA Ge, GE 14/113. Zitate ebd.

9 Mio. DM kosten, das des Teams aus Münster 11,6 Mio. DM. Und auch das Hochbauamt sprach sich zwecks baulicher Umsetzung für den Berliner Vorschlag aus. Der Kulturausschuss votierte dagegen eindeutig für Ruhnau – einerseits, da Bornemanns Entwurf zu nüchtern sei: Analog zum Wolfsburger Kunstpreis wollte man auch in Gelsenkirchen ein Distinktionsmerkmal schaffen. Andererseits erkannte der Ausschuss „eine einmalige Gelegenheit etwas Besonderes" hervorzubringen, da gerade die künstlerische Ausgestaltung des Entwurfs unvergleichlich sei. Diese Entscheidung spiegelt ganz konkret den kulturpolitischen Willen dazu wider, neues Terrain zu beschreiten – sie bleibt allerdings auch eine Einzelentscheidung, bei der Zufälle zusammenwirkten. Denn in der Ausschreibung war noch kein moderner Neubau gewünscht, sondern eine „Lösung", die „in bester Weise der städtebaulichen Situation gerecht wird".[57]

Auch wenn sich hier kein systematischer Plan wie in Wolfsburg zusammenfügte, so war doch ein gutes Gespür und Mut vorhanden, sich für Ruhnaus Entwurf zu entscheiden – die folgenden Entwicklungen zur Kunstszene funktionierten dann allerdings wieder größtenteils losgelöst von einer städtischen Einflussnahme oder Supervision, auch wenn es Wechselwirkungen wie die Etablierung des Gelsenkirchener Stadtemblems „G" gab.[58] Das „dynamische Gütezeichen" hatte die Stadt Ende der 1960er Jahre in Auftrag gegeben, umgesetzt wurde es vom Grafiker Eberhard Hippler: Angelehnt an die Op-Art wird der Buchstabe in einer Positiv-Negativ-Invertierung von Schwarz und Weiß inszeniert, die Einführung des Logos erfolgte darüber hinaus in der Performance „Artikulation G" des Künstlers Heinz-Albert Hendrichs – ein deutlicher Anknüpfungsversuch an die städtische Kunstszene dieser Zeit.[59]

Für die beiden selbstbezeichneten „Städte ohne Tradition" lässt sich schließlich festhalten, dass ihre fast zeitgleichen kunst- und kulturpolitischen Projekte des Jahres 1959 einen Neuanfang markieren sollten, zum Teil aus ähnlichen, zum Teil aus ganz unterschiedlichen Gründen: So gab es Abgrenzungsreflexe in Richtung der jüngeren Vergangenheit, eine intendierte ‚Volksbildung', den Wunsch externer Wahrnehmung jenseits der dominanten Industrien, aber auch Minderwertigkeitskomplexe gegenüber der unmittelbaren urbanen Umgebung. Ebenso spielt ihr jeweiliger Sonderstatus eine Rolle, weniger gefestigte und vor allem junge, variable (Sozial-)Strukturen. Darüber hinaus ist in kurzer Zeit viel

57 Ebd. findet sich die Ausschreibung „Wettbewerb zur Erlangung von Entwürfen zur Errichtung eines Stadttheaters in Gelsenkirchen".

58 Zum bis heute verwendeten Gelsenkirchener Stadtemblem „G" hier und nachfolgend Kunstverein/Stadt Gelsenkirchen, Dokumentation, S. 182–185.

59 Gelsenkirchen galt hierbei im Kontext der Stadtwerbung als seiner Zeit voraus, so stellte die Stadt ihre Image-Kampagne vielbeachtet und erfolgreich auf der Ausstellung „Das visuelle Erscheinungsbild einer Stadt" im Dezember 1969 beim Städtebauministerium in Bonn aus, vgl. Gelsenkirchener ‚Image' in Bonner Ausstellung, in: *Ruhr-Nachrichten* vom 27. November 1969.

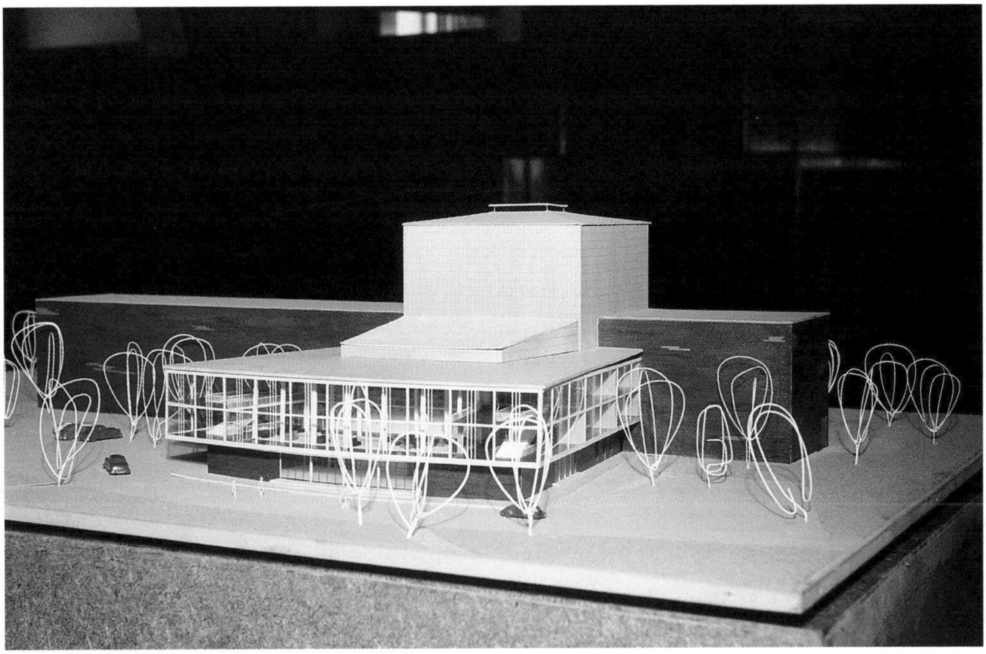

Modell des Theaterentwurfs vom Architekten Fritz Bornemann (Berlin) (Fotograf: Hans Rotterdam, StadtA Ge, FS/V/022084)

Modell des Theaterentwurfs vom Architektenteam um Werner Ruhnau (Münster) (Fotograf: Hans Rotterdam, StadtA Ge, FS/V/022086)

Kapital entstanden. In Summe führen diese Faktoren dann dazu, kulturell neue und andere Wege zu beschreiten und vermeintlich ‚moderne' Strömungen des Zeitkontextes wahrzunehmen – gepaart mit den Veränderungsbestrebungen entscheidender politischer Akteurinnen und Akteure.

Dass hierbei parallel die in der Zeit noch kontroverse abstrakte Kunst im Fokus stand, ist bemerkenswert. Diese wurde ebenfalls 1959, auf der „documenta II" in Kassel, zur Weltsprache erhoben und als eindeutiger westdeutscher Trend gesetzt.[60] Während dieser in Gelsenkirchen und Wolfsburg bereits existierte, reichen die Vorbereitungen zu den kulturpolitischen Projekten noch weiter zurück. Damit waren die beiden Industriestädte in diesem Bereich tatsächlich nicht nur der urbanen Umgebung, sondern dem westdeutschen Raum voraus. Zugleich war die Kunstpolitik der beiden Städte in Teilen ebenso konservativ geprägt und ausgerichtet. Diese Ambivalenzen der Kunst- und Kulturpolitik in Gelsenkirchen und Wolfsburg, die sich durchaus auf andere städtische Bereiche übertragen lassen, stehen sinnbildlich für zwei prominente Partizipanten und Akteure des sogenannten Wirtschaftswunders: Gerade im bundesrepublikanischen Städtevergleich erscheinen sie als vielversprechende Vergleichsfolie, während ihre Analogie als „Gleichzeitigkeit des Ungleichzeitigen" gedeutet werden kann, aber auch als „Nebeneinander von Traditionalität und Modernisierung".[61]

60 Vgl. Patrice Neau: Abstraktion: Weltsprache oder Ausdruck der „dekadenten westlichen Moderne"? In: ILCEA online 16 (2012), abrufbar unter http://journals.openedition.org/ilcea/1489 [21.7.2023]. Siehe auch Harald Kimpel: Standortbestimmung und Vergangenheitsbewältigung. Die „documenta" 1955 als „Staatsaufgabe", in: Friedrich/Prinzing (Hg.): Ausstellungswesen, S. 26–35. Zu den Ursprüngen der „documenta" siehe ebenfalls den Beitrag von Dorothea Schöne in diesem Band.

61 Edgar Wolfrum, Die geglückte Demokratie. Geschichte der Bundesrepublik Deutschland von ihren Anfängen bis zur Gegenwart, Bonn 2007, S. 154.

Alexandra Apfelbaum

„Gelsenkirchen war damals ganz weit vorne“

Ernst Otto Glasmeier und die Kunstszene der Stadt

„Gelsenkirchen war damals ganz weit vorne – in kulturpolitischer Hinsicht unglaublich progressiv“, so Ernst Otto Glasmeier in einem Interview 2019 über die Kulturszene der 1960er-Jahre in Gelsenkirchen.[1] Als der junge Architekt Glasmeier knapp 60 Jahre zuvor im Frühjahr 1957 von Dortmund nach Gelsenkirchen zog, war mit dem Theaterbau eben erst begonnen worden, und die dort realisierte Kunst am Bau mit den Schwammreliefs von Yves Klein oder der kinetischen Wandarbeit von Jean Tinguely sorgte für internationales Aufsehen.[2] In dieser Zeit strömten auf das Bestreben verschiedener Bürger:innen und Initiator:innen immer mehr namhafte Künstler:innen in die Stadt. Yves Klein und Jean Tinguely waren mit der Künstlergruppe *ZERO* und ihren Protogonisten Heinz Mack, Otto Piene und Günther Uecker verbunden, die ein paar Jahre später im *Halfmannshof*, im *Pianohaus Kohl* oder im städtischen Museum bedeutende und viel beachtete Ausstellungen zeigten.[3] Die damalige Aufbruchstimmung ließ aus der Industriemetropole ein Zentrum für die Avantgarde entstehen, die Stadt wurde zum Anziehungspunkt für progressive Künstler:innen aus Düsseldorf, Köln, Frankfurt und dem europäischen Ausland. Sicherlich hatte der Theaterbau von Werner Ruhnau, eröffnet 1959, mit den daran beteiligten Künstlern erste, wichtige Impulse für diese Entwicklung geliefert, aber es war vor allem die Vielzahl kleinerer Ausstellungs- und Kulturinitiativen durch Privatpersonen wie Glasmeier und ihr dichtes Netzwerk aus verschiedenen Akteur:innen, das wesentlich zu diesem Prozess bei-

1 Ernst Otto Glasmeier in einem Gespräch mit der Verfasserin am 8. November 2019 in seinem Wohnhaus in Gelsenkirchen.

2 Nicole Jacobs: Baukunst für die „Stadt der tausend Feuer“. Das Gelsenkirchener Musiktheater, in: Denkmalpflege in Westfalen-Lippe 2/1998, S. 47–54.

3 Hans-Jörg Loskill: „Einst ein Mekka der Kunst“, in: *Westfälische Allgemeine Zeitung* vom 8. November 1988; Kunstverein und Stadt Gelsenkirchen (Hg.): Dokumentation Kunst der 60er Jahre in Gelsenkirchen. Projekt des Kunstvereins zum 20jährigen Bestehen, Gelsenkirchen 1989, S. 21 ff.

trug.[4] Glasmeier engagierte sich nicht nur als Architekt, sondern auch auf politischer Ebene im Stadtrat und auf privater Ebene – nicht nur als Sammler – für die Kunst in Gelsenkirchen. Und dabei gelang ihm, was nur wenigen Berufskolleg:innen seiner Zeit vergönnt war – Kunst und Architektur tatsächlich miteinander zu verbinden.[5]

Glasmeier, geboren 1921 in Wanne, war sicherlich einer der einflussreichsten Architekten im Gelsenkirchen der Nachkriegszeit, hat er doch in der Stadt über fünf Jahrzehnte hinweg auf vielen unterschiedlichen Ebenen gewirkt: im Bauwesen, in der Stadtplanung und -entwicklung aber auch im Kunst- und Ausstellungsgeschehen. Dem Ruhrgebiet blieb er Zeit seines Lebens persönlich und beruflich tief verbunden und versuchte als Architekt ortsgebunden Einfluss zu nehmen. Er zählte zu den entschiedenen Verfechtern einer Moderne, die sich mit ihren Bauten nicht in den Vordergrund drängten, sondern Architektur als gesellschaftlichen Auftrag begriffen. Der sensible Umgang mit der Geschichte des Ruhrgebiets und der Stadt wird in einer Vielzahl an Projekten zum Bauen im Bestand spürbar: Von der *Waschkaue* einer ehemaligen Zeche, über historische Arbeitersiedlungen bis hin zu einer ehemaligen Direktorenvilla. Den Wohnungsbau im Ruhrgebiet betrachtete Glasmeier als eine besondere Aufgabe, denn in ihm manifestierte sich für ihn die Umstrukturierung der alten Industrieregion. Er wollte Lebensorte entwerfen und gestalten, mit denen sich Menschen identifizieren können, in denen sie ihre kulturelle Verankerung finden und schließlich auch ein zu Hause.[6]

Dabei ging sein Engagement weit über das Bauen hinaus: Glasmeier hat sich nicht nur berufspolitisch, sondern auch stark kommunal- und kulturpolitisch engagiert. Über zwei Wahlperioden war er für die SPD im Rat der Stadt Gelsenkirchen und als Mitglied in verschiedenen Ausschüssen engagiert, ebenso in vielen berufsständischen Gremien der Architektenkammer und des *Bundes Deutscher Architekten*. Hier versuchte er beständig sich einzumischen, zu gestalten und der Gesellschaft die Bedeutung von Architektur und Städtebau zu vermitteln. Niemand wird behaupten, dass er ein bequemer Zeitgenosse gewesen wäre – oder gar ein angepasster, in Bezug auf gesellschaftliche Konventionen. Als kulturell anregender, kritischer und streitbarer Geist war er in Fachkreisen wie auch in der Stadt eine in baulichen und kulturpolitischen Fragen geschätzte Autorität. Er galt aber auch – und das nicht ohne Stolz – als der Unruhestifter im Revier. Denn als politisch denkender Mensch hatte er eine deutlich wahrnehmbare Stimme. Häufig bezog er unbequeme Positionen, die er mit Beharrlichkeit und Sachverstand vertrat, was ihm nicht nur Freunde einbrachte. Glasmeier wollte verändern und gestalten und das zunächst mittels der Architektur. Seine

4 Anneliese Knorr: Der Aufbruch der frühen Jahre. Zeit der Avantgarde zwischen 1960 und 1970, in: Kunstverein/Stadt Gelsenkirchen (Hg.): Dokumentation, Gelsenkirchen 1989, S. 12.

5 Vgl. Alexandra Apfelbaum: Ernst Otto Glasmeier. Architektur, Kunst, Politik, Stuttgart 2022. (Der vorliegende Text wurde in veränderter Form bereits an dieser Stelle veröffentlicht).

6 Zur Architektur Ernst Otto Glasmeiers vgl. Apfelbaum, Glasmeier, S. 68–81.

Bauten – und die seiner damaligen Partner Hubert Halfmann und Egbert Drengwitz – haben nicht nur das Bild der Stadt Gelsenkirchen entscheidend mitgeprägt, sondern gelten noch heute in vielen Fällen als vorbildlich. Für ihn war Architektur Identität, sozialer Auftrag und kultureller Motor.[7]

Architektur und Kultur – seit seiner Bürogründung 1954 in Gelsenkirchen hat Glasmeier mit ungeheurer Zielstrebigkeit auch für das Miteinander von Architektur und Kunst gekämpft. Er zählte zu denjenigen, die in ihrem architektonischen Schaffen von Beginn an ganz eng mit der Kunst verwoben waren und entscheidenden Wert auf die Einbeziehung bildender Künstler in den Planungsprozess und damit auf eine tatsächliche Integration von Kunst und Bau legten. Gemeinsam mit verschiedenen Akteur:innen, an Orten wie dem *Pianohaus Kohl*, der Künstlersiedlung *Halfmannshof* sowie zahlreichen privaten Ateliers und Galerien gelang es, das – so Glasmeier – „damals etwas neureiche und verschwitzte Gelsenkirchen"[8] für eine Weile an den Herzschlagrhythmus der Welt anzudocken und das oft schwerfällige Kunst- und Kulturgeschehen in der Stadt zu forcieren. Das kulturelle Klima beflügelte aber nicht nur Glasmeier selbst, der zu sammeln begann, Künstlerfreundschaften schloss und so im Laufe der Jahre eine beachtliche Sammlung zeitgenössischer Kunst aufbauen konnte, sondern auch den Ausbau der städtischen Kunstsammlung.

Das Museum war die erste, bedeutende Kunstinstitution der Stadt und befand sich in den frühen Nachkriegsjahren noch in der Entwicklung. Über seine politische Arbeit im Stadtrat kam Glasmeier schnell in Kontakt zu Bernd Lasch, der 1950 zunächst zum städtischen Kunstwart und 1958 schließlich zum Museumsdirektor ernannt wurde. Die „Städtische Kunstsammlung Gelsenkirchen" bezog am 10. Februar 1957 im Stadtteil Buer neben den Räumen des Heimatmuseums auch die 1893 errichtete gründerzeitliche *Villa Pöppinghaus*. 1984 erfolgte der lang ersehnte Anbau, an dessen Wettbewerb sich auch Glasmeier beteiligt hatte, durch den Gelsenkirchener Architekten Albrecht Egon Wittig.[9] An der Horster Straße blieb es aufgrund der damaligen angespannten Finanzlage der Stadt bei einem reduzierten Raumprogramm. Der zweite Bauabschnitt wurde bis heute nicht realisiert. Nach außen wirkt besonders das Brückenbauwerk mit der Lichtinstallation „Leuchtschriftwand" von Ferdinand Kriwet, das den Neubau mit der strahlend weißen Villa verbindet. Der teils verspiegelte Anbau fasst abwechslungsreiche Innenräume mit Treppenläufen, Split-Leveln und Galerien, die sich durch das Gebäude bis tief ins Erdreich winden. Verschiedene Sichtachsen ermöglichen Perspektivwechsel, in denen besonders der umfangreiche Sammlungsbestand

7 Zum politischen Engagement Ernst Otto Glasmeiers vgl. ebd., S. 19–42.

8 Jörn Stender: Ernst Otto Glasmeier wird 90. Sein Stil war prägend, in: *Westfälische Allgemeine Zeitung* vom 16. September 2011.

9 Webseite des *Kunstmuseums Gelsenkirchen*, https://www.gelsenkirchen.de/de/kultur/museen_und_dauerausstellungen/kunstmuseum_gelsenkirchen/index.aspx [23.7.2020].

zur Op-Art, Kinetik, Licht- und Klang-Kunst zur Geltung kommt.[10] Für den Aufbau der Sammlung zeichnete zunächst Lasch verantwortlich und erwarb bis 1966 etwa 780 Werke der Malerei, Graphik und Plastik, vom Im- und Expressionismus bis hin zur Pop Art. Aber es war vor allem Reinhold Lange, der seit 1971 als Museumsdirektor mit Glasmeiers ideeller Unterstützung die zentralen Werke der einmaligen Sammlung Kinetischer Kunst für das Museum sichern konnte.[11] Glasmeier selbst fuhr in seiner Funktion als Ratsmitglied oft nach Düsseldorf und besuchte dort unter anderem die beiden damals führenden Galerien *Hans Mayer* und *Alfred Schmela*. So auf dem neusten Stand des Kunstgeschehens, konnte er dem Museum Empfehlungen für den Kauf von Kunstwerken aussprechen. Auch Glasmeiers eigene Sammlung wuchs durch diese Kurzreisen stetig weiter an. Bei vielen Privatleuten entstand in dieser Aufbruchsepoche und der folgenden Boomzeit der Wunsch nach einer eigenen Sammlung mit Werken der neusten Kunst – so auch bei Glasmeier. Zur damaligen Zeit war diese neue Kunst noch erschwinglich und fungierte häufig sogar als Morgengabe für freundschaftliche Kontakte. Kaum jemand dachte damals an reine Vermarktung wie sie heute üblich ist, und Galeristen wie Mayer, Schmela oder Zwirner verstanden sich als echte Freunde und Förderer ihrer Künstler:innen, wobei es sich oft genug um pauschale Überlebenshilfe handelte.

Glasmeiers erstes Sammlungsobjekt stammte vom Hamburger Maler und Grafiker Almir Mavignier. Das Ehepaar Glasmeier hatte 1961 in Dortmund den Möbelladen *interstil* von Karl-Heinz Schroer in der Kleppingstraße besucht, um einige Einrichtungsgegenstände für ihre Wohnung zu erwerben.[12] Der dort seit 1960 tätige, spätere Galerist Hans Mayer hatte sich hier zunächst auf Inneneinrichtungen spezialisiert, zu denen er die entsprechenden Bilder der von ihm geschätzten Künstler verkaufte. Mayer rückblickend:

> „Die Gestaltung des Ladens bot sich dafür an, das war alles so aufgerastert und jedes Bild hing für sich allein. Schroer hatte anfangs Werke von Herbert Zangs hängen, die er dann aber wieder zu sich nach Krefeld mitnahm. Dann konnte ich selber Bilder auswählen und im Laden aufhängen. Ich brachte dann Grafik von Mavignier und Albers mit."[13]

10 Hans-Jürgen Buderer: Kinetische Kunst. Die Sammlung des Städtischen Museums Gelsenkirchen, Heidelberg 1998.

11 Stadt Gelsenkirchen/Kunstmuseum Gelsenkirchen (Hg.): ZERO in Gelsenkirchen 1963/2013. Zurück in die Zukunft, Katalog zur Ausstellung im Kunstmuseum Gelsenkirchen vom 22.11.2013 bis 19.1.2014, Gelsenkirchen 2013, S. 5.

12 Ernst Otto Glasmeier, Gespräch mit der Verfasserin am 8. November 2019.

13 Walter Grasskamp: Hans Mayer (= Energien/Synergien, Bd. 14), Köln 2017, S. 12.

In den Räumen des Einrichtungshauses veranstaltete Mayer 1961 die erste Einzelausstellung Maviegniers, die auch die Glasmeiers zufällig besuchten.[14] Das Ehepaar zahlte weniger als 500 DM für das Bild und erfuhr später auf einer gemeinsamen Ausstellung ihres Sohnes Rolf Glasmeier und Mavignier im *Leopold-Hoesch-Museum* in Düren, dass sie damit einen wesentlichen finanziellen Beitrag zur Hochzeit Maviegniers geleistet hatten.

So wie ihnen ging es manchem Kunstinteressierten in Gelsenkirchen oder auch im Ruhrgebiet. Man begann zufällig Kunst zu sammeln und konnte wenige Jahre später bereits auf eine beachtliche Sammlung verweisen. Wie ernst Glasmeier als Sammler genommen wurde, bewies die große Ausstellung der Künstlersiedlung *Halfmannshof* „Moderne, gesammelt in Gelsenkirchen“, die Werke aus Privatbesitz zeigte und mit der die Offenheit der Gelsenkirchener Bürger für die moderne Kunst dokumentiert werden sollte. Unter den Gelsenkirchener Sammler:innen, die Ausstellungsstücke zur Verfügung gestellt hatten, waren neben Glasmeier der Kaufmann Georg Röhrscheid sowie der Kaufmann Eduard ten Horn. Diese vom 14. Juni bis 11. Juli 1964 gezeigte Schau brachte bedeutende Gemälde und Plastiken aus Privatsammlungen zutage, die man eher in einem Museum erwartet hätte.[15] Auch Hans Mayer schätzte Glasmeiers Sammlungstätigkeit rückblickend hoch ein: „Es gab auch sehr gute Sammler im Ruhrgebiet, wie etwa den Architekten Ernst Otto Glasmeier in Gelsenkirchen, dessen Sohn Rolf später auch selber Kunst machte.“[16]

Glasmeier hatte 1971 für seine Familie in Gelsenkirchen Bulmke-Hüllen ein Haus entworfen, das auch dem Anspruch seiner Sammlung entgegenkam.[17] Es wurde gewissermaßen um die bildende Kunst herum gebaut. Der Hauptwohnraum, mit seinem sich über zwei Geschosse erstreckenden Luftraum, konnte große Formate aufnehmen wie Günther Ueckers Nagelbild „Zärtlicher Garten“ oder das raumbeherrschende Frauenporträt von Elaine Sturtevant, die Appropriation eines Lichtobjekts von Martial Raysse. Nicht nur wegen der oft freundschaftlichen Verbindungen zu Künstler:innen oder Galerist:innen betrachteten sich Martha und Ernst Otto Glasmeier nicht als Kunstsammler:innen im eigentlichen Sinne.[18] Auf die Frage, warum Glasmeier zu sammeln begann, antwortete er 2019 lapidar: „Ich war immer interessiert an Kunst und an den neuen Sachen.“[19] Dennoch erscheint die Samm-

14 Renate Damsch-Wiehager (Hg.): 30 jahre (op) art galerie esslingen/Galerie Hans Mayer Düsseldorf. Josef Albers, Max Bill, Andy Warhol, Nam June Paik, Robert Longo, Katalog zur Ausstellung in der Villa Merkel, Galerie der Stadt Esslingen am Neckar vom 26.3. bis 7.5.1995, Esslingen 1995, S. 10.

15 Chronik der Stadt Gelsenkirchen 1964, S. 182 (Stadtarchiv der Stadt Gelsenkirchen); Kunstverein/Stadt Gelsenkirchen, Dokumentation, S. 97.

16 Grasskamp, Hans Mayer, S. 19.

17 Nachlass Ernst Otto Glasmeier (Baukunstarchiv NRW Dortmund); siehe auch Apfelbaum, Glasmeier, S. 102–103.

18 Anneliese Knorr: „Hunger nach Bildern“ in den 60er Jahren. Leben mit der zeitgenössischen Kunst im privaten Bereich, in: Kunstverein/Stadt Gelsenkirchen (Hg.), Dokumentation, S. 101–102.

19 Ernst Otto Glasmeier, Gespräch mit der Verfasserin am 23. Februar 2019.

lung heute wie eine Bestenauslese der damaligen Avantgarde. Dabei wurde sie eher willkürlich zusammengetragen und wies Lücken auf, die belegen, dass hier nicht chronologisch gesammelt wurde, um etwa kunsthistorische Entwicklungen darzustellen. Tatsächlich hatte die Sammlung kein bestimmtes Thema, keinen Schwerpunkt – außer dem „der Schönheit, der Aussagekraft“, so Glasmeier. *ZERO* war nie das alleinige Thema, sondern nur ein Thema von vielen. „Ich habe immer nur das gekauft, von dem ich meinte, dass es schön sei.“[20] So finden sich auch Arbeiten von Künstlern der Werkkunstschule Krefeld, wie beispielsweise Joseph Fassbender oder Gerhard Kadow. Von Kadow stammten auch die Kirchenfenster der Johanneskirche in der Resser Mark in Gelsenkirchen (1955–1956, abgerissen 2005/2006), einem der ersten Gebäude von Glasmeier als freiberuflichem Architekten.[21] 1964 folgten dann das Bild von Günther Uecker und eine Arbeit von Jean Tinguely, danach Werke von Adolf Luther, Heinz Mack, Otto Piene, Yayoi Kusama, Gotthard Graubner, Erich Boedecker und anderen. Vieles aus der Sammlung Glasmeier kam über die Verbindungen zum *Halfmannshof* oder über besagte freundschaftliche Beziehungen hinzu. Manchmal erhielt Glasmeier statt eines Honorars ein Werk als Geschenk, wie zum Beispiel eine Arbeit von Adolf Luther für einen Vortrag in Bad Godesberg.[22] In dieser Sammlung, in der auch der eigene Sohn Rolf seinen Platz fand, steckt die ganze Spontanität einer aufregenden Epoche. Daneben ergänzen alte Uhren, Stühle, Klangobjekte, Musikinstrumente und Jugendstil-Preziosen den Eindruck intuitiver Freude an Dingen, die aus einem einfachen Haus einen ästhetischen Lebensraum werden ließen, in dem auch die Musik einen gewichtigen Platz einnahm. Eine zusammengetragene Kunstsammlung wie die der Glasmeiers versinnbildlicht den in den 1960er-Jahren entstandenen Lebensstil einer Offenheit und Neugier für das Neue und die Avantgarden, die gerade in den 1960er- und 1970er-Jahren neben der Kunst auch Musik, Theater und Literatur prägten und an deren Entwicklung Glasmeier ebenfalls interessiert war.

Kommentiert wurde diese Entwicklung von der schreibenden Zunft. Wache Journalisten, aber auch Kunstkritiker wie Albert Schulze-Vellinghausen, Udo Kultermann oder John Anthony Thwaites garantierten eine sachkundige publizistische Vermittlung, die sowohl Informationen und Grundlagenwissen als auch einen Anstoß zur Meinungsbildung bereitstellte.[23] Ungewöhnlich, aber typisch für die Zeit war auch die allgemeine Aufmerksamkeit, die das Aufleben des modernen Kunstgeschehens in den Tageszeitungen fand. Die

20 Ernst Otto Glasmeier, Gespräch mit der Verfasserin am 23. Februar 2019.

21 Nachlass Ernst Otto Glasmeier (Baukunstarchiv NRW Dortmund); vgl. auch Apfelbaum, Glasmeier, S. 86f.

22 Ernst Otto Glasmeier: Typoskript zum Vortrag in Bad Godesberg, undatiert (Archiv Glasmeier).

23 Gabriele Lueg: Spiegel der Presse. Die Kunstkritik in der Nachkriegszeit, in: Klaus Honnef/Martin M. Schmidt (Hg.): Aus den Trümmern – Kunst und Kultur im Rheinland und Westfalen 1945–1952, Katalog zur Ausstellung im Rheinischen Landesmuseum Bonn, Bonn 1985, S. 443.

Martha und Ernst Otto Glasmeier zusammen mit Anneliese Knorr (li.) (Archiv Glasmeier)

Artikelreihe in der *Neuen Ruhr Zeitung* (NRZ) „Private Sammlungen in Gelsenkirchen", in der auch Glasmeiers vertreten waren, war nicht etwa bloßer Lückenfüller, sie dokumentierte vielmehr das gesteigerte Interesse an neusten künstlerischen Strömungen.[24] An einer wichtigen Schnittstelle zwischen Öffentlichkeit und Künstler:innen in Gelsenkirchen war in den 1960er-Jahren der Journalist Heiner Stachelhaus tätig, Kulturredakteur bei den *Ruhr-Nachrichten* und ein geschickter Fürsprecher der progressiven Gegenwartskunst.[25] Seine Kulturseite in der Wochenendausgabe wurde zur wertvollen Orientierungshilfe für aufgeschlossene Bürger:innen in einer Zechenstadt, wobei er der bildenden Kunst einen bis dahin nicht üblichen breiten Raum zugestand. Im gleichen Kontext muss auch und vor allem Anneliese Knorr genannt werden. Sie verfügte nicht nur über das in dieser Situation

24 Diverse Zeitungsausschnitte der *Neuen Ruhr Zeitung*, Lokalteil Gelsenkirchen, teilweise undatiert (Archiv Glasmeier).

25 Vgl. Heiner Stachelhaus: Auf den Punkt gebracht. Kunstkritiken 1963 bis 1985, Recklinghausen 1985; Bernd Growe: Bilderstreit um die Moderne. Zur deutschen Kunstkritik der Nachkriegszeit, in: 1945–1985. Kunst in der Bundesrepublik Deutschland, Berlin 1985, S. 673–682.

notwendige Wissen und die Verbindungen, sie arrangierte auch zahlreiche Ausstellungen, wie die bei *Kohl* oder im *Hans-Sachs-Haus*, im eigenen Haus, im *Kunstverein* und an anderer Stelle. Als Kulturredakteurin der *Gelsenkirchener Blätter* kommentierte sie das aktuelle städtische Kunstgeschehen in zahlreichen Artikeln und eröffnete ebenso viele Ausstellungen.[26] Immer wieder gab es für Glasmeier und Knorr vielfältige Berührungspunkte. Dabei schätzten sie die Arbeit des anderen und wussten sich gegenseitig zu unterstützen.

Noch viel entscheidender für die Entstehung einer progressiven Kunstszene in Gelsenkirchen war die Geschichte des *Halfmannshofs*. Eine Künstlersiedlung nach dem Vorbild des Künstlerdorfes Worpswede bei Bremen, für die die Stadt in den 1920er-Jahren ein Gelände mit alten Bauerngehöften erworben hatte, in die im Laufe der Zeit Ateliertrakte und Wohnungen für Künstler:innen gebaut wurden. Die wichtigste Figur der Nachkriegszeit in diesem Zusammenhang war sicherlich der Essener Künstler Ferdinand Spindel, der dort seit 1963 zum visionären Ausstellungsmacher avancierte. Zwischen Glasmeier und Spindel entstand rasch eine enge Freundschaft mit gemeinsamen Projekten und Reisen, die lebenslang bestehen sollte.[27] Spindel gelang es, zahlreiche junge und interessante Künstler:innen in die Ruhrgebietsstadt zu holen, die sich später etablierten, wie beispielsweise Gerhard Richter oder Yayoi Kusama. In den 1960er- und 1970er-Jahren kamen auf seine Initiative hin nahezu alle *ZERO*-Künstler in die Stadt und rückten Gelsenkirchen damit in den Fokus internationalen Kunstgeschehens.[28] Die Einführungen zu den Ausstellungen wurden von hochkarätigen Fachleuten wie Thwaites, Iris Clert, Schulze-Vellinghausen oder Franz Mohn gehalten.[29] Auch Glasmeier war auf den Veranstaltungen ein ständiger Gast. Der damalige Gelsenkirchener Oberbürgermeister Hubert Scharley – aufgrund seines ausgeprägten Kunstinteresses eine unglaublich wichtige Figur im gesamten Geschehen – hielt die Eröffnungsreden, die schnell Kultstatus erreichten. Nach den Eröffnungen setzte man die Abende in den Ateliers oder der nahen gelegenen Kneipe fort.

Wie eng die Zusammenarbeit Glasmeiers mit Spindel und dem *Halfmannshof* war, zeigte sich auch an der Ausstellung „ZERO in Gelsenkirchen“ am 22. November 1963. Es war

26 Vgl. Kunstverein Gelsenkirchen/Städtisches Museum (Hg.): Anneliese Knorr. Wegbegleiter und Künstlerfreunde, Gelsenkirchen 2004.

27 Leane Schäfer: Spurensuche. Begegnungen mit Ferdinand Spindel (hier: Interview mit Ernst Otto Glasmeier im Juli 1993), in: Stadt Gelsenkirchen (Hg.): Ferdinand Spindel. Eine Retrospektive. Katalog zur Ausstellung im Städtischen Museum Gelsenkirchen vom 16.9. bis 14.11.1993, Gelsenkirchen 1993, S. 67 f.

28 Tiziana Caianiello: ZERO in Gelsenkirchen 1963. Ein Blick in die Zukunft, in: Stadt Gelsenkirchen/Kunstmuseum Gelsenkirchen (Hg.); ZERO, S. 19; Anneliese Knorr: 30 Jahre – mal ernst, mal heiter. Die Gelsenkirchener Künstlersiedlung Halfmannshof feiert Jubiläum, in: Gelsenkirchener Blätter 16 (1961), S. 1–3.

29 Caianiello, ZERO, S. 9; Beate Eickhoff: John Anthony Thwaites und die Kunstkritik der 50er Jahre, Weimar 2004.

die einzige Präsentation der *ZERO*-Bewegung, die während ihres Bestehens von 1958 bis 1966 im Ruhrgebiet stattfand.[30] Die Eröffnung fand im Rahmen der von Glasmeier initiierten und viel beachteten Städtebautagung „Gesellschaft durch Dichte" statt.[31] In diesem von Stadtplaner:innen, Architekt:innen und Politiker:innen besuchten Kongress wurden neue Konzepte für intensiv bevölkerte Gebiete diskutiert, die eine neue Urbanität erzeugen sollten. Am ersten Tag besuchte der Großteil der Tagungsteilnehmer:innen auch die Vernissage der Ausstellung. Hatten die Eröffnungsfeierlichkeiten unter der Regie von Spindel noch ausgelassen begonnen, so endete der Abend schlagartig mit der Nachricht vom Kennedy-Attentat.[32] Trotz dieses traurigen und dramatischen Auftakts wurde die Ausstellung zu einem großen Erfolg, der die Stadt Gelsenkirchen endgültig in das Zentrum der Avantgarde rückte. Es folgten zwei weitere Städtebautagungen mitinitiiert von Glasmeier, die ebenfalls von Vernissagen im *Halfmannshof* begleitet wurden: erst 1964 die Ausstellung „Harry Kramer. Automobile Skulpturen" zur Tagung „Großstadt, in der wir leben möchten"[33] und dann 1967 die Ausstellung „LeParc in Gelsenkirchen", die am Vorabend der Städtebautagung „Großstadt, die wir planen wollen"[34] eröffnet wurde. Laut Glasmeier sollten Ausstellung und Tagung zusammen gedacht werden und auf diese Weise betonen, dass Architekt:innen, Stadtplaner:innen und Künstler:innen gemeinsam an Inhalten und Formen arbeiten, die für die Zukunft bedeutsam werden können. Viele der gezeigten Arbeiten waren geradezu prädestiniert für ein Zusammendenken mit den Planungen zeitgenössischer Architekturen und zeigten nicht nur Parallelen auf, sondern machten starke Vergleiche zwischen Kunst und Architektur überhaupt erst möglich.

50 Jahre später, am 22. November 2013 eröffnete im Kunstmuseum der Stadt die Ausstellung „ZERO in Gelsenkirchen 1963/2013. Zurück in die Zukunft", eine Kooperation mit der *ZERO-Foundation*. Glasmeier hatte sich sehr dafür eingesetzt, dass die Ausstellung von 1963 eine Wiederholung fand – hatte sie doch damals der kulturpolitischen Entwicklung Gelsenkirchens so wichtige Impulse geben können.[35] In dieser Neuauflage der damaligen

30 Zero-Foundation 5 (2013), S. 26–31.

31 Kunstverein/Stadt Gelsenkirchen (Hg.), Dokumentation, S. 162; Anneliese Knorr: War es der Blick in eine ideale Welt, der faszinierte?, in: Gelsenkirchener Blätter 23 (1963), S. 9–10.

32 Frank Baranowski: Grußwort, in: Stadt Gelsenkirchen/Kunstmuseum Gelsenkirchen (Hg.), ZERO, S. 2.

33 Zu den Tagungen 1963 und 1964 vgl. Gerhard Boeddinghaus: Gesellschaft durch Dichte. Kritische Initiativen zu einem neuen Leitbild für Planung und Städtebau 1963/64 (= Bauwelt Fundamente, Bd. 107), Braunschweig/Wiesbaden 1995; Sonderdruck zur Städtebautagung in Gelsenkirchen, Der Architekt 1964.

34 Heiner Stachelhaus: 3. Städtebautagung in Gelsenkirchen: Großstadt, die wir planen wollen, in: Der Architekt 4 (1967), S. 141–144.

35 Im Februar 2013 hatte Glasmeier mit der Kuratorin der Ausstellung, Jutta Kabuth, und dem Direktor der *ZERO-Foundation*, Matijs Visser, in einem persönlichen Gespräch mit Heinz Mack und Otto

Schau gab es einen zusätzlichen Raum, und der erzählte eine für die Stadt fast tragische Geschichte. Er war den Entwürfen für das *ZERO*-Haus gewidmet, einem von Mack, Piene und Uecker 1962 geplanten Museum, das Kunst und Architektur zusammendachte. Der Raum erinnerte mit Modell, einem Entwurf von Mack und vier Gouachen von Piene, an die Idee eines von Künstlern gestalteten und bespielten Hauses, das nie realisiert wurde. Es handelte sich um die Vision eines auf einem Glaskörper ruhendem, mit Kohle beschichteten Betonkubus, in dem ein Quadrat aus Wasser stand. Rundherum waren Lichtinstallationen und Wasserfontänen vorgesehen.[36] Nach der ersten *ZERO*-Ausstellung 1963 hatten die Künstler gehofft, diesen Entwurf realisieren zu können und fanden viele Fürsprecher. In einem Brief von Spindel an den Oberbürgermeister Scharley vom 6. April 1964 heißt es:

> „Nach Rücksprache mit den Malern Mack, Piene und Uecker, im Beisein von Herrn Architekt L. Schwickert fanden sich diese bereit, ein Zero-Haus in unserer Stadt einzurichten und meinten, daß ein solches Haus ihnen in Gelsenkirchen sympathischer wäre als in Düsseldorf oder Köln … Mit diesen Anregungen möchte ich Sie auf eine wirkliche Chance hinweisen, der Stadt Gelsenkirchen mit der ersten Errichtung eines Zero-Hauses in der Kunstwelt Geltung zu verschaffen.“[37]

Der weit gediehene Plan scheiterte 1969 am Tod seines größten Befürworters Scharley. Die Geschichte des *ZERO*-Hauses verdeutlicht einmal mehr, wie abhängig das kulturpolitische Geschehen von seinen Akteur:innen ist und welche Tragweite verpasste Chancen noch Jahrzehnte später haben können.

Neben Kunstmuseum und *Halfmannshof* existierte auch eine Vielzahl an kleinen Galerien, Ateliers und alternativen, halböffentlichen Räumen, in denen meistens ebenso bedeutende und viel beachtete Veranstaltungen und Ausstellungen stattfanden – ein privat orientiertes Engagement für zeitgenössische Kunst, welches oft den Charakter von „Bürgerinitiativen“ besaß, so Anneliese Knorr.[38] Um den Stellenwert der unterschiedlichen Neugründungen in Gelsenkirchen einschätzen zu können, lohnt ein Blick auf die bundesdeutsche Galerienszene der 1950er- und 1960er-Jahre. Viele Kleingalerien hatten in der Nachkriegszeit geholfen, eine neue, kunstinteressierte Öffentlichkeit für die Moderne

Piene im Museum Düren die Idee zur Ausstellung. Vgl. Stadt Gelsenkirchen/Kunstmuseum Gelsenkirchen (Hg.), ZERO, S. 26.

36 Heinz Mack: Das ZERO-Haus, in: Wieland Schmied (Hg.): Utopie und Wirklichkeit im Werk von Heinz Mack, Köln 1998, S. 264.

37 Auszug aus dem Brief von Ferdinand Spindel an Oberbürgermeister Hubert Scharley vom 6. April 1964, in: Kunstverein/Stadt Gelsenkirchen, Dokumentation, S. 160.

38 Anneliese Knorr: Gelsenkirchen – Mutterboden für Avantgardisten, in: *Westfalen-Spiegel,* Mai 1967, S. 8–11.

zu begeistern. Aufgrund kommerzieller Schwierigkeiten sahen sich viele ab Mitte der 1960er-Jahre bereits wieder zur Aufgabe gezwungen. Das gesamte Jahrzehnt war demnach geprägt von einer starken Fluktuation an Galerien und Kunsträumen mit ihren jeweils unterschiedlichen Schwerpunkten. Der jungen Kunstszene wurden damit vielfältige Ausstellungsmöglichkeiten geboten, auch wenn sich die neuen Kunsträume oft programmatisch beschränkten. Gleiches galt für die nachkriegszeitliche Kunstszene in Gelsenkirchen, die Liste der Ausstellungsorte ist lang.[39] Neben den städtischen Räumen, wie beispielsweise dem Foyer des *Hans-Sachs-Hauses*, dem Theaterfoyer oder dem *Jugendhaus Horst*, gab es auch regelmäßige Ausstellungen in Filialen der Stadtsparkasse, dem Autohaus *Hülpert*, der *Jazz-Galerie* im *Hibernia-Bunker* oder der Buchhandlung *Junius*, deren Innenausbau 1980 durch Glasmeier erfolgte.[40] Ebenso das *Pianohaus Kohl* bekam mit seinen Ausstellungen schnell großen, überregionalen Zuspruch, auch wenn der Verkauf von Musikinstrumenten weiterhin im Vordergrund stand. Umso erstaunlicher, dass sich die ausgestellten Werke zwischen Flügeln, Notenständern und Klavieren nicht etwa verloren, sondern eher stärker beachtet wurden. Die einzelnen Ausstellungen bei Kohl, wo Günther Uecker mit seiner Klavierbenagelung im März 1964 eine legendäre Kunstaktion durchführte, aber auch die Schauen im *Kunstkabinett Funke*, einem Café in der Bochumer Straße, in dem monatlich Kunstgespräche stattfanden, Ausstellungen im Atelier Ruhnau oder im Einrichtungshaus *Petschulat* waren für die kulturpolitische Entwicklung der Stadt von enormer Bedeutung.[41] Davon zeugt ebenfalls die Kunstbegeisterung des damaligen Oberbürgermeisters Scharley, der sein Dienstzimmer mit wechselnden Exponaten versah und es für Besucher zu ausgewählten Terminen öffnete.[42] Aber auch bei zahlreichen Privatpersonen, wie beispielsweise dem Fotografen und Kunstliebhaber Rudolf Finkes, der im Dezember 1967 sein Foto-Atelier an der Hauptstraße 1 eröffnet hatte, fanden Ausstellungen statt.[43] Seine junge Galerie spannte den Bogen zwischen Konstruktivismus, Op-Art, Kinetik und Objektkunst. Zu sehen waren im Laufe der Zeit bekannte Künstler wie Bruno Demattio, Klaus Rinke, Peter Roehr, Kuno Gonschior, Rolf Glasmeier, Ewerdt Hilgemann oder Hartmut Boehm. Und auch hier waren die Kontakte eng, entwarf Glasmeier doch das Wohnhaus für Majer-Finkes.[44] Das Ehepaar Knorr stellte ebenfalls zuhause aus, ebenso das Ehepaar Waßer oder auch

39 Ausstellungsverzeichnis der 60er Jahre, in: Kunstverein/Stadt Gelsenkirchen (Hg.), Dokumentation, S. 193–209.

40 Nachlass Ernst Otto Glasmeier (Baukunstarchiv NRW Dortmund); vgl. Apfelbaum, Glasmeier, S. 176.

41 Caianiello, ZERO, S. 9 f.; Kunstverein/Stadt Gelsenkirchen (Hg.), Dokumentation, S. 169; Westfälische Allgemeine Zeitung vom 19. Januar 1960.

42 Ruhrnachrichten vom 11. Februar 1969.

43 Kunstverein/Stadt Gelsenkirchen, Dokumentation, S. 157 f.

44 Nachlass Ernst Otto Glasmeier (Baukunstarchiv NRW Dortmund); vgl. Apfelbaum, Glasmeier, S. 185.

die Tollmanns in ihrer sogenannten Kegelbahn. Sie ließen unter anderem ihre Wohnung von Spindel für eine Ausstellung „Hole in home" in eine Schaumstoffhöhle umwandeln und Joseph Beuys einige Happenings veranstalten.[45] Sie alle zeigten ein privates Interesse und Engagement für die Kunst, das niederschwellig funktionierte und ein dichtes Netzwerk schuf.

In diesem Netzwerk spielte auch Glasmeier mit seiner Familie eine entscheidende Rolle. Denn eine besondere Bereicherung der privaten Kunstszene Gelsenkirchens war eine Ausstellungsinitiative seines Sohnes Rolf, mit der dieser 1969 in seinen Atelierräumen an der Horster Straße 13 in Museumsnähe begann und die er in seinem von Glasmeier entworfenen Wohn- und Atelierhaus in der Beckeradsdelle 16 ab 1979 fortsetzte.[46] Einen guten Überblick zum Kunstgeschehen in der Beckeradsdelle lieferte die Retrospektive „Rolf Glasmeier und Freunde", eine Gemeinschaftsausstellung von BDA und Kunstverein, die sieben Jahre nach dessen Tod, von September bis Oktober 2009, im *Halfmannshof* gezeigt wurde und die Werke von Künstler:innen zeigte, die im Rahmen einer Atelier-Ausstellungsreihe zwischen 1969 und 1975 bei Rolf Glasmeier ausgestellt hatten.[47] Rolf Glasmeier hatte immer Künstlerkolleg:innen eingeladen, bereits renommierte und solche, die noch am Anfang standen, die sich durch originelle und eigenwillige künstlerische Konzepte auszeichneten. Ähnlich wie im *Pianohaus Kohl* legte Glasmeier sich nicht auf bestimmte Stilrichtungen fest und bot stattdessen einen Überblick über das aktuelle Kunstgeschehen in den unterschiedlichen Disziplinen.[48] Zu den Gästen zählten auch Literat:innen, Filmemacher:innen, Performer:innen und avantgardistische Instrumentalgruppen.

Geladen wurde anlässlich der Eröffnungen, die immer an einem Freitagabend stattfanden, explizit zu einem „Fest" und nicht zu einer klassischen Vernissage. Es waren Feste mit und für Kunst und Künstler:innen, die Freund:innen und Familie sowie allen Neugierigen und Interessierten offenstanden.[49] Anneliese Knorr schrieb über die Ausstellungstätigkeit Rolf Glasmeiers:

„Er hat eine ganze Epoche transparent gemacht, und das mit einem Instinkt, den sich mancher professionelle Galerist wünscht. So ist das Atelier Rolf Glasmeier in 14 Jahren zu einem wichtigen Umschlagplatz für Konkrete und Gegenständliche, für Objektkünstler, Plastiker und Erfinder von Raumsituationen geworden."[50] Und auch die Kultur- und Kunstvermittlerin Elena Gubenko erinnerte sich an die Freitagabend-Feste:

45 *Ruhrnachrichten* vom 5. November 1988.
46 Kunstverein/Stadt Gelsenkirchen, Dokumentation, S. 171.
47 Stender, Glasmeier.
48 Jörg Loskill (Hg.): Revier Atelier. Rolf Glasmeier, Essen 2005, S. 60 f.
49 Claus van Bebber: …und freitags zu Rolf, in: Loskill (Hg.), Revier Atelier, S. 85–87; Kunstverein/Stadt Gelsenkirchen, Dokumentation, S. 169.
50 Kunstverein/Stadt Gelsenkirchen, Dokumentation, S. 169.

Rolf und Ernst Otto Glasmeier, 1980er-Jahre (Archiv Glasmeier)

> „Sein Atelier war ein unersetzlicher kultureller Treffpunkt unserer Stadt. Die Impulse zu guten und spannenden Initiativen, die von hier ausgingen, regten die Umgebung an und verbreiteten sich wie die Kreise auf dem Wasser.“[51]

Ernst Otto Glasmeiers Interessen für Kunst, Architektur und Stadtplanung mussten früher oder später in einem Thema zusammenfinden und das war schließlich die Kunst am Bau. Es war seine Vision einer Einheit, die er immer wieder umzusetzen suchte: „Kunst und Architektur lassen sich grundsätzlich gut voneinander trennen“, so Glasmeier, „aber besser ist der Gedanke, dass beide eine Einheit bilden. Dass man auch Räume macht.“[52]

Entstanden als Instrument der Künstlerförderung in den Nachkriegszeiten, hat sich Kunst am Bau unter wechselnden Rahmenbedingungen als wichtiger Beitrag von Kommunen zum Kulturgeschehen zu etablieren versucht. Auch im Ruhrgebiet wurde das ‚Kunst-am-Bau-Programm‘ seit 1949 als Baustein der Kulturpolitik lange aufrechterhalten. Dagegen erfolgte eine verstärkte Wahrnehmung von Kunst im öffentlichen Raum erst

51 Loskill (Hg.), Revier Atelier, S. 71.
52 Ernst Otto Glasmeier, Gespräch mit der Verfasserin am 23. Februar 2019.

mit der notwendigen Schaffung neuer kommunikativer Freiräume im Zuge der Stadterweiterungen in den 1960er- und 1970er-Jahren. Glasmeier setzte sich für beides ein, da auch er überzeugt war, dass so Barrieren abgebaut werden könnten: „Kunst wird draußen, im öffentlichen Raum gebraucht, dort wo es die berühmt-berüchtigten Schwellen mit ihren sogenannten Ängsten gar nicht erst gibt."[53]

Ab den 1960er-Jahren wurde Kunst im Sinne einer öffentlichen „Kunst für alle" zum gesellschaftlich relevanten Thema. Im Zuge dieser Entwicklung entstanden in Gelsenkirchen bedeutende Kunstwerke an vielen öffentlichen und privaten Neubauten. Als Künstler seien hier neben weiteren anderen Günther Tollmann, Norbert Kricke, Friedrich Gräsel, George Rickey, Günther Uecker und Ferdinand Spindel genannt. Aus Gelsenkirchen stammende Künstler wie Anton Stankowski und Hubert Berke fühlten sich mit ihrer Heimatstadt verbunden und brachten dies auch im öffentlichen Raum zum Ausdruck. Ebenso Glasmeiers Sohn Rolf, der in Gelsenkirchen eine Vielzahl an Projekten im öffentlichen Raum realisierte wie beispielsweise die „Meditationsoase" im Birkenkamp 1979, der „Antennenwald" an der Frauenbildungsanstalt 1981 oder „Der Ball" am Rhein-Herne-Kanal 1985.[54] Aber auch für die Architekturen des Vaters entstanden einige ‚Kunst-am-Bau'-Projekte, unter anderem der „Säulenwald" im Altenheim *Darler Heide* 1978, die „Lebensspirale" und das „Eingespannte Kreuz" in Bauten des *Marienhospitals*.[55]

In Gelsenkirchen hat Glasmeier mit ungeheurer Zielstrebigkeit seit Ende der 1950er-Jahre für das Miteinander von Architektur und Kunst und das frühzeitige Einbeziehen bildender Künstler:innen in den Planungsprozess gekämpft. Nicht zuletzt wurde dies durch die von ihm mitinitiierte Ausstellung „Plastik im Stadtbild" deutlich, die im Frühjahr 1966 in der Stadtsparkasse Gelsenkirchen gezeigt wurde und die in 60 Fotografien von Ernst Knorr die Kunst im öffentlichen Raum der Stadt präsentierte.[56] Glasmeier kritisierte besonders, dass alle Instanzen nur partiell und nie simultan am schöpferischen Gestaltungsprozess eines Bauwerks beteiligt seien. Am 26. Januar 1977 fand unter anderem auf seine Initiative hin im Kleinen Haus des Theaters die Tagung „Architektur und Kunst" statt, mit der Zielsetzung, das Missverhältnis von Architektur und Kunst zu analysieren und über „Auswege der Unwirtlichkeit heutigen Bauens" zu diskutieren. Die Veranstalter, die *Akademie der Architektenkammer*, der *Siedlungsverband Ruhrkohlenbezirk* und der *Deutsche Künstlerbund* wollten zunächst Anregungen für einen bundesweiten Dialog schaffen. Etwa 350 Teilnehmer:innen, darunter Otto Herbert Hajek, Bazon Brock und Max Bill dis-

53 Ebd.
54 Loskill, Revier Atelier, S. 9–15.
55 Apfelbaum, Glasmeier, S. 138 f.
56 Karl Dorn: Dienst am Kunden – Dienst an der Kultur. Beispiel der Öffentlichkeitsarbeit einer Sparkasse, in: Westfalen-Spiegel vom Mai 1967, S. 12–14; Kunstverein/Stadt Gelsenkirchen, Dokumentation, S. 142–145.

„Wolkendecke" von Ferdinand Spindel in der Aula, 1966 (Archiv Glasmeier)

kutierten Erfahrungen und Zukunftsvorstellungen, aber vor allem die Voraussetzungen moderner Architektur. Begleitet wurde die Tagung von einer Wanderausstellung mit rund 45 Beispielen für Kunst am Bau im Ruhrgebiet.[57] Zehn Jahre später, auf der Jahrestagung der Staatshochbauverwaltung Nordrhein-Westfalen 1987, forderte Glasmeier die Einbindung von Maler:innen und Bildhauer:innen im Rahmen von Baurichtlinien in die Architektur.[58] Glasmeier benannte vier verschiedene Kategorien von Architekt:innen: diejenigen, deren Architektur so determiniert ist, dass Kunst den Grundkonsens zerstöre, wie beispielsweise die Fronleichnamskirche in Aachen von Rudolf Schwarz. Dann gäbe es Architekt:innen, die selbst die künstlerische Ausgestaltung beherrschen, wie Dominikus und Gottfried Böhm. Eine weitere Kategorie seien die Architekt:innen, welche die Bedeutung der Integration von Kunst im Raum erkannt und versucht haben, sie umzusetzen, wie zum Beispiel Werner Ruhnau. Zur vierten Kategorie zählte Glasmeier diejenigen Architekt:innen, die keine

57 StadtA Ge, Chronik der Stadt Gelsenkirchen 1977, S. 5.

58 Vgl. Ministerium für Stadtentwicklung, Wohnen und Verkehr (Hg.): Jahrestagung 1987. Staatshochbauverwaltung NRW, Soest 3.–4.9.1987, Aachen 1988.

Sensibilität besäßen für das, was über den (Roh-)Bau hinausgehe und von diesen gäbe es unzählige. Im Anschluss an seine Kritik schlug Glasmeier vor, ähnlich der GRW (Grundsätze und Richtlinien für Wettbewerbe auf den Gebieten der Raumplanung, des Städtebaus und des Bauwesens), auch Richtlinien für Künstlerwettbewerbe zu erarbeiten, denn nur so könne man „Kunstwerke garantieren, die dazu beitragen, unsere oft verlassenen öffentlichen Räume wieder mit neuen Erlebnissen zu füllen, also [dass sie] wieder Erlebnisräume werden."[59] Einen solchen „Erlebnisraum" schuf Glasmeier bereits 1966 mit der Aula des *Schalker Gymnasiums*[60], wo er von Ferdinand Spindel die „Wolkendecke", eine Plastik aus Schaumstoff realisieren ließ, die auch eine akustische Funktion übernahm.

Die weitere Arbeit „Windorgan" stammte von Günther Uecker und sie befindet sich auf dem Schulhof des Gymnasiums. Das weiße Deckenrelief Spindels, für das 1.000 Quadratmeter Schaumstoff benötigt wurden, hing an einem Holzgerüst, das unter der Decke befestigt war. Leider waren Spindels Schaumstoffarbeiten ein Experiment mit beschränkter Lebensdauer. Durch die aufgesprühten Farbschichten wurde die Schaumstoff-Faltung immer schwerer und löste sich schließlich aus der Halterung, so dass die Decke nach einigen Jahren abgetragen werden musste. Was blieb, war die Erinnerung an den couragierten Versuch eines Architekten und auch der Stadt, neue Wege zu beschreiten.

In kaum einer anderen Stadt stellte sich in den 1960er-Jahren die Partnerschaft von zeitgenössischer Architektur und bildender Kunst so zwingend dar, wie in Gelsenkirchen. Der Theaterbau, der *Halfmannshof* und zahlreiche private Initiativen waren auslösende Faktoren für eine Reihe von Tagungen und Veranstaltungen, die Glasmeier zu verdanken waren. Er war von der Allianz beider Disziplinen sein Leben lang überzeugt, und so entstand um ihn herum ein Netzwerk von Freund:innen und Gleichgesinnten, die wie er Kunst und Architektur als Ideal einer Weltsicht verstanden, die nicht auf bloße Gestaltung zielte, sondern sich mit Konzepten auseinandersetzte, in denen sich Politik, Kommunikation, Ästhetik und Kunst wechselseitig bedingten. Das künstlerische und das soziale Denken Glasmeiers stand in einem Geflecht von ähnlichen Bestrebungen und Absichten, die sich in der Ruhrgebietsstadt zusammengefunden hatten. Es waren seine Kontakte, aber vor allem seine kommunikative Persönlichkeit, die ihn zum Antreiber, Initiator und Gestalter entscheidender Initiativen machte und die gleichzeitig ein umfassendes und vielseitiges Lebenswerk aus diesem Engagement erwachsen ließ. Es war dieses aktive Netzwerk unterschiedlicher Akteur:innen und die Freude Glasmeiers am ständigen Austausch und des Miteinanders, die immer wieder an entscheidenden Stellen Impulse gab, welche die kulturpolitische Entwicklung der Stadt entscheidend mitprägten.

59 Ernst Otto Glasmeier: Künstlerische Gestaltung von Fassaden und Flächen, in: ebd., S. 19–21.

60 Nachlass Ernst Otto Glasmeier (Baukunstarchiv NRW Dortmund); vgl. Apfelbaum, Glasmeier, S. 64–67 und S. 96f.

Stefan Goch

Einige Überlegungen zur unheimlichen kulturellen Modernität Gelsenkirchens

Gelsenkirchen ist eine dieser Städte im nördlichen Ruhrgebiet, die aus wenigen vorindustriellen Dörfern, Industrieanlagen, Werkssiedlungen und Kolonien recht ungeordnet entstanden, viel zu spät zu funktionsfähigen urbanen Gemeinwesen organisiert wurden und letztlich auch kaum über gesellschaftliche Gruppen verfügten, die Kunst schufen, rezipierten oder zunächst überhaupt besonders an Kunst und Kultur interessiert waren. Gelsenkirchen wuchs seit der zweiten Hälfte des 19. Jahrhundert zu einer Stadt der (Montan-)Arbeit und der „Stadt der tausend Feuer".

Der rapide Wandel der vorindustriellen, vor allem agrarisch geprägten Landschaft des späteren Ruhrgebiets und der Stadt Gelsenkirchen ließ frühzeitig Bewegungen der kleinen Gruppe der Alteingesessenen und auch konservativer Eliten entstehen, die zunächst vor allem den Untergang der ‚alten' nur vermeintlich ‚heilen' Welt betrauerten und althergebrachte Lebensweisen zu verteidigen suchten. Einer ihrer Ausdrucksformen war die sogenannte Heimatschutzbewegung.[1] Vor allem in der Literatur fanden sich zahlreiche Autor:innen, die sich mit dem Industrialisierungsprozess und dem Untergang der ‚alten Welt' beschäftigten.[2]

Die im Ruhrgebiet überwiegend zugewanderten Arbeiterschichten hatten im Industrialisierungsprozess erhebliche Anpassungen an die neue Arbeitswelt und ihre Zumutungen zu vollziehen und bildeten zunächst ein neues traditionsloses Proletariat. Erst im Zuge der Auseinandersetzungen um bessere Arbeitsbedingungen sowie die Gestaltung von Arbeit und Leben entstand so etwas wie eine Arbeiterkultur, die sich auch literarisch niederschlug, in Bergarbeiterdichtung sichtbar wurde, in Festen, Feiern und Symbolik Ausdruck fand.[3] Aufgrund der vor allem auch durch religiöse Unterschiede und der ver-

1 Karl Ditt: Vom Heimatverein zur Heimatbewegung. Westfalen 1875–1915, in: Westfälische Forschungen 39 (1989), S. 232–255.

2 Vgl. Herbert Knorr: Zwischen Poesie und Leben. Geschichte der Gelsenkirchener Literatur und ihrer Autoren von den Anfängen bis 1945, Essen 1995, zur Wendung gegen die Moderne S. 193, zur antimodernen „Gesellschaft für Literatur" S. 194–208 (in Buer).

3 Für Gelsenkirchen siehe Stefan Goch: Sozialdemokratische Arbeiterbewegung und Arbeiterkultur im Ruhrgebiet. Eine Untersuchung am Beispiel Gelsenkirchen 1848–1975, Düsseldorf 1990; zum Ruhr-

schiedenen gesellschaftspolitischen Konzeptionen erfolgenden milieuhaften Fragmentierung der Ruhrgebietsgesellschaft in verschiedene politische Lager gab es verschiedene, manchmal auch schichtenübergreifende Kulturen mit je eigenen künstlerischen Formen des Schriftguts, der Lieder, der Feierkultur, der Freizeitgestaltung, religiöser und nicht-religiöser Formen und der Kunstproduktion.

Neben solchen milieuhaft differenzierten Arbeiterbewegungskulturen und der beispielsweise beim sogenannten Heimatschutz von der Obrigkeit unterstützten nostalgisch-rückwärtsgewandten Vorstellungen bemühten sich Teile der politisch-administrativen Elite, die der preußische Staat in seinen westlichen Provinzen einsetzte, einerseits um Orte nationaler Sinnstiftung wie beispielsweise Bismarcktürme, zur Erinnerung an die Reichsgründung („von oben") durch Otto von Bismarck, und andererseits mit Denkmälern, wie dem für den besonders auch in Gelsenkirchen-Schalke aktiven Industriellen Friedrich Grillo, um Propagierung des (kapitalistischen) Wirtschaftsmodells der Region. Teile der von außen stammenden Eliten hatten aber auch Vorstellungen, welche kulturellen Einrichtungen und welche Kulturprogramme eine „normale" Stadt haben sollte.[4]

Damit entwickelten sich erste Ansätze zur Stadtgestaltung und auch zur Berücksichtigung von Kunst und Kultur. Die wuchernden Städte vor allem im nördlichen Revier versuchten, der Kulturpolitik der bürgerlicheren Städte und deren Initiativen zu folgen. So bemühte man sich beispielsweise um die Präsentation von (Kunst-)Sammlungen, den Bau von Stadttheatern oder ein Musikleben. Im Raum Gelsenkirchen war dies angesichts der kommunalen Entwicklung durchaus schwierig, da zwar das gewachsene Dorf Gelsenkirchen bereits 1875 Stadtrechte erhalten hatte, sich aber erst 1903 mit den umliegenden Gemeinden zusammenschließen konnte und im Norden Buer erst 1911 Stadtrechte erhielt und der Städtezusammenschluss zur gegenwärtigen Stadt Gelsenkirchen erst 1928 erfolgte.

Nach dem Zusammenbruch des Kaiserreichs, der Novemberrevolution und dem Aufbau demokratischer Strukturen auch in den Kommunen gelang es der Arbeiterbewegung und demokratischen Kräften, dabei vor allem der Sozialdemokratie und dem katholischen Lager um die Zentrumspartei, Einfluss auf eine nun verbreiterte Kulturpolitik in der Kommune zu gewinnen. Ausdruck war ein breites Vereinswesen mit seinen milieuhaften Bindungen und auch der Einfluss auf kommunale Einrichtungen wie das Volksbildungswerk oder die Entwicklung von Volkschören und Theater(besuchs)organisationen. Über die Kommunalpolitik integrierten sich Teile der Kulturakteur:innen aus den Bewegungen der Arbeiter-

gebiet siehe ders: Arbeiter(bewegungs)kulturen im Ruhrgebiet: Ziele und kulturelle Praxis, in: Andreas Jacob/Gordon Kampe (Hg.): Kulturelles Handeln im transkulturellen Raum. Symposiumsbericht Kulturhauptstadt Ruhr 2010, Hildesheim/Zürich/New York 2014, S. 29–59. Vgl. Christoph Schmidt: Nationalsozialistische Kulturpolitik im Gau Westfalen-Nord. Regionale Strukturen und lokale Milieus (1933–1945), Paderborn 2006, S. 17 ff.

4 Zu Entstehung und Entwicklung kommunaler Kulturpolitik siehe Schmidt, Kulturpolitik, S. 15 ff.

schaft in das städtische Kulturleben, Volksbildungswerke übernahmen die Bildungsbestrebungen der Arbeiterschaft. Die Kommunisten folgten diesem Weg der Integration in ein schichtenübergreifendes lokales Kulturleben allerdings nicht. Die Zentrumspartei als Vertreterin des in sich differenzierten katholischen Lagers organisierte neben einer sozialistischen Arbeiterkultur ein eigenes Netzwerk von Vereinen, Verbänden und Einrichtungen im Umfeld der Kirchen. Oft übersehen organisierte sich auch ein protestantisch-nationales Lager mit überwiegend antidemokratischen Verbänden von wirtschaftsfriedlichen Verbänden bis zum *Stahlhelm* als Organisation ehemaliger Frontsoldaten, häufig auch im Umfeld der protestantischen Kirche und ihrer Pfarrer.[5] Ebenso isolierten sich die schwachen bürgerlichen Kräfte auch weiter in der Heimatbewegung. Allerdings waren die 1920er Jahre für die Städte des Ruhrgebiets und auch Gelsenkirchen Jahre nachholender Urbanisierung. Dabei knüpfte beispielsweise im Kulturbereich der Gelsenkirchener Wohlfahrtsdezernent Friedrich Wendenburg, der wesentlich den infrastrukturellen Ausbau besonders auch im Gesundheitsbereich vorantrieb, an eine alte Idee eher aus ländlichen Gegenden an und initiierte 1931 die Schaffung einer Künstlersiedlung auf einem alten Hof der Bauernfamilie Halfmann im Gelsenkirchener Süden.[6] Damit agierte man in Gelsenkirchen vielleicht nicht besonders innovativ, aber doch auf der Höhe der Zeit. Seiner Zeit voraus war man vielleicht sogar mit dem „Industriemuseum Heimaterde",[7] das sich mit der Entwicklung der Industriestadt und industriellem Fortschritt befasste und damit auch ein Identifikationsangebot für das Industriezeitalter machte.[8]

Neben den Milieus in der Ruhrgebietsbevölkerung und den politischen Lagern entwickelte sich in den 1920er Jahren aus früheren Anfängen eine recht breite klassenindifferente

5 Überblick bei Goch, Arbeiter(bewegungs)kulturen, S. 29–59. Vgl. Stefan Goch: Das politische Klima in den bürgerlich-nationalen Kreisen Gelsenkirchens am Ende der Weimarer Republik, in: Heinz-Jürgen Priamus (Hg.): Deutschlandwahn und Wirtschaftskrise. Gelsenkirchen auf dem Weg in den Nationalsozialismus, Teil 1: Die antidemokratische Allianz formiert sich, Essen 1991, S. 147–216.

6 Holger Germann: Geht Kunst nach Brot? Die Gelsenkirchener Künstlersiedlung Halfmannshof und deren Wirken in der Zeit des Nationalsozialismus, Essen 2011, S. 11–22, auch zu Wendenburgs Lebenslauf S. 181–185; vgl. auch Schmidt, Kulturpolitik, S. 204 ff. und Jörg Loskill: Junge Kunst auf alter Scholle. 75 Jahre Halfmannshof, Essen 2006.

7 Stefan Siemer: Industrie als Identifikationsfaktor: Das Industriemuseum Heimaterde in Gelsenkirchen und sein Schaubergwerk, in: Der Anschnitt, 69 (2017), H. 3/4, S. 152–165.

8 In diesem Kontext könnte auch auf die Aktivitäten von Wilhelm Brepohl verwiesen werden, der im Unterschied zur rückwärtsgewandten Heimatbewegung eine Entwicklung zu einem ‚Industrievolk' zu erkennen glaubte, sich dabei bald aber auch rassistischer Interpretationsmuster bediente. Vgl. Stefan Goch: Frühe Sozialraumforschung zum Ruhrgebiet: „Volkstumsforschung" und „industrielle Volkskunde" bei Wilhelm Brepohl, in: Jens Adamski/Stefan Berger/Stefan Goch/Helmut Maier/Daniel Schmidt (Hg.): Forschung, Kultur und Bildung – Wissenschaftsgeschichte des Ruhrgebiets zwischen Hochindustrialisierung und Wissensgesellschaft, Essen 2020, S. 371–398.

Populärkultur. Besonders deutlich zeigte sich die entstehende Massen(konsum)kultur im Aufkommen neuer Massenmedien und des kommerzialisierten (Hochleistungs-)Sports zur Unterhaltung für große Zuschauermassen. Die Massen- und Populärkultur machte die Grenzen der milieuspezifischen Kulturen deutlich.[9] Im Umfeld seichter Kulturangebote, Kinoschnulzen, billiger Vergnügungen und einseitiger Medien gediehen oder erstarkten Ressentiments, nationalistische Vorstellungswelten und eine Ablehnung einer notwendig komplexen demokratischen Gesellschaft und Politik.[10]

Die Weltwirtschaftskrise und die sich daraus ergebende verzweifelte soziale Lage schwächte die demokratische Republik und ermöglichten die Übergabe der Macht an die Nationalsozialisten und ihre Wegbereiter, die seit 1918 auch kulturell die Republik bekämpft hatten.

Die Nationalsozialisten zerschlugen dann im „Dritten Reich" die Arbeiterbewegung und drängten das katholische Milieu zurück. Die kommunale Kultur- und Kunstpolitik wurde „gleichgeschaltet". Die missliebigen Bücher der Stadtbibliothek wurden in der Heizungsanlage verbrannt;[11] bei der mit einiger Mühe gerade erst angelegten städtischen Kunstsammlung fielen Werke zahlreicher Künstler:innen, darunter Ernst Barlach, Marc Chagall, Christian Rohlfs, Max Beckmann, Lovis Corinth, George Grosz, Käthe Kollwitz, Alfred Kubin, Max Pechstein, Wilhelm Lehmbruch und andere mehr, der Aktion „entartete Kunst" zum Opfer.[12]

Während es vor 1933 kein kommunales Theater gegeben hatte und nur Gastspiele auswärtiger Theater organisiert worden waren, schufen die Nationalsozialisten ein Stadttheater, das als Spielstädte die dann im November 1944 zerbombte Stadthalle im Stadtgarten nutzte.[13] Das Programm orientierte sich am Zeitgeist des „Dritten Reichs" und diente mit dem Kriegsverlauf zunehmend nur noch einer eher unpolitischen Unterhaltung.[14] Ein geplantes ‚Thingtheater' in Buer scheiterte allerdings an den ausufernden Kosten.[15]

9 Goch, Arbeiter(bewegungs)kulturen, S. 43 f.

10 Vgl. Dieter Langewiesche: Arbeiterkultur, Kultur der Arbeiterbewegung im Kaiserreich und in der Weimarer Republik. Bemerkungen zum Forschungsstand, in: Arbeiterkultur in Deutschland, Hamburg 1984, S. 9–29.

11 Daniel Schmidt (Hg.): Gelsenkirchen im Nationalsozialismus. Katalog zur Dauerausstellung, Essen 2017, S. 59, 62; Schmidt, Kulturpolitik, S. 214–222.

12 Schmidt, Gelsenkirchen, S. 63, 66; Schmidt, Kulturpolitik, S. 194–201.

13 Schmidt, Kulturpolitik, S. 124 f., 131–155; Stefan Goch: Was macht so ein Kulturausschuss einer Ruhrgebietsstadt wie Gelsenkirchen? Ein Überblick für die Zeit 1945–2010, in: Karl Ditt/Cordula Obergassel (Hg.): Vom Bildungsideal zum Standortfaktor. Städtische Kultur und Kulturpolitik in der Bundesrepublik, Paderborn 2012, S. 119.

14 Vgl. Schmidt: Gelsenkirchen, S. 66 ff.

15 Ebd., S. 76 f. Vgl. Schmidt, Kulturpolitik, S. 125–131.

Künstlersiedlung *Halfmannshof*: Blick auf das Atelierhaus (Fotograf: Hans Rotterdam, StadtA Ge FS V 025315)

In allen Kultursparten achteten die Nationalsozialisten auf die Propagierung einer nationalsozialistischen Volksgemeinschaft und nutzten Kunst und Kultur oft zu einer äußerlich unpolitisch erscheinenden Mobilisierung für das „Dritte Reich". In diesem ‚Mainstream' bewegten sich auch die auf dem *Halfmannshof* angesiedelten Künstler:innen und erhielten zur Kunstproduktion für das „Dritte Reich" vielfältige öffentliche Aufträge.[16] Allerdings stammten aus Gelsenkirchen auch Künstler:innen, die sich den Nationalsozialisten in unterschiedlichen Formen, Lebenswegen und Intensitäten widersetzten, ihnen entgegentraten und dafür auch verfolgt wurden.[17]

Nach der Befreiung vom Nationalsozialismus dominierte zunächst wieder eine von den Vorstellungen einer bürgerlichen Hochkultur geprägte Sicht auf Kultur in der Stadt. Dafür sollte die Bildungsarbeit, insbesondere auch die Erwachsenenbildung beim Volksbildungswerk, breitere Teile der Bevölkerung interessieren – allerdings neben einer eher ökonomisch

16 Vgl. umfassend Germann, Kunst; eine konzentrierte Einschätzung bei Holger Germann: Die Künstler auf dem Halfmannnshof: Mitmachen und Instrumentalisieren, in: ders./Stefan Goch (Hg.): Künstler und Kunst im Nationalsozialismus. Eine Diskussion um die Gelsenkirchener Künstlersiedlung Halfmannshof, Essen 2013, S. 21–48.

17 Stefan Goch: Alternativen zum Mitmachen: Nichtangepasste Künstler aus Gelsenkirchen während des Nationalsozialismus, in: Germann/Goch, Künstler, S. 79–91.

nutzbringenden beruflichen Weiterbildung. Mit der Volksbildungsarbeit wurde an die Verbreiterung der kommunalen Bildungs- und Kulturarbeit der Frühphase der Weimarer Republik angeknüpft.[18] Auch die schwer beschädigte städtische Bücherei wurde wieder aufgebaut und die NS-Literatur aussortiert,[19] und kulturelle Veranstaltungen wie Konzerte des Musikvereins begannen wieder. Das Leben in der Künstlersiedlung *Halfmannshof* ging weiter, neue Bewohner:innen mit analog zur Erstbesetzung ähnlichen Biografien kamen im Laufe der Zeit in die Siedlung[20] und Kunstausstellungen nicht nur auf dem *Halfmannshof* verdrängten die Auseinandersetzung mit der NS-Zeit und inszenierten rückwärtsgewandte Kontinuität.[21]

Der Wiederaufbau der Kultureinrichtungen dauerte angesichts der Zerstörungen fast aller Ruhrgebietsstädte bis in die 1960er Jahre.[22]

Im Wiederaufbau nach dem Zweiten Weltkrieg boomte die Montanindustrie des Ruhrgebiets: Entsprechend sah es auch recht gut für die Stadtfinanzen aus, die es erlaubten, auch Geld in kulturpolitische Projekte und die kulturelle Infrastruktur der Stadt zu stecken. Dabei überließen die Parteien vor Ort die Kulturpolitik wohl ihren wenigen kommunalen an Kunst und Kultur interessierten Mandatsträger:innen. Trotz der weltanschaulichen Konflikte um die Bildungspolitik konnte man sich kulturpolitisch einigen, vor allem bei einer als notwendig für eine ‚normale' Großstadt erachteten Ausstattung der Stadt. Ein Großprojekt war der Bau des Gelsenkirchener Theaters auf der sogenannten Wiese am nördlichen Rand der Innenstadt, wo sich bis dahin auch Teile des Markts befunden hatten.[23] Im Zeitkontext entschied man sich für einen ziemlich extravaganten Bau – inklusive einer Integration von Architektur und bildender Kunst. Der Architekt Werner Ruhnau

18 Margit Wiegold-Bovermann: Bildungs- und Kulturpolitik in Gelsenkirchen 1945–1975, in: dies. (Hg.): Kommunalpolitik für Gelsenkirchen 1945–1975. Vom Wiederaufbau zum Sozialstaat, Essen 1994, S. 181 ff.

19 Ebd., S. 183.

20 Goch, Kulturausschuss, S. 114 f. Zum allgemeinen Trend siehe Susanne Dengel: Demokratisierung städtischer Kulturpolitik in den 1970er Jahren, in: Ditt/Obergassel, Bildungsideal, S. 163.

21 Einblicke bei Christoph Dorsz: Blick nach 1945 auf die Kunst im Nationalsozialismus, in: Germann/Goch, Künstler, S. 93–107.

22 Mathias Bigge: Kulturpolitik im Ruhrgebiet, in: Rainer Bovermann/Stefan Goch/Heinz-Jürgen Priamus (Hg.): Das Ruhrgebiet – Ein starkes Stück Nordrhein-Westfalen. Politik in der Region 1946–1996, Essen 1996, S. 516. Auf personelle Kontinuitäten der Kunst- und Kulturpolitik in Gelsenkirchen wird in diesem Band an anderer Stelle eingegangen, hier können nur einzelne Entwicklungsstränge angedeutet werden.

23 Goch, Kulturausschuss, S. 116 f.; alle Schritte zum Theater bei Wiegold-Bovermann, Bildungs- und Kulturpolitik, S. 175–181.

Yves Klein und Werner Ruhnau im Rohbau des Städtischen Theaters (Fotograf: Hans Rotterdam, StadtA Ge FS V 028551)

arbeitete dort mit den zeitgenössischen und zum Teil sehr jungen Künstlern Yves Klein, Jean Tinguely, Norbert Kricke, Robert Adams und Paul Dierkes zusammen.[24]

Die Intention des Theaterbaus brachte der SPD-Fraktionsvorsitzende in der Gelsenkirchener Stadtverordnetenversammlung auf den Punkt: „Wir müssen unseren schwer arbeitenden Menschen eine vollwertige Kulturstätte schaffen, auch wenn wir nicht überall verstanden werden sollten (…).“[25] In der Urkunde zur Grundsteinlegung hieß es darüber hinaus: „Dieser stolze Neubau möge der schwer schaffenden Bevölkerung der Industriestadt Gelsenkirchen eine Stätte der Begegnung sein! Als Bauwerk möge das neue Haus ein Zeichen unbeugsamen Lebens- und Kulturwillens der Stadt sein!“[26]

Das Programm des Theaters, das zunächst alle drei Spaten – Schauspiel, Oper und Operette – beherbergte, war zunächst eher am zeitgemäßen Kanon orientiert. Als schließlich

24 Werner Ruhnau: Baukunst: Das Gelsenkirchener Theater, Essen 1992; Annette Liermann: Die blauen Reliefs von Yves Klein im Musiktheater im Revier, in: Alexander Kraus/Daniel Schmidt (Hg.): Eine Geschichte des modernen Gelsenkirchen in 25 Objekten, Essen 2016, S. 136–145. Vgl. Wiegold-Bovermann, Bildungs- und Kulturpolitik, S. 77; Goch: Kulturausschuss, S. 119 ff.

25 Zitiert nach Wiegold-Bovermann: Bildungs- und Kulturpolitik, S. 178.

26 Zitiert nach ebd., S. 178.

unter den Bedingungen von Sparzwängen angesichts der Bergbaukrise und gescheiterten ‚Theaterehen' das Schauspiel aufgegeben wurde, führte das Theater ab 1966 den Namen *Musiktheater im Revier* mit Oper, Operette und Ballett.[27]

Künstler:innen unterschiedlicher Sparten organisierten sich bereits recht bald nach der Befreiung vom Nationalsozialismus. Der *Bund Gelsenkirchener Künstler e. V.* (BGK)[28] entstand 1950 als Interessenvertretung der in Gelsenkirchen lebenden und arbeitenden Künstler:innen – Maler:innen, Grafiker:innen, Fotograf:innen, Bildhauer:innen, Literat:innen, Musiker:innen sowie Tänzer:innen. Sie ermöglichten Ausstellungen und beteiligten sich an der regionalen Zusammenarbeit mit anderen Künstlervereinigungen. Die im Gelsenkirchener Künstlerbund organisierten Künstler:innen beeinflussten einerseits die Gestaltung der Kunstproduktion in der Stadt und waren andererseits eben auch in den überregionalen ‚Zeitgeist' der Kunstentwicklung einbezogen. Schwer beschreibbar und belegbar ist eine Grundtendenz einer Orientierung an der Lebenswirklichkeit der sich wandelnden Stadt Gelsenkirchen. Im Laufe der Jahrzehnte wurden zahlreiche Ausstellungen organisiert, oft in Räumen von *Sparkasse* oder *Volksbank*, beim städtischen (Kunst-)Museum oder in eigenen Räumlichkeiten.[29] Eine langfristige Konzeption wurde dabei aber wohl nicht vorgesehen, sondern unterschiedlichen Projekten Präsentationsmöglichkeiten verschafft.

Da es in Gelsenkirchen an einem gebildeten Bürgertum fehlte, in der Arbeiterstadt die Arbeiterschaft, Gewerkschaften und bald auch die Sozialdemokratie dominierten und auch das katholische Lager von der Arbeiterschaft sowie den Klerikalen bestimmt wurde, existierte eben keine ausgeprägte Vorstellung von einer zu propagierenden (Hoch-)Kultur. Angesichts eher unklarer Kulturkonzeptionen bestand eine Offenheit gegenüber Kulturakteur:innen, deren Wirken und auch gegenüber neuen Impulsen und dem ‚Unetablierten'. Zudem wollte man sich etwas von dem Image der „Tausend-Feuer-Stadt" befreien – da kam moderne Kultur gerade recht. In diesem Zusammenhang wurde auch das „Gelsenkirchen-G" als Logo der Stadt übernommen und darum das Stadtmarketing für eine moderne Stadt entwickelt.[30]

Vor dem Hintergrund einer als gegenüber anderen Großstädten als defizitär empfundenen Stadtentwicklung bemühte sich Gelsenkirchen offensichtlich darum, modern und ‚vorne' zu sein, zeigte sich offen gegenüber Neuem. Diese Offenheit wurde wohl nur wenig durch die schmalen und schwachen Mittelschichten behindert, die an Hergebrachtem orientiert waren. Solche Kunstpolitik war im Zweifelsfall natürlich auch ambivalent – so beispielsweise beim problematischen Ankauf der Statue Olympia von Fritz Klimsch,

27 Ebd., S. 180.

28 Vgl. https://bundgelsenkirchenerkuenstler.de/ [30.6.2023].

29 Die Kunstausstellungen sind in den *Gelsenkirchener Blättern*, die sich im Digitalen Lesesaal des *Instituts für Stadtgeschichte* finden, nachvollziehbar.

30 Vgl. den Beitrag von Fabian Köster in diesem Band.

Präsentation des „Gelsenkirchen G's" im Außenraum (Dokumentation: Kunst der 60er Jahre in Gelsenkirchen, Gelsenkirchen 1988)

der von den Nationalsozialisten als „gottbegnadet" eingestuft worden war. Allerdings war solch ein Fall in Gelsenkirchen auch kein Einzelfall: ‚Nazi-Kunst' wurde auch andernorts unhinterfragt weiter erworben und ausgestellt.[31]

Nach dem Vorspiel des modernen Theaters, im Gelsenkirchen der 1960er Jahre, erfolgte dann ein Aufbruch in die kulturelle Moderne. Trotz des am Ende der 1950er Jahre

31 Vgl. Wolfgang Brauneis/Raphael Gross (Hg.): Die Liste der Gottbegnadeten, Künstler des Nationalsozialismus in der Bundesrepublik, Berlin 2021. Während die NS-Kunst durchaus wissenschaftlich bearbeitet wird und Provenienzforschung sich vor allem Fragen der Restitution im „Dritten Reich" geraubter Kunstwerke widmet, wurde bislang die Nutzung und das Fortwirken der im Nationalsozialismus produzierten Kunst und Auftragsarbeiten in Museen, Ausstellungen und im öffentlichen Raum selten systematisch aufgearbeitet. Vor Ort wie in Gelsenkirchen finden allerdings solche Auseinandersetzungen zum Umgang mit NS-Kunst statt. Für die Auseinandersetzungen mit der NS-Kunst seien lokal vor allem Germann, Kunst und ders./Goch, Nationalsozialismus zu nennen.

begonnenen Strukturwandels sahen die kommunale Politik und die sich durchsetzende Sozialdemokratie, und mit ihnen die Gewerkschaften, die Stadt als keineswegs altindustriell und rückständig an, sondern glaubten an ihre Zukunft und zugleich an die Zukunft der Stadt. Angesichts des Ausbaus der kommunalen Daseinsvorsorge seit den 1960er Jahren wie auch Veränderungen im Stadtbild – zum Beispiel durch den Bau des neuen Gebäudes der Volkshochschule oder auch den Bau zahlreicher weiterführender Schulen – war die Stimmung nicht niedergeschlagen und neue kommunale Akteure sowie mit dem sozioökonomischen Wandel neue Mittelschichten führten zu einer Pluralisierung des Kulturangebots. Ältere Akteur:innen, vor allem auch aus dem Umfeld der Kirchen, verloren an Einfluss, auch mit ihrer Alterung und ausbleibender Regeneration und Anpassung an die sich wandelnde Stadtgesellschaft.

So wurde in den ausgehenden 1960er und den 1970er Jahren im Kontext der Reformen dieser Zeit über eine partizipative Öffnung der Kultur und die Ausweitung der vor allem kommunalen Kulturpolitik diskutiert, wofür die Formulierung des Kulturpolitikers Hilmar Hoffmann „Kultur für alle" zum Schlagwort wurde.[32] Die auch pädagogisch motivierte Berücksichtigung weniger kulturaffiner Bevölkerungsgruppen begegnete dabei auch neuen kulturellen Initiativen aus der Zivilgesellschaft, oft als Alternativ- oder Soziokultur bezeichnet.[33] Jenseits der Fortführung einer Orientierung an der bürgerlichen Hochkultur kamen nun auch neue Inhalte in die Kulturarbeit, die auch die Realitäten des Lebens der Mehrheit der Gelsenkirchener Bevölkerung ‚bearbeiteten' und den schönen Schein der ‚Wirtschaftswunderzeit' hinterfragten. Als in Dortmund vom Leiter der Volksbücherei Fritz Hüser, dem Schriftsteller Max von der Grün und Walter Köpping die literarische Verarbeitung der Erfahrungen des Arbeiterlebens und der Arbeiterbevölkerung initiiert wurde, verbanden sich auch die Gelsenkirchener Autor:innen mit dieser Dortmunder *Gruppe 61* und auch dem daraus hervorgegangen beziehungsweise abgespaltenen *Werkkreis der Literatur der Arbeitswelt.*[34] Auch in Gelsenkirchen entstanden literarische Werkstätten

32 Hilmar Hoffmann: Kultur für alle. Perspektiven und Modelle, Frankfurt am Main 1979. Vgl. Schildt/Siegfried: Kulturgeschichte, S. 333–364 zu den übergreifenden Entwicklungen, die für Gelsenkirchen durchzuprüfen wären.

33 Etwas verspätet vgl. Beiträge in Mathias Bigge/Günter Strüder (Hg.): Neue Kulturpolitik im Ruhrgebiet, Essen 1994. Regional in NRW Richard Erny/Ellen Lissek-Schütz/Wilhelm Godde (Hg.): Handbuch Kultur 90. Modelle und Handlungsbedarf für kommunale Kulturarbeit, Köln 1988.

34 Knorr, Poesie, S. 15; Bigge, Kulturpolitik, S. 518 f.; Michael Klaus, Arbeiterliteratur, in: Hartmut Hering/Michael Klaus (Hg.): Und das ist unsere Geschichte. Gelsenkirchener Lesebuch, Oberhausen 1985, S. 346 f. Ausführlich zu den Einrichtungen der Arbeiterliteratur Gertrude Cepl-Kaufmann/Jasmin Grande (Hg.): Schreibwelten-Erschriebene Welten. Zum 50. Geburtstag der Dortmunder Gruppe 61, Essen 2011; Ute Gerhard/Hanneliese Palm (Hg.): Schreibarbeiten an den Rändern der Literatur. Die Dortmunder Gruppe 61, Essen 2012 und insgesamt Jan-Pieter Barbian/Hanneliese Palm: Die Entdeckung des Ruhrgebiets in der Literatur, Essen 2009 sowie schon Siegfried Grosse:

und Schreibschulen für schreibende Arbeiter:innen und zu sozialkritischer Literatur im Bereich Arbeiterleben. Prominente Mitglieder waren Josef Büscher (1918–1983), Richard Limpert (1922–1991) und Karl Taefler (geb. 1932). Die Gelsenkirchener Volkshochschule und die Stadtbücherei waren Orte dieser bislang letzten größeren Welle sozialkritischer Literatur. Ein zentraler Förderer (und auch Herausgeber) solcher Arbeiterliteratur war auch der Leiter der Gelsenkirchener Stadtbibliothek Hugo Ernst Käufer (1927–2014), der mit Veranstaltungen auch aus seinem Gebäude herausging und Lesungen auf der Einkaufsstraße veranstaltete. In Gelsenkirchen ging es um die Aktivierung der Betroffenen der harten Arbeitswelt, wobei die authentische Darstellung gegenüber der literarischen Qualität in den Vordergrund rückte.[35] 1984 wurde die *Gruppe Gelsenkirchener Autoren* gegründet und konnte mit Hilfe öffentlicher Förderung zahlreiche Autor:innen unterstützen und auch bis in die Gegenwart zu Anerkennung zu führen.

Die seit Ende der 1950er Jahre relativ unangefochten dominierende SPD, die nach Johannes Hoffmann, zunächst mit Heinz Meya (ab 1967) und dann ab 1975 mit Peter Rose das Kulturdezernat leitete, entsandte auch in den Kulturausschuss wichtige Repräsentanten wie mächtige Stadtverordnete, Fraktionsvorsitzende und auch den Oberbürgermeister.[36] Offensichtlich war die kommunale Kulturpolitik auch als ein relativ frei gestaltbares Politikfeld erkannt worden. Mit dem Ausbau der öffentlichen Verwaltung und Daseinsfürsorge professionalisierten sich auch die kommunalen Kultureinrichtungen und die Kulturverwaltung. Bei den Kultureinrichtungen, der Kulturverwaltung und den örtlichen Kulturpolitikern orientierte man sich auch daran, was allgemein als ‚modern' empfunden wurde. Dabei entstanden nun auch im Kontext der allgemeinen Erweiterung des Politikfeldes Kulturpolitik beispielsweise die *Musikschule*, das *Kommunale Kino* mit vielen wichtigen Filmen der Zeit. Das letztlich aufgrund der kommunalen Finanzsituation unvollständig gebliebene kulturelle Zentrum in Buer präsentierte ab 1984 die Kunstsammlung in modernen Räumen neben der *Alten Villa*, wo schon zuvor seit 1957 die städtische Sammlung und Wechselausstellungen gezeigt worden waren.[37] Bei der Volkshochschule öffneten verschiedenste Kurse neue Horizonte. Lokal relevant waren dort die Unterstützungen für den Kampf der Heinze-Frauen um gleiche Löhne, Auseinandersetzungen mit Konflikten und

Texte und Literatur, in: Wolfgang Köllmann/Hermann Korte/Dietmar Petzina/Wolfhard Weber (Hg.): Das Ruhrgebiet im Industriezeitalter. Geschichte und Entwicklung, Düsseldorf 1990, Bd. 2, S. 325–332.

35 Klaus, Arbeiterliteratur, S. 350 ff.; Bigge, Kulturpolitik, S. 519 f.; zum Beispiel auch Klaus Scheibe: Hugo Ernst Käufer. Gelsenkirchen 1997 und selbst Hugo Ernst Käufer: Gelsenkirchen. Geburtsstätte der Arbeiter- und Industrieliteratur im Ruhrgebiet, in: Beiträge zur Stadtgeschichte 8 (1976), S. 150–164. Vgl. auch Grosse: Texte, S. 332 f.

36 Goch, Kulturausschuss, S. 124.

37 Ebd., S. 129 f.

Strukturwandel in der Bekleidungsindustrie und die beginnende Beschäftigung mit der Stadtgeschichte im Nationalsozialismus.[38]

Mit dem Generationswechsel in der Künstlersiedlung *Halfmannshof* wohnten und arbeiteten dort für einige Zeit auch jüngere zeitgenössische Künstler:innen wie zum Beispiel Ferdinand Spindel (1963 bis 1973 unter anderem mit seinen Schaumstoffplastiken), die in Gelsenkirchen ihre Entwicklung fortsetzten, dann allerdings oft von den Zentren der modernen Kunst angezogen wurden und die Stadt wieder verließen.[39]

Gelsenkirchen wurde dann ein zentraler Ort für die neue 1958 gegründete Künstlergruppe *ZERO*, die retrospektiv häufig zu Unrecht einfach nur Düsseldorf zugerechnet wird. *ZERO* konnte schon 1963 im Atelierhaus der Künstlersiedlung ihre Ausstellung „Die moderne Kunst fängt bei Null an!" zeigen, mit Günther Uecker, Otto Piene und Heinz Mack.[40] Im *Pianohaus Kohl* in Gelsenkirchen fand am 15. März 1964 die Kunstaktion „Benagelte Objekte" mit einer Benagelung eines Klaviers durch Günther Uecker statt.[41] Mit Unterstützung des Oberbürgermeisters gab es 1962/63 auch Pläne für ein *ZERO*-Haus, die allerdings Ende der 1960er Jahre scheiterten.[42] Da Künstler aus der *ZERO*-Bewegung auch an der Gestaltung des Gelsenkirchener Theater beteiligt waren, wirkten sie auch weiter in der wachsenden Kunstszene in der Stadt mit. So ging aus der künstlerischen Gestaltung des modernen Theaterbaus die Kunstausstellung „MODERNE gesammelt in Gelsenkirchen" auf dem *Halfmannshof* im Jahr 1964 hervor, mit Werken von Yves Klein, Günther Uecker und Harry Kramer (sowie Werken aus Sammlungen von Yaacov Agam, Yves Klein, Almir Mavignier, Jesus Raphael Soto, Takis, Jean Tinguely).[43] 1966 folgte eine Ausstellung „Kinetik und Objekte" unter Beteiligung des Halfmannhöfers Ferdinand Spin-

38 Marianne Kaiser (Hg.): Wir wollen gleich Löhne. Dokumentation zum Kampf der 29 Heinze-Frauen, Reinbek 1982; Birgit Beese/Brigitte Schneider: Arbeit an der Mode, Essen 2001; Hartmut Hering/Marianne Kaiser: Beispiele der Verfolgung und des Widerstandes in Gelsenkirchen 1933–45. Arbeitsergebnisse aus einem Kursus der Volkshochschule der Stadt Gelsenkirchen, Gelsenkirchen 1982.

39 Goch, Kulturausschuss, S. 127.

40 Weitere Künstler: Pol Bury, Hermann Goepfert, Oskar Holweck, Adolf Luther, Sieghard Pohl, Hans Salentin. Vgl. Abbildung in: Germann/Goch: Künstler, S 132. Die Frühzeit von *ZERO* in Gelsenkirchen wird bis zur Gegenwart meist verschwiegen – selbst hier: https://zerofoundation.de/ [30.6.2023].

41 Jaantje Mieke Gebauer: Der Kunstverein Gelsenkirchen und seine Künstler. Zwischen Internationalisierung und regionaler Förderung, in: Alexander Kraus/Christoph Lorke (Hg.): Zeitgenössische Kunst fördern und vermitteln. Neugründungen von Kunstvereinen in der Bundesrepublik nach 1945/49, S. 157–180 Abbildung in: Germann/Goch, Künstler, S. 133.

42 Vgl. Heiner Stachelhaus: Die 60er Jahre im Ruhrgebiet und speziell in Gelsenkirchen – eine glorreiche Zeit für die bildende Kunst, in: Gelsenkirchen-Stiftung (Hg.): Kinetische Kunst, Heidelberg 1998, S. 149–151.

43 Abbildungen in: Germann/Goch, Künstler, S. 134.

del und des belgischen Op-Art-Künstlers Walter Leblanc.[44] 1966 stellte die Künstlergruppe *Bern 66* ihre Kunst der sogenannten Berner Avantgarde im Atelierhaus des *Halfmannshofs* aus.[45] Einen Schwerpunkt der Ausstellungsaktivitäten bildet auch die kinetische Kunst, die immer wieder ausgestellt wurde – 1967 vom argentinischen Künstler Julio le Parc, „Kinetische Objekte", 1968 wieder im Atelierhaus.[46] Seit den späten 1960er Jahren sammelte das Gelsenkirchener Museum systematisch kinetische Kunst und verfügt heute über eine der bedeutendsten Sammlungen. Diese Ausstellungen moderner Kunst waren in Gelsenkirchen durchaus geschätzt, eröffnet wurden sie meist durch den jeweiligen Oberbürgermeister. Eine Reihe von ‚Halfmannshöfern' wirkte in Gelsenkirchener Schulen als angestellte Kunstlehrer, wirkten so in die Stadtgesellschaft hinein und bestritten damit auch ihren Lebensunterhalt.

In der Stadtgesellschaft wurde mit der florierenden Kunstszene 1968 der *Kunstverein Gelsenkirchen e. V.*[47] als ein Zusammenschluss von Kunstfreund:innen mit dem Ziel gegründet, sich für die Förderung und das Verständnis von Kunst einzusetzen. Von Beginn an stand dabei das Interesse an der jungen und aktuellen Kunst im Vordergrund. Viele Ausstellungen realisierte der Kunstverein in der *Alten Villa* des Kunstmuseums. Der Gelsenkirchener Kunstverein erinnerte auch immer wieder an die Aufbruchbewegungen der 1960er Jahre, besonders beachtet wurde die Ausstellung aus Anlass seines 20jährigen Bestehens 1988/89 „Kunst der 1960er Jahre in Gelsenkirchen".

Obwohl meist Düsseldorf mit seiner Kunstakademie als zentraler Ort von künstlerischen Aufbrüchen genannt wird, waren viele der ‚Düsseldorfer' gerade wegen der kulturellen Offenheit Gelsenkirchens in der Stadt aktiv. So war der Beuys-Schüler Johannes Stüttgen von 1971 bis 1980 Kunstlehrer am städtischen *Grillo-Gymnasium*. Stüttgen kam auf Empfehlung seines Vorgängers Franz Joseph van der Grinten (ab 1966), ein Künstler, den Joseph Beuys nach Gelsenkirchen vermittelt hatte. Aus dem Kunstunterricht und der dort gebildeten *Freien Arbeitsgemeinschaft Kunst* in einer der alten Baracken auf dem Schulhof, aus dem ein loser Zusammenschluss *Fluxus Zone West* mit einem erweiterten schöpferischen Kunstbegriff entstand, gingen verschiedene mehr oder weniger langlebige Kunstprojekte hervor wie etwa das *Küchentheater* und Musikgruppen. Gelsenkirchener:innen besuchten Beuys[48] bei der *documenta 6* (1977) mit seiner dort gezeigten „Honigpumpe". Aus der mit der Fluxus-Kunstrichtung verbundenen *Fluxus Zone West* entstand auch die

44 Abbildung in: ebd., S. 137.

45 Abbildung in: ebd. S. 137 f.

46 Abbildungen in: ebd., S. 139.

47 https://www.kunstverein-gelsenkirchen.de/start.htm [30.6.2023].

48 Interview mit Siegfried Sander: https://issuu.com/artmappgmbh/docs/artmapp_26_issuu/s/12060972 am 18.04.2023 [30.6.2023]; dunkel erinnert sich der Verfasser (Abitur 1978, allerdings in Gelsenkirchen-Buer) auch an Stüttgen, *Fluxus Zone West* und die „Honigpumpe" in Kassel.

Free International University Gelsenkirchen als Zweigstelle der *Free International University*, die 1973 von Joseph Beuys mit weiteren Künstlern zur Kommunikation und Entwicklung eines erweiterten Kunstbegriffs gegründet worden war. Zahlreiche Künstler:innen vor allem aus dem Umfeld von Josef Beuys und von der Düsseldorfer Kunstakademie kamen nach Gelsenkirchen, zeigten und erklärten ihre Kunst und diskutierten. Die Stadt Gelsenkirchen öffnete ihr Museum, und in der Stadt verfolgte man interessiert und nicht nur freundlich die oft auch konflikthaften Aktionen, zum Beispiel bei Auseinandersetzungen mit dem von Johannes Stüttgen künstlerisch ‚bearbeiteten' Abendmahl.[49]

Jenseits der bald berühmten Künstler:innen, die es dann zur Düsseldorfer Kunstakademie und in die Welt zog, förderten Politik und Verwaltung auch die weniger bekannten, nicht nur lokalen Künstler:innen. Organisiert von der kommunalen Öffentlichkeitsarbeit und dem weiter ausgebauten Kulturamt wurden die lokalen Produkte künstlerischen Schaffens ausgestellt, mit Kunstpreisen die örtliche ‚Kunstszene' unterstützt und auch die Arbeit der Kunstvereine gefördert. Seit 1976 wurden Arbeiten im Foyer des Ratssaales präsentiert, dann auch in den Diensträumen des Oberbürgermeisters.[50]

Vor dem Hintergrund der Sozialstruktur der Stadt Gelsenkirchen mit seinen nur schmalen Mittelschichten und einem kleinen Bildungsbürgertum konnten einzelne Personen wie Ernst Otto Glasmeier einigen Einfluss auf die Kunst- und Kulturpolitik und die kommunale Kunstszene und Sammlungstätigkeit gewinnen.[51] Ernst Otto Glasmeier gelang es, verschiedene Akteur:innen aus Architektur und Kunst zu vernetzen und verschiedene Persönlichkeiten zu gewinnen, die die Auseinandersetzung mit moderner Kunst in die Stadtgesellschaft trugen, wie die ‚Halfmannshöfer', Kulturinteressierte oder das *Pianohaus Kohl,* und auch als SPD-Kommunalpolitiker vermochte er es, die städtische Sammlungstätigkeit anzuregen.[52] Das hieß aber nicht, dass eine künstlerisch etwas ungebildete Bevölkerung nichts mit der Kunst in der Stadt zu tun hatte – ganz im Gegenteil: Die Gelsenkirchener Bevölkerung zeigt sich vor dem Hintergrund einer gewissen Traditionslosigkeit offen für die neue und moderne Kunst, sodass Freiräume bestanden. Die Bevölkerung war interessiert und die Kulturveranstaltungen wie auch das Theater waren gut besucht. Der Zweck einer von Politik und Verwaltung getragenen Kulturpolitik war erreicht, Kultur wurde der Bevölkerung nähergebracht. Eine Rolle dürfte auch der Ausbau der Bildungspolitik im ganzen Ruhrgebiet und auch in Gelsenkirchen gespielt haben. Mehr Jugendliche konnten nun weiterführende Schulen besuchen, wo beispielsweise auch die *Fluxus Zone West*

49 Mit zahlreichen Hinweisen zu Aktionen in Gelsenkirchen Heinrich Theodor Grütter/Rosa Schmitt-Neubauer/Christoph Schurian/Johannes Stüttgen/Joachim Weber/Carla Zimmermann (Hg.): Die unsichtbare Skulptur. Der erweiterte Kunstbegriff nach Joseph Beuys, Köln 2021.

50 Goch, Kulturausschuss, S. 126.

51 Vgl. Alexandra Apfelbaum: Ernst Otto Glasmeier: Architektur, Kunst, Politik, Stuttgart 2022.

52 Ebd., S. 7.

ihre Stützpunkte hatte. Langsam wohnten auch in Gelsenkirchen die Studierenden der umliegenden neuen Universitäten und Gesamthochschulen. Bei solchen mit Strukturwandel und Bildungspolitik verbundenen Transformationsprozessen erfolgten nun Veränderungen der sozialen und auch mentalen Strukturen der Stadtgesellschaft, die Offenheit gegenüber Neuem auch in der Kunst verstärkte. Mehr und neue Konsummöglichkeiten, Mobilität, Fernsehen und andere Medien, Tourismus und dabei das Verblassen milieuhafter Bindungen boten Möglichkeiten für Auseinandersetzungen mit moderner Kunst.[53] Aus der Zivilgesellschaft entstanden weitere Initiativen, wie beispielsweise Theatergruppen mit dem Kinder- und Jugendtheater *Consol* (ab 2001).[54]

Zur Kunstförderung der kommunalen Politik ist auch die Kunst im öffentlichen Raum[55] zu zählen, die in Gelsenkirchen aufgrund ganz unterschiedlicher Initiativen bis zur Gegenwart zur Ausstattung des öffentlichen Raumes, von Straßen und Plätzen mit zahlreichen Kunstwerken geführt hat. Weiterhin waren nicht nur beim Theater Politik und Verwaltung und auch viele private Bauherren um eine moderne Gestaltung ihrer Bauwerke und deren Ausstattung mit Kunst am Bau bemüht: In der besonderen polyzentrischen Struktur der Stadt Gelsenkirchen, die im Industrialisierungsprozess aus mehreren Industriedörfern entstanden war und bis zur Gegenwart über zwei größere und einige kleine Stadt(teil)zentren verfügt, handelt es sich bei solchen Bauwerken um Solitäre in der Stadtlandschaft, die, von einzelnen Teilräumen abgesehen, in Industrialisierung, nach Kriegszerstörung und im Strukturwandel nie mit integrierter Stadtplanung ‚durchgestylt' werden konnte.[56] Neben Sakralbauten aus unterschiedlichen Zeiten, dem älteren Backsteinexpressionismus, manchen anspruchsvollen alten Industriebauten mit ambitioniert gestalteter Umnutzung, den anspruchsvollen (Gartenstadt-)Siedlungen, sind dies zum Beispiel der *Wissenschaftspark* in Ückendorf, das *LookUp*-Bürogebäude am Rand von Erle, das neu von GMP gestaltete *Hans-Sachs-Haus*, das vom ‚Halfmannshöfer' Otto Prinz entworfene Verwaltungsgebäude der früheren Drahtwerke an der Berliner Brücke, die *Neue Synagoge*, das restaurierte und

53 In diesem Kontext weist zum Beispiel Grosse, Texte, S. 304 auch auf das Verblassen eines besonderen Sprachverhaltens hin.

54 https://www.consoltheater.de/ [30.6.2023].

55 Stadt Gelsenkirchen (Hg.): Kunstführer Gelsenkirchen: Galerien, Kunstwerke im öffentlichen Raum, Künstlervereinigungen, öffentliche und private Ausstellungsräume, Gelsenkirchen 1999; Stadt Gelsenkirchen: Stadtprofile Gelsenkirchen 3: Kunst im öffentlichen Raum, Gelsenkirchen 2013; vgl. Liste von Kunstwerken im öffentlichen Raum in Gelsenkirchen: https://de.wikipedia.org/wiki/Liste_von_Kunstwerken_im_%C3%B6ffentlichen_Raum_in_Gelsenkirchen [30.6.2023].

56 Stefan Goch/Jan Totzek: Einleitung: Hütten und Paläste, Baukultur in Gelsenkirchen, in: Stadt Gelsenkirchen (Hg.): Hütten und Paläste, Baukultur in Gelsenkirchen, Stuttgart 2015, S. 8–14, im Buch auch die Beispiele, dazu zum Beispiel Lutz Heidemann: Stadtprofile: Backsteinexpressionismus, Gelsenkirchen, Gelsenkirchen 2010; ders.: Stadtprofile: Architektur der 1950er Jahre, Gelsenkirchen 2013.

erweiterte *Schloß Horst* aus der Emscher-Renaissance, die *Gelsenwasser*-Unternehmenszentrale, die *Vivawest*-Zentrale auf der früheren *Zeche Nordstern* sowie manches öffentliche Gebäude von Kindertagesstätten bis zur zentralen Feuerwache.

Auch die Arbeiterbevölkerung wurde aktiv in Auseinandersetzungen mit dem Strukturwandel und seinen Folgen für die Gestaltung städtischen Lebens und der Stadtgestaltung. Gegen Ende der 1960er Jahre begannen zunächst Denkmalschützer:innen mit den Auseinandersetzungen um den Erhalt der baulichen Hinterlassenschaften des ausgehenden (Montan-)Industriezeitalters.[57] Zu ihnen gesellten sich bald Bewohner:innen der Werkssiedlungen und Kolonien, die die Lebens- und Wohnweisen mit Vehemenz und auch Einfallsreichtum verteidigten, in Gelsenkirchen wurden vor allem die Auseinandersetzungen um die Siedlung *Flöz Dickebank* bekannt. Obwohl es in der Stadt solche frühen Bemühungen um die Hinterlassenschaften des Industriezeitalters gab und Gelsenkirchen für das nördliche Ruhrgebiet ein Muster der Entwicklungen im Emscher-Lippe-Raum ist, wurden dann Chancen der Industriekultur, die insbesondere im Umfeld der *Internationalen Bauausstellung Emscher Park* gefördert wurde, nicht ausreichend genutzt. Gelsenkirchen verfügt neben einigen sekundären Standorten der Industriekultur nicht über einen zentralen Ort zur Präsentation der Geschichte des Industriezeitalters – der *Schalker Verein* ist abgeräumt, von *Rheinelbe* (und *Alma*) gibt es noch ein paar Verwaltungsgebäude, *Nordstern* ist mit erheblichen Verlusten durch die heutige *Vivawest* umgenutzt, von *Zeche Hugo* existiert ein rostendes Fördergerüst mit prekärer Trägerschaft, bei *Zeche Consol* gibt es relativ unverbundene Teile eines nicht mehr verstehbaren Ensembles, vom *Gussstahlwerk* existiert das umgenutzte Verwaltungsgebäude, von *Zeche Graf Bismarck* ist kaum etwas übrig, ebenso von *Hibernia* und jenseits der umgenutzten Kaue auch nicht von *Wilhelmine Viktoria*. Die Siedlungsstrukturen und die Gestaltung des Stadtraumes durch Werkssiedlungen und Kolonien und die Polyzentralität sind kaum verstehbar. Stadtplanung und kommunale Kulturpolitik haben das Potential der Erinnerung an das Industriezeitalter nicht ausreichend erkannt, wohl auch in der Hoffnung auf eine postindustrielle Zukunft.[58] Gelsenkirchen erhielt keines der Industriemuseen und subjektiv betrachtet auch keine besonders attraktive Landmarke.

Zudem verlor die städtische Kulturpolitik als sogenannte freiwillige Aufgabe der Kommunen neben den zahlreichen kostenintensiven Pflichtaufgaben mit der ab Anfang der 1980er Jahre endgültig eskalierenden Strukturkrise auch gegenüber anderen Politikfeldern

57 Vgl. Achim Prossek: Kultur und Regionalbewusstsein, in: Michael Farrenkopf/Stefan Goch/Manfred Rasch/Hans-Werner Wehling (Hg.): Die Stadt der Städte. Das Ruhrgebiet und seine Umbrüche, Essen 2019, S. 496ff.

58 Helen Wagner: Vergangenheit als Zukunft? Geschichtskultur und Strukturwandel im Ruhrgebiet, Köln 2022 jenseits der Frage nach der aktuellen Nützlichkeit der Auseinandersetzung mit der vergangenen Industriegeschichte.

an Rückhalt, zumal es im nördlichen Ruhrgebiet an Mäzenatentum fehlte. Die Sparzwänge trafen die kommunalen Einrichtungen und auch die Förderung von Kultur- und Kunstprojekten und die Unterstützung der sogenannten freien Kultur, also die Kulturprojekte zivilgesellschaftlicher Akteur:innen und lokaler Künstler:innen. Dabei entstand angesichts der zunehmend begrenzten kommunalen Mittel eine unglückliche Konkurrenz zwischen kommunalen Einrichtungen, deren Kosten stiegen, und einer gewünschten auch materiellen Unterstützung der freien, nicht öffentlich organisierten Kultur.[59]

Obwohl gerade auch kommunale Kulturpolitik ein bedeutsames Element der Stadtentwicklung darstellt[60], führt die kommunale Unterfinanzierung in Gelsenkirchen (wie auch in vergleichbaren Städten) zu immer begrenzteren Handlungsspielräumen. Allerdings werden trotz aller finanziellen Nöte, die die städtischen Kultureinrichtungen ‚quälen', wichtige Elemente der sogenannten Aufbruchszeit weitergepflegt – bei allen Schwierigkeiten hat das *Musiktheater* überlebt und ist durch den Umbau der Ebertstraße wieder angemessen sichtbar, Kunst am Bau und Kunst im öffentlichen Raum wird, meist mit Sponsoren, gepflegt und fortgesetzt und nicht nur die Kultureinrichtungen der Stadt bieten eine breiten Palette zur kulturellen und künstlerischen Auseinandersetzung mit Vergangenheit, Gegenwart und Zukunft – leider im Schatten anderer Großstädte mit ihrer sozial selektiven Hoch- und Mainstreamkultur übersehen.

59 Goch, Kulturausschuss, S. 132 f.

60 Deutscher Städtetag (Hg.): Kulturpolitik als Stadtpolitik. Positionspapier des Deutschen Städtetages, Berlin 2015.

Zu den Autorinnen und Autoren

Theresa Angenlahr (M. A.) ist wissenschaftliche Mitarbeiterin an der Freien Universität Berlin im Sonderforschungsbereich 1512 „Intervenierende Künste". Ihre Forschungsschwerpunkte liegen in der deutsch-deutschen und französischen Kulturgeschichte seit 1945. In ihrem Promotionsprojekt untersucht sie West-Berliner und westdeutsche Kunstvereine zwischen 1945 und 1989 mit besonderem Fokus auf Politisierungstendenzen und damit einhergehende Transformationsprozesse.

Dr. Alexandra Apfelbaum ist seit 2009 im eigenen Büro als freiberufliche Kunst- und Architekturhistorikerin tätig. Ihr Schwerpunkt sind Forschungen zu den Schnittstellen von Architektur und Kunst der zweiten Hälfte des 20. Jahrhunderts mit Fokus auf Nordrhein-Westfalen und der Nachkriegszeit. Sie kuratierte mehrere Ausstellungen und veröffentlichte zahlreiche Publikationen zu Künstlern und Architekten und ihrem Werk u. a. zu Josef Paul Kleihues, Ernst Otto Glasmeier, Friedrich Gräsel.

Annika Becker (M. A.) studierte Kunstgeschichte, Germanistik sowie Szenografie und Kommunikation in Bochum und Dortmund. Sie absolvierte ein Forschungsvolontariat, gefördert durch das Ministerium für Kultur und Wissenschaft NRW, am Kunstmuseum Gelsenkirchen. In ihrer Forschung konzentriert sie sich auf Stadtgeschichte, Sammlungsgeschichte sowie Kunstgeschichte der 1950er bis 1970er Jahre in Gelsenkirchen und dem Ruhrgebiet.

Prof. Dr. Stefan Goch: Sozialwissenschaftler, apl. Professor an der Fakultät für Sozialwissenschaft der Ruhr-Universität Bochum (2006), derzeit Projekt zu Biografien früher NRW-Landtagsabgeordneter und Forschungsstelle der Stiftung Haus der Geschichte Nordrhein-Westfalen. Im Lauf der Jahre entstanden Publikationen, Ausstellungen, Medien u. a. zu Arbeiterbewegung und Arbeiterkultur, zum Nationalsozialismus, zur Entwicklung des Ruhrgebiets, zur Stadtgeschichte Gelsenkirchens, zur Landesgeschichte, zu politischen Lagern und Milieus, zum Strukturwandel, zu Migration sowie zur Fußballgeschichte.

Dr. Josephin Heller studierte in Leipzig Theaterwissenschaft im Bachelor sowie Kunstgeschichte auf Bachelor und Master. Ihre Promotion zu Kulturpolitik in Leipzig in den ersten Jahren nach dem Zweiten Weltkrieg am Fallbeispiel des Museums der bildenden Künste reichte sie 2022 an der Universität Leipzig ein. Die Publikation ist als Onlinepublikation über die Universitätsbibliothek Leipzig erschienen.

Dr. Alexander Kraus ist wissenschaftlicher Mitarbeiter am Institut für Zeitgeschichte und Stadtpräsentation in Wolfsburg und Redakteur bei Docupedia-Zeitgeschichte. Er forscht zur modernen Stadt- und Migrationsgeschichte und der Public History. In seinem Buch „Stadt ohne Geschichte? Wolfsburg als Demokratielabor der Wirtschaftswunderzeit" (Wallstein, 2021) untersucht er am Fall der rasant wachsenden Industriestadt die gesellschaftlichen, wirtschaftlichen und kulturellen Transformationsprozesse der bundesdeutschen Nachkriegsdemokratie.

Fabian Köster studierte Geschichte, Germanistik und Kulturpoetik der Literatur und Medien in Münster. Seine Promotion an der Universität Hamburg behandelt das Thema „Kommunale Kulturpolitik in den westdeutschen Industriestädten Gelsenkirchen und Wolfsburg während der ‚Wirtschaftswunderzeit'". Gefördert wurde sein Projekt vom Institut für Braunschweigische Regionalgeschichte. Aktuell forscht er zur Unternehmensgeschichte des Hygiene-Instituts des Ruhrgebiets.

Hans-Jürgen Lechtreck ist seit 2008 wissenschaftlicher Mitarbeiter des Museum Folkwang. Er kuratierte u. a. die Ausstellungen „Urbanität gestalten. Stadtbaukultur in Essen und im Ruhrgebiet 1900 bis 2010" (2010/11), „Lothar Baumgarten. Abend der Zeit – Señores Naturales – Yanomami" (2011/12) und „Gerhard Richter. Die Editionen" (2017). Von 2018 bis 2022 gehörte er der Leitung des vom Bundesministerium für Bildung und Forschung geförderten Forschungsprojekts Stadt_Bauten_Ruhr an.

Klara von Lindern (M. A., Mst. Oxon) studierte Kunstgeschichte und Geschichtswissenschaft in Göttingen und Oxford und war außerdem an mehreren Museen tätig, darunter als wissenschaftliche Assistentin an der Hamburger Kunsthalle. Ihre Forschungsschwerpunkte liegen im Bereich der Romantikforschung, Museumstheorie und Ausstellungsanalyse; sie promovierte zur Ausstellungshistorie Caspar David Friedrichs (summa cum laude). Seit März 2023 ist Klara von Lindern Kustodin der Sammlung Textile Alltagskultur und PostDoc am Institut für Materielle Kultur der Carl-von-Ossietzky-Universität Oldenburg.

PD Dr. Christoph Lorke, Mitarbeiter am LWL-Institut für westfälische Regionalgeschichte in Münster. Forschungsschwerpunkte: Geschichte von Armut und sozialer Ungleichheit, Sozial- und Kulturgeschichte des Kalten Krieges, Migrations- und Stadtgeschichte, Geschichte der Vereinigungsgesellschaft.

Sonja Pizonka studierte Kunstgeschichte in Köln. Sie ist wissenschaftliche Mitarbeiterin am Museum Folkwang in Essen, wo sie Ausstellungen zu Architektur und Stadtbaukultur realisierte. Mit den Kulturbauten im Ruhrgebiet beschäftigte sie u. a. im Rahmen des vom

Bundesministerium für Bildung und Forschung geförderten Forschungsprojekts Stadt_Bauten_Ruhr.

Dorothea Schöne ist Künstlerische Leiterin des Kunsthaus Dahlem in Berlin. Sie forscht und kuratiert Ausstellungen zur (deutschen) Nachkriegsmoderne und zur Kunst während und nach der NS-Diktatur. Für ihre Arbeit erhielt sie 2021 den Hans-und-Lea-Grundig-Preis.

Felix Steffan (M. A.) ist Kunsthistoriker und Ausstellungskurator. Zu seinen Forschungsschwerpunkten zählen unter anderem das provinziale Kunstausstellungswesen im Nationalsozialismus sowie die Geschichte der deutschen Kunstvereine. Er arbeitet gegenwärtig am Kulturreferat der Stadt Nürnberg.

Christiane Wanken studierte in Saarbrücken und Köln Kunstgeschichte. Nach beruflichen Stationen in Köln und Berlin war sie zuletzt Sammlungsleiterin am Kunstmuseum Gelsenkirchen. Sie ist aktuell selbstständige Beraterin für Kultur und Kunstprojekte.

Schriftenreihe des ISG, Beiträge – bisher erschienen und lieferbar

Wegbereiter des Nationalsozialismus

Schriftenreihe des ISG, Beiträge 19,
290 Seiten, Broschur,
ISBN 978-3-8375-1303-5,
19,95 €, Dezember 2015

Forschung, Kultur und Bildung

Schriftenreihe des ISG, Beiträge 22,
548 Seiten, Broschur,
ISBN 978-3-8375-2342-3,
39,95 €, Oktober 2020